O JUIZ E A PROVA

Estudo da errônea recepção do brocardo
iudex iudicare debet secundum allegata et probata,
***non secundum conscientiam* e sua repercussão atual**

Coleção
Clássicos Contemporâneos
em homenagem a Ovídio Araújo Baptista da Silva

Diretor e Organizador
Darci Guimarães Ribeiro

Dados Internacionais de Catalogação na Publicação (CIP)

P598j Picó i Junoy, Joan.

O juiz e a prova: estudo da errônea recepção do brocardo iudex iudicare debet secundum allegata et probata, non secundum conscientiam e sua repercussão atual / Joan Picó i Junoy; tradução Darci Guimarães Ribeiro. 2. ed. rev. e ampl. – Porto Alegre: Livraria do Advogado Editora, 2017.

264 p.; 23 cm. – (Clássicos contemporâneos; 1)

Inclui bibliografia.

ISBN 978-85-69538-80-6

1. Direito processual. 2. Prova (Direito). 3. Juízes. 4. Máximas jurídicas. 5. Processo penal. I. Ribeiro, Darci Guimarães. II. Título. III. Série.

CDU 47.94
CDD 347.014

Índice para catálogo sistemático:
1. Direito processual 47.94

(Bibliotecária responsável: Sabrina Leal Araujo – CRB 10/1507)

Clássicos Contemporâneos
em homenagem a
Ovídio Araújo Baptista da Silva 1

Joan Picó i Junoy

Catedrático de Direito Processual
Universidad Rovira i Virgili

O JUIZ E A PROVA

Estudo da errônea recepção do brocardo *iudex iudicare debet secundum allegata et probata, non secundum conscientiam* e sua repercussão atual

Tradução
Darci Guimarães Ribeiro

2ª EDIÇÃO
revista e ampliada

livraria
DO ADVOGADO
editora

Porto Alegre, 2017

Projeto gráfico e diagramação
Livraria do Advogado Editora

Tradução
Darci Guimarães Ribeiro

Revisão
Rosane Marques Borba

Direitos desta edição reservados por
Livraria do Advogado Editora Ltda.
Rua Riachuelo, 1300
90010-273 Porto Alegre RS
Fone: 0800-51-7522
editora@livrariadoadvogado.com.br
www.doadvogado.com.br

Impresso no Brasil / Printed in Brazil

A mis maestros, los profesores
Mª. Victoria Berzosa Francos y Manuel Cachón Cadenas.

Y a Claudia.

Nota à 2ª edição

Esta obra do Prof. Joan Picó i Junoy que em pouco tempo tornou-se clássica e uma referência para todos aqueles estudiosos que pretendam conhecer a fundo as verdadeiras causas da má aplicação do consagrado princípio *iudex iudicare debet secundum allegata et probata, non secundum conscientiam*, chegou, no Brasil, em sua 2ª edição, após ter sido lançada a pouco mais de um ano.

O inegável êxito e a generosa acolhida que esta obra teve perante a processualística brasileira, só vêm reafirmar sua incontestável e universal atualidade, ainda mais diante do novo Código de Processo Civil, Lei 13.105, de 16.03.2015.

Duas são as novidades que esta 2ª edição contém. A primeira visa suprir uma deficiência ocorrida na publicação da 1ª edição que se esqueceu de introduzir no livro o prólogo da edição em português, onde apresento a obra e seu autor para o público brasileiro. E a segunda novidade consiste na inserção de um fundo documental, em que o autor nos brinda com as cópias das raras obras estrangeiras mais relevantes no séc. XIX que atestam a utilização do referido princípio.

Uma vez introduzidas estas novidades, a 2ª edição desta obra ganha ainda mais importância no cenário brasileiro.

Prólogo da edição em português

Raras são as oportunidades em que os leitores brasileiros, especialmente os do processo civil, têm de poder dispor de uma obra vertida para a língua vernacular que corresponda à realidade concreta dentro da qual ela foi traduzida sem, contudo, deixar de atender as qualidades técnicas exigidas. Esta obra do Prof. Joan Picó i Junoy, em particular, atende sobejamente aos diversos requisitos reivindicados não só pela exigência da vida forense, senão também ao apelo inflexível da doutrina nacional.

Não se pode negar que o tema referente aos poderes instrutórios do juiz no processo, seja civil ou penal, apresenta grande repercussão teórica, como também, e principalmente, prática, não só aqui no Brasil, mas fundamentalmente nos diversos sistemas jurídicos pertencentes ao *civil law* ou *common law*.

Para resolver os incontáveis e intrincados problemas relacionados às relações havidas entre o juiz e a prova, máxime por intermédio do correto brocardo *iudex iudicare debet secundum allegata et probata, non secundum conscientiam*, o Prof. Joan Picó i Junoy não mediu esforço e durante mais de dez anos consultou os originais e revisitou os fundamentos do processo a partir da Escola de Bolonha, pelas mãos de Duranti, Accursio e Azón. Após este exaustivo trabalho investigativo, documentalmente comprovado neste livro, o Prof. catalão demostrou o erro através do qual a maioria da doutrina e da jurisprudência incidiu quando formularam equivocadamente o princípio *iudex iudicare debet secundum allegata et probata, non secundum conscientiam*, pois, de um lado, acrescentaram o termo *'partium'* ou *'a partibus'*, e, por outro, silenciaram sobre a expressão *'et non secundum conscientizam*. Com esta pequena alteração, muda-se totalmente a verdadeira função do princípio, a saber, impedir qualquer influência do conhecimento privado do juiz sobre os fatos litigiosos. Ou como prefere dizer o autor, o que se pretendia com o princípio era lograr a devida congruência da sentença com os fatos configuradores do objeto litigioso e com a prova praticada no processo, não permitindo, com isso, que o juiz levasse em consideração fatos não alegados pelas partes ou fatos que, ainda que alegados e discutidos, não tivessem sido provados.

Uma vez constatada a alteração do brocardo, foi realizado acurado estudo sobre as repercussões deste na clássica doutrina processual para demonstrar sua influência até os dias atuais. Todavia, a aplicação deste brocardo na jurisprudência, especialmente na evolução jurisprudencial do Tribunal Supremo da Espanha, foi minuciosamente recolhida, avaliada e continuamente comparada.

Desta forma, como bem destaca o autor na introdução de sua obra, "*resulta de especial interesse contrastar a exatidão e correção da formulação de dito brocardo, máxime quando na atualidade, quase unanimemente, tanto a doutrina como a jurisprudência espanhola o assumem plenamente de forma acrítica. Só o exame de sua formulação original e de sua posterior recepção nos permitirá descobrir seu verdadeiro alcance*".

Uma vez alcançado este desiderato, o ápice do livro consiste na aplicação de todo o extraordinário conteúdo doutrinário e ideológico que influenciou as mais diversas legislações mundo afora e interferiu diretamente na iniciativa probatória do juiz civil e penal.

No âmbito civil foram rigorosamente analisadas as delimitações conceituais existentes entre o princípio dispositivo e aportação da parte para responder criticamente todos os argumentos tradicionais contrários à atribuição de iniciativa probatória ao juiz civil. Logo a seguir o autor, com base nas previsões constitucionais, alcança, como ele bem aponta, uma "*idônea harmonização entre o caráter privado do objeto litigioso e a natureza indisponível do processo, facilitando que os órgãos jurisdicionais possam outorgar uma efetiva e justa tutela dos interesses em conflito*".

No domínio penal, as investidas do Prof. Joan Picó i Junoy foram ainda mais relevantes em face dos acalorados debates doutrinários sobre a iniciativa probatória do juiz penal. Com ponderadas ideias o Prof. Catalão evita posições maximalistas ou apriorísticas sobre o tema. Contudo, não deixa de tecer acertadas conclusões quando afirma que "*em princípio, a iniciativa probatória do juiz penal sobre os fatos que conformam uma acusação que lhe é alheia não afeta ao princípio acusatório*". Esta assertiva fica evidente quando o autor demonstra sua veracidade através de três substanciais conclusões. Primeira, a iniciativa probatória do juiz deve limitar-se aos fatos alegados na denuncia. Segunda, já estejam identificadas no processo as fontes de prova sobre as quais terá lugar sua posterior atividade probatória e, finalmente, assegurar às partes um amplo acesso ao contraditório.

Por todas estas sobejadas razões é que este livro já foi publicado em mais de quatro países e agora está sendo, por vez primeira, publicado em português.

A importância do Prof. Joan Picó i Junoy no cenário atual da processualista internacional é relevantíssima. Catedrático de Direito Processual da URV na Espanha, é um dos mais requisitados e respeitados conferencistas da *International Association of Procedural Law*, do *Instituto Iberoamericano de Derecho Procesal*, entre outras inúmeras associações. Autor de vários livros jurídicos. Ganhador de vários prêmios, entre os quais cabe citar: 'Premio Extraordinario de Doctorado', 'Premio Doctor Couder y Moratilla', 'I Premio Antonio Maura' y el 'Premio San Raimundo de Peñafort'. Colaborador nas mais prestigiosas revistas internacionais de Direito Processual, como *zeitschrift für Zivilprozeβ Internatial, Rivista di Diritto Processuale, Revista del Instituto Iberoamericano de Derecho Procesal, Justicia, Revista do Processo*, entre tantas outras.

Por todas estas razões é que ficamos orgulhosos de poder traduzir e publicar como volume primeiro desta coleção de livros clássicos e contemporâneo a obra do meu dileto amigo e, mais que um amigo, irmão Prof. Joan Picó i Junoy.

Porto Alegre, inverno de 2014.

Darci Guimarães Ribeiro
Advogado
Pós-Doutor em Direito pela *Università degli Studi di Firenze* – Itália
Doutor em Direito pela *Universitat de Barcelona*, Espanha
Mestre e Especialista pela PUC-RS
Professor Titular de Direito Processual Civil da UNISINOS e da PUC-RS

Prólogo da edição em espanhol

El nombre del profesor Joan Picó i Junoy resulta sobradamente conocido para todos los juristas que, por razones profesionales o por afición intelectual, se mantienen al tanto de la literatura procesal española. La productividad científica del profesor Picó alcanza una dimensión tan extraordinaria, que, a pesar de su juventud, ya es autor de una entera y extensa biblioteca de derecho procesal. Por otra parte, a sus numerosas monografías, artículos y restantes trabajos, hay que añadir las muchas obras colectivas que ha dirigido o coordinado. Pocos serán los temas procesales, si es que hay alguno, que, en mayor o menor medida, no hayan sido objeto de atención doctrinal por parte del profesor Picó. Nadie que esté mínimamente familiarizado con los estudios procesaales españoles ignora que es, con mucho, uno de nuestros autores más prolíficos. Por todo ello, es normal que el profesor Picó goce ya de un excelente y merecido renombre más allá de nuestras fronteras, principalmente en el mundo jurídico iberoamericano e italiano.

Todo esto viene a cuento de lo que sigue. Es sabido que una de las finalidades tradicionalmente asignadas al prólogo consiste en presentar o dar a conocer al autor de la obra prologada. Pues bien, de cuanto va dicho se desprende, por su propio peso lógico, que, en este caso, el objetivo mencionado ha de ser excluido por innecesario. Y así se lo dije al profesor Picó cuando me hizo el honor de pedirme que prologara su libro. Pero la persistencia del profesor Picó transformó su petición en obligación moral, bien que muy placentera, para mí.

En la inmensa producción bibliográfica del profesor Picó, hay una materia que destaca, por ser, hasta ahora, la predilecta del autor: la prueba, con especial preponderancia de la prueba en el proceso civil. "El derecho a la prueba en el proceso civil" (Barcelona, 1996) es, precisamente, el título de la excelente monografía del autor que recoge su tesis doctoral, defendida en la Universidad de Barcelona. A propósito de dicha tesis doctoral, y dado que no son muchas las ocasiones que uno tiene para poner estas cosas por escrito, es de justicia recordar aquí que fue elaborada bajo la paciente y generosa dirección de la profesora Victoria Berzosa Francos, y debo añadir que, según me consta, el profesor Picó se ha sentido, y se siente, en perenne deuda de gratitud para con su maestra, la profesora Berzosa. Pues bien, dentro del tema de la prueba, una de las preocupaciones doctrinales prioritarias del profesor Picó ha consistido, como él mismo señala en la "Introducción" de la presente obra, en la búsqueda del adecuado equilibrio entre la iniciativa probatoria del juez y la actividad probatoria de las partes. Dede este punto de vista, este nuevo libro del profesor Picó constituye, ya desde el título ("El juez y la prueba"), una prolongación del mismo filón temático.

Ahora bien, la relevancia doctrinal y la originalidad de la obra que ahora se prologa, y muy especialmente de la primera parte del libro, son excepcionales, entendido este término en su sentido estricto de aquello que se aparta de lo ordinario, o que ocurre rara vez. Puesto que, como he indicado, las aportaciones más novedosas del trabajo del profesor Picó se encuentran en esa primera parte, debo referirme a la misma con más detenimiento que a la segunda, y última, parte de la obra.

En realidad, si se tiene en cuenta el subtítulo general del libro ("Estudio de la errónea recepción del brocardo *iudex iudicare debet secundum allegata et probata, non secundum conscientiam* y su recepción actual"), y se lee luego el título específico de la primera parte de la obra ("Origen, formulación y recepción actual del brocardo *iudex iudicare debet secundum allegata et probata, non secundum conscientiam"),* se obtiene ya una noticia bastante completa acerca del contenido de esa primera parte.

Como casi todos los hallazgos científicos importantes, el punto de partida efectuado por el profesor Picó en esta obra parece sencillo. Pero, como casi siempre ocurre, esa apariencia es un mero espejismo. La aportación doctrinal pasa a ser sencilla sólo cuando su autor ha sabido encontrar, plantear y resolver satisfactoriamente el problema de que se trate. En este caso, el profesor Picó se percató, en su día, de dos cosas interrelacionadas: 1) por un lado, numerosos autores utilizan la fórmula latina *iudex iudicare debet secundum allegata et probata partium*, u otra equivalente, hasta el punto de que ésa es la modalidad más frecuente que adopta actualmente la formulación del mencionado aforismo jurídico; 2) por otra parte, algunos de esos juristas, entre los que se incluyen insignes maestros del derecho procesal, afirman que el origen del referido apotegma jurídico se encuentra en determinados autores del *ius commune*.

A partir de aquí, la curiosidad científia y el afán investigador del profesor Picó se pusieron en marcha: aunque, *a priori*, no había razones para dudar de la exctitud de la afirmación reiterada por aquellos ilustres maestros, era necesario acudir a las fuentes, a fin de consultar directamente las obras originales de los juristas de la Escuela de Bolonia en los que, al decir de los mencionados maestros, figuraban las primeras formulaciones del aforismo jurídico en la forma indicada, o en otra semejante. Y el autor experimentó la primera sorpresa importante: la versión más habitual que adopta en la actualidad la cita del aforismo (*iudex iudicare debet secundum allegata et probata partium*, u otra fórmula similar) difiere sustancialmente, en dos aspectos esenciales, del modo en que dicho apotegma jurídico aparece enunciado en las obras de aquellos juristas del *ius commune*: 1) por lo pronto, en la formulación de estos juristas no se incluye ninguna alusión explícita a las partes, es decir, falta el vocablo *partium* (u otros equivalentes); 2) en segundo lugar, la formulación del aforismo que realizan los mencionados juristas mediales no sólo expresa el deber del juez de juzgar *secundum allegata et probata*, sino que también comprende, como inciso final, una prohibición (*non secundum conscientiam*), que viene a completar la mencionada exigencia establecida en la primra parte de la máxima.

Posteriormente, el profesor Picó siguió consultando incontables obras de juristas medievales, así como de autores correspondientes a periodos históricos posteriores y de procesalistas contemporáneos. El profesor Picó ha escrutado decenas y decenas de trabajos pertenecientes a juristas alemanes, italianos, franceses y españoles, y una abundante jurisprudencia. En esta tarea, que ha obligado al autor a peregrinar por un sinfín de bibiliotecas públicas y privadas, españolas y extranjeras, ha empleado innumeradas horas, a lo largo de más de diez años, como él mismo advierte en la "Introducción" del libro.

Pero el esfuerzo no ha sido en vano. El autor ha descubierto que, en contra de lo sostenido por los egregios juristas que se ha hecho referencia, el aforismo jurídico en cuestión, desde su creación por los autores medievales del *ius commune* y a lo largo de los siglos posteriores, venía siendo formulado sin aludir a las partes, esto es, sin contener la expresión *partium* (ni otro vocablo equivalente), e incluyendo la prohibición de que el juez juzgará *secundum conscientiam*. El profesor Picó demuestra que fue a partir de finales del siglo XIX, es decir, en pleno apogeo del liberalismo procesal, cuando se comenzaron a introducir las dos modificaciones o, si se prefiere, manipulaciones ya mencionadas: a) la inclusión del término *partium* (u otro de significado idéntico); b) y la supresión del inciso final *non secundum conscientiam*. Esas dos variaciones encontraron acogida en las obras de otros muchos juristas correspondientes a las siguientes generaciones. Y así se ha llegado al momento presente, en que, como se ha dicho, la formulación más frecuente del aforismo jurídico, tanto en la doctrina como en la jurisprudencia, contiene las dos alteraciones referidas. A su vez, esa misma versión también ha encontrado eco en la redacción dada al art. 216 de la Ley de Enjuiciamiento Civil de 2000.

En principio, nada obsta para que un autor, queriendo aprovechar la concisión insuperable de la lengua latina, opte por enunciar en esta lengua, advirtiéndolo expresamente, una idea propia o, en general, una noción o una regla jurídica relativamente moderna, en el sentido de ser posterior no sólo al derecho romano propiamente dicho, sino también al *ius commune*. Ahora bien, cuando un jurista acude a la lengua latina para formular o citar un aforismo, y no efectúa ninguna advertencia ni aclaración complementaria, se está beneficiando, voluntaria o involuntariamente, de la legitimación o apoyatura que proporciona lo antiguo, lo histórico, lo consagrado por una tradición multisecular. Y esto es lo que ha ocurrido con el aforismo latino objeto de la obra del profesor Picó. A día de hoy, cuando dicho aforismo aparece enunciado con las dos modificaciones mencionadas, el autor que efectúa la cita da por supuesto que está reproduciendo la versión originaria de ese apotegma. Y, de esta forma, intenta reforzar, con el peso de la raigambre histórica, la idea jurídica expresada a través del aforismo. Pues bien, a partir de la obra del profesor Picó, cabe afirmar que es errónea aquella creencia en la identidad entre la formulación originaria del mencionado aforismo jurídico y la versión más frecuente que el mismo adopta actualmente. Por lo demás, huelga decir que esta obra, como cualquier otro trabajo científico, no es un dogma de fe, pero quien intente su refutación ha de pechar con la carga de proporcionar pruebas contrarias a las aportadas por el autor, que sean, al menos, de igual consistencia que éstas.

La escrupulosidad científica del profesor Picó lo ha inducido a insertar, al final del libro, un riquísimo apéndice documental, que reproduce los pasajes relevantes de alguna de las obras más antiguas consultadas por el autor.

En relación con la primera parte de la obra prologada, hay otras dos cosas que, aun separadas en el tiempo, conviene mencionar una a continuación de la otra: a) este trabajo constituye el segundo ejercicio que el autor presentó al concurso público para optar a la plaza de Catedrático de Derecho Procesal de la Universidad Rovira i Virgili, plaza que obtuvo por méritos propios, b) por otra parte, como consecuencia de la excepcional relevancia científica de este trabajo del profesor Picó, una versión amplia del mismo verá también la luz en Alemania e Italia, al haber sido aceptado para su publicación en las prestigiosas revistas *Zeitschrift für Zivilprozeß International* y *Rivista di diritto processuale.*

El autor ha completado el libro con un interesante segunda parte, en la que ha incluido dos trabajos referidos, respectivamente, a la iniciativa probatoria del juez civil y la iniciativa probatoria del juez penal, que había presentado en sendos congresos internacionales de derecho procesal.

En suma, estamos ante una obra que, a mi juicio y sin hipérbole de ninguna clase, honra a su autor, a la Universidad y a la ciencia jurídica.

Cabañeros del Páramo, 6 de agosto de 2007.

Manuel Cachón Cadenas
Catedrático de Derecho Procesal

Sumário

Principais abreviaturas

(As abreviaturas marcadas com um asterisco se referem a publicações ou revistas jurídicas especializadas)

A	Anverso
ADC*	Anuário de Direito Civil
AHDE*	Anuário de História do Direito Espanhol
AJA*	Atualidade Jurídica Aranzadi
AP	Tribunal de Justiça (Audiência Provincial)
Art.	Artigo
AAVV	Vários autores
BJC*	Boletim de Jurisprudência Constitucional
BOE	Boletim Oficial do Estado
BOC	Boletim Oficial das Cortes
BOCG	Boletim Oficial das Cortes Gerais
CC	Código Civil
Ccom	Código de Comércio
Ccost	Corte Costituzionale italiana
CE	Constituição Espanhola de 1.978
Cfr.	Confrontar
CGPJ	Conselho Geral do Poder Judicial
consid.	considerando
Coord.	Coordenação
CPC	Codice di Procedura Civile italiano
D	Digesto
DT	Disposição transitória
Ed.	Editor
Edic.	Edição
Edit.	Editora
Ej.	Exemplo
F.j.	Fundamento jurídico
Fol.	Folha

Giur.	Cost. *Giurisprudenza Costituzionale
id.	*Idem*
JC*	Jurisprudência Civil
JUR	Repertório de Jurisprudência Westlaw (Aranzadi)
LEC	Lei 1/2000, de 8 de janeiro, de Processo Civil
LECrim	Lei de Processo Criminal
L.O.	Lei Orgânica
LOPJ	Lei Orgânica do Poder Judicial
LPL	Lei de Processo Laboral
NJW*	Neue Juristische Wochenschrift
Núm.	Número
ob. cit.	Obra citada
op. cit.	Opinião citada
P.	Página
Part.	Partida
PJ*	Poder Judicial
Pon.	Relator (Ponente)
PPCALEC	Projeto dos Professores para Correção e Atualização da Código de Processo Civil
R	Reverso
RA*	Repertório Aranzadi de jurisprudência
RAC*	Repertório Atualidade Civil de jurisprudência
RC*	Repertório Colex de jurisprudência
RDProc*	Revista de Direito Processual
RDPriv*	Revista de Direito Privado
RED*	Repertório O Direito de jurisprudência
RGD*	Revista Geral do Direito
RGLJ*	Revista Geral de Legislação e Jurisprudência
RIDP*	Revista Iberoamericana de Direito Processual
Riv. Dir. Proc.*	Rivista di Diritto Processuale
RJ	Repertório de Jurisprudência (Aranzadi)
RJC*	Revista Jurídica da Catalunia
RLLA*	Repertório A Lei-Atualidade de jurisprudência
RTDPC*	Rivista trimestrale di diritto e procedura civile
RUDP*	Revista Universitária de Direito Processual
S	Sentença
SAP	Acórdão do Tribunal de Justiça (Sentencia de la Audiencia Provincial)
T	Tomo
TC	Tribunal Constitucional
Tít.	Título

TOL	Tirant on-line (bases de dados de Tirant lo blanch)
TS	Tribunal Supremo
TSJ	Tribunal Superior de Justiça
TEDH	Tribunal Europeu de Direitos Humanos
vol.	Volume
ZPO	Zivilprozessordnung
ZZP*	Zeitschrift für ZivilprozeB

Introdução

1. Uma das afirmações que historicamente repetimos de forma crítica e sem contrastar as fontes originais é a que mantém que o juiz civil não deve ter nenhum tipo de iniciativa probatória, pois, como já destacaram os glosadores com seu célebre brocardo *iudex iudicare debet iuxta allegata et probata partium*, citando-se a continuação, como argumento de autoridade, as obras de DURANTI, AZÓN e ACCURSIO.

Encontramos este modo de proceder na obra de relevantes processualistas: assim, por exemplo, LIEBMAN, para quem dita *"massima risale ai Glossatori, cfr. Duranti, Speculum iud., II, 3, § 5, n. 1"*;[1] ou MILLAR,[2] quando afirma que *"various facets of the principle [o Verhandlungsmaxime], as thus appearing, are denoted by the following maxims of the mediaeval Roman Law: [...] judex judicet secundum allegata et probata partium [e cita na nota 53 as obras de Bar, Kleinfeller y Heilfron con Pick]"*.[3] E este tratamento

---

[1] Liebman, E.T., Fondamento del principio dispositivo, em Riv. Dir. Proc., 1960, p. 551 (nota 1).

[2] *The formative principles of civil procedure (I)*, em «Illinois Law Review», vol. XVIII, 1923, *may*, n. 1, p. 10 – este estudo aparece publicado em três partes: no núm. 1, de maio, pp. 1 a 36; o núm. 2, de junho, pp. 94 a 117; e o núm. 3 de novembro, pp. 150 a 168– (existe uma versão em castelhano de todo este estudo com o título *Los principios formativos del procedimiento civil*, tradução de Catalina Grossmann, Edit. Ediar, Buenos Aires, 1945 – a citação do texto se encontra na p. 65). trata-se de uma obra de especial influência na doutrina não só do âmbito anglo-saxão senão, muito especialmente, mercê a sua tradução ao castelhano, na doutrina latinoamericana. Esta obra – nas palavras de Calamandrei– constitui uma «precisa, clara y eficaz exposición de los principios fundamentales del proceso civil, que constituyen la razón y la medida de las participaciones científicas sobre las cuales pueden agruparse sistemáticamente los varios tipos de procesos de todos los países y de todos los tiempos» (resenha bibliográfica ao trabalho de Millar publicada no primeiro número da «Riv. dir. proc.», 1924, p. 115). E, de igual modo, Couture, no prólogo à versão castelhana, destaca que a obra de Millar «es uno de los documentos fundamentales para el estudio del derecho procesal comparado. Difícilmente podrá prescindir de él quien quiera saber por virtud de qué fenómenos de decantación histórica se ha llegado hasta nuestras instituciones actuales en el orden del proceso civil y de qué manera los problemas de hacer la justicia han sido resueltos a lo largo del tiempo y del espacio» (prólogo a obra citada, p. 9).

[3] Já antecipo, como se verá no capítulo IV. A), que contrastados os originais das três fontes doutrinais alemãs citadas por Millar, só a terceira acolhe a «máxima del derecho romano medieval» nos termos que utiliza este autor: assim, na obra de Bar (Civilprozess, em «Encyklopädie der Rechtswissenschaft», dir. Franz von Holtzendorff, edit. Dunker & Humblot, Leipzig, 1890, pp. 766 a 855) nem tão só se cita o brocardo; na de Kleinfeller (Lehrbuch des deutschen Zivilprozesrechts, 1ª edic., edit. Franz Vahlen, Berlin, 1905, pp. 179 y 196) aparece formulada corretamente – e não como o faz Millar –; e é na de Heilfron e Pick (Lehrbuch des Zivilprozessrechts, I, 2ª edic.,

errôneo é realizado igualmente por autores atuais como DOMINGO, para quem este "aforismo" se encontra já na base do processo clássico romano, tomando como ponto de referência a obra de Azón (Brocarda, rubrica 20, núm. 8, fol. 124);[4] ou VÁZQUEZ SOTELO, quem afirma que estamos diante de uma "máxima acuñada ya por los postglosadores y que generalizó el famoso tratadista Durandi (en su obra *Speculum iudiciale*, parte II, capt. 3, 5, núm. 1, edc. De Lyón, 1541, que tuvo una enorma difusión y autoridad en la práctica jurídica durante siglos)".[5]

Por isto resulta de especial interesse contrastar a exatidão e correção da formulação de dito brocardo, máxime quando na atualidade, quase unanimemente, tanto a doutrina como a jurisprudência espanhola o assumem plenamente de forma acrítica. Só o exame de sua formulação original e de sua posterior recepção nos permitirá descobrir seu verdadeiro alcance.

2. Uma das linhas de pesquisa que há muito tempo iniciei foi a busca do necessário equilíbrio entre a iniciativa do juiz e a atividade das partes na prova dos fatos litigiosos. Corresponde agora, nesta mesma linha, expor os resultados de um novo estudo que foi sendo documentado durante mais de dez anos, que constitui meu exercício de cátedra, e que tem por objeto demonstrar que o suposto brocardo *iudex iudicare debet iuxta allegata et probata partium* nunca teve esta formulação, motivo pelo qual deve revisar-se a atual – e majoritária – doutrina e jurisprudência espanhola que assim o mantêm.[6]

A longa duração desta pesquisa obedece à necessidade de consultar diretamente as obras originais dos autores do *ius commune* da baixa idade média, acudindo a inúmeras bibliotecas – públicas e privadas, espanholas e estrangeiras –, ao mesmo tempo em que se analisaram detalhadamente os antigos tratados dos processualistas alemães, fran-

---

edit. Speyer & Peters, Berlin, 1910, p. 448) na que se menciona incorretamente o brocardo com o mesmo conteúdo dado por Millar.

[4] Domingo, R. (com rodríguez-antolin, B.), *Reglas jurídicas y aforismos*, edit. Aranzadi, Pamplona, 2000, p. 71. Seguindo a este autor, Montero Aroca também se refere ao «brocardo *iudex iudicare debet secundum allegata et probata partibus*», indicando que «literalmente puede que el brocardo no sea propiamente romano, pero ya se encuentra por ejemplo en Azon y en Decio, por lo menos según Domingo» (*El proceso civil llamado «social» como instrumento de «justicia» autoritaria*», em «Actualidad Civil», 2004, núm. 6, p. 605, nota 37; e em similares termos vid. seu trabalho *De la legitimación en el proceso civil*, edit. Bosch, Barcelona, 2007, p. 148 – nota 225).

[5] Vázquez Sotelo, J.L., *Los principios del proceso civil*, em «Justicia», 1993, IV, p. 605.

[6] Ademais, com a finalidade de oferecer um estudo mais completo da relação do juiz com a prova, considerei oportuno acrescentar a este exercício de cátedra dois trabalhos referentes à iniciativa probatória dos juízes civis e penais, que constituem conferências apresentadas recentemente nos Congressos Internacionais de Direito Processual celebrados em Panamá e Cartagena das Índias (epígrafes V e VI desta obra).

ceses, italianos e espanhóis para averiguar onde estava o ponto de partida da errônea recepção de dito brocardo.

3. O estudo da verdadeira formulação deste brocardo, e seu alcance, poderia considerar-se um mero exercício de erudição senão fosse porque o novo Código de Processo Civil, em seu art. 216, positivou-o, ao estabelecer que: "Enjuiciamiento Civil, en su art. 216, ha venido a positivizarlo, al establecer que: 'Los tribunales civiles decidirán los asuntos en virtud de las aportaciones de hechos y pruebas *de las partes*'.[7] Em consequência, entendo que a presente pesquisa entronca o antigo com o atual, o passado com o presente, no que da mão dos doutores do *ius commune* chegamos à Lei 1/2000, cujo art. 216 se perfilha como um claro exemplo de como a história – inexatamente recebida – influi na vigente regulação.

4. Finalmente, desejo manifestar meu agradecimento aos companheiros que me ajudaram e é de justiça reconhecer seu apoio.

Aos professores Maria Victoria Berzosa Francos e Manuel Cachón Cadenas, pela leitura atenta e crítica que realizaram dos diversos manuscritos do presente trabalho, e as numerosas sugestões que me formularam, o que sem dúvida contribuiu para enriquecê-lo. Ambos souberam transmitir-me o entusiasmo pela vocação universitária e, dia a dia, me mantêm a esperança na vida acadêmica. Sem dúvida alguma, a plena dedicação à Universidade e a excelente qualidade humana de ambos são para mim um exemplo a seguir que espero não defraudar.

As professoras Encarnación Ricart Martí e Carolina Fons Rodriguez pelas muitas e acertadas sugestões que me formularam durante a realização desta obra, o que também me permitiu melhorar o resultado final da pesquisa.

Ao professor Mario Zoppellari, da *Università Degli Studi di Bologna*, por facilitar minha estada no *Istituto Giuridico A. Cicu*, e permitir-me assim aceder aos excelentes fundos bibliográficos históricos tanto italianos como alemães.

De igual modo, desejo agradecer a todo o pessoal da Biblioteca do Ilustre Colégio de Advogados de Barcelona, que tenho a felicidade de dirigir, por haver-me ajudado com plena eficácia na consulta de inumeráveis fontes doutrinárias empregadas para a elaboração desta obra.

[7] A cursiva é minha.

Origem, formulação e recepção atual do brocardo *iudex iudicare debet secundum allegata et probata, non secundum conscientiam*

I. Hipótese de trabalho, plano de estudo e metodologia

5. A hipótese de trabalho que justifica a presente pesquisa é muito simples: a tão pretendida doutrina do *ius commune* não é a que atualmente se afirma (*iudex iudicare debet iuxta allegata et probata partium* ou similares), pois o brocardo utilizado foi transcrito erradamente, o que incidiu de forma direta não só sobre seu alcance senão também sobre sua finalidade. Assim, como se demonstrará, o verdadeiro brocardo é o seguinte: "*iudex iudicare debet secundum allegata et probata, non secundum conscientiam*",[8] pelo que dita doutrina unicamente pretendia destacar os limites cognoscitivos do juiz que devem refletir-se em sua sentença (*iudex iudicare debet*), a saber, os fatos segundo foram alegados e provados no processo (*secundum allegata et probata*), devendo rechaçar-se qualquer conhecimento privado (*conscientiam*) que o juiz pudesse ter dos mesmos.[9]

Como se pode comprovar, na formulação atual do brocardo (por parte da maioria da doutrina processual civil), existe uma dupla – e er-

[8] Ou também o de *iudex iudicare debet secundum allegata non secundum conscientiam*, como demostrou K.W. Nörr em seu documentado estudo *Zur Stellung des Richters im gelehrten Prozess der Frühzeit: Iudex secundum allegata non secundum conscientiam iudicat*, edit. C.H. Beck, München, 1967, onde analisa diretamente as fontes históricas prévias e posteriores à obra de Azón, um dos grandes juristas da Escola de Bolonha (pp. 29 a 35).

[9] Esta é a tese mantida por Nörr a respeito do brocardo *iudex iudicare debet secundum allegata non secundum conscientiam*. Como indica este autor, desde a obra de Azón, perfilha-se a distinção entre o cargo e a pessoa do juiz, destacando que este, no exercício de seu cargo, não pode utilizar seu conhecimento pessoal dos fatos, ou dito em outros termos, o juiz só pode sentenciar em função dos fatos alegados e conhecidos em sua condição de juiz (*Zur Stellung des Richters ...*, ob. cit., p. 101 e 102). De igual modo, vid. De Benito Fraile, E., *La congruencia de la sentencia en el derecho castellano desde la recepción del derecho común hasta la Ley de Enjuiciamiento Civil de 7 de enero del 2000*, em "RDProc", 2006, pp. 84 y ss.

rônea – modificação: por um lado, acrescenta-se a palavra *partium* ou *a partibus*; e por outro lado, omite-se a expressão *et non secundum conscientiam*, alterando-se assim em substância sua verdadeira finalidade.

Em consequência, o brocardo não tem por objeto indicar a maior ou menor faculdade de iniciativa probatória do juiz, senão coisa bem distinta, que faz referência à impossibilidade de permitir o conhecimento privado do juiz e a congruência da sentença.[10]

6. Desta forma, meu plano de estudo vai centrar-se em demonstrar qual é o correto brocardo adotado pela doutrina clássica surgida a partir da Escola de Bolonha, que pretendia com o mesmo, identificar a origem de sua errônea recepção, e constatar qual é atualmente o *status quo* do mesmo, isto é, que formulação do brocardo teve maior fortuna entre os processualistas. Deste modo, se estará em condições de constatar seu errôneo desenvolvimento atual e a finalidade que se persegue com ele.

7. A respeito da metodologia empregada foram analisadas, em primeiro lugar, as fontes originais dos glosadores, decretistas, posglosadores, humanistas e neo-humanistas, para constatar a veracidade de

[10] Resulta difícil delimitar com exatitude a iniciativa probatória do juiz no processo civil romano, e em todo caso isso exigiria outra investigação distinta da aqui realizada. Contudo, a doutrina lhe atribui a possibilidade de ordenar provas de ofício em procedimento da *cognitio extra ordinem* da época pós-clássica: assim, cfr. Wenger, L., *Istituzioni di procedura civile romana*, trad. de R. Orestano, edit. Giuffrè, Milano, 1938, pp. 198-199; Scialoja, V., *Procedimiento civil romano*, tradução de S. Sentís Melendo e M. Ayerra Redin, edit. Ejea, Buenos Aires, 1970, pp. 390 a 392 – a versão original italiana se publicou en 1946–; Santa-cruz Teijeiro, J., *Principios de derecho procesal romano*, edit. Horizontes, Valencia, 1947, pp. 91 a 93; Kaser, M., *Beweislast und Vermutung im römischen Formularprozess*, em «Zeitschrift der Savigny-Stiftung für Rechtsgeschichte – R.A.–», 71, 1954, p. 223; idem, *Das römische zivilprozessrecht*, edit. C.H. Beck, München, 1996, pp. 361 a 369; idem, *Derecho romano privado*, tradução de J. S. Cruz Teijeiro, edit. Reus, Madrid, 1968, p. 389; Levy, J.P., *La formation de la théorie romaine des preuves*, em «Studi in onore di Siro Solazzi», edit. Jovene, Napoli, 1948, p. 431; Levy, E., *Beweislast im klassichen Recht*, em «Rivista Internazionale di Diritto Romano e Antico», 3, 1952, p. 170; Cuenca, H., *Proceso civil romano*, edit. Ejea, Buenos Aires, 1957, pp. 146-147; Sturm, F., *Zur ursprünglichen Funktion der actio Publiciana*, em «Revue Internationale des Droits de l'Antiquité», 3ª serie, T. IX, Bruselas, 1962, p. 377; Pugliese, G., *La preuve dans le procès romain de l'époque classique*, em «Scritti giuridici scelti», I, edit. Jovene, Napoli, 1985, pp. 275 a 348 – o texto original foi publicado em 1964–; D'ors, A., *Derecho privado romano*, 1ª edic., edit. Eunsa, Pamplona, 1968, p. 128; Buonamici, F., *La storia della procedura civile romana*, vol. I, edit. «L'erma» di Bretschneider, Roma, 1971, p. 298; Murga Gener, J.L., *Derecho romano clásico. II: el proceso*, Secretariado de Publicaciones de la Universidad de Zaragoza, Zaragoza, 1980, p. 381; Fernández Barreiro, A., *Los principios dispositivo e inquisitivo en el proceso romano*, em «Estudios de Derecho Procesal Civil Romano», Servicio de Publicaciones de la Universidade Da Coruña, A Coruña, 1999, p. 513 – a respeito da exibição de documentos–; o García-gonzález, J.M., *Privatismo y prueba en el proceso civil romano clásico*, em «La prueba y los medios de prueba: de Roma al derecho moderno», Servicios de Publicaciones de la Universidad Rey Juan Carlos, Madrid, 2000, pp. 241 a 252. No processo formulário – em sua etapa *apud iudicem*– se bem que costuma mantener-se a passividade do juiz em matéria probatória, algum autor admite a possibilidade de requerer, de ofício, a exibição de documentos (assim, cfr. De Sarlo, L., *Ei incumbit probatio qui dicit, non qui negat. Spunti di storia e di dogmatica sulla regola in diritto romano*, em «Archivio Giuridico Filippo Serafini», vol. XXX, 1935, Modena, pp. 199-200).

nossas hipóteses de trabalho. Em segundo lugar, foram estudadas as doutrinas processuais europeias mais influentes – alemã, francesa e italiana – para verificar se nelas existiu uma errada recepção do brocardo; e finalmente, em terceiro lugar, foi examinada a doutrina espanhola de duas épocas: a surgida dos autores que podem denominar-se "práticos forenses" ou "procedimentalistas" (isto é, basicamente, os surgidos até o primeiro quarto do século XX) até os autores do processualismo atual.

8. Para a elaboração deste estudo foi necessário superar múltiplas dificuldades que afetam à seleção de fontes a analisar; a busca destes materiais; e finalmente, ao seu estudo direto.

Com referência à seleção das fontes, era indispensável acudir aos textos originais da doutrina do *ius commune*, e muito especialmente ao *Speculum Iuris* de Guilherme DURANTI, pois parte da doutrina italiana e alemã (assim como também algum autor espanhol) lhe atribuem a formulação – errada – do brocardo *"iudex iudicare debet secundum allegata et probata partium"*.

Na mesma linha, analiso as obras dos dois glosadores mais influentes da Escola de Bolonha, a de AZÓN e ACCURSIO, que tampouco formularam o brocardo nos termos que atualmente se faz. Seguidamente examino, entre outros, os tratados de decretistas como RAIMUNDO DE PEÑAFORT; posglosadores como BARTOLO DE SAXOFERRATO, BALDO DE UBALDIS, AEGIDIO DE VITERBIO, MARANTAE VENUSINI, ou ALBERICO DE ROSATE; e a obra de humanistas e neo-humanistas, como D. GODOFREDUS, THOLOSANO, FERMOSINI ou VON LEEUWEN, em cujas obras também se expressa corretamente o brocardo.

A escolha destes autores, entre outros juristas de reconhecido prestígio, responde a uma dupla decisão: por um lado, analisar os autores clássicos que a doutrina atual menciona como juristas que formularam o brocardo – quando em realidade, o estudo direto destes autores clássicos nos demonstra o erro no qual incorre a maioria da doutrina atual –; e por outro, a evidente impossibilidade de examinar toda a doutrina jurídica de quase dez séculos, pelo que procedi a seleção dos autores mais significativos das distintas etapas de recepção do Digesto.

Uma vez selecionados os autores, a segunda dificuldade a superar da presente pesquisa foi a busca destes materiais jurídicos. Para isso acudi a numerosas reservas de centros bibliográficos públicos e privados – como a Biblioteca Nacional, a do Seminário Conciliar de Madri, ou a do Ilustre Colégio de Advogados de Barcelona –, assim como inúmeras bibliotecas de universidades espanholas e estrangeiras. Em todas elas, a consulta destes materiais históricos é especialmente complicada devido às necessárias condições de conservação das obras antigas. Esta dificuldade de acesso se agravou em virtude da minha intenção de efetuar uma cópia de seu conteúdo, pois isto me pareceu fundamental para verificar a correta transcrição do brocardo, basicamente por dois motivos: em primeiro lugar, para assegurar-me de evitar transcrições erradas do mesmo; e em segundo lugar, para demonstrar perante a comunidade científica a autenticidade das minhas afirmações. A tal efeito, pedi permissão a estes centros bibliográficos para realizar dita cópia mediante um escâner de baixa intensidade, e fotografias com câmeras digitais. O resultado de todo este esforço se materializa no anexo integrado pelo fundo documental que se acrescenta ao presente estudo.

E a terceira dificuldade foi o estudo direto das fontes históricas, escritas em latim. Para isto, acudi diretamente nelas através do comentário do Digesto 1,18,6,1, que é onde todas as obras clássicas que analisam o *Corpus Iuris Civilis* situam a origem do brocardo. De igual modo, foram fundamentais os completíssimos índices que costumam acompanhar ao final da maioria das obras clássicas que consultei e que sistematizam por ordem alfabética as inúmeras regras, máximas ou brocardos que contêm. Em qualquer caso, em todas elas examinei a existência do brocardo em três partes: ao analisar a função do *praeses* – nos termos do Digesto –; no desenvolvimento dos aspectos gerais da prova; e na congruência das sentenças.

II. Breve precisão terminológica

9. A expressão (incorreta) *iudex iudicare debet secundum allegata et probata partium*, como se terá ocasião de constatar, foi qualificada doutrinariamente de várias formas diferentes: como aforismo, princípio, máxima, brocardo, axioma, e inclusive dogma jurídico. Por isso, entendo que é necessário realizar uma breve análise de cada um destes conceitos para encontrar o mais adequado em ordem a identificar melhor a expressão latina aqui analisada.

10. Por aforismo se entende aquela "sentencia breve y doctrinal que se propone como regla en alguna ciencia o arte",[11] ou "sentencia lacónica y doctrinal que presenta en forma sintética lo más interesante de alguna materia, regla, principio, axioma, máxima instructiva y

[11] *Diccionario de la Real Academia de la Lengua Española*, 22ª edición, Madrid, 2001, p. 39.

generalmente verdadera".[12] Em consequência, com caráter geral, destes conceitos se deduz que os termos *aforismo*, *apotegma*,[13] *axioma*,[14] *máxima*,[15] ou *princípio*, se utilizam como sinônimos, entendendo-se todos como uma expressão que transmite de forma breve, clara e precisa uma determinada ideia.[16]

Contudo, no específico âmbito jurídico, como se afirmou, o termo "aforismo" adquire uma especial relevância "desde el tiempo de los romanos, por venir condensada en ese género de proposiciones la doctrina fundamental o básica de aquella sabia legislación, constituyendo, aún en nuestros tiempos, el mayor contingente de reglas o principios generales del Derecho que en lo civil y procesal se invocan en los Tribunales de justicia, ya en defecto de disposición escrita aplicable, ya por haber sido incorporados a los Códigos y leyes vigentes. Bajo el epígrafe *De diversis regulis juris antiqui*, comprende el título XVII, libro V del Digesto hasta 211 aforismos o reglas de derecho, los cuales, a la par de otros muchos diseminados en el propio Digesto o en otros cuerpos legales, son verdaderos predicados del derecho racional que, por no

[12] *Enciclopedia Universal Ilustrada Europeo-Americana*, T. XXXIII, Hijos de J. Espasa editores, Madrid, 1922, pp. 155 y 156.

[13] O *Diccionario de la Real Academia de la Lengua Española* o define como: "Dicho breve y sentencioso; dicho feliz, generalmente el que tiene celebridad por haberlo proferido o escrito algún hombre ilustre o por cualquier otro concepto" (ob. cit., p. 126). E em similares termos, a *Enciclopedia Universal Ilustrada Europeo-Americana* o concebe como: "Dicho breve, sentencioso e instructivo atribuido generalmente a algún personaje célebre" (ob. cit., p. 1063).

[14] O *Diccionario de la Real Academia de la Lengua Española* o define como: "Proposición tan clara y evidente que se admite sin necesidad de demostración" (ob. cit., p. 175). E, de igual modo, a *Enciclopedia Universal Ilustrada Europeo-Americana* o delimita como: "Principio, sentencia, proposición tan clara y evidente que no necesita demostración alguna" (ob. cit., p. 1325).

[15] O Dicionário da Real Academia da Língua Espanhola a define como: "1. Regla, principio o proposición generalmente admitida por quienes profesan una facultad o ciencia. 2. Sentencia, apotegma o doctrina buena para dirigir las acciones morales. 3. Idea, norma o designio a que se ajusta la manera de obrar." (ob. cit., p. 996). De igual modo, a *Enciclopedia Universal Ilustrada Europeo-Americana* a define como: "Regla, principio o proposición generalmente admitida por todos los que profesan una facultad o ciencia. Sentencia, apotegma o doctrina buena para dirección de las acciones morales. Idea, intención, designio, principio adoptado de obrar" (ob. cit., p. 1250). E em termos praticamente idênticos as anteriores encontramos a definição oferecida na *Enciclopedia Jurídica Española* segundo a qual estamos ante um: "Principio, proposición o regla, aceptada comúnmente por cuantos cultivan la ciencia, arte o ramo del saber a que se refiere, especialmente entre los filósofos. En el orden moral, sentencia, doctrina o apotegma para seguir la buena senda de la vida. En términos jurídicos, principio de derecho universalmente adoptado por los tratadistas y comentaristas de Derecho" (*Máxima*, em "Enciclopedia Jurídica Española", T.XXII, edit. Seix, Barcelona, 1910, p. 100).

[16] Por isso, MANS PUIGARNAU, em sua clássica obra *Los Principios Generales del Derecho (Repertorio de reglas, máximas y aforismos jurídicos)* – edit. Bosch, Barcelona, 1947, p. XXX –, destaca que "entre la variada terminología relativa a la materia (principios, axiomas, postulados, máximas, reglas, sentencias, aforismos, proverbios, adagios, apotegmas, etc.), descuellan las denominaciones de principios generales y reglas de derecho, a las que, por lo demás, se reducen varios de los otros términos apuntados".

referirse a condiciones sociales o jurídicas del pueblo romano, conservaron todo su valor en el antiguo Derecho español y lo mantienen todavía en el estado actual del Derecho, no sólo en España, sino en la generalidad de las naciones civilizadas".[17] [18] Em conclusão, se bem que em sentido amplo, aforismo pode ser utilizado como sinônimo de axioma, brocardo, máxima, ou princípio, no âmbito jurídico, no sentido estrito, só pode ser entendido como aquela exposição breve, clara e precisa de uma proposição jurídica contida no Digesto e que chegou vigente até nossos dias, reiterando-se continuamente pelos juristas em seus estudos doutrinais ou escritos jurídicos. Por isso, todo o resto de idéias que tenham sua origem no Digesto poderão denominar-se como brocardo, máxima, princípios ou axioma mas, com rigor, não poderá afirmar-se que se trate de um verdadeiro aforismo.

11. Junto ao conceito de "aforismo" também adquire relevância o de "brocardo" na ordem jurídica, pois com ele se faz referência, estritamente, a expressão breve, clara e precisa de uma proposição jurídica formulada pelos tratadistas dos textos jurídicos romano-canônicos na Idade Média, isto é, os glosadores e comentaristas.[19] Por isso, resulta

---

[17] *Aforismo*, em "Nueva Enciclopedia Jurídica", T. II, dirigida por Carlos E. Mascareñas, edit. Seix, Barcelona, 1950, p. 451 (não se identifica o autor do conteúdo deste verbete).

[18] De igual modo, DOMINGO afirma: "Sabemos por Javoleno (Digesto, 50.17.202) que los juristas romanos – verdaderos hacedores del Derecho que dos mil años después todavía se aplica en Europa – no fueron amantes de las definiciones jurídicas, por considerar excesivamente arriesgada la empresa de poner límites *(de-finitio)* a los conceptos. Sí fueron, en cambio, aficionados a formular, en sentencias breves, claras y sencillas, aquellos principios jurídicos o criterios de interpretación de carácter general que facilitaban la solución de casos complejos, como la misma sociedad a la que el derecho sirve. Y es que cualquier sistema de elaboración jurisprudencial del Derecho acaba desembocando en las reglas jurídicas, cuyo carácter normativo *lato sensu* es casi un *a priori* [...]. Un hito en la historia de las reglas jurídicas lo constituye el Título XVII del Libro L del Digesto (del a. 533), que el emperador Justiniano, gran imitador de lo clásico, quiso dedicar a las reglas, como broche de oro de su monumental compilación [...]. El prestigio de la compilación justinianea hizo que, con la recepción del Derecho romano, esta costumbre de los libros de reglas pasara también a las compilaciones canónicas medievales. En efecto, volvemos a encontrar un libro de reglas en el Título XLI del Libro V de las *Decretales* de Gregorio IX (a. 1234), cuidadas por el dominico catalán Sto. Raimundo de Peñafort (c. 1180-1275)" (ob. cit., pp. 13 y 14). Em similares termos, cfr. GÓMEZ CARBAJO DE V., F., *Textos de Derecho Romano*, AAVV, coord. Rafael Domingo, edit. Aranzadi, Cizur Menor, 2002, p. 301.

[19] Assim, MANS PUIGARNAU, referindo-se aos brocardos, indica: "A perfilar el concepto de las reglas de derecho contribuyó también en amplia medida la distinción establecida por los glosadores y comentaristas de los textos jurídicos romanocanónicos, y recogida luego por los tratadistas de la materia de los siglos XVI, XVII y XVIII, diferenciando las auténticas o legales, de las doctrinales o brocardos, del mismo modo que se distinguía, entre las compilaciones jurídicas medievales, las auténticas u oficiales, sancionadas como tales por el legislador, de las que, carentes de autoridad legal, eran debidas a la iniciativa privada. Auténticas son, pues, aquellas reglas sancionadas por la autoridad legislativa (el Emperador y el Papa), diseminadas en los cuerpos de ambos derechos, y de un modo especial las agrupadas bajo la rúbrica *de regulis iuris* de los mismos; y no auténticas, doctrinales o brocardos eran aquellas otras formuladas, citadas o aplicadas por los glosadores y postglosadores, y por los demás jurisconsultos, doctores o maestros en materia jurídica, pero que por ser de origen privado carecían *per se* de fuerza de ley, y cuya autoridad en

desnecessário acrescentar adjetivos como os de "clássico", "tradicional" (ou outros similares), já que seriam um simples pleonasmo. O correto é utilizar o termo *brocardo*.[20]

12. Finalmente, devo referir-me ao conceito de "princípio". O *Dicionário da Real Academia da Língua Espanhola*, em concreto respeito a "princípio de direito", o define como: "Norma no legal supletoria de ella y constituida por doctrina o aforismos que gozan de general y constante aceptación de jurisconsultos y tribunales".[21] E na mesma linha, a *Enciclopédia Universal Ilustrada Europeu-Americana*, em relação aos "princípios gerais de direito" destaca que "entre los autores españoles, Sánchez Román considera como principios generales del Derecho los axiomas o máximas jurídicas recopiladas en las antiguas compilaciones (Digesto, Decretales, Partidas, etc.), y Burón dice que son los dictados de la razón admitidos por el legislador como fundamento inmediato de sus disposiciones y en los cuales se halla contenido su capital pensamiento".[22] Em consequência, o uso do termo "princípio" é mais atual que o de "aforismo" ou "brocardo".[23]

último término debería justificarse" (ob. cit., p. XXXIV). De igual modo, DOMINGO, depois de indicar a controvertida origem etimológica do termo "brocardo", assinala: "Junto a estos libros de reglas incorporados en las compilaciones medievales, comenzaron a publicarse en la Edad Media los primeros libros de *Brocarda, Brocardica* o *Generalia*, con el fin de contribuir al aprendizaje de un derecho recibido muy superior al que se aplicaba en ese interesante y todavía desenfocado período de la Historia de la Humanidad" (ob. cit., p. 14). E GÓMEZ CARBAJO indica que "el estudio de las reglas de derecho atrajo ampliamente la atención durante la Edad Media, en la que se hizo habitual para ellas la denominación de *generalia*, o de *brocarda* [...]. Pero los autores medievales no se limitaron a reproducir en sus obras las reglas jurídicas contenidas en el *Corpus Iuris*, sino que ellos mismos, en sus glosas y comentarios, formularon nuevos aforismos y brocardos, en muchos casos resumiendo en frases lapidarias el espíritu de los textos de la Compilación de Justiano, o formulando de manera más concisa alguna de las reglas que ésta contenía [...]. De esta manera, junto a las reglas elaboradas por los jurisconsultos romanos, se fueron añadiendo otras que en no pocas ocasiones reflejan igualmente los principios que inspiraron el ordenamiento jurídico de Roma" (ob. cit., pp. 301-302).

[20] Em sentido amplo, por "brocárdico" se entende: "Entre los profesores de derecho, sentencia o axioma legal" (este é o conceito dado ao termo tanto no *Diccionario de la Real Academia de la Lengua Española*, ob. cit., p. 241; como na *Enciclopedia Universal Ilustrada Europeo-Americana*, ob. cit., p. 913).

[21] Ob. cit., p. 1244.

[22] Ob. cit., p. 463.

[23] Neste sentido, MANS PUIGARNAU destaca que "jurídicamente, la expresión regla de derecho es más antigua que la de principio. Su empleo en la jurisprudencia romana arranca de la época preclásica, y en ella constituye ya un término propio de la técnica jurídica [...]. Todas las reglas de derecho auténticas, es decir, las contenidas en los cuerpos oficiales del derecho romano y del canónico y en las compilaciones fundamentales del derecho español histórico, que no se hallen en contradicción con las disposiciones legales y las normas consuetudinarias vigentes, pueden ser consideradas como órgano transmisor de los principios generales del derecho, erigidos en norma supletoria por el artículo 6º del Código civil, con tal de que conste claramente la autoridad que les infunde esa autenticidad, mediante citar de un modo completo los textos de procedencia, contenidos en el *Corpus Iuris Civilis* y en el *Corpus Iuris Canonici* y, por lo que hace a España, en las Partidas y demás monumentos histórico-jurídicos fundamentales. El criterio de admisibilidad

O estudo sistemático dos princípios processuais é relativamente recente na doutrina,[24] e adquire sentido para dar coerência a todo o sistema processual de uma determinada regulação.[25] Assim, os princípios processuais costumam definir-se como as "ideas que informan la regulación de los más importantes aspectos de aquél",[26] isto é, as "ideas base de determinados conjuntos de normas, ideas que se deducen de la propia ley aunque no estén expresamente formuladas en ella",[27] ou dito de outro modo, o "cómo está hecho el proceso" que permite "llegar al conocimiento del comportamiento de los sujetos que intervienen en el proceso, sus posibilidades, cargas y obligaciones procesales".[28]

III. Formulação do brocardo

A) Introdução: o Digesto como fonte de glosa e comentário

13. Como indiquei nas hipótesis de trabalho anteriormente desenvolvida, e a diferença do que sustenta a maioria da doutrina italiana e espanhola atual, assim como a jurisprudência do nosso Tribunal Supremo, atendendo diretamente às fontes originais das que surge o

habría de extenderse también a las fórmulas de principios jurídicos insertos en los textos científicos, filosóficos y religiosos, que en la actualidad se halla grabadas universalmente en la conciencia jurídica, o constituyen postulados esenciales en los órdenes político y social. Cuya autenticidad debería ser alegada por la parte que a su favor invocase la regla de derecho, y sobre la cual debería pronunciar su fallo el juzgador, al decidir igualmente sobre su no contradicción con el sistema de derecho vigente y sobre su aplicabilidad concreta al punto controvertido" (ob. cit., pp. XXX e XXXIX).

[24] Em geral, isso sucede em toda a ordem jurídica, pois como indica DOMINGO: "Desde el siglo XIX hasta nuestros días, las reglas jurídicas han encontrado acomodo en los ordenamientos jurídicos a través de los llamados principios generales del derecho, que cumplen una importante función integradora, y que se hallan recogidos en los distintos Códigos nacionales. En el caso concreto de España, su utilización frecuente y acertada por el Tribunal Supremo – desde su definitiva creación en 1834 – o por el joven Tribunal Constitucional ha servido de modelo a los jueces y magistrados de todos los órdenes jurisdiccionales" (ob. cit., p. 15).

[25] A Respeito da mutiplicidade de funcões que tem atribuido os princípios processuais, me remeto ao meu trabalho *El principio de la buena fe procesal*, edit. J.Mª. Bosch editor, Barcelona, 2003, pp. 49 e 50.

[26] ORTELLS RAMOS, M., em AAVV., *Derecho Procesal. Introducción*, Edit. Punto y coma, Valencia, 2000, pp. 210-211.

[27] MONTERO AROCA, J. (em AAVV), *Derecho Jurisdiccional*, T.I, edit. Tirant lo blanch, Valencia, 2000, p. 313.

[28] GIMENO SENDRA, V., *Fundamentos del Derecho Procesal*, edit. Civitas, Madrid, 1981, p. 177. De igual modo, vid. BERZOSA FRANCOS, M.Vª., *Principios del proceso*, em "Justicia", 1992, III, p. 554; e GÓMEZ DE LIAÑO GONZÁLEZ, F., *Introducción al Derecho Procesal*, 4ª edición, Editorial Forum, Oviedo, 1997, p. 233.

brocardo aqui analisado, sua correta formulação deve ser a seguinte: *"iudex iudicare debet secundum allegata et probata, non secundum conscientiam"*, pelo que se evidencia o mencionado duplo erro em sua recepção: em primeiro lugar, o acréscimo do termo *partium* (o *partibus*); e, em segundo lugar, a preterição da expressão *"et non secundum conscientiam"*, alterando-se assim em substância a verdadeira finalidade do autêntico brocardo.

14. Em todas as obras clássicas que elabora ciência jurídica sobre a base do Digesto, formula-se o brocardo a partir do comentário do D.1,18,6,1 [*De officio praesidis*[29]], que expressa o seguinte: "Veritas rerum erroribus gestarum non vitiatur; et ideo praeses provinciae id sequatur quod convenit eum ex fide eorum quae probabuntur",[30] isto é, "La verdad no debe desvirtuarse por los erróneos abusos de la práctica, y, por consiguiente, aténgase el gobernador a lo que resulte de la fe de las pruebas".[31] [32]

B) Formulação do brocardo

B.1. Nos glosadores da Escola de Bolonha (Duranti, Accursio e Azón)

15. O brocardo corretamente enunciado aparece formulado pelos glosadores mais relevantes da Escola de Bolonha do século XIII, especialmente AZÓN, ACCURSIO y DURANTI.

16. O primeiro autor que devo analisar é DURANTI já que, em que pese ser posterior aos outros glosadores, segundo LIEBMAN em sua obra se recorre à expressão *"iudex iudicare debet iuxta allegata et probata*

---

[29] O *praeses* é quem representa os interesses do Império Romano em um determinado território provincial (normalmente o pró-cônsul ou legado do Cesar), e que tem atribuidas – entre outras muitas funções – algumas jurisdicionais. Na tradução da obra de Justiniano, o termo *praeses* é traduzido de forma diversa por GARCÍA DEL CORRAL e D'ORS: para o primeiro, desde uma visão eminentemente filológica, a tradução mais fideligna é a de "presidente" (GARCÍA DEL CORRAL, I.L., *Cuerpo del Derecho Civil Romano*, primeira parte, edit. J. Molinas, Barcelona, 1889, pp. 238 e 239); e para o segundo, desde uma perspectiva mais jurídica, entende mais correto falar de "governador" (D'ORS, HERNÁNDEZ-TEJERO, FUENTESECA, GARCÍA GARRIDO e BURILLO, *El Digesto de Justiniano*, T.I, edit. Aranzadi, Pamplona, 1968, pp. 81 e 82).

[30] MOMMSEN, Th., *Digesta Iustiniani Augusti*, vol. I, edit. Weidmann, Berlin, 1962, p. 35.

[31] D'ORS (*et altri*), ob. cit., T.I, p. 82. De igual modo, GARCÍA DEL CORRAL traduz o Digesto de forma similar: "La verdad no se vicia por los errores de las cosas hechas; y por tanto, aténgase el Presidente á aquello que le conviene por la fe de lo que se probare" (ob. cit., p. 239).

[32] De igual modo, a respeito da devida congruência das sentenças, o Digesto 10,3,18, estabelece: "[...] *in iudicium deductum est, excedere potestas iudicis non potest*", vale dizer, "la potestad del juez no puede exceder más allá de lo deducido en juicio" (cfr. GARCÍA DEL CORRAL, I. L., ob. cit., p. 635).

partium".[33] Contudo, a leitura direta de diversos exemplares da obra deste glosador – que viveu entre os anos 1237 a 1296 – nos demonstra a imprecisão do autor italiano: em seu clássico tratado processual *Speculum Iuris*, de finais do s. XIII, glosando o *Digesto* [Livro I, Título XVIII (*De officio praesidis*), Lei VI (*Illicitas*), §.I (*Veritas*)], o que realmente indica é que o juiz: *"Sententia ferri debet secundum allegata et probata, non secundum conscientiam"*.[34]

Em consequência, do exame direto do *Speculum Iuris* pode constatar-se a indevida introdução da partícula *partium* ou *partibus* depois do termo *probata*, que atualmente se faz ao brocardo, assim como a omissão da expressão *non secundum conscientiam*.

17. E de igual modo devo destacar aos glosadores AZÓN e ACCURSIO.

O grande mestre da Escola de Bolonha de início do século XIII, AZÓN, em sua obra Brocarda, glosando ao Digesto, assinalou: *"Iudex debet ex conscientia iudicare et e contra secundum allegata iudicare debet, cum quaeritur an iudex secundum conscientiam suam iudicare debeat in causa civili vel criminali distingue utrum notum sit ei tamque iudici .i. ratione officii sui an ut privato. In primo casu fertur sentencia secundum conscientiam suam quae etiam dici potest allegatio ut D. de feris l.3*[35] *et D. finium regundorum l.si irruptione*[36] *et D. de minor 25.an.l.minor.*[37] *Quid mirum? Nonne sert sententiam secundum testificationes et confesiones quas novit ut iudex et ita potest intellegi hoc generale si vero novit ut privatus non debet secundum eam sententiam ferre sed secundum allegata, et ita intelegitur contraria Rubrica"*.[38] [39]

---

[33] Esta constitui a primeira nota do trabalho de Liebman *Fondamento del principio dispositivo*, ob.cit., p. 551. De igual modo, cfr. VÁZQUEZ SOTELO, J.L., ob. cit., p. 605.

[34] DURANTI, *Speculum Iuris*, ed. publicada em *Venezia*, 1585, pars. II, part. III [*De Sentencia*], §.5 [*Qualiter*] n.1, fol. 785.a – exemplar da Universidade de Barcelona –; idem, *Speculum Iuris*, ed. publicada en *Venezia*, 1578, pars. II, part. III [*De Sentencia*], §.5 [*Qualiter*] n.1, fol. 175.a – exemplar da Biblioteca do Ilustre Colégio de Advogados de Barcelona.

[35] Corresponde a D.2,12,3 Ulpiano l.2 *ad edictum*.

[36] Corresponde a D.10,1,8 Ulpiano l.6 *opinionum*.

[37] Corresponde a D.4,4,36 Paulo l.5 *sententiarum*.

[38] AZÓN, *Brocarda*, en *Mario Viora (ed.), Corpus Glossatorum Iuris Civilis, Ex officina Erasmiana, Torino*, 1967, vol. IV, parte III, fol. 62.v y 63.r, especialmente fol. 63.r.a. De igual modo, cfr. NÖRR, K.W., *Zur Stellung des Richters ...*, ob. cit., p. 50.

[39] Em uma tradução livre do texto, já que este é um gênero específico de proposição interrogativa indireta, realizado pela Dra. Encarnación Ricart – Catedrática de Direito Romano – sua versão castelhana é a seguinte:
"El juez debe juzgar en conciencia
Contra
El juez debe juzgar según lo alegado
Se pregunta

E posteriormente seu discípulo ACCURSIO, na glosa à palavra *veritas* do Digesto 1.18.6.1, contida em sua obra *Glossa Ordinaria*, também se refere ao brocardo: *"secundum allegata debet iudex iudicare non secundum conscientiam"*.[40]

B.2. Nos decretistas – ou glosadores canonistas (Raimundo de Penyafort)

18. Nesta mesma linha, entre os decretistas ou glosadores canonistas também do século XIII, deve-se destacar a RAIMUNDO DE PENYAFORT, quem apelando aos textos C.3, q.7, c.4; C.30, q.5, c.10 y C.30, q.5, c.11 do Decreto de Graciano de meados do século XII, indica em sua obra *Summa de Paenitentia:* "E contra videtur: dicit enim expresse Ambrosius, quod iudex non debet iudicare secundum suam privatam conscientiam, quam apportavit de domo, sed secundum iura et allegata et probata coram ipso dum sedebat pro tribunali".[41]

B.3. Nos comentaristas ou posglosadores (Bartolo de Saxoferrato, Baldo de Ubaldis, Aegidio de Viterbio, Marantae Venusini y Alberico de Rosate)

19. Por outro lado, um século depois, o Digesto foi comentado pelos posglosadores. E a respeito podem destacar-se, entre outras, as obras de BARTOLO DE SAXOFERRATO, BALDO DE UBALDIS, AEGIDIO DE VITERBIO, MARANTAE VENUSINI, y ALBERICO DE ROSATE.

Si el juez que debe juzgar según su conciencia tanto en causa civil como criminal debe distinguir cuando ha conocido del asunto en juicio y por razón de su oficio, o cuando ha conocido de manera privada.
En el primer caso el juez debe sentenciar según su conciencia la cual se habrá formado con las alegaciones, según *D.de feris l.3* – corresponde a D.2.12.3 Ulpiano 1.2 *ad edictum – et D.finium regundorum l.si irruptione* – corresponde a D.10,1,8,1 Ulpiano 1.6 *opinionum – et D.de minor 25.an.l.minor* – corresponde a D.4.4.36, Paulo 1.5 *sententiarum.*
En otro caso la sentencia debe realizarse según las testificaciones y confesiones las cuales ha conocido el juez y le han permitido formar su conciencia con un criterio general.
Pero si (el juez) conoce del asunto de manera privada no debe sentenciar según ese conocimiento, sino que debe hacerlo según lo alegado. Esto se deduce de la rúbrica contraria".

40 ACCURSIO, *Glossa in Digestum Vetus*, en *Mario Viora (ed.), Corpus Glossatorum Iuris Civilis, Ex officina Erasmiana, Torino*, 1969, vol. VII, fol. 9.v.a.

41 RAIMUNDO DE PENYAFORT, *Summa de Paenitentia*, em *Xaverio Ochoa et Aloisio Diez (ed.), Universa Bibliotheca Iuris*, Instituto Iuridico Claretiano, Roma, 1976, vol. I, B, fol. 375.a.

BARTOLO DE SAXOFERRATO, em seu comentário ao Digesto 1,18,6,1, destaca o brocardo *"iudex debet iudicare secundum allegata, et probata, non autem secundum conscientiam"*.[42]

Seu discípulo, BALDO DE UBALDIS, em sua *Práctica*, também acolhe o brocardo aqui analisado nos seguintes termos "iudex habet iudicare secundum allegata et probata; vt nota. ff. de in litem iuran. l. ú. in gloss. ultima. de offic. praesid. l. illicitas. §. veritas".[43]

De igual modo, AEGIDIO DE VITERBIO, ao início de seu conhecido *Tractatus de testibus*, em sua regra primeira, formula corretamente o brocardo a partir da obra do Digesto, indicando que "ipsorum iudiciaria auctoritate, qui dum habet secundum allegata et probata iudicare: ut.ff. de offi. praesi. l. illicitas. versi. veritas".[44]

Na mesma linha, MARANTAE VENUSINI, ao analisar o tema da sentença definitiva, destaca: "Hinc etiam dicimus, iudex debet iudicare secundum allegata et probata, et sic secundum processum, vt habetur in l. illicitas §. veritas ff. de off. praes. ergo sententia, quae non habet processum dicitur carere materia et sic est nulla".[45]

Finalmente, ALBERICO DE ROSATE, também em seu comentário ao D. 1,18,6,1, em outros termos porém com igual finalidade, volta a insistir em dito brocardo, afirmando que: *"iudex non debet secundum conscientiam iudicare, sed secundum allegata et probata"*.[46]

B.4. Dos humanistas aos neo-humanistas (D. Gothofredus, Tholosano, Fermosini e Von Leeuwen)

20. A obra dos humanistas insiste na correta recepção do mesmo brocardo, especialmente ao fio de estudo da prova. Assim, D. GOTHOFREDUS, em seu comentario ao Digesto 1.18.6.1, destaca: *"Allegatur quod iudex debet iudicare secundùm allegata et approbata, non autem secun-*

[42] BARTOLO DE SAXOFERRATO, *Commentaria in priman Digestum Veteris partem*, em *Nicolaum Beviloquam (ed.) Torino*, 1574, fol. 39.v.b.

[43] BALDO DE UBALDIS, *Practica Baldi*, Ludguni, 1541, fol. 50 ú. De igual modo, K.W. NÖRR acolhe a mesma opinião deste pós-glosador mas em obras posteriores (cfr. *Zur Stellung des Richters ...*, ob. cit., pp. 58 – nota 22 – y 99).

[44] AEGIDIO DE VITERBIO, *Tractatus de testibus*, em "Tractatus de testibus, probandis, vel reprobandis", *variorum authorum* (coord. Ioannem Baptistam Ziletum), Venetiis, 1568, fol. 86. De igual modo, nesta mesma obra, CROTO DE MONTEFERRATO formula corretamente este brocardo a respeito do processo penal, em seu *Tractatus de testibus*, fol. 582 y 586.

[45] MARANTAE VENUSINI, *Speculum aureum et lumen advocatorum praxis civilis, Lugduni*, 1573, fol. 651.

[46] ALBERICO DE ROSATE, *Commentarii in Primam Digesti Veteris Partem*, en *Arnaldo Forni (ed.) Venetiis*, 1585, fol. 77.r.b.

dùm conscientiam", e insiste em que "Iudicandum est ex allegatis et probatis, no ex coscientia".[47]

De igual modo, THOLOSANO, no capítulo 9 de sua obra *Syntagma Iuris Universi* (titulado *De probationibus in genere*),[48] acolhe a regra *"Iudex non debet iudicare secundum propiam conscientiam"*,[49] remetendo-se ao ponto 48.9.6 de sua mesma obra, na que assinala: *"Neque secundum conscientiam, seu scientiam propriam statuit; sed secundùm allegata, et probata, et vt leget iubet"*.[50]

Em termos similares, FERMOSINI, em seu tratado De probationibus, destaca: "Nam secundum allegata, et probata Iudicem Iudicare oportere non secundum scientiam suam, dixit textus in l. illicitas §. veritas ff. de officio Praesidu".[51] [52]

21. Entre os neo-humanistas, pode-se destacar a VON LEEUWEN, quem em seu comentário ao Digesto 1,18,6,1, afirma: "Id est, quod convenire existimat. Si deprehenderit fidem inesse probationibus, probationes sequatur; sin falsas eas repererit, alliud eius fides et rerum veritas expostulat, quam ut allegata et probata sequatur".[53]

B.5. Nas obras posteriores sobre repertórios de aforismos e brocardos

22. Finalmente, devo destacar que nas antigas coleções ou repertórios recopilatórios de aforismos e brocardos também se costuma recolher corretamente o aqui analisado: assim, por exemplo, MARFÁ DE QUINTANA indica que *"non secundum allegata, sed secundum probata judex judicare debet"*;[54] MILÁ Y PÍ assinala igualmente que *"secundum*

---

[47] GOTHOFREDUS, D., *Corporis Iustinianaei Digestum Vetus seu Pandectarum Iuris Civilis*, T. I, *Lugduni*, 1604, p. 143.

[48] THOLOFANO, P.G., *Syntagma Iuris Universi*, parte III, *Lugduni*, 1606.

[49] Ob. cit., p [98] (sign. H6).

[50] Ob. cit., pp. 779-780.

[51] FERMOSINI, N.R., *De probationibus*, Lugduni, 1662, p. 46.

[52] Pese a toda esta clara doutrina, devo advertir que em algumas obras que nos foi possível analisar, contudo, não existe referência ao presente brocardo (ou outro similiar) provavelmente pelo caráter prático da mesma ou sua escassa extensão, como acontece por exemplo com a obra de OBRECHT, *De rei vindicatione partes tres*, que nem no apartado dedicado ao *Officio iudicis* nem no *De probationes*, se refere em nenhum sentido ao citado brocardo (OBRECHT, G., *De rei vindicatione partes tres, Argentorati*, 1600).

[53] LEEUWEN, S.V., *Corpus Juris Civilis Romani*, Coloniae Munatianae, 1756, p. 125.

[54] MARFÁ DE QUINTANA, J., *Principios fundamentales del derecho y sus axiomas*, edit. de José Miret, Barcelona, 1875, p. 216.

allegata et probata iudicare debetur";[55] DE MAURI destaca que *"iudex judicare debet secundum alligata et probata"*;[56] e MANS PUIGARNAU indica que *"Iudex iudicare debet iuxta [sive: secundum] allegata [sive: alligata] et probata"*.[57] [58]

IV. Recepção do brocardo na doutrina processualista

A) Estudo da doutrina alemã

A.1. Correta formulação do brocardo

23. O brocardo objeto de estudo aparece corretamente identificado em diversos tratados do processualismo alemão da segunda metade do século XIX (os de WETZELL, PLANCK, ENDEMANN y BOLGIANO), assim como em distintos estudos especializados.

Com anterioridade GÖNNER, em seu famoso *Handbuch des deutschen gemeinen Prozesses*,[59] em que a doutrina processual situa a origem da distinção conceitual entre os princípios de aportação de parte (*Verhandlungsmaxime*) e investigação de ofício (*Untersuchungsmaxime*), recolhe diversos brocardos relacionados com o aqui examinado, como

---

[55] MILÀ Y PÍ, *Colección de axiomas de derecho y equidad, y de principios ó modismos aplicables á los debates del foro*, em "Revista de Derecho y del Notariado", T. V, 1883, p. 379.

[56] DE MAURI, L., *Regulae juris*, 10ª edic., edit. Ulrico Hoepli, Milano, 1928, p. 123.

[57] MANS PUIGARNAU, J. M., ob. cit., p. 267. De igual modo, se bem que são trabalhos mais recentes, vid. MASCAREÑAS, C. E., *Aforismo*, em "Nueva Enciclopedia Jurídica", T.II, edit. Seix, Barcelona, 1950, p. 466; CABANELLAS, G., *Repertorio jurídico en principios generales del derecho, locuciones, máximas y aforismos latinos y castellanos*, 4ª edic., edit. Heliasta, Buenos Aires, 1992, p. 131; e PEREIRA-MENAUT, G., *Topica. Principios de Derecho y Máximas Jurídicas Latinas*, edit. Arcana Veri, Santiago de Compostela, 2001, p. 205.

[58] Contudo, em outras obras recompilatórias de aforismos, brocardos, máximas ou regras jurídicas, ou bem se acolhe incorretamente (assim, cfr. LÓPEZ DE HARO, C., *Diccionario de reglas, aforismos y principios del derecho*, edit. REUS, Madrid, 1924, p. 278, que assinala como princípio processual o de "en lo civil el juez es neutro y se atiene y concreta a lo alegado y probado por las partes"; REINOSO BARBERO, *Los principios generales del Derecho en la jurisprudencia del Tribunal Supremo*, edit. Dykinson, Madrid, 1987, p. 290, que se refere ao princípio "iudex iudicet secundum allegata et probata partium"; e NICOLIELLO, N., *Diccionario del latín jurídico*, edit. J.Mª. Bosch editor, Barcelona, 1999, p. 151, segundo o qual: "Iudex secundum alligata et probata a partibus iudicare debet"); ou bem não aparece nenhuma referência, nem direta nem indireta, ao brocardo aqui analisado, como pode comprovar-se em ROQUER, L., *Compendio de derecho romano ó aforismos y decisiones sacados del digesto y del código*, imprenta de la V. De Espona, Barcelona, 1846; RAIMONDI, L., *Raccolta delle principali mássime del corpo del diritto romano*, Napoli, 1876; ou em LIEBS, von Detlef, *Lateinische Rechtsregeln und Rechtssprichwörter*, 5ª edic., edit. Beck, München, 1991.

[59] GÖNNER, N.T., *Handbuch des deutschen gemeinen Prozesses*, 2ª edic., I, edit. J. J. Palm, Erlangen, 1804.

os de *judex ex officio non procedit*[60] o *quod non est in actis, non est in mundo,*[61] e se bem entende que o juiz só pode levar em consideração os meios de prova solicitados pelas partes,[62] não recolhe sua expressão latina porque simplesmente nunca existiu como brocardo.[63] Tampouco o encontramos em outros relevantes tratados da época como, por exemplo, o de MARTIN.[64]

A recepção do brocardo a encontramos já no célebre de WETZELL *System des ordentlichen Zivilprocesses,* na que afirma: "Entsleidet man diesen Saβ seiner Beziehung aus die Auszeichnung oder schristliche Form der Berhandlungen, so besagt er, daβ der Richter, wie es schon die Glossatoren ausdrückten *secundum allegata et probata,* nicht *secundum conscientiam* sprechen solle [a nota: Bgl. c. 15 in f. X. de rest. spol. (2, 13), gl. Veritas] ad l. 6 §. 1 D. de off. Praes., Durantis: Spec. jud. II, 1 de citat. §. 4 nr. 14, II. 3 de sententia et de his, quae §. 5 nr. 1 (und dazu Biener: Beiträge S. 80]".[65]

De igual modo, PLANCK destaca: "Hiemit war also dem bloss mündlich vor oder vom Gericht gesprochenen Wort jeder massgebende Werth entzogen und der aus der unzweifelhaft richtigen Forderung [a nota: Gl. veritas. L. 6 § 1 D. d. off. praes. 1, 18. Bart. ibid.: *judex debet judicare secundum allegata et approbata, non autem secundum conscientiam*]".[66]

Na mesma linha, ENDEMANN recolhe como máxima que se deriva do *Verhandlungsmaxime* a de *"judex secundum allegata et probata judicare debet, non secundum conscientiam"*.[67]

Finalmente, também BOLGIANO, em seu "Tratado de direito processual civil", ao analisar o alcance do *Verhandlungsprinzip,* afirma que

---

[60] Ob. cit., p. 182.

[61] Ob. cit., p. 223.

[62] Em concreto, para este autor, o juiz "sólo puede tomar en consideracón los medios de prueba indicados por las partes; el juez, durante todo el proceso, sólo puede actuar allí donde las deducciones e instancias de las partes lo hayan puesto de manifiesto; cuando no se trate exclusivamente de la subsunción (fáctica) a la ley sino que esté en cuestión el material de hecho, el juez estará siempre vinculado a mantenerse en el ámbito de las deducciones de las partes" (ob. cit., p. 183).

[63] Por isso não é correta a observação de BOMSDORF, que atribui o brocardo à obra de Gönner (BOMSDORF, F., *Prozessmaximen und Rechtswirklichkeit. Verhandlungs – und Untersuchungsmaxime im deutschen Zivilprozess – Vom gemeinen Recht bis zur ZPO –*, edit., Duncker & Humblot, Berlin, 1971, p. 42).

[64] MARTIN, Ch., *Lehrbuch des Deutschen gemeinen búrgerlichen Processes*, Gottingen, 1805.

[65] WETZELL, G. W., *System des ordentlichen Zivilprocesses*, edit. Bernhard Zauchnitz, Leipzig, 1878, p. 520.

[66] PLANCK, J. W., *Lehrbuch des Deutschen Civilprozessrechts*, edit. C. H. Beck'schen, Nördlingen, 1887, p. 176.

[67] ENDEMANN, W., *Das deutsche Zivilprozessrecht*, 1ª edic., Heidelberg, 1868, p. 369.

se deve aos glosadores a regra segundo a qual o juiz deve julgar "*secundum allegata et probata nicht secundum conscientiam*".[68]

24. Na doutrina posterior, já no início do século XX, seguimos encontrando obras que adotam corretamente o brocardo ao analisar o *Verhandlungsmaxime*, como sucede por exemplo com os tratados de direito processual civil de BUNSEN, no que se refere, entre outras, à máxima "*judex secundum allegata et probata judicare debet non secundum conscientiam*";[69] ou o de KLEINFELLER,[70] no que, a margem de estudar outras *regulae iuris* que definem dito princípio (como as de "*ne procedat iudex ex officio*"[71] y "*ne eat judex ultra petita partium*"[72]), também se refere ao brocardo "*judex secundum allegata judicare debet*"[73]. Deve mencionar-se aqui também o amplo e documentado estudo de KOHLER sobre os princípios do processo civil, no que se plasma em devida forma o resultado dos principais glosadores, afirmando-se que dos mesmos só pode deduzir-se o brocardo "*iudex debet iudicare secundum allegata et probata, non secundum conscientiam*".[74]

A.2. Errônea formulação do brocardo desde WACH

25. A errônea formulação do brocardo se produz em relevantes autores alemães da segunda metade do século XIX e princípios do século XX: em primeiro lugar, devemos destacar a WACH, e posteriormente a seu discípulo HELLWIG, e a SCHMIDT.

O grande mestre de Leipzig, em seu conhecido comentário de 1879 sobre a *Civilprocessordnung* alemã, ao analisar a relação entre o juiz e as partes, indica que o juiz não pode introduzir provas no processo, pois julga "*secundum allegata et probata partium*, nicht *secundum suam conscientiam*".[75]

---

[68] BOLGIANO, K., *Handbuch des Reichs-Civil-Prozessrechts*, 1ª edic., edit. F. Enke, Stuttgart, 1879, p. 44.

[69] BUNSEN, F., *Lehrbuch des deutschen Civilprozessrechts*, 1ª edic., edit. Guttentag, Berlin, 1900, p. 193.

[70] KLEINFELLER, G., *Lehrbuch des deutschen Zivilprozessrechts*, 1ª edic., edit. Franz Vahlen, Berlin, 1905, pp. 179 a 196.

[71] Ob. cit., pp. 183 e 185.

[72] Ob. cit., p. 183.

[73] Ob. cit., p. 180, nota 1.

[74] KOHLER, V.J., *Alexander Plosz und die Offizialmaxime im ungarischen Zivilprozesse*, em "Rheinische Zeitschrift für Zivil-und Prozessrecht", 1914, pp. 18, 20, 21, 23, 24 e 26.

[75] WACH, A., *Vorträge über die Reichs-Civilprocessordnung*, 2ª edic., edit. Bei Adolph Marcus, Bonn, p. 61 – a primeira edição é de 1879 – (existe uma tradução ao castelhano desta obra, em sua primeira edição, com o título "Conferencias sobre la ordenanza procesal civil alemana" – de Ernesto Krotoschin, edit. EJEA, Buenos Aires, 1958, onde se acolhe a mesma citação literal do texto na

De igual modo, HELLWIG, em seu conhecido "Sistema de direito processual civil alemão" afirma: "Im Zivilprozesse galt im Gegensasse hierzu gemeinrechtlich der seste Grundsass: *iudex iudicare debet secundum allegata et probata a partibus"*.[76]

E para SCHMIDT, da *Verhandlungsmaxime* se deduz a velha regra *"judex secundum allegata et probata partium iudicare debet, non secundum propiam conscientiam"*.[77] [78]

26. Neste mesmo erro, incorrem eminentes processualistas como STEIN, HEILFRON y PICK, GOLDSCHMIDT, ROSENBERG, NIKISCH, BLOMEYER o BRUNS.

Assim STEIN, em sua magnífica obra *Das private Wissen des Richters*, se refere à máxima (*satz*) "iudex iudicet secundum allegata et probata partium".[79]

De igual modo HEILFRON y PICK, ao analizar as manifestações do *Verhandlungsmaxime* (principio de aportação de parte) em seu clássico *Lehrbuch des Zivilprozessrechts*, destacam que o tribunal deve formar sua convicção partindo somente dos fatos e das provas aportadas pelas partes devido à vigência da regra *"iudex iudicet secundum allegata et probata partium"*.[80]

Por sua parte, GOLDSCHMIDT, em sua clássica obra *Zivilprozessrecht*, destaca que "Die Behauptungen und Beweisantretungen der Parteien bilden die alleinige Entscheidungsgrundlage (*iudex secundum*

---

p. 72). Sem embargo, em sua posterior obra *Handbuch des Deutschen Civilprozessrechts*, edit. Von Duncker & Humblot, Leipzig, 1885, não aparece o brocardo (existe uma tradução ao castelhano com o título *Manual de derecho procesal civil*, tradução de T. A. Banzhaf, edit. EJEA, Buenos Aires, 1977, pp. 267-268).

[76] HELLWIG, K., *System des deutschen Zivilprozessrechts*, T.I, edit. Aalen, Leipzig, 1912, p. 405.

[77] SCHMIDT, R., *Lehrbuch des deutschen Civilprozessrechts*, edit. Von Duncker & Humblot, Leipzig, 1898, p. 353. Não obstante, o professor de Freiburg, anteriormente em um documentado estudo sobre o conhecimento privado do juiz, examinando a obra dos doutores da Escola de Bolonha, em distintos apartados se refere corretamente ao princípio *"judex secundum allegata judicare debet"* (*Die aussergerichtlichen Wahrnehmungen des Prozessrichters*, em "Archiv für Bürgerliches Recht und Prozess", 2, 1892, pp. 273, 277, 279, 285, 290, 292 y 297).

[78] Com anterioridade ULLMANN, em seu *Das österreichische Civilprozessrecht*, descreve que uma das manifestações do *Verhandlungsmaxime* o constitui a regra "judex secundum allegata et probata a partibus judicare debet" (ULLMANN, D., *Das österreichische Civilprozessrecht*, 3ª edic., edit. F. Zempsth, Wien, 1892, p. 106).

[79] STEIN, F., *Das private wissen des Richters*, Leipzig, 1893 – reimpresão de 1969, p. 1 – (existe uma tradução ao castelhano com o título *El conocimiento privado del juez*, realizada por Andrés de la Oliva Santos, ediciones Universidad de Navarra, S.A., Pamplona, 1973, p. 3). Sem embargo, em seu *Die Civilprozessordnung für das Deutsche Reicht*, T.I, 8ª edic., edit. J.C.B. Mohr, Tübingen, 1906, ao analisar o *Verhandlungsmaxime*, não acolhe de forma alguma o brocardo (pp. 340 a 344).

[80] HEILFRON, E., e PICK, G., *Lehrbuch des Zivilprozessrechts*, 2ª edic., T. I, edit. Speyer & Peters, Berlin, 1910, p. 448.

allegata et probata a partibus iudicare debet), mit anderen Worten, die Parteien haben die Behauotungs – und Beweislast".[81]

No mesmo sentido, ROSENBERG, em seu conhecido *Tratado de direito processual civil*, destaca que em virtude do *Verhandlungsmaxime* "daβ allein die Parteien den Streitstoff in den Prozess einführen, über seine Feststellungsbedürftigkeit entscheiden und seine Feststellung betreiben, daβ aber das Gericht Tatsachen, welche von den Parteien nicht vorgebracht sind, nicht berücksichtigen und in der Regel keine Beweise von Amts wegen aufnehmen darf (*iudex iudicare debet secundum allegata et approbata partium, non secundum conscientiam suam*)".[82]

Também NIKISCH, ao analisar o *Verhandlungsmaxime*, se refere incorretamente à máxima "judex judicare debet secundum allegata et probata a partibus".[83]

Em similares termos, BLOMEYER, recolhendo incorretamente a citação efetuada por Wetzell, menciona indevidamente o brocardo indicando: "Das gemeine Zivilprozessrecht legte dagegen den *Parteien* die Verantwortung für das Tatsachenmaterial auf: *Judex iudicare debet secundum allegata et probata a partibus*".[84]

Finalmente, BRUNS, ao estudar o *Verhandlungsmaxime*, menciona como parte de seu conteúdo a regra própria do direito romano-canônico "judex iudicare debet secundum allegata et probata a partibus".[85]

27. Nos estudos monográficos existentes sobre o *Verhandlungsmaxime*, quando se formula o brocardo em sua expressão latina é comum fazê-lo incorretamente, como pode comprovar-se com as obras de BRÜGGEMANN e BOMSDORF: o primeiro autor[86] se refere à

---

[81] GOLDSCHMIDT, J., *Zivilprozessrecht*, 1ª edic., edit. Springer, Berlin, 1929, p. 23 (existe uma tradução ao castelhano realizada por L. Prieto Castro, edit. Labor, Barcelona, 1936, cuja citação literal do texto pode consultar-se nas pp. 82-83).

[82] ROSENBERG, L., *Lehrbuch des Deutschen Zivilprozessrecht*, 2ª edic., edit. von Otto Liebmann, Berlin, 1929, p. 179 (existe uma tradução ao castelhano sob o título *Tratado de derecho procesal civil*, T. I, tradução de A. Romera Vera, edit. EJEA, Buenos Aires, 1955, pp. 386-387, onde se traduz o texto assim: "sólo las partes pueden introducir la materia litigiosa en el proceso, resolver sobre su necesidad de comprobación e impulsar éste y que el tribunal no puede considerar hechos no presentados por las partes ni, por lo regular, tomar ninguna prueba de oficio (*iudex iudicare debet secundum allegata et approbata partium, non secundum conscientiam suam*)").

[83] NIKISCH, A., *Zivilprozessrecht*, 1ª edic., edit. J.C.B. Mohr, Tübingen, 1950, p. 192.

[84] BLOMEYER, A., *Zivilprozessrecht*, 1ª edic., edit. Springer, Berlin, 1963, p. 66 (este autor, na nota 4, acolhe erroneamente a citação de Wetzell, porque se remete ao punto 43, 1 b de sua famosa obra "Sistema de derecho procesal civil", quando este ponto se refere ao aforismo "ne eat judex ultra petita partium", em vez de remeter-se ao ponto 1.c. ("quod non in actis, non est in mundo) onde aí sim se acolhe corretamente o brocardo aqui analisado, e não na forma realizada por Blomeyer).

[85] BRUNS, R., *Zivilprozessrecht*, edit. F. Vahlen GmbH, Berlin-Frankfurt, 1968, p. 113.

[86] BRÜGGEMANN, D., *Judex statutor und judex investigator, Untersuchungen zur Abgrenzung zwischen Richtermacht und Parteienfreiheit im gegenwärtigen deutschen Zivilprozess*, Bielefeld, Gieseking, 1968.

máxima do direito canônico segundo a qual o juiz deve examinar "*secundum allegata et probata partium, non secundum conscientiam*";[87] e o segundo,[88] se bem que em ocasiões formula corretamente o brocardo,[89] em outras o faz de forma indevida.[90]

A.3. Doutrina que evita a menção do brocardo

28. Junto aos relevantes estudos do processualismo alemão que se acaba de indicar, o certo é que outras obras gerais, em que pesem adotar múltiplas regras jurídicas, expressamente não mencionam o brocardo aqui analisado ao descrever o *Verhandlungsmaxime*: assim, por exemplo, entre as mais antigas, podem-se consultar as obras de BAYER,[91] LINDE,[92] PUCHELT,[93] BAR,[94] REINCKE,[95] FITTING,[96] ENGELMANN,[97] WEISMANN,[98] KISCH,[99] SAUER,[100] SCHÖNKE,[101] LENT,[102]

[87] Ob. cit., pp. 165-166.

[88] BOMSDORF, F., *Prozessmaximen und Rechtswirklichkeit. Verhandlungs – und Untersuchungsmaxime im deutschen Zivilprozess – Vom gemeinen Recht bis zur ZPO –*, edit., Duncker & Humblot, Berlin, 1971.

[89] Ob. cit., pp. 38 y 167.

[90] Assim, por exemplo, na p. 42 se refere à regra "judex secundum allegata et probata partium judicare debet", atribuindo-se incorretamente à obra de Gönner.

[91] BAYER, H. von, *Vorträge über den deutschen gemeinen ordentlichen Civilprocess*, 9ª edic., München, 1865, pp. 31 a 36 (nesta obra só se mencionam as máximas "*non procedat ex officio*", "*ne eat ultra petita partium*", y "*quod non in actis, non in mundo*" – ob. cit., p. 32).

[92] LINDE, T.B. von, *Lehrbuch des deutschen gemeinen Civilprocesses*, edit., A. Marcus, Bonn, 1850, em que se formulam expresões latinas como *nemo iudex sine actore* y *iudex ne procedat ex officio* (op. cit., p. 188-).

[93] PUCHELT, E. S., *Die Civilprozessordnung für das Deutsche Reich*, T.I, Leipzig, 1877, pp. 22 a 25.

[94] BAR, L.V., *Civilprozess*, en "Encyklopäie der Rechtswissenschaft", dir. Franz von Holtzendorff, edit. Dunker & Humblot, Leipzig, 1890, pp. 766 a 855 (neste estudo só se citam os aforismos "*nemo iudex sine actore*", "*ne procedat iudex ex officio*", "*quod non est in actis, non est in mundo*" e "*ne eat iudex ultra petita partium*" – ob. cit., p. 772-).

[95] REINCKE, O., *Die Deutsche Civilprozessordnung*, 3ª edic., edit. Müller, Berlin, 1896.

[96] FITTING, H., *Der Reichs-Civilprozess*, 12ª edic., edit. Guttentag, Berlin, 1907, pp. 105 a 107.

[97] ENGELMANN, A., *Der Deutsche Civilprozess*, edit. von M. & H. Marcus, Breslau, 1901.

[98] WEISMANN, J., *Lehrbuch des deutschen Zivilprozessrechts*, vol. I, edit. Von F. Enke, Stuttgart, 1903 (neste estudo só se mencionam os aforismos "*quod non est in actis, non est in mundo*", "*ne procedat iudex ex officio*", e "*ne eat iudex ultra petita partium*" – ob. cit., p. 6).

[99] KISCH, W., *Elementos de derecho procesal civil*, 1ª edic., tradução de L. Prieto Castro, edit. Revista de Derecho Privado, Madrid, 1932, pp. 118 a 120 e 140 a 144.

[100] SAUER, W., *Grundlagen des prozessrechts*, 2ª edic., edit. Von F. Enke, Stuttgart, 1929, pp. 187 a 195.

[101] SCHÖNKE, A., *Zivilprozessrecht*, 1ª edic., edit. Decker's, Berlin, 1938, pp. 19-20

[102] LENT, F., *Zivilprozessrecht*, 12ª edic., edit. C. H. Beck'sche, München und Berlin, 1965, pp. 65 a 78.

JAUERNIG,[103] e entre as mais atuais as obras de ZEISS,[104] NÖRR,[105] HOCHE,[106] BAUR e GRUNSKY,[107] WIESER,[108] ARENS e LÜKE,[109] MUSIELAK,[110] LÜKE,[111] SCHILKEN,[112] LÜKE e PRÜTTING,[113] HEINTZMANN,[114] LIESEN,[115] ou PAULUS.[116] E de igual modo sucede com os comentaristas da *ZPO*, como se pode comprovar nos estudos gerais à *Zivilprozessordnung* de LEIPOLD,[117] HARTMANN,[118] STEPHAN,[119] THOMAS/PUTZO,[120] ZIMMERMANN,[121] PETERS[122] ou GREGER.[123]

29. Inclusive em diversas obras monográficas publicadas sobre o *Verhandlungsmaxime* também encontramos a omissão da formulação

---

[103] JAUERNIG, O., *Zivilprozessrecht*, 24ª edic., edit. C.H. Beck, München, 1993, pp. 69 a 83.

[104] ZEISS, W., *Zivilprossrecht*, 3ª edic., edit. J.C.B. Mohr, Tübingen, 1978, pp. 66 a 70.

[105] NÖRR, K. W., *Naturrecht und Zivilprozess*, edit. J.C.B. Mohr (Paul Siebeck), Tübingen, 1976, pp. 41 a 46.

[106] HOCHE, U., *Zivilprozessrecht*, 3ª edic., edit. Fachverlag Dr. N. Stoytscheff, Darmstadt, 1980, pp. 96 a 102.

[107] BAUR, F., y GRUNSKY, W., *Zivilprozessrecht*, 9ª edic., edit. Luchterhand, Berlin, 1997, pp. 26 a 35.

[108] WIESER, E., *Grundzüge des Zivilprozessrechts*, edit. Carl Heymanns, München, 1986, pp. 63 a 65.

[109] ARENS, P., y LÜKE, W., *Zivilprozessrecht*, 5ª edic., edit. C.H. Beck, München, 1992, pp. 5 a 17.

[110] MUSIELAK, H.J., *Grundkurs ZPO*, 2ª edic., edit. C.H.Beck, München, 1993, pp. 60 a 63.

[111] LÜKE, W., *Zivilprozessrecht*, 8ª edic., edit. C.H. Beck, München, 2003, pp. 6 a 23.

[112] SCHILKEN, E., *Zivilprozessrecht*, 2ª edic., edit. Carl Heymanns, München, 1995, pp. 193 a 207.

[113] LÜKE, W., y PRÜTTING, H., *Zivilverfahrensrecht*, 2ª edic., edit. Luchterhand, Berlin, 1995, pp. 373 a 399.

[114] HEINTZMANN, W., *Zivilprozessrecht*, T.I, 2ª edic., edit. C.F. Müller, Heidelberg, 1997.

[115] LIESEN, R., *Zivilprozessrecht*, T.I, edit. C.H. Beck, München, 1998, pp. 18-19.

[116] PAULUS, C.G., *Zivilprozessrecht*, 3ª edic., edit. Springer, Berlin, 2003, pp. 108 a 114.

[117] LEIPOLD, D., § 128, em STEIN/JONAS, *Kommentar zur Zivilprozessordnung*, 20ª edic., edit. J.C.B. Mohr, Tübingen, 1984, pp. 27 a 38.

[118] HARTMANN, P., *§ 128*, em BAUMBACH/LAUTERBACH/ALBERS/HARTMANN, *Zivilprozessordnung*, 55ª edic., edit. C.H. Beck, München, 1997, pp. 534 a 540.

[119] STEPHAN, D., *§ 128*, en ZÖLLER, R., *Zivilprozessordnung*, 16ª edic., edit. Otto Schmidt KG, Köln, 1990, pp. 505 a 513.

[120] THOMAS, H., e PUTZO, H., *ZPO*, 20ª edic., edit. C.H. Beck, München, 1997, pp. 2-3 e 292 a 299.

[121] ZIMMERMANN, W., *Zivilprozessordnung*, 6ª edic., edit. C.F. Müller, Heidelberg, 2002, pp. 274 a 278.

[122] PETERS, E., *§ 128*, em *Münchener Kommentar zur Zivilprozessordnung*, 2ª edic., edit. C.H. Beck, München, 2000, pp. 1047 a 1053.

[123] GREGER, R., *§ 128*, em ZÖLLER, R., *Zivilprozessordnung*, 25ª edic., edit. Otto Schmidt KG, Köln, 2005, pp. 562 a 572.

latina do brocardo, como ocorre, por exemplo, com os estudos de JAUERNIG,[124] WÜNDERLICH,[125] BATHE,[126] SCHÖNFELD,[127] e GUYAN.[128]

B) Estudo da doutrina italiana

B.1. O brocardo na obra anterior a Chiovenda

30. O estudo da doutrina precede a CHIOVENDA e vou realizá-lo tomando em consideração, por um lado, as obras gerais de *procedura civile*, e, por outro, a especificamente dedicada à prova.

31. Entre os procedimentalistos devem-se destacar PESCATORE, MATTIROLO e RICCI.[129] O primeiro autor, ao analisar o conteúdo da

---

[124] JAUERNIG, O., *Verhandlungsmaxime, Inquisitionsmaxime und Streitgegenstand*, edit. J.C.B. Mohr (Paul Siebeck), Tübingen, 1967.

[125] WÜNDERLICH, U. M., *Dispositionsmaxime, Verhandlungsmaxime und Untersuchungsmaxime der solothurnischen Zivilprozessordnung vom 11. Setember 1966*, edit. P.G. Keller, Zürich, 1968, na que sim se analisam outras expresões latinas como as de *ne procedat iudex ex officio* (p. 9), *ne eat iudex ultra petitia partium* (p. 22), o *quod non est in actis non est in mundo* (p. 29).

[126] BATHE, H. T., *Verhandlungsmaxime und Verfahrensbeschleunigung bei der Vorbereitung der mündlichen Verhandlung*, edit. Walter de Gruyter, Berlin, 1977.

[127] SCHÖNFELD, K. E., *Zur Verhandlungsmaxime im Zivilprozess und in den übrigen Verfahrensarten – Die Modifikation des Prozessrechts durch das Sozialstaatspostulat* –, edit., Peter Lang, Frankfurt, 1981.

[128] GUYAN, H., *Verhandlungsmaxime und Offizialmaxime im Bündnerischen Zivilprozess*, edit. P.C. Keller, Winterthur, 1966 (ainda que esta obra não tenha sido publicada na Alemanha, nela se realiza um detalhado estudo da doutrina germana, aparecendo citadas outras expressões latinas distintas da que constitui nosso objeto de estudo: así, *quod non est in actis non est in mundo* – p. 4 –, *ne procedat iudex ex officio* – p. 5 –, o *ne eat iudex ultra petita partium* – pp. 5 o 7-).

[129] Existem outras obras de especial relevância na *procedura civile* do século XIX, como a de MORTARA, na que se omite a alusão ao brocardo aqui analisado (cfr. *Manuale della procedura civile*, 2ª edic., vol. I, edit. UTET, Torino, 1897, pp. 215-216 – referentes à instrução probatória –, 311 a 321 – referentes à formação da sentença-; ou *Principii di procedura civile*, edit. G. Barbèra, Firenze, 1890). Em outras obras do procedimentalismo italiano também se silencia dito brocardo: assim, cfr. LIBERATORE, P., *Leggi di procedura ne'giudizi civili in vigore nel regno delle due sicilie annotate*, Napoli, 1833; CASTELLI, G. A., *Le disposizioni del regolamento generale del processo civile*, 3ª edic., edit. M. Carrara, Milano, 1839; CASTELLANO, V., *Istituzioni di procedura civile per lo Regno delle due Sicilie*, edit. da' Torchi del Tramater, Napoli, 1840; AMATI, A. *Manuale sul regolamento generale del processo civile*, edit. P.L. Visaj, Milano, 1842 (se refere ao tema da iniciativa probatória do juiz sem citar o aforismo na p. 236); GRAZIANI, C., *Procedura Civile*, edit. M. Vara, Napoli, 1844; GENNARI, L., *Teoria delle prove*, edit. Dei Fratelli, Padova, 1853; FABIANI, A., *Istituzioni della procedura civile*, edit. E. Cartiere del fibreno, Napoli, 1855; BERNARDI, S., e GALLEANI, C., *Commentario al codice di procedura civile*, vol. I a 3 , edit. Schiepatti, Torino, 1855; MANCINI, P.S., PISANELLI, G., A. SCIALOJA, *Commentario del codice di procedura civile per gli stati sardi*, vol. 1 a 5, edit. UTET, Torino, 1855 a 1858; BELLI, B., *Procedura civile secondo il diritto comune*, 3ª edic., edit., Menicanti, Roma, 1856; SISMONDO, S., *La processura civile dello stato italiano Sardo-Lombardo*, vol. I a 3, edit. G. Nani, Casale, 1860; A.M., *Manuale pratico di procedura civile pel Regno d'Italia*, edit. E. Dalmazzo, Torino, 1861; SONZOGNO, G.C., *Manuale della procedura civile*, edit. E. S., Milano, 1865; MOSCHITTI, C., *Manuale teorico-pratico della procedura civile del regno d'Italia*, Napoli, 1865; SAREDO, G., *Lezioni di procedura civile*, litografia Nazionale, Roma, 1873; idem, *Istituzioni di procedura civile*, vol. I, 3ª edic.,

sentença e o conhecimento privado do juiz destaca que: "non dobbiamo dimenticare che, se il giudice nella questione del fatto pronuncia *juxta allegata et probata*, non può tuttavia nell'esame degli atti dipartirsi dai dettami della sua coscienza".[130] MATTIROLO indica igualmente que: "è principio universalmente ammesso, che l'autorità giudicante debbe pronunziare *juxta allegata et probata*; che, in altri termini, il giudice deve fondare la sua decisione in ordine alla questione di fatto, unicamente sulle prove che vennero fornite nel corso dell'istruzione della causa, nè può avere riguardo di sorta a quelle altre cognizioni personali, che gli fossero pervenute da fonte estranea al giudizio".[131] Por último, RICCI, ao estudar a motivação da sentença, destaca que o juiz "deve pronunciare il suo giudizio *secundum allegata et probata*".[132]

32. Com referência às obras dedicadas à prova, devo destacar as de MESSINA e LESSONA. O primeiro autor destaca que "il giudice deve convincersi dei fatti secondo il risultamento delle prove, nè mai decidere secondo la scienza privata [...]. I giudici non vogliono lasciarsi vincere alle seduzione di mal locata equità per appartarsi dal precetto giuridico del dover risolvere le questioni di fatto *secundum allegata et probata*; il che offendendo la maestà della giustizia violerebbe il sacro diritto di difesa delle parti contro le cose di privata scienza, e lascerebbe crescere il dubbio e l'incertezza sopra l'esito de' giudizi".[133] De igual modo, LESSONA, depois de analisar com profundidade os argumentos a favor e contra da validez processual do conhecimento privado do juiz,[134] manifesta-se contra o mesmo, concluindo: "E si avverta che

---

edit. Giuseppe Pellas, Firenze, 1887; FROJO, L., *Istituzioni di procedura civile*, edit. G.B. Vico, Napoli, 1877; VITI, D., *Isitituzioni di diritto giudiziario civile*, vol. I-II, 2ª ediz., edit. A. Morano, Napoli, 1884; SORGENTE, N., *Sommari delle lezioni sul codice di procedura civile*, vol. I, 3ª ediz., edit. Del Vaglio, Napoli, 1886; MANFREDINI, G., *Corso di diritto giudiziario civile*, vol. I, edit. V. Sacchetto, Padova, 1884; GALDI, D., *Trattato delle pruove*, edit. Nicola Jovene, Napoli, 1887; GARGIULO, F. S., *Il codice di procedura civile del Regno d'Italia*, vol.1 a 4, edit., Ricc. Marghieri di Gius., Napoli, 1887; o SIMONCELLI, V., *Diritto giudiziario*, edit. Flli. Ferri & C., Roma, 1903.

130 PESCATORE, M., *Sposizione compendiosa della procedura civile e criminale*, vol. I, parte I, edit. Unione Tipografico, Torino, 1864, p. 72.

131 MATTIROLO, L., *Trattato di diritto giudiziario civile italiano*, vol. II, edit. Fratelli Bocca, Torino, 1883, pp. 209-210.

132 RICCI, F., *Commento al codice di procedura civile italiano*, vol. II, 4ª edic., edit. E. e F. Cammelli, Firenze, 1883, p. 311. Sem embargo este autor, em uma extensa obra especificamente dedicada à prova, não faz referência alguma ao brocardo: estou me referindo a sua *Delle prove*, vol. único, edit. UTET, Torino, 1891 (existe uma versão em castelhano com o título *Tratado de las pruebas*, traduzida por Adolfo Buylla e Adolfo Posada, T. I, y II, edit. La España Moderna, Madrid [s.a.]).

133 MESSINA, G., *Trattato delle prove giudiziarie in materia civile e commerciale*, edit. Migliaccio, Salerno, 1876, pp. 155 e 163.

134 LESSONA, C., *Teoria delle prove nel diritto giudiziario civile italiano*, vol. I, 2ª edic., edit. Fratelli Cammelli, Firenze, 1904, pp. 49 a 71 (existe uma tradução ao castelhano com o título; idem, *Trattato delle prove in materia civile*, vol. I, 3ª edic., edit. Fratelli Cammelli, Firenza, 1922, pp. 77 a 84.

l'obbligo della motivazione è la sola garanzia possibile per assicurare che il giudice decida secondo *allegata et probata*",[135] se bem que é plenamente consciente de que nem sempre "l'obbligo della motivazione garantisca assolutamente che il giudice non violerà il precetto di giudicare secondo *acta et probata*: una informazione stragiudiziale potrà essere l'intima *ratio decidendi* larvata p. es. col deposto di un testimone, al quale altrimenti il giudice non avrebbe aggiustata fede".[136]

33. Finalmente devo destacar que em uma obra de Alfredo ROCCO, contemporâneo a CHIOVENDA, que analisa em profundidade o conteúdo da sentença civil, também adota corretamente o brocardo indicando: "L'iniziativa del giudice per la ricerca degli elementi, su cui deve basare il suo giudizio di fatto, è, di regola, esclusa, appunto per il principio dominante nel processo civile, che la cura degli interessi individuali deve essere lasciata all'individuo. Questo principio trova la sua formulazione nella regola *iudex iudicare debet secundum alligata et probata*".[137]

34. Em definitivo, o estudo da doutrina do processo civil italiano da segunda metade do s. XIX permite observar o acerto no tratamento e configuração do verdadeiro brocardo *iudex iudicare debet secundum allegata et probata, non secundum conscientiam.*

B.2. A incorreta recepção chiovendiana do brocardo

35. A primeira vez que na doutrina italiana se cita incorretamente a expressão *iudex iudicare debet secundum allegata et probata partium* (e similares) a encontramos em vários estudos da obra de CHIOVENDA, provavelmente influenciado pela citação incorreta de vários mestres do processualismo alemão, e em especial por WACH.[138] Assim, em seu célebre trabalho sobre a identificação das ações e regras "ne eat iudex

---

[135] *Teoria ...*, ob. cit. supra, p. 423; idem, *Trattato ...*, ob. cit., pp. 78-79.

[136] *Teoria ...*, ob. cit. supra, p. 423.

[137] ROCCO, A., *La sentenze civile. Studi*, edit. Fratelli Bocca, Torino, 1906, pp. 124-125 (existe uma reimpresão realizada pela edit. Giuffrè em 1962 – cfr. p. 109).

[138] Como se comprovou, WACH formula incorretamente o brocardo, e CHIOVENDA se reconhece como discípulo do grande mestre de Leipzig, apesar de não o haver conhecido (neste sentido, afirma na necrologia que realiza de *Adolfo Wach*, publicada na "Rivista di diritto processuale civile", 1926, vol. III, parte I, pp. 366 a 369, que "il suo insegnamento ha varcato i confini della sua patria. E, fra gli altri, anch'io mi sento scolaro di questo Maestro che non ho mai conosciuto [...]. La più parte di noi, giuristi italiani della mia generazione, ricevemmo la prima formazione giuridica da un nostro grande: Vittorio Scialoja. Poi, da Lui stesso indirizzati, ci volgemmo alla scienza germanica, e sentimmo l'influenza chi dell'uno chi dell'altro dei suoi rappresentanti, secondo gli studi preferiti, l'indole, le tendenze di ciascuno di noi. Trovammo così quasi un secondo formatore del nostro pensiero. Questo "secondo formatore" fu per me Adolfo Wach" – ob. cit., p. 369).

ultra petita partium",[139] afirma que a "regola *ne eat iudex ultra petita partium* [...] ha anzi una doppia portata: non solo il giudice deve tenersi nei limiti della domanda, ma egli deve anche astenersi dal rilevare d'ufficio determinati fatti che pure non porterebero mutamento di domanda: *secundum allegata et probata partium iudicare debet"*.[140]

De igual modo, em seu estudo sobre as formas na defesa judicial do direito[141], destaca como um dos "vecchi principii forensi" a regra "*iudex secundum allegata et probata a partibus iudicare debet*".[142]

Também em seus *Principii di diritto processuale civile*, ao analisar os poderes do juiz na formação do material sobre o que deve decidir, afirma que o juiz "*secundum allegata et probata partium iudicare debet*"[143]; voltando a insistir posteriormente que "riguardo alla determinazione o scelta dei fatti da accertare, il giudice debe di regola astenersi dal rilevare fatti non allegati dalle parti: *secundum allegata et probata partium iudicare debet*".[144] Em idênticos termos se expressa em suas *Istituzioni di diritto processuale civile*.[145]

Em conclusão, como se pode comprovar, nas três obras mais relevantes de CHIOVENDA (seus *Principii*, *Saggi* e *Istituzioni*), constata-se indevidamente o brocardo aqui analisado. A expressão – inexata – de *iudex secundum allegata et probata a partibus iudicare debet* é empregada para descrever o conteúdo do princípio dispositivo e, concretamente, para determinar o âmbito fático de conhecimento que limita a atividade de julgamento do juiz, mas nunca se refere a ela para restringir a iniciativa probatória do juiz, pelo que, ainda adotando o brocardo de forma inexata, não desvirtua a finalidade que a doutrina do *ius commune* lhe queria dar, a saber, evitar que o conhecimento privado do juiz

---

[139] *Identificazione delle azioni. Sulla regola ne eat iudex ultra petita partium*, em "Saggi di diritto processuale civile (1900-1930)", vol. I, edit. Foro Italiano, Roma, 1930, pp. 157 a 177. Com anterioridade a esta obra, e desde pouco tempo, podemos consultar completas suas *Lezioni di diritto processuale civile* – acolhidas por A. Scotti e claramente revisadas pelo autor, como indica PROTO PISANI na apresentação do livro –, publicadas litograficamente por A. Bartoli (Parma, 1902) e reeditadas pela edit. Essebiemme, Milano, 2001, nas que, apesar de acolher-se outras expresões latinas (como *nemo iudex sine actore, ne procedat iudex ex officio* ou *iudex ne eat ultra petita partium* – p. 410 – ou *quod non est in actis non est in mundo* – p. 412-) contudo não utiliza o brocardo objeto de estudo.

[140] *Identificazione* ..., ob. cit., p. 160.

[141] *Le forme nella difesa giudiziale del diritto*, em "Saggi ...", vol. I, ob. cit., pp. 353 a 378.

[142] Ob. cit. supra, p. 371.

[143] *Principii di diritto processuale civile*, 3ª edic., edit. Nicola Jovene, Napoli, 1913, p. 725.

[144] Ob. cit., p. 728.

[145] *Istituzioni di diritto processuale civile*, vol. II, sez. I, 2ª edic., edit. E. Jovene, Napoli, 1936, p. 307 (existe uma tradução ao castelhano com o título *Instituciones de Derecho Procesal Civil*, vol. III, 1ª edic., tradução de E. Gómez Orbaneja, edit. Revista de Derecho Privado, Madrid, 1940, pp. 56 e 59).

pudesse interferir na disponibilidade das partes ao configurar os fatos sobre os que se solicita a concreta tutela judicial.

B.3. A doutrina poschiovendiana

B.3.1. Introdução

36. Para o estudo da doutrina posterior à obra de CHIOVENDA optamos, para efeito de uma exposição sistemática e o mais clara possível, em analisar a de três grandes mestres que o seguiram: CALAMANDREI, CARNELUTTI e BETTI;[146] com posterioridade, as obras gerais de direito processual civil; e, por último, os autores que especificamente analisaram o tema da prova.

B.3.2. A obra de Calamandrei, Carnelutti e Betti: consolidação da errônea configuração do brocardo

37. Seguindo os posicionamentos chiovendianos, CALAMANDREI destaca que "la regola, secondo la quale il giudice non può utilizzare nel giudizio le sue informazioni private sui fatti della causa, risale al tradizionale aforismo *secundum alligata et probata partium debet judex judicare, non secundum suam conscientiam*; ma questo, come fu osservato, si può scomporre in due ben distinti divieti, che operano in momenti diversi, hanno diversa portata e possono concepirsi l'uno separato dell'altro: il primo proibisce al giudice di allargare di sua iniziativa il campo della lite oltre i fatti che le parti abbiano dedotto nel processo (*secundum alligata decidere debet*), il secondo gli proibisce di servirse, per accertare la verità dei fatti allegati dalle parti, di mezzí diversi dalle prove raccolte nel processo (*secundum probata decidere debet*)". Assim, como se pode comprovar, a proibição contida em dito aforismo possui duas manifestações: por um lado, impede ao juiz modificar os fatos alegados pelas partes, e em segundo lugar, impede-lhe servir-se de provas distintas daquelas praticadas no processo.[147] Ao igual, como sucede na

[146] Com anterioridade a estes autores, outros processualistas não tão célebres também seguiram os postulados de CHIOVENDA, acolhendo erroneamente o brocardo: assim, por exemplo, ao referir-se aos limites dos poderes do juiz em relação com a "disponibilità delle parti" GALANTE menciona as "masssime [...] *secundum alligata et probata partium iudex iudicare debet*" (*Diritto processuale civile*, 2ª edic., edit. L. Alvano, Napoli, 1909, p. 300).

[147] CALAMANDREI, P., *Per la definizione del fatto notorio*, em "Opere Giuridiche", T.V, a cargo de Mauro Cappelletti, edit. Morano, Napoli, 1972, p. 433 (originariamente este estudo se publicou em "Riv. dir. proc.", 1925, I-II, p. 282). Similares expresões latinas encontramos em seu estudo *Linee fondamentali del processo civile inquisitorio*, em "Opere Giuridiche", T.I – 1965 –, ob. cit., p. 146

obra de CHIOVENDA, na de CALAMANDREI, em que pese adotar mal o brocardo, com respeito ao fundo coincide com seu verdadeiro conteúdo e alcance, o que põe em evidência que tinha muito clara suas ideias em ordem a evitar que o conhecimento privado do juiz pudesse ter transcendência no julgamento dos fatos litigiosos. Em consequência, estabelece que o âmbito de julgamento do juiz deve limitar-se as alegações das partes e as provas realizadas no processo.

38. Na ampla obra de CARNELUTTI, somente em excepcionais ocasiões adota o brocardo: inicialmente, cita-o de forma correta em suas *Lezioni*, indicando ao estudar o poder do juiz na determinação dos fatos que "per la posizione del fatto il giudice è, invece, vincolato alla attivitá delle parti (*iudex judicare debet iuxta alligata et probata*) [por ello] questo principio si puó rappresentare parlando di un potere di disposizione che le parti hanno sul materiale di fatto della sentenza: di fatto le parti, se sono concordi, possano foggiare questo materiale como vogliono. Questo principio si puó anche rappresentare parlando di un divieto di utilizzazione nel processo (nella sentenza) del sapere privato del giudice per la formazione del materiale di fatto".[148] [149]

Contudo, em outros trabalhos da mesma época adota erroneamente o brocardo: assim, por exemplo, no título *Prove civili e prove penali*,[150] depois de destacar que "la differenza tra il processo civile e il processo penale è profonda: in quello, non in questo la ricerca delle prove è esclusivamente affidata alla parte", se refere "massima: *judex secundum alligata et probata a partibus iudicare debet*".[151]

(originariamente este estudo se publicou em "Studi di diritto processuale in onore di Giuseppe Chiovenda", vol. I, edit. CEDAM, Padova, 1927, p. 134); *Il processo inquisitorio e il diritto civile*, em "Opere Giuridiche", T.I, ob. cit., p. 420; e em seus *Istituzioni di diritto processuale civile secondo il nuovo codice*, em "Opere Giuridiche", T. IV – 1970 –, ob. cit., pp. 222, 223 e 224.

[148] CARNELUTTI, F., *Lezioni di diritto processuale civile*, vol. II, parte prima, edit. Litotipo, Padova, 1926, p. 367.

[149] Pese a que CARNELUTTI evita o uso do brocardo, como é obvio analisa a problemática derivada da denominada "disponibilità delle prove": assim, o efetua em *La prova civile*, ristampa, edit. Giuffrè, Milano, 1992 – a obra original é de 1915 –, pp. 15 a 52; *Sistema di diritto processuale civile*, vol. I, edit. CEDAM, Padova, 1936, pp. 721 a 729 (existe uma tradução ao castelhano com o título *Sistema de derecho procesal civil*, T. I a 4, tradução de Niceto Alcalá-Zamora y Castillo e Santiago Sentís Melendo, edit. Uteha, Buenos Aires, 1944); *Istituzioni del nuovo processo civile italiano*, 3ª edic., edit. "Foro Italiano", Roma, 1942 (existe uma tradução ao castelhano com o título *Instituciones del nuevo proceso civil italiano*, tradução e notas de Jaime Guasp, edit. Bosch, Barcelona, 1942); e em *Diritto e Processo*, em "Trattato del processo civile", dirigido por F. Carnelutti, edit. Morano, 1958. Em outros estudos gerais tampouco se refere ao brocardo: cfr. *Lineamenti della riforma del processo civile di cognizione*, em "Riv. dir., proc. civ.", 1929, vol. VI, parte I, pp. 3 a 81; *Carattere del nuovo processo civile italiano*, em "Riv. dir. proc. civ.", 1941, vol. XVIII, parte I, pp. 35 a 52; *Giuoco e processo*, em "Riv. dir. proc.", 1951, vol. VI, parte I-II, pp. 101 a 111; ou *A proposito di ricerca della verità*, em "Riv. dir. proc.", 1960, vol. XV, pp. 675 a 679.

[150] Publicado na "Rivista di diritto processuale civile", 1925, vol. II, parte I, pp. 3 a 26.

[151] Ob. cit. supra , p. 11.

Em conclusão, como podemos comprovar, este autor já formula o brocardo – de forma indevida – acrescentando-lhe uma nova finalidade: impedir a iniciativa probatória do juiz civil.

39. Finalmente, na mesma linha BETTI, ao examinar a inicitiva das partes como limite aos poderes do juiz a respeito dos materiais em juízo, se refere à "massima *secundum allegata et probata partium judex judicare debet.* Non solo deve il giudice tenersi entro i confini della domanda (ragione e azione) della parte, ma anche quando si tratti di fatti che per sè non importerebbero mutamento di domanda, deve astenersi dal rilevarli d'ufficio e aspettare che la parti li affermino".[152]

B.3.3. Manutenção do erro na doutrina posterior

40. A doutrina posterior aos mencionados grandes mestres do processualismo italiano veio mantendo, de forma majoritária, a errônea recepção e desenvolvimento do brocardo. Assim sucede, por exemplo, com CALOGERO e CARNACINI: o primeiro autor, em sua conhecida obra sobre a lógica do juiz, já destaca a tradicional regra de "*ne eat judex ultra probata et alligata partium*".[153] E, por sua parte, CARNACINI, em seu célebre estudo sobre a "tutela jurisdicional e técnica do processo",[154] se refere aos "aforismi dell'antica sapienza [...] *iudex secundum alligata et probata partium decidere debet*",[155] constituindo o "broccardo *iudex secundum alligata et probata partium iudicare debet* un'ulteriore manifestazione del principio dispositivo".[156]

41. Se analisarmos as obras gerais de direito processual civil, especialmente em seus apartados dedicados ao princípio dispositivo (*principio dispositivo in senso stretto, materiale* o *propio,* o *principio della domanda*) ou ao princípio de aportação de parte (*principio dispositivo in senso lato, processuale* o *impropio, principio della disponibilità delle prove,* o *principio di trattazione*) encontramos que, de igual modo, em sua maioria, formulam erroneamente o brocardo aqui analisado, como sucede nas obras

---

152 BETTI, E., *Diritto processuale civile,* 1ª edic., edit. Giuffrè, Milano, 1932, p. 410.

153 CALOGERO, G., *La logica del giudice e il suo controllo in cassazione,* edic. CEDAM, Padova, 1937 (reimpresão de 1964, p. 107).

154 CARNACINI, T., *Tutela giurisdizionale e tecnica del processo,* em "Studi in onore di E. Redenti", vol. II, edit. Giuffré, Milano, 1951, pp. 695 a 772 (existe uma tradução ao castelhano a cargo de A. Romo publicada em "Revista de la Facultad de Derecho de México", núm. 12, México, 1953, pp. 97 a 182).

155 Ob. cit., p. 735 (na versão castelhana, ob. cit., p. 142).

156 Ob. cit., p. 736 (na versão castelhana, ob. cit., p. 143 – na tradução se substitui o termo "brocardo" – utilizado na versão italiana – pelo de "aforismo" sem nenhum tipo de justificação).

de ZANZUCCHI, SATTA, JAEGER, LIEBMAN, FAZZALARI, ANDOLINA, o TARZIA.

Assim, ZANZUCCHI, ao estudar os poderes do juiz, destaca como um de seus limites o de *"secundum alligata et probata partium judex judicare debet"*,[157] ou em outros termos o de *"iuxta alligata et probata partium iudex iudicare debet"*.[158]

Em termos bastante similares seu discípulo, SATTA, em sua primeira obra comentando o novo código de processo civil italiano, ao referir-se aos poderes do juiz, afirma que nele se produz uma "integrale conservazione del principio dispositivo, in armonia con la funzione e con lo scopo della giustizia civile. La relazione al Re è su questo punto molto esplicita, e non lascia ombra di dubbi. Espressione di questi principii è il titolo V del codice, il quale tratta dei poteri del giudice, fissando alcune regole tradizionali, che nel vecchio codice non si trovavano espresse o solo indirettamente espresse. Così è delle antiche massime [...] *secundum alligata et probata partium judicare debet*".[159] Nesta mesma linha, em seu conhecido *Commentario al Codice di Procedura Civile*, ao analisar o tema da disponibilidade da prova (art. 115), afirma que o princípio fundamental que regula as relações entre o juiz e as *"judex secundum allegata et probata partium judicare debet"*;[160] e em seu tratado *Diritto Processuale Civile*, ao descrever o princípio dispositivo, destaca o princípio geral segundo o qual "i fatti che il giudice può porre a fondamento della decisione sono soltanto quelli affermati e provati dalle parti. *Judex secundum alligata et probata partium judicare debet*".[161]

Por sua parte, JAEGER, ao referir-se à necesidade da prova, destaca "un vecchio ditterio, a norma del quale *iudex secundum alligata et probata partium iudicare debet*".[162]

157 ZANZUCCHI, M.T., *Diritto processuale* (vol. I, *Diritto processuale generale*), 1ª edic., edit. Giuffrè, Milano, 1936, p. 637.

158 ZANZUCCHI, M. T., *Diritto processuale civile*, T. I, 2ª edic., edit. Giuffrè, Milano, 1942, p. 348.

159 SATTA, S., *Guida pratica per il nuovo processo civile italiano*, edit. CEDAM, Padova, 1941, p. 233. Em outras obras anteriores não encontramos o brocardo (assim, cfr. sua *Introduzione allo studio del diritto processuale civile*, edit. Giuffrè, Milano, 1939, pp. 43 a 55 – onde se estudam "I principi fondamentali del processo"-).

160 SATTA, S., *Commentario al Codice di Procedura Civile*, T. I., *Casa editrice Dr. Francesco Vallardi*, Milano, 1959, p. 450.

161 SATTA, S., *Diritto Processuale Civile*, 1ª edic., edit. CEDAM, Padova, 1948, p. 106. Em posteriores edições, já a cargo de PUNZI, se afirma, na mesma linha, que "il brocardo per cui *judex secundum alligata et probata partium decidere debet* esprime e condensa due distinti vincoli del giudice, il primo dei quali (*secundum alligata partium*) essenziale al processo civile, l'altro (*secundum probata partium*) meramente eventuale" (SATTA, S., e PUNZI, C., *Diritto Processuale Civile*, 12ª edic., edit. CEDAM, Padova, 1996, p. 199 – cfr. igualmente a p. 218-).

162 JAEGER, N., *Corso di diritto processuale civile*, 2ª edic., edit. La Goliardica, Milano, 1956, p. 254.

Nesta mesma linha, LIEBMAN, em um de seus principais estudos – o referente ao princípio dispositivo – reitera a mesma incorreção, afirmando que "antiche sono le divergenze intorno al fondamento del principio dispositivo, cioè intorno alla ragione per cui, nel processo civile, *iudex iudicare debet iuxta allegata et probata partium*",[163] o que justifica a impossibilidade de atribuir iniciativa probatória *ex officio iudicis.*

Também FAZZALARI adota indevidamente o brocardo quando afirma que "tutti i fatti non possono essere conosciuti dal giudice civile, se non in quanto allegati dalla parte e provati: *secundum alligata et probata partium iudex iudicare debet*".[164]

No mesmo sentido, ANDOLINA, ao referir-se tanto ao primeiro código processual civil da Itália apenas unificada, isto é, o de 1865, como o vigente de 1940, destaca que só existe juízo "sulla base delle allegazioni e delle prove addotte dalle parti (*judex iudicare debet secundum alligata et probata partium*)".[165]

Finalmente, TARZIA menciona de igual modo a expresssão "*judex secundum allegata partium iudicare debet*" para identificar o denominado "ônus da alegação" que se integra dentro do princípio dispositivo.[166]

42. Se analisarmos a doutrina italiana em matéria probatória, encontramos que também costuma ser frequente a errônea formulação do brocardo. Assim pode-se destacar a obra de dois proeminentes discípulos de Calamandrei: FURNO e CAPPELLETTI. O primeiro, em sua conhecida monografia sobre a prova legal, ao analisar a disposição processual e a autorresponsabilidade da parte, indica que "los abundantes principios referentes a esta materia (concretados en los aforismos famosos: [...] *iudex iudicet secundum allegata et probata partium* [...]), no son sino formas diversas de expresar una misma idea: la de que el pleito entre las partes es cosa de las partes".[167]

---

[163] LIEBMAN, E.T., *Fondamento del principio dispositivo,* em "Riv. Dir. Proc.", 1960, p. 551. De igual modo, se bem que de forma distinta, cita o brocardo com a expressão *iudex secundum allegata et probata partium iudicare debet* em sua *Lezioni di diritto processuale civile,* 1ª edic., edit. Giuffrè, Milano, 1951, p. 113; em seu *Corso di diritto processuale civile,* 1ª edic., edit. Giuffrè, Milano, 1952, p. 108; e em seu *Manuale di diritto processuale civile,* T.II, 4ª edic., edit. Giuffré, Milano, 1984, p. 84.

[164] FAZZALARI, E., *Lezioni di diritto processuale civile,* T.I, 1ª edic., edit. CEDAM, Padova, 1995, pp. 82-83. Sem embargo, em anteriores estudos omite o brocardo (cfr. *I poteri del giudice nel processo del lavoro,* em " Riv. Dir. Proc.", 1974. pp. 586 a 607; idem suas *Istituzioni di diritto processuale,* 1ª edic., edit. CEDAM, Padova, 1975, pp. 54 a 57).

[165] ANDOLINA, I., *Il rapporto "parte-giudice" nella evoluzione del processo civile italiano"*, em "Il diritto fallimentare", 1982, II, pp. 387, 388 e 392 (o mesmo estudo pode consultar-se em "Ricerche sul processo civile", edit. Librería editrice Torres S.A.S., 1990, pp. 1 a 19).

[166] TARZIA, G., *Lineamenti del processo civile di cognizione,* 2ª edic., edit. Giuffrè, Milano, 2002, p. 157.

[167] FURNO, C., *Teoría de la prueba legal,* tradução de Sergio González Collado, edit. Revista de Derecho Privado, Madrid, 1954, p. 71 (a obra original, intitulada *Contributo alla teoria della prova legale,* foi publicada pela edit. CEDAM – Padova – em 1940).

De igual modo, CAPPELLETTI, outros dos processualistas italianos que se ocuparam do estudo da prova, inicia seu trabalho intitulado "Iniziative probatorie del giudice e basi pregiuridiche della struttura del processo" com estas palavras: "*Judex debet judicare secundum allegata et probata a partibus*: è questo (o qualcuna delle sue varianti) l'aforismo che tradizionalmente designa il divieto di iniziative probatorie da parte del giudice".[168] E também em sua obra *La testimonianza della parte nel sistema dell'oralità* adota dita expressão até com quatro enunciados diferentes (*juxta probata partium judicandum est; secundum allegata et probata partium judex decidere debet, judex secundum allegata et probata partium decidere debet*, y *judex secundum allegata et probata a partibus judicare debet*).[169]

A mesma formulação incorreta do brocardo a encontramos em outros relevantes estudiosos da prova: GRASSO, ao analisar os limitados poderes do juiz civil que derivam do art. 115 C.P.C., indica que "la norma pone, come principio, che il giudice debe pronunciare *iuxta probata partium*";[170] VERDE, ao estudar o princípio dispositivo, entende que "*iudex iuxta alligata et probata partium iudicare debet*";[171] e COMOGLIO, para quem do denominado princípio de disponibilidade probatoria – adotado no art. 115 C.P.C. –, deve deducir-se que "nella intenzioni legislative dovrebbe consacrare il vincoli degli *allegata et probata partium*",[172] assim como que do poder prevalente das partes sobre a subsidiaria iniciativa de oficio do juiz se deduce "il tradizionale brocardo" de "judex secun-

[168] CAPPELLETTI, M., *Iniziative probatorie del giudice e basi pregiuridiche della struttura del processo*, em "Riv. dir. proc.", vol. XXII, 1967, p. 407. Com posterioridade, e neste mesmo artigo, insiste em dito aforismo se bem que com outra formulação, como a de "*secundum probata partium judex judicare debet*" (ob. cit., p. 413).

[169] CAPPELLETTI, M., *La testimonianza della parte nel sistema dell'oralità*, T.I, edit. Giuffrè, Milano, 1962, pp. 54, 308, 318 e 328 respectivamente.

[170] GRASSO, E., *Dei poteri del giudice*, em "Commentario del codice di procedura civile", dirigido por Enrico Allorio, Libro I, T. II, edit. UTET, Torino, 1973, p. 1300. Nesta mesma linha, vid. sua *La pronuncia d'ufficio*, T.I, edit. Giuffrè, Milano, 1967, pp. 54, 65 ou 99. Sem embargo, em outros relevantes estudos deste autor, não cita o brocardo (cfr. *ad exemplum*, seus documentados estudos *La regola della corrispondenza tra il chiesto e il pronunciato e le nullità da ultra e da extrapetizione*, em "Riv. dir. proc.", 1965, vol. XX, pp. 387 a 429; e *La collaborazione nel processo civile*, in "Riv. dir. proc.", 1966, vol. XXI, pp. 580 a 609).

[171] VERDE, G., *Dispositivo (principio)*, em "Enciclopedia Giuridica", vol. XI, edit. Istituto della Enciclopedia Italiana Treccani, Roma, 1989, p. 1. Contudo, em outros trabalhos referidos à prova civil, em nenhum momento cita a expresão latina: assim, cfr. *L'onere della prova nel processo civile*, edit. Jovene, Napoli, 1974; *Norme inderogabili, tecniche processuali e controversie del lavoro*, em "Riv. Dir. Proc.", 1977, pp. 220 a 255 (igualmente publicado em "Studi in onore di Enrico Tullio Liebman", vol. III, edit. Giuffrè, Milano, 1979, pp. 2175 a 2217); ou *Prova (dir. proc. civ.)*, em "Enciclopedia del diritto", T. XXXVII, edit. Giuffrè, Milano, 1988, pp. 579 a 648.

[172] COMOGLIO, L.P., *Le prove*, em "Trattato di diritto privato", T. 19, dirigido por Pietro Rescigno, edit UTET, Torino, 1985, pp. 184-185.

dum alligata et probata partium decidere debet".[173] [174] Finalmente, estudos probatórios posteriores voltam a desenvolver equivocadamente o brocardo: assim, por exemplo, CONTE, indica que "l'intenzione del legislatore è vincolare con l'art. 115 cpc agli *alligata et probata partium*";[175] GRASSELLI, ao analisar os poderes de instrução probatória do juiz civil em relação ao de disposição das partes, menciona o princípio "iudex iudicare debet iuxta alligata et probata partium";[176] GALLIGANI inicia seu estudo sobre a iniciativa probatória do juiz civil indicando: "*Judex debet judicare secundum allegata et probata a partibus*, è questo (o qualcuna delle sue variante) l'aforismo che tradizionalmente designa il divieto di iniziative probatorie da parte del giudice";[177] e LOMBARDO, para quem o princípio dispositivo "implica per il giudice il divieto di cercarsi da sé la prova e lo vincola a decidere la causa attenendosi esclusivamente ai risultati delle prove offerte dalle parti, alle quali, in tal modo, viene riconosciuto un vero e propio monopolio nella deduzione dei mezzi di prova (*iudex secundum probata partium decidere debet*)".[178]

B.3.4. Omissão doutrinária do brocardo

43. Junto à doutrina anteriormente citada, encontramos outra que não formula a expressão latina do brocardo: assim, com referência aos autores especializados em matéria probatória, deve-se destacar, entre os mais antigos, RAGGI;[179] e entre os atuais, MONTESANO, com seu conhecido trabalho sobre *Le prove disponibili d'ufficio e l'imparzialità del giudice civile*,[180] e BIAVATI com seu estudo sobre a investigação dos

---

[173] COMOGLIO, L.P., *Modelli di giustizia e di processo in Italia*, em "Riforme processuali e poteri del giudice", edit. Giappichelli, Torino, 1996, p. 58.

[174] De igual modo, DE TOMMASO se refere como princípio geral da prova o de "judex judicare debet secundum alligata et probata partium" (*La prova dei fatti giuridici in generale*, en "Le prove civili", T. I, dir. M. Longo, edit. UTET, Torino, 1976, p. 9).

[175] CONTE, M., *Le prove civili*, edit. Giuffrè, Milano, 2005, p. 29.

[176] GRASSELLI, G., *L'istruzione probatoria nel processo civile*, edit. CEDAM, Padova, 1997, p. 24.

[177] GALLIGANI, G., *Iniziative probatorie del giudice nel processo civile finché sarà attuata la recente riforma*, em "Il nuovo diritto", 1993, II-III, p. 94.

[178] LOMBARDO, L., *La prova giudiziale. Contributo alla teoria del giudizio di fatto nel processo*, edit. Giuffrè, Milano, 1999, p. 364.

[179] RAGGI, L., *Questioni in materia di prova*, em "Archivio giuridico", vol. LXXXIV, 1910, pp. 177 a 228 (cfr. especialmente às pp. 189 a 209, nas que analisa cuidadosamente a iniciativa probatória *ex officio iudicis*).

[180] Publicado em "Studi in onore di Enrico Tullio Liebman", vol. II, edit. Giuffrè, Milano, 1979, pp. 1453 a 1471. Tampouco o faz em seu livro *La tutela giurisdizionale dei diritti*, na coleção "Trattato di diritto civile italiano" dirigido por Filippo Vassalli, vol. 14°, T. 4°, edit. UTET, Torino, 1985.

fatos no processo comunitário.[181] De igual modo, e na mesma linha que a doutrina anterior, entre as obras gerais do direito processual civil – ao examinar o princípio dispositivo e de aportação da parte –, devo referir-me aos estudos de CRISTOFOLINI,[182] BELLAVITIS,[183] D'ONOFRIO,[184] ANGELOTTI,[185] E. F. RICCI,[186] CHIARLONI,[187] GIANNOZZI,[188] FABBRINI,[189] LA CHINA,[190] TOMMASEO,[191] ATTARDI,[192] MONTELEONE,[193] PROTO PISANI,[194] MONTESANO y ARIETA,[195] COMOGLIO, FERRI y TARUFFO,[196] G. F. RICCI,[197] LUISO,[198] CONSOLO,[199] PICARDI[200] ou BOVE.[201]

---

[181] BIAVATI, P., *Accertamento dei fatti e tecnique probatorie nel processo comunitario*, edit. Giuffrè, Milano, 1992.

[182] CRISTOFOLINI, G., *Diritto processuale civile*, edit. Cuccni, Pavia, 1933, pp. 53 a 66 e 236 a 243.

[183] BELLAVITIS, M., *Diritto processuale civile*, edit. CEDAM, Padova, 1935, p. 42 e 222-223.

[184] D'ONOFRIO, P., *Commento al codice de procedura civile*, 1ª edic., vol. I, edit. UTET, Torino, 1941, pp. 171 a 179; e *Diritto processuale civile*, 3ª edic., edit. E. Jovene, Napoli, 1947, p. 54.

[185] ANGELOTTI, D., *Teoria generale del processo*, edit. Librería Forense, Roma, 1951, pp. 126 a 128.

[186] RICCI, E. F., *Il principio dispositivo come problema di diritto vigente*, em "Riv. Dir. Proc.", 1974, pp. 380 a 389.

[187] CHIARLONI, S., *Introduzione allo studio del diritto processuale civile*, edit. Giappicheli, Torino, 1975; idem. *Riflessioni sui limiti del giudizio di fatto nel processo civile*, em "Riv. trim. dir. e proc. civ.", 1986, pp. 819 e ss.; e idem, *Questioni rilevabili d'ufficio, diritto di difessa e «formalismo delle garanzie»*, em "Riv. trim. dir. e proc. civ.", 1987, pp. 569 e ss.

[188] GIANNOZZI, G., *Appunti per un corso di diritto processuale civile*, 1ª edic., edit. Giuffrè, Milano, 1980, pp.8 e 119 a 121.

[189] FABBRINI, G., *Potere del giudice (dir. proc. civ.)*, em "Enciclopedia del diritto", T. XXXIV, edit. Giuffrè, Milano, 1985, pp. 721 a 744.

[190] LA CHINA, S., *Diritto processuale civile*, edit. Giuffrè, Milano, 1991, 582 a 597 e 615 a 638. De igual modo, cfr. *L'esibizione delle prove nel processo civile*, edit. Giuffrè, Milano, 1960.

[191] TOMMASEO, F., *Appunti di diritto processuale civile*, edit. Giappichelli, Torino, 1991, pp. 39 a 45 e 71 a 77.

[192] ATTARDI, A., *Diritto processuale civile (parte generale)*, 1ª edic., edit. CEDAM, Padova, 1994, pp. 93 a 97.

[193] MONTELEONE, G., *Diritto processuale civile*, vol. I, 1ª edic., edit. CEDAM. Padova, 1994, pp. 17 a 22, 186 a 192, e 240 a 245; e vol. II, 1ª edic., edit. CEDAM, Padova, 1995, pp. 43 a 46, 77 a 83 e 213 a 217.

[194] PROTO PISANI, A., *Lezioni di diritto processuale civile*, 1ª edic., edit. Jovene, Napoli, 1994, pp. 212 a 217, 223 a 225 e 453 a 456.

[195] MONTESANO, L., y ARIETA, G., *Diritto processuale civile*, edit. Giappichelli, Torino, 1994; idem, *Trattato di diritto processuale civile*, edit. CEDAM, Padova, 2001 (vol. I, T.I, pp. 293 a 296, e 349-350; e vol. I, T.II,, pp. 1165 a 1172).

[196] COMOGLIO, L.P., FERRI, C., e TARUFFO, M., *Lezioni sul processo civile*, 1ª edic., edit. Il Mulino, Bologna, 1995, pp. 299 a 302 e 509 a 512.

[197] RICCI, G. F., *Principi di diritto processuale generale*, 1ª edic., edit. Giappichelli, Torino, 1995, pp. 90-91, e 290 a 295; idem, *Diritto processuale civile*, 1ª edic., vol. I, edit. Giappichelli, Torino, 2005, pp. 67 a 71 e 146 a 151.

[198] LUISO, F. P., *Diritto processuale civile*, T.I, 1ª edic., edit. Giuffrè, Milano, 1997, pp. 50-51 y 139.

B.3.5. Doutrina que formula corretamente o brocardo

44. Com anterioridade ao C.P.C. de 1940, parte da doutrina se referiu corretamente ao brocardo, como sucede com FERRONE, ROSSI, RISPOLI, DIANA y ROCCO. O primeiro autor o menciona ao analisar a proibição do conhecimento privado do juiz, indicando que "la determinazione degli elementi di fatto è strettamente collegata all'oggetto del giudizio, in quanto tale oggetto viene ad essere definito appunto dagli elementi di fatto dedotti. Da ciò la regola di dovere il giudice giudicare *secundum alligata et probata*".[202] Para ROSSI, ao analisar os limites dos poderes do juiz, "il giudice del processo civile, nella indagine della verità, è limitato, innanzi tutto, dalle risultanze del processo (*secundum allegata et probata iudicare debet*)".[203] RISPOLI, ao indicar os limites no julgamento da causa, afirma que "il magistrato per pronunziare secondo ragione, per statuire nel caso concreto il precetto giuridico, accogliendo o rigettando la domanda, debe sentire le parti nelle loro ragioni e deduzioni e convincersi della verità dei fatti. Ora per ottenere questo convincimento gli interessati devono provare il tema processuale dedotto in contestazione [...] il magistrato non può pronunziare che *secundum alligata et probata*".[204] DIANA, ao estudar o conceito de prova, destaca que "il magistrato può giudicare solo in base ai fatti in cotal giusa provati, poiché stanno a base del nostro ordinamento processuale i principii *quod non est in actis non est in mundo, iudex iudicet secundum alligata et probata*".[205] E finalmente U. ROCCO, ao examinar os limites do poder do juiz, sustenta que "possono spiegare la loro attività solamente sul materiale di cognizione che le parti hanno voluto presentare. Di qui i due fondamentali principii espressi nei brocardi: *judex iudicare debet secundum alligata et probata*, e *Quod non est in actis non est in mundo*, dei quali due brocardi è evidente il significato".[206]

---

[199] CONSOLO, C., *Spiegazioni di diritto processuale civile. T. I (Le tutele)*, 1ª edic., edit. Cisalpino, Bologna, 1998, pp. 71 a 75.

[200] PICARDI, N., *Appunti di diritto processuale civile*, edit. Giuffrè, Milano, 2003, pp. 21 a 23.

[201] BOVE, M., *Lineamenti di diritto processuale civile*, edit. Giappichelli, 2004, pp. 163 a 178.

[202] FERRONE, U., *Il processo civile moderno*, edit. F. Cavotta, S. Maria C.V., 1912, pp. 160-161.

[203] ROSSI, L., *La funzione del giudice nel sistema della tutela giuridica*, edit. Athenaeum, Roma, 1924, p. 287.

[204] RISPOLI, A., *Istituzioni di diritto processuale civile*, 5ª edic., edit. Giappichelli, Torino, 1935, p. 241.

[205] DIANA, A., *Corso di diritto processuale civile*, edit. Vallerini, Pisa, 1936, p. 485.

[206] ROCCO, U., *Diritto processuale civile*, 1ª edic., edit. E. Jovene, Napoli, 1936, pp. 296-297. Posteriormente, em seu extenso *Trattato di diritto processuale civile* (1ª edic., edit. UTET, Torino, 1957), expõe de forma mais confusa sua opinião quando indica que "in materia di valutazione delle prove, essi [i giudici] devono porre a fondamento della decisione le prove proposte dalle parti o dal pubblico ministero (art. 115): *judex iudicare debet secundum alligata et probata*. Così ancora il giudice

45. De igual modo, a respeito do atual C.P.C., encontramos autores que sim adotam corretamente o brocardo objeto de estudo, destacando ademais seu verdadeiro alcance como motor de justificação da proibição de fundamentar a sentença sobre a base de fatos não alegados pelas partes ou sobre resultados probatórios diferentes do que constam no processo, e da proibição de resolver incorporando o conhecimento privado do juiz.

Antes de analisar esta doutrina, devo destacar que na justificação do atual art. 112 C.P.C, no que se formula uma limitação ao princípio de aportação da parte – não ao princípio dispositivo –, oferecida na *Relazione alla Maestà del Re Imperatore*, firmada pelo Ministro Guardasigili GRANDI, se adota de forma devida o brocardo, e se destaca a manutenção do princípio dispositivo no novo processo civil italiano, indicando que, apesar de dar maior protagonismo ao juiz no que diz respeito à direção do processo, em nenhum caso ele pode afetar o exercício da ação e à determinação do objeto litigioso. Em consequência, afirma na parte intitulada "Il principio dispositivo, proiezione nel processo del diritto soggettivo" (parágrafo 4º do ponto 13) que se deve manter no processo civil a vigência do princípio dispositivo, pelo que "si sono perciò conservati nel Codice (art. 112 e seguenti), come affermazioni di principio, gli aforismi dell'antica sapieza: *ne procedat iudex ex officio; ne eat iudex ultra petita partium; iudex secundum alligata et probata decidere debet*. Sopprimere questi principi avrebbe voluto dire, più che riformare il processo, riformare il diritto privato; dare al giudice il potere di iniziare d'ufficio una causa che gli interessati vorrebbero evitare, o di giudicare su fatti che le parti non hanno allegati, vorrebbe dire ritogliere in sede processuale quell'autonomia individuale che in sede sostanziale è riconosciuta dal diritto vigente".[207] Como podemos comprovar, nesta "Exposição de motivos" se adota corretamente o brocardo, outorgando-se-lhe o verdadeiro alcance que tradicionalmente se lhe deu, isto é, vincular o juiz aos fatos alegados e provados no processo em ordem a formar seu convencimento e transmiti-la em sua sentença.

46. Entre esta doutrina italiana que cita corretamente o brocardo encontramos inicialmente a REDENTI e ANDRIOLI. O primeiro autor, em seu tratado *Diritto processuale civile*, ao analisar os limites processuais do conhecimento privado do juiz no que denomina método dispositivo, destaca que "le parti, a loro volta, non hanno che due modi per condurre il giudice ad una conoscenza ufficiale: esporre (narrare) e fornire, occorrendo, quegli elementi di convinzione che anche nel lin-

non può tener conto della sua *scienza privata*, per cui sia a conoscenza di fatti che le parti non hanno allegato e provato: *quod non est in actis non est in mundo*" (T. I, p. 147).

[207] Emprego o texto publicado na obra *Il nuovo codice di procedura civile*, 3ª edic., edit. Ulrico Hoepli, Milano, 1942, p. XXVI.

guaggio tecnico prendon nome di prove (art. 115 cod. proc. civ.). Ergo, latinetto: (per quanto ai fatti di cui stiamo parlando) *iudex iuxta alligata et probata iudicare debet non secundum conscientiam* (in cui *conscientia* allude a quella che chiamavamo più sopra la sua scienza privata)".[208] E, por sua parte, ANDRIOLI, em seu comentário ao art. 115 C.P.C., afirma que dita norma "codifica il principio secondo il quale *judex secundum alligata et probata judicare debet*. Principio, che, come è noto, solevano i pratici indicare col dire che *quod non est in actis, non est in mundo*. L'ambito di applicazione di questa norma è molto diverso dall'altra che è consacrata nell'art. 112; mentre quest'ultima vieta al giudice di decidere oltre i limiti segnati dalle domande delle parti, l'articolo qui considerato vieta che a fondamento della decisione siano posti fatti non allegati dalle parti o, comunque, non provati nei modi stabiliti dalla legge".[209]

47. De igual modo, em meados do século XX, distintos autores também formulam corretamente o brocardo: MICHELI, ao estudar os poderes do juiz a respeito do ônus da prova destaca o "dovere del giudice di giudicare *secundum allegata et probata*";[210] DE MAIO, ao analisar os poderes do juiz, indica que este "non sarà nè lo spettatore del vecchio sistema, nè l'arbitro e il dispositore di quello opposto: sarà un *quid medium* perchè è pur sempre vero che in *medio stat virtus*. Egli parteciperà attivamente a tutti gli stadi del processo, dirigerà, sorveglierà, tempererà l'attività delle parti senza sopprimerla, avrà un giusto potere d'iniziativa. Restano così immutati i vecchi vincoli del *petitum* non oltrepassabile, del normale divieto di procedere ex officio, del giudicare *iuxta alligata et probata*";[211] LUGO, expondo os fatos aos que deve limitar-se o pronunciamento do juiz, mantém que "Il giudice non può porre a fondamento della propia decisione fatti che non siano provati dalle parti o dal p.m. (art. 115); egli quindi non può indagare d'ufficio sui fatti, nè può attingere alla cognizione personale, che per aventura avesse dei fatti della causa (*iudex secundum alligata et probata iudicare*

---

[208] REDENTI, E., *Diritto processule civile*, T.I, 1ª edic., edit. Giuffrè, Milano, 1949, p. 198. Sem embargo não utiliza o brocardo em sua obra *Profili pratici del diritto processuale civile*, 2ª edic., edit. Giuffrè, Milano, 1939.

[209] ANDRIOLI, V., *Commento al codice di procedura civile*, vol. I, edit. E. Jovene, Napoli, 1941, p. 300. De igual modo, em seu estudo sobre a prova civil, ao analisar o tema da disponibilidade probatória, mantém corretamente que "*iudex secundum alligata et probata decidere debet*" (*Prova (dir. proc. civ.)*, em "Novissimo Digesto Italiano", T. XIV, edit. UTET, Torino, 1967, p. 276).

[210] MICHELI, A., *L'onere della prova*, edit. CEDAM, Padova, 1942 – reimpresão de 1966, p. 104 – (existe uma tradução ao castelhano com o título *La carga de la prueba*, tradução de S. Sentís Melendo, edit. Temis, Bogotá, Colombia, 1989, p. 93). De igual modo, ao analisar a disponibilidade probatória indica que "il giudice debe di regole decidere *juxta alligata et probata*" (*Corso di diritto processuale civile*, T.I, 1ª edic., edit. Giuffrè, Milano, 1959, p. 225).

[211] DE MAIO, G., *Manuale del nuovo processo civile*, edit. Istituto Grafico Bertello, 1942, p. 78.

debet)";[212] e PALERMO, ao examinar os limites de "dispositivo della sentenza", destaca "il principio *iudex iudiciare debet iuxta alligata et probata*".[213] Na mesma ordem de ideais, COSTA sustenta que "il giudice deve porre a fondamento della decisione le prove proposte dalle parti, applicazione del broccardo *judex judicare debet secundum alligata et probata*";[214] e NATOLI e FERRUCCI, ao analisarem o denominado "princípio de disponibilidade das provas", afirmam que "si tratta, in altri termini, della regola che si esprime nel noto aforismo *iudex iudicare debet secundum alligata et probata*, e si concreta nel divieto, al giudice, di porre alla base della sua decisione fatti non dedotti dalle parti o comunque non risultanti dagli atti di causa".[215]

48. A partir da década de setenta, encontramos diversos estudos onde volta a indicar-se em devida forma o brocardo: devo destacar aqui os múltiplos e documentados trabalhos de TARUFFO, MANDRIOLI, CAVALLONE, e PATTI, em que se desenvolvem corretamente tanto o brocardo como sua verdadeira finalidade.

Em relação ao primeiro autor, ao examinar o âmbito de julgamento do juiz no direito medieval, indica sua progressiva limitação "completamente passivo di fronte agli *alligata et probata partium*", para sustentar que a resolução ao problema do âmbito cognoscitivo do juiz "venne risolto, principalmente sotto l'influenza dei canonisti, nel senso di vincolare il giudice alle allegazioni di parte, limitandone per quanto possibile l'autonomia di giudizio".[216] De igual modo, em seu trabalho sobre a prova dos fatos jurídicos, mantém que "nel diritto medievale, e nello stesso periodo in cui si forma e si consolida il fenomeno della prova legale, ha molta importanza il problema se il giudice possa decidere *secundum conscientiam*. Non si tratta però della questione che in termini moderni si chiamerebbe del libero convincimento del giudice, ma di ciò che noi chiameremmo 'scienza privata' del giudice: infatti il

---

212 LUGO, A., *Manuale di diritto processuale civile*, 1ª edic., edit. Giuffrè, Milano, 1955, p. 118.

213 PALERMO, A., *Il processo di formazione della sentenza civile*, edit. Giuffrè, Milano, 1956, p. 189.

214 COSTA, S., *Lezioni di diritto processuale civile*, 2ª edic., edit. Gallizzi, Sassari, 1946, p. 81; idem, *Manuale di diritto processuale civile*, 2ª edic., edit. UTET, Torino, 1959, p. 220.

215 NATOLI, U., e FERRUCCI, R., *Della tutela dei diritti*, em "Commentario del codice civile. Libro VI, Tomo Primo, Titoli I-II", edit. UTET, Torino, 1959, p. 272.

216 TARUFFO, M., *Studi sulla rilevanza della prova*, edit. CEDAM, Padova, 1970, p. 93. Por isso, corretamente se refere ao princípio dispositivo como aquele que se encontra "in base alla regola per cui *judex secundum alligata judicare debet*", em função do qual se "vincolerebbe il giudice a conoscere solo quella parte della realtà concreta che le parti ritengono rilevante rispetto alla configurazione giuridica da esse attribuita alla controversia" (ob.cit., p. 147). Na mesma linha, vid. seu estudo *La motivazione della senteza civile*, edit. CEDAM, Padova, 1975, p. 239.

principio contrapposto è quello che vincola il giudice a decidere soltanto *secundum alligata et probata*".[217]

Na mesma linha, MANDRIOLI indica que: "Questo doppio vincolo viene spesso espresso con un brocardo del quale abbiamo già veduto la sua prima parte: *judex secundum alligata et probata judicare debet*. Ma questo aggruppamento in un unico enunciato di due vincoli diversi è tutt'altro che felice. In primo luogo, è inesatto parlare di *probata* (termine che parrebbe implicare il già avvenuto esperimento positivo del mezzo di prova) per riferirsi a quelle che, come abbiamo visto, sono invece le *circostanze che le parti hanno offerto di provare*. In secondo luogo, enunciando i due suddetti vincoli in un'unica proposizione si può determinare l'errato convincimento che essi abbiano il medesimo fondamento logico. Il che non è assolutamente vero, poiché mentre, como abbiamo veduto, il primo vincolo – quello che vincula il giudice *secundum alligata* e che si espreme nella regola o principio della corrispondenza tra il chiesto e il pronunciato o della *disponibilità dell'oggetto del processo* – discende come una conseguenza logica necessaria dal principio della domanda e da quello della disponibilità della tutela giurisdizionale e, in definitiva, dalla disponibilità dei diritti, la stessa cosa non può esser detta del secondo vincolo, quello che vincola il giudice alle *offerte di prove* compiute dalle parti. In realtà, questo secondo vincolo – per il quale si suole parlare di regola o *principio della disponibilità delle prove* (o, più semplicemente, ma meno univocamente, di *principio dispositivo*) – non sta, come l'altro, in correlazione con la necessità di lasciare libero il titolare del diritto di scegliere se ed in che limiti chiederne la tutela, ma, presupponendo già compiuta la richiesta di tutela, riguarda solo un limite, per il giudice, nel servirsi di quegli strumenti tecnici di convincimento che sono le prove".[218]

De igual modo CAVALLONE, em seu trabalho *Principio dispositivo, fatti secondarii e fatti "rilevabili ex officio,*[219] manifesta que o brocardo segundo o qual "il giudice debba giudicare *secundum allegata et probata* oppure *secundum coscientiam*" se refere ao "tema prediletto della filosofia morale, e in particolare fu oggetto di dispute l'angosciosa situazione del giudice, al quale le risultanze degli atti si presentino in contrasto con quelle – psicologicamente insopprimibili – della sua scienza privata. Orbene: se filo-

---

217 TARUFFO, M., *La prova dei fatti giuridici*, edit. Giuffrè, Milano, 1992, pp. 366-367.

218 MANDRIOLI, C., *Corso di diritto processuale civile*, T.I, 1ª edic., edit. Giappichelli, Torino, 1971, pp. 76-77. Sem embargo, em outros trabalhos gerais seus sobre a prova civil não menciona o brocardo, como sucede em seu estudo *Prova (in generale)*, em "Digesto delle Discipline Privatistiche – Sezione Civile-", T. XVI, 4ª edic., edit. UTET, Torino, 1997, pp. 3 a 35

219 CAVALLONE, B., *Principio dispositivo, fatti secondarii e fatti "rilevabili ex officio*, em "Il giudice e la prova nel processo civile", edit. CEDAM, Padova, 1991, pp. 99 a 178.

sofi, giuristi, dottori della Chiesa, sono infine pervenuti a dimostrare che la decisione *secundum allegata et probata* è preferibile anche in quel caso a quella *secundum conscientiam*, ciò non significa che essa sia stata ritenuta la soluzione ottima".[220] Insiste, em seu estudo *Crisi delle "maximen" e disciplina dell'istruzione probatoria*,[221] en el error del legislador italiano al redactar el art. 115 C.P.C., afirmando: "Ma se invece si ricorda che, nella lezione integrale di quest'ultimo [dal famoso brocardo medioevale] il giudizio *secundum allegata et probata* si contrappone al giudizio *secundum conscientiam*, è facile capire che quella avversativa ha una giustificazione diversa e ben più semplice. Che, infatti, il giudice possa 'senza bisogno di prova, porre a fondamento della decisione le nozioni di fatto che rientrano nella comune esperienza', non sarà un'eccezione al divieto di iniziative di ufficio; ma certamente è un'eccezione (o, se si vuole, un limite naturale) al divieto di utilizzazione del sapere privato del giudice, cioè appunto al divieto di giudicare *secundum conscientiam*; e di questo soprattutto, assai più che di quello, si preoccupavano (probabilmente a ragione) i giuristi medioevali da cui il nostro legislatore ha tratto ispirazione".[222]

Finalmente, também PATTI, em seu estudo sobre a prova civil, depois de destacar que a máxima "secondo cui il giudice debe giudicare *secundum alligata et probata*" é "attribuito alla scuola di Bologna", indica que "il giudice, già tenuto ad esaminare i fatti *iuxta alligata et probata*, è vincolato da certe dichiarazioni delle parti a cui la legge assegna valore decisivo, escludendosi ogni rilevanza del convincimento di chi è chiamato ad affermare la 'verità' processuale".[223]

49. Em conclusão, como podemos comprovar, a maior parte da doutrina posterior a CHIOVENDA, mantendo a indevida formulação do brocardo, introduz expressamente uma finalidade nova: proibir a iniciativa probatória do juiz civil. Esta incorreção na expressão do aforismo se concretisa em um duplo plano: por um lado, se incorpora o termo "partium", para enfatizar que a atividade probatória deve ser dada exclusivamente pelos litigantes (*et probata "partium"*); e por outro lado, silencia-se o final do aforismo, isto é, *"non secundum conscienciam"*, para dar relevância ao real alcance ou sentido do verdadeiro brocardo, a saber, a devida congruência da sentença com o alegado e provado no processo.

---

[220] Ob. cit., pp.143-144.

[221] CAVALLONE, B., *Crisi delle "maximen" e disciplina dell'istruzione probatoria*, em "Riv. dir. proc.", 1976, pp. 685 e ss. (utilizo o exemplar publicado em "Il giudice e la prova nel processo civile", ob. cit., pp, 289 a 322).

[222] Ob.cit., p. 297.

[223] PATTI, S., *Prove*, em "Commentario del codice civile", dirigido por A. Scialoja e G. Branca, edit. Zanichelli-Foro Italiano, Bologna-Roma, 1987, p. 7; idem, *Prova (dir. proc. civ.)*, em "Enciclopedia Giuridica", vol. XXV, edit. Istituto della Enciclopedia Italiana Treccani, Roma, 1991, p. 2.

C) Estudo da doutrina francesa

50. Ao igual como sucede na Alemanha e na Itália, na doutrina processual civil francesa existe uma evolução dirigida a citar incorretamente o brocardo aqui analisado. Assim, entre os autores clássicos do século XIX, podem citar-se alguns que o adotam devidamente: este é o caso, por exemplo, de BORDEAUX, GLASSON e GARSONNET. O primeiro autor, em sua famosa obra *Philosophie de la procédure civile*, ao analisar a prova, destaca: "Si, dans le débat du point de droit, on s'adresse à la science préexistante du juge, le fait au contraire doit être absolument établi; car, en thèse générale et sauf les exceptions admises par la raison ou la loi, le juge ne doit point juger d'après son expérience personnelle ni d'après la notoriété. *Secundum allegata et probata judex judicare debet*".[224]

GLASSON, em seu conhecido tratado *Précis théorique et pratique de procédure civile*, indica que o juiz, ao formar sua íntima convicção, deve limitar-se só a usar os fatos alegados pelas partes. Assim, estabelece: "Si le juge ne se détermine plus que par son intime conviction, c'est à la condition cepedant qu'il ne s'attache qu'aux faits invoqués par les parties dans la cause. Il est encore vrai de dire aujourd'hui: *Judex secundum allegata et probata judicare debet*".[225]

E na mesma linha, se bem de um modo indireto, pois não cita o brocardo em sua forma latina, GARSONNET, em seu extenso Tratado, ao estudar as quatro obrigações que tem o juiz no exercício de suas funções, afirma: "La troisième obligation du juge est de se décider uniquement d'après les résultats de l'instruction, et non d'après la connaissance personnelle qu'il peut avoir de l'affaire".[226]

Contudo, outros tantos autores da época não mencionam o brocardo, como acontece com BOUCENNE,[227] PIGEAU,[228] BONNIER,[229] RODIÈRE,[230] BOITARD,[251] ou LEGRAND.[252]

---

224 BORDEAUX, R., *Philosophie de la procédure civile*, imprimerie de Auguste Hérissey, Évreux, 1857, p. 355.

225 GLASSON, E., *Précis théorique et pratique de procédure civile*, T.I, librairie Cotillon, Paris, 1902, p. 525.

226 GARSONNET, E., *Traité théorique et pratique de procédure*, T.I, edit. L. Larose et forcel, Paris, 1882, p. 226.

227 BOUCENNE, M., *Théorie de la procédure civile*, 10ª edic., Librairie de Videcoq, Paris, 1837.

228 PIGEAU, M., *Introduction a la procédure civile*, 6ª edic., edit. Joubert, Paris, 1842.

229 BONNIER, E., *Traité théorique et pratique des preuves en droit civil et en droit criminel*, 2ª edic., Libraire Auguste Durand, Paris, 1852 (existe uma tradução ao castelhano de José Vicente y Caravantes, imprenta de la Revista de Legislación, Madrid, 1869).

230 RODIÈRE, A., *Cours de compétence et de procédure en matière civile*, T.I, 4ª edic., edit. A. Durand et Pedone-Lauriel, Paris, 1875.

51. No que diz respeito às obras gerais do processualismo francês da primeira metade do século XX, alguns autores seguem adotando corretamente o brocardo, como sucede com MOREL e GORPHE. Para o primeiro autor: "le juge civil n'a pas, à cet égard, de pouvoirs d'investigation. C'est le principe de la neutralité du juge, qui comporte les conséquences suivantes: 1° Le juge ne peut, pour prononcer son jugement, relever d'autres faits que ceux allégués par les parties; il ne peut statuer que *secundum allegata et probata* [...]. Ce principe de la neutralité du juge apparaît, dans une certaine mesure, comme une conséquence de la règle que la détermination de l'objet du litige en matière civile est exclusivement du ressort des parties".[233] E para GORPHE, em seu conhecido estudo sobre a valoração das provas, "no se juzga según un poder privado [del juez] sinó según un poder público; no siguiendo la verdad que se conoce personalmente, sino siguiendo la que se conoce públicamente, *secundum allegata et probata*".[234]

Todavia, não faltam autores que o formulam indevidamente, e assim pode destacar-se a CORNU e FOYER, os quais, ao estudar os princípios diretores do processo, indicam: "Ils sont utiles à fournir pour qui veut gagner son procès et les parties ne manquent jamais, en fait, de les proposer: ce sont les allégations et les preuves. En règle, la charge de les fournir incombe aux parties. *Judex secundum allegata et probata partium judicare debet*".[235]

Não obstante, o certo é que em dita época o mais habitual era omitir a citação expressa do brocardo, como se pode comprovar com os estudos de JAPIOT,[236] CHÉRON y MUHLEISEN,[237] CUCHE,[238] LEGEAIS,[239] ou JAUFFRET.[240]

---

[231] BOITARD, *Leçons de procédure civile*, T.I, 14ª edic., librairie Cotillon, Paris, 1885.

[232] LEGRAND, L., *Précis de procédure civile*, imprimerie et librairie générale de jurisprudence Marchal et Billard, Paris, 1897.

[233] MOREL, R., *Traité élémentaire de procédure civile*, 1ª edic., edit. Sirey, Paris, 1932, pp. 504-505.

[234] GORPHE, F., *L'appreciation des preuves en justice: essai d'une methode technique*, edit. sirey, Paris, 1947, nota 21 del capítulo V (existe uma tradução ao castelhano com o título *De la apreciación de las pruebas*, traduzido por Santiago Sentís Melendo, edit. EJEA, Buenos Aires, 1955, p. 156).

[235] CORNU, G., e FOYER, J., *Procédure civile*, Presses universitaires de France, Paris, 1958.

[236] JAPIOT, R., *Traité élémentaire de procédure civile & commerciale*, 1ª edic., *Librairie* A. Rousseau, Paris, 1916.

[237] CHÉRON, A., y MUHLEISEN, G., *Précis de procédure locale applicable en matière civile et commerciale*, edit. Sirey, Paris, 1930.

[238] CUCHE, P., *Précis de procédure civile et commerciale*, edit. Dalloz, Paris, 1939.

[239] LEGEAIS, R., *Les règles de preuve en droit civil*, Librairie Générale de droit et de jurisprudence, Paris, 1955 (nesta obra, pese o não acolhimento do brocardo, se efetua um detido estudo da necessidade de que o juiz dite sentença com liberdade se bem que em função do julgado e provado, isto é, com a impossibilidade de julgar em função de sua própria conciência: ob. cit., pp. 229 a 235).

52. Na atualidade, segue mantendo-se esta omissão na citação do brocardo, como se depreende das obras de VINCENT e GUINCHARD,[241] COUCHEZ,[242] SOLUS e PERROT,[243] RAYNAUD,[244] CROZE e MOREL,[245] HÉRON,[246] BLANC,[247] JULIEN e FRICERO,[248] ou JEULAND.[249]

D) Estudo da doutrina espanhola

D.1. Introdução

53. Na doutrina espanhola, devemos distinguir claramente duas etapas históricas na recepção dogmática do brocardo que estamos analisando: a antiga da prática forense e do procedimentalismo; e a atual do processualismo.

D.2. Práticos forenses e procedimentalistas

D.2.1. Introdução

54. Do estudo da doutrina dos práticos forenses e dos procedimentalistas, caracterizados os primeiros por limitar-se a expor a concreta prática judicial, pois o verdadeiro destinatário de suas obras eram os profissionais do direito (advogados, escrivães e juízes); e os segundos pelo uso da exegese, inspirados pela literalidade dos preceitos adotados nos novos códigos de processos civis de 1855 e 1881,[250] deduz-se

---

240 JAUFFRET, A., *Manuel de procédure civile*, 10ª edic., edit. R. Pichon et R. Durand-Auzias, Paris, 1970.

241 VINCENT, J., e GUINCHARD, S., *Procédure civile*, 27ª edic., edit. Dalloz, Paris, 2003.

242 COUCHEZ, G., *Procédure civile*, 7ª edic., edit. Sirey, Paris, 1992, pp. 166 a 168 e 238-239.

243 SOLUS, H., e PERROT, R., *Droit judiciaire privé*, T. 3, edit. Sirey, Paris, 1991. De PERROT, R., igualmente, cfr. *Institutions judiciaires*, 11ª edic., edit. Montchrestein, Paris, 2004, pp. 427 a 478.

244 RAYNAUD, P., *Preuve*, em "Répertoire de procédure civile", dir. P. Raynaud, edit. Dalloz, Paris, 1980, pp. 1 a 50.

245 CROZE, H., e MOREL, C., *Procédure civile*, Presses universitaires de France, Paris, 1988.

246 HÉRON, J., *Droit judiciaire privé*, edit. Montchrestien, Paris, 1991.

247 BLANC, E., *L'administration judiciaire de la preuve*, em "Nouveau Code de Procédure Civile commenté dans l'ordre des articles", edit. *Librairie du journal des notaires et des avocats*, Paris, 1993, pp. 148 a 153.

248 JULIEN, P., e FRICERO, N., *Droit judiciaire privé*, 2ª edic., edit. LGDJ, Paris, 2003, pp. 105 a 110.

249 JEULAND, E., *Droit processuel*, edit. LGDJ, Paris, 2003, pp. 89 a 98 e 216 a 219.

250 A este respeito, vid. ALCALÁ-ZAMORA, N., *Evolución de la doctrina procesal*, em "Estudios de teoría general e historia del proceso", T. II, Universidad Nacional Autónoma de México, México,

com precisão a correta assunção da finalidade do brocardo se bem que em sua formulação costuma-se omitir a parte final do mismo, indicando-se que o juiz, ao ditar a sentença, não pode tomar em consideração sua própria consciência ou conhecimento privado dos fatos, devendo limitar-se a julgar segundo o alegado e provado no processo.

A verdade desta afirmação podemos constatar tanto nos autores anteriores à LEC de 1855, como nos comentaristas da LEC de 1855 e a de 1881.

D.2.2. Doutrina anterior à LEC de 1855

55. A doutrina anterior à LEC de 1855 se encontra diretamente influenciada por "Las Siete Partidas". Nesta obra legislativa de Alfonso X o Sábio, encontramos alguma referência similar ao brocardo aqui analisado, isto é, a vinculação plena do juiz ao alegado e discutido no processo: assim, a Lei 16 [*Como no debe valer el juicio que da el juez sobre cosa que no fue demandada ante él*] do Título 22 [*De los juicios que dan fin e acabamiento a los pleitos*] da Partida 3ª [*De la justicia, que es orden de juicio para desembargar los pleitos*] indica: "Afincadamente debe catar el juez que cosa es aquella sobre que contienden las partes ante él en juicio, e otrosí en qué manera hacen la demanda e sobre todo qué averiguamiento o qué prueba es hecha sobre ella, e entonces debe dar juicio sobre aquella cosa". Provavelmente por isso, na obra dos comentaristas – práticos forenses – deste texto legislativo não aparece nenhuma referência, nem direta nem indireta, ao brocardo aqui analisado: assim, por exemplo, HEVIA DE BOLAÑOS, em seu célebre *Curia Philipica*, tanto ao examinar o "libelo" (§ 11) como a prova (§ 17) e a sentença (§ 18) não o menciona.[251]

56. Entre os práticos forenses anteriores à LEC de 1855 – que seguem influenciado por "Las Partidas" e as recompilações legislativas baseadas nelas, como a Nova Recompilação e a Novíssima Recompilação – podemos destacar a XAMMAR, VILLADIEGO, ELIZONDO, o CONDE DE LA CAÑADA, MARTÍNEZ e ESCRICHE: XAMMAR, em sua conhecida obra *De officio iudicis, et advocati*, ao analisar a sentença e seu conteúdo, indiretamente se refere ao brocardo ao destacar que "*iudex tenetur iudicare secundum veritatem, quae ex actis processus elici-*

1974, pp. 299-300; ou MONTERO AROCA, J., *Del derecho procesal al derecho jurisdiccional*, em "Justicia", 1984, pp. 311 a 348; idem, *La herencia procesal española*, Universidad Nacional Autónoma de México, México, 1994; pp. 13 a 19.

251 HEVIA DE BOLAÑOS, J., *Curia Philipica*, T.I, Madrid, 1797, pp. 61 a 65 e 83 a 99.

tur".[252] Também VILLADIEGO, comentando o conteúdo da sentença civil, indica que o juiz *"deue guardar en la sentencia la forma de la ley Real de la partida, e, que ha de ser conforme a la demanda"*.[253] De igual modo, na obra de ELIZONDO *Práctica universal forense*,[254] na que se adotam fórmulas e cláusulas de estilo dos diversos escritos judiciais, se destaca que a sentença deve iniciar-se do seguinte modo: *"Vistos. Fallo, atento à los Autos, y meritos del Processo, à los que en caso necessario me refiero"*,[255] e indica que só *"el Juez debe examinar los Autos con deliberación, haciendose cargo de los meritos que producen"* pois do contrário *"la sentencia es nula"*,[256] para concluir que *"la sentencia debe por el Juez pronunciar conforme al libelo, cuya conformidad ha de observar en tres cosas, en la acción, en la causa, y en la cosa"*.[257] Insiste nesta mesma ideia o CONDE DE LA CAÑADA, quando afirma que *"en las antecedentes leyes, señaladamente en la 3ª. Tit. 22. Part. 3ª. se contiene aquel principio de que la sentencia debe ser conforme al libelo. Mas expresamente y en repetidos ejemplos lo dispone la ley 16 del mism.tit. y Part.; por cuyo contexto se percibe que la conformidad de la sentencia ha de corresponder á las acciones, á las cosas, y á las personas que forman el juicio; y en cualquiera parte de las tres que falte la conformidad, llevará el vicio de nula, y no producirá efecto alguno, ni merecerá el nombre de sentencia"*,[258] e acrescenta posteriormente: *"queda demostrado por las disposiciones referidas que la sentencia solamente acaba la accion que se deduxo en juicio. En quanto á las cosas aun debe ser mas prolija y ajustada la conformidad de la sentencia, no solo con lo que demanda sino tambiénm en la forma y manera con que se pide"*.[259] Com maior precisão, MARTÍNEZ, na sua obra *Librería de jueces*,[260] na que se centra em descrever a prática forense do Real Direito de Castilha, ao estudar a sentença, destaca que esta *"se pronuncie como corresponde á los méritos de lo alegado, y probado en la Causa [...] Vistas las disposiciones del Real Decreto, y sabidas por los Jueces, manda Dios, y el Rey, que con arreglo á ellas, según lo alegado y probado, sin interpretar, ni alterar Ley, decidan las Causas"*.[261] E ESCRICHE, em seu famoso

[252] XAMMAR, P., *De officio iudicis, et advocati*, pars I. quaest. XV, 41, Barcinonae, 1639, fol. 104.a.

[253] VILLADIEGO, A., *Instrucción politica y practica judicial*, imprenta de Melchor Sánchez, Madrid, 1656, fol. 16.a.

[254] ELIZONDO, F.A., *Práctica universal forense*, imprenta de Joachin Ibarra, Madrid, 1764.

[255] Ob. cit., pp. 134 e 135.

[256] Ob. cit., p. 137.

[257] Ob. cit., p. 136.

[258] CONDE DE LA CAÑADA, *Instituciones prácticas de los juicios civiles*, T.I, 2ª edic., Madrid, 1794, p. 200.

[259] Ob. cit., p. 204.

[260] MARTÍNEZ, M. S., *Librería de jueces*, T. I, Aranjuez, 1772.

[261] Ob. cit., p. 72.

Diccionario razonado de legislación y jurisprudencia, ao analisar o conceito de "auto para mejor proveer", indica "que parece más conforme á los principios del derecho que el juez se atenga á lo que resultare de los autos y pronuncie su sentencia según lo alegado y probado".[262] Contudo, existem muitos práticos forenses que não adotam, nem direta nem indiretamente, o aforismo estudado: este é o caso de FEBRERO,[263] BOADA,[264] MARTÍNEZ SALAZAR,[265] DE TAPIA,[266] COLL ET FABRA,[267] J. F. A.,[268] RODRÍGUEZ,[269] BROCA DE BOFARULL,[270] D. F. S.,[271] HIDALGO e BLANCO,[272] GÓMEZ e NEGRO,[273] F. L. B.,[274] MARTÍN SARRAMOLINO,[275] JAUMAR e CARRERA,[276] VERLANGA HUERTA,[277] ou ORTIZ DE ZÚÑIGA.[278]

---

262 ESCRICHE, J., *Auto para mejor proveer*, em "Diccionario razonado de legislación y jurisprudencia", Madrid, [1851 ?], p. 310.

263 FEBRERO, J., *Librería de escribanos*, tomos I a III, imprensa de Antonio Pérez de Soto, Madrid, 1769-1775; idem, *Febrero arreglado a la legislación y práctica vigente por una Sociedad de Abogados*, T. VII (Libro I: de los Tribunales), Barcelona, 1848-1850.

264 BOADA DE LAS COSTAS Y FIGUERAS, P., *Adiciones y repertorio general de la práctica universal forense de los tribunales superiores é inferiores de España é Indias*, tomos I e II, imprenta de Ramón Ruiz, Madrid, 1793.

265 MARTÍNEZ SALAZAR, A., *Práctica de sustanciar pleitos ejecutivos y ordinarios*, 5ª edic., Madrid, 1828.

266 DE TAPIA, E., *Manual de práctica forense*, 3ª edic., imprensa de Ildefonso Mompié, Valencia, 1828.

267 COLL ET FABRA, R., *Praxis forensis*, 1ª edic., imprensa de Josephi Casanovas, Cervera, 1826.

268 J. F. A., *Diccionario judicial*, imprensa de Miguel de Burgos, Madrid, 1831.

269 RODRÍGUEZ, J.M., *Instituciones prácticas o curso elemental completo de práctica forense*, 4ª edic., T.I, imprensa de Francisco Álvarez y Cª., Sevilla, 1833.

270 BROCÁ DE BOFARULL, S., *Tratado del juicio civil ordinario*, manuscrito, [s.l.], [s.a.: 1833 ?].

271 D. F.S., *Nuevo manual de práctica forense*, 2ª edic., imprensa de F. Vallés, Barcelona, 1835. Posteriormente, sob estas mesmas iniciais se publica a obra *Práctica forense*, imprensa de F. Vallés, Barcelona, 1839, sem aparecer menção alguma ao aforismo (nem em latim nem em castelhano).

272 HIDALGO, S. e BLANCO, B., *Colección de formularios*, 1ª parte, 2ª edic., imprensa de José Rodríguez, Madrid, 1836.

273 GÓMEZ Y NEGRO, L., *Elementos de práctica forense*, 4ª edic., edit. imprensa de don Julián Pastor, Valladolid, 1838.

274 F.L.B., *Práctica forense*, imprensa de F. Vallés, Barcelona, 1836.

275 MARTÍN SARRAMOLINO, J., *Método actual de la sustanciación civil y criminal en la jurisdicción real ordinaria*, 2ª edic., Madrid, 1839.

276 JAUMAR Y CARRERA, J., *Práctica forense*, imprensa de J. Boet & Cia., Barcelona, 1840.

277 VERLANGA HUERTA, F., *Curso de lógica judicial*, imprensa de J. D. de los Ríos, Madrid, 1840.

278 ORTIZ DE ZÚÑIGA, M., *Elementos de práctica forense*, T.I, 2ª edic., imprensa da viúva de Jordán é hijos, Madrid, 1843.

D.2.3. Comentaristas de la LEC de 1855

57. Com referência à doutrina surgida a raiz da LEC de 1855, devo destacar a opinião de VICENTE Y CARAVANTES, HERNÁNDEZ DE LA RÚA, NOUGUÉS SECALL, GÓMEZ DE LA SERNA com MONTALBAN, e ORTÍZ DE ZÚÑIGA.

Sem dúvida alguma, o procedimentalista mais relevante desta época foi VICENTE Y CARAVANTES com seu *Tratado histórico, crítico filosófico de los procedimientos judiciales en materia civil.* Esse autor se refere corretamente ao brocardo quando afirma: "*secundum allegata et probata judex judicare debet*, aun cuando extrajudicialmente le conste la verdad de un hecho que aparece en los autos como falso, ó al contrario". Posteriormente, ao analisar a sentença, refere-se "al principio que prohibe al juez suplir de oficio los hechos omitidos por las partes, que le obliga á atenerse a lo alegado y probado y que prescribe, como dice la ley 2, tit. 16, lib. 11 de la Nov. Recop., 1ª del tít. 12 del Ordenamiento de Alcalà, determinar y juzgar según la verdad que hallare probada en los pleitos, porque en dichos autos tiene el juez que sujetarse á los hechos que las partes propusieron y comprendieron en los autos, y que trataron de demostrar por medio de prueba [...] (con las diligencias para mejor proveer) puede decirse que el juez no se sale de lo alegado y probado por las partes, sino que completa sus probanzas, y esto por actos ejecutados por las mismas, y sobre hechos que le constan por los autos, y no de ciencia personal como particular y fuera de ellos [...] Tanto los jueces como los magistrados, para dictar sentencia definitiva deben atender á los méritos del proceso, bastando para su validez que conste justificada la verdad del hecho, ó que se hayan tenido presentes las solemnidades esenciales como la primera citación, ó para dictar sentencia, las pruebas cuando fueren necesarias, etc. [...] Debe pues dictarse la sentencia según lo alegado y probado, ó conforme á la demanda y contestación sobre el objeto del litigio, leyes 2, título 16, lib. 11, Nov. Recop., y 16, tít. 22, Part. 3".[279]

Por sua parte, HERNÁNDEZ DE LA RÚA, depois de indicar que "los prácticos sostuvieron un combate muy reñido sobre si los jueces, para dictar providencia absolutoria o condenatoria, deberian precisamente atenerse á lo alegado y probado, ó si podrian fallar por las inspiraciones de su conciencia, ó por el conocimiento particular que tuviesen del punto controvertido" entende que "los jueces deben atemperarse á lo que aparezca justificado en los autos, y escudriñada y sabida

[279] VICENTE Y CARAVANTES, J., *Tratado histórico, crítico filosófico de los procedimientos judiciales en materia civil*, T. II, imprensa de Gaspar e Roig editores, Madrid, 1856, pp. 135, 278 e 281.

la verdad del pleito, como dice la ley 3ª, tít. 22, Part. 3ª dictaran los fallos definitivos; sin que pueda deducirse de lo dispuesto en la ley 2ª, tít. 16, lib. 11 de la Nov. Recop. que se ha relajado el precepto escrito, supuesto que las reglas que mandan á los jueces fallar seyendo sabida y probada la verdad del hecho por el proceso, tienen una limitación que las circunscribe á lo alegado y probado".[280] Como podemos comprovar, se refere corretamente ao brocardo, se bem que não em sua versão latina, adotando sua verdadeira finalidade.

Outro relevante comentarista desta LEC foi MANRESA, que menciona o brocardo em dois âmbitos distintos: ao examinar os poderes instrutórios do juiz e em seu estudo da sentença. Em primeiro aspecto indica, confusamente, que "la consignación esplícita de estos autos [para mejor proveer] en la nueva Ley deja en pié la antigua y fundamental teoría de que los Jueces deben juzgar según lo alegado y probado por las partes: *secundum allegata et probata*".[281] E no segundo se refere ao brocardo indiretamente quando afirma que "el Juez no puede ni debe prescindir de ocuparse en su fallo de todos los hechos y fundamentos legales que se hayan presentado por ambos litigantes, para que su sentencia sea conforme á lo alegado y probado".[282]

No mesmo sentido, NOUGUÉS SECALL adota o "principio de que el juez debe fallar con arreglo á lo alegado y probado", se bem que o faz para manifestar-se em contra do mesmo.[283]

De igual modo, GÓMEZ DE LA SERNA e MONTALBAN, ainda que não adotam expressamente o brocardo, aludem a ele de forma indireta quando afirmam que os juízes "han de determinar el litigio conforme á lo que resulte probado, y con tal que se hayan cumplido las diligencias esenciales del juicio. Pero la sentencia ha de ser conforme á la demanda".[284]

Finalmente, ORTÍZ DE ZÚÑIGA, também de modo indireto, ao analisar a norma reguladora da congruência da sentença, indica que "este artículo de la ley forma el complemento de un sistema, sabiamente seguido en ella, para encerrar la discusión, las pruebas y la decisión de los juicos dentro de sus justos límites, sin que sea dado á los litigan-

---

[280] HERNÁNDEZ DE LA RUA, V., *Comentarios a la Ley de Enjuiciamiento Civil*, T. II, imprensa do Boletim de Jurisprudência, Madrid, 1856, p. 128.

[281] MANRESA Y NAVARRO, J. Mª., *Ley de Enjuiciamiento Civil, comentada y esplicada para su mejor inteligencia y fácil aplicación*, T.I, imprensa da Revista de Legislação, Madrid, 1856, p. 171.

[282] Op. cit., T. II, p. 438.

[283] NOUGUÉS SECALL, M., *Tratado de práctica forense novísima, según la Ley de Enjuiciamiento Civil*, imprensa de M. Sanz y Gómez, Madrid, 1856, p. 545.

[284] GÓMEZ DE LA SERNA, P., y MONTALBAN, J.M., *Tratado académico-forense de los procedimiento judiciales*, T. I, imprensa de D.F. Sánchez, Madrid, 1861, p. 447.

tes extraviar las cuestiones, ni á los jueces extralimitarse en los fallos [...]. Circunscrita de este modo la controversia á términos precisos, la ley, consecuentemente en su acertado propósito, prescribe que la prueba se ciña á los puntos expuestos en los cuatro primeros escritos y en los de ampliación (art. 264); y determina, como ya se ha indicado, que la sentencia sea clara, precisa y que condene ó absuelva de la demana, ó haga las declaraciones conducentes, sin aplazar, dilatar , ni negar la resolución de las cuestiones que hayan sido discutidas en el juicio".[285]

58. Outros autores da época, contudo, não adotam o aforismo aqui analisado, como sucede, por exemplo, com CUBILLO DE MESA.[286]

D.2.4. Comentaristas da LEC de 1881

59. Entre os procedimentalistas que comentaram a LEC de 1881 e que adotam o brocardo aqui analisado, deve destacar-se, por ordem cronológica de publicação das obras, a REUS, ROBLES POZO, MANRESA, AMAT, RIVES Y MARTÍ com ORTÍZ Y ARCE, e AGUILERA DE PAZ com RIVES Y MARTÍ.

REUS, no primeiro tomo de sua *Ley de Enjuiciamiento Civil de 3 de Febrero de 1881 concordada y anotada con gran extensión*, corretamente indica que as sentenças "deben fallarse según lo alegado y probado",[287] e insiste com maior argumentação no tomo segundo de dita obra, afirmando que em virtude do brocardo *secundum allegata et probata judex judicare debet* não deve permitir-se que o conhecimento extrajudicial do juiz possa levá-lo a determinar em sua sentença fatos que não sirvam de base às ações ou exceções das partes.[288]

De igual modo, ROBLES POZO indica que "es doctrina legal la de que los Tribunales deben dictar sus fallos según lo alegado y probado, y la sentencia dictada con vista de las alegaciones y pruebas lo es *justa alegata et probata*".[289]

Todavia, na obra de MANRESA, o verdadeiro ideólogo e redator da LEC de 1881 e o procedimentalista mais relevante desta época com

---

[285] ORTÍZ DE ZÚÑIGA, M., *Práctica general forense*, T.I, 4ª edic., imprensa de José Rodríguez, Madrid, 1861, pp. 642-643.

[286] CUBILLO DE MESA, M., *Ley de Enjuiciamiento Civil anotada con los epígrafes de las decisiones del Supremo Tribunal de Justicia*, T.I, imprensa da Revista de Legislação, Madrid, 1868.

[287] REUS, E., *Ley de Enjuiciamiento Civil de 3 de Febrero de 1881 concordada y anotada con gran extensión*, T.I, imprensa da Revista de Legislação, Madrid, 1881, p. 239.

[288] Ob. cit., T.II, pp. 7-8.

[289] ROBLES POZO, J., *Derecho Procesal de España*, primera parte, imprensa da Revista de Legislação, Madrid, 1881, p. 215.

seus clássicos *Comentarios a la Ley de Enjuciamiento Civil* em seis volumes, começa a confundir-se o conteúdo do brocardo, e assim ao examinar os poderes instrutórios do juiz, de forma confusa mantém que "la consignación explícita de estas providencias en la nueva ley deja en pié la antigua y fundamental teoría de que los jueces deben juzgar según lo alegado y probado por las partes: *secundum allegata et probata*",[290] isto é, como podemos comprobar, MANRESA não introduz o termo "partium" quando se refere à expressão latina, mas sim o faz ao descrever seu conteúdo na versão castelhana.

De forma indireta, refere-se igualmente ao brocardo ao adotar a jurisprudência referente à congruência, ao destacar que "las sentencias deben ser conformes y ajustadas, no sólo á la cosa que contienden las partes, sino también á la manera en que hacen la demanda, ó motivos en que la fundan y á la prueba que es hecha sobre ella".[291]

Também AMAT, ao examinar a doutrina jurisprudencial relativa à congruência, põe de manifesto que os tribunais em suas sentenças devem resolver as questões litigiosas segundo as alegações das partes e as provas praticadas em juizo.[292]

Com maior precisão, RIVES Y MARTÍ e ORTÍZ Y ARCE se referem ao brocardo em dois âmbitos distintos: ao analisar a congruência das resoluções judiciais, e na prova. A respeito da congruência, indicam que o "primer requisito intrínseco de las sentencias es que sean justas, dando a cada litigante el derecho de que estén asistidos, y a tal fin, el juez debe fallar *secundum allegata et probata*";[293] e em relação com a atividade probatória destacam: "De la importancia de la prueba bastará decir que cuando es necesaria tiene carácter decisivo en los litigios, esto es, que sin la justificación del derecho invocado no es posible judicialmente su reconocimiento y efectividad, y de tal principio es reflejo el que se enuncia bajo los términos de que las sentencias han de dictarse de conformidad a lo alegado y probado en el juicio".[294]

E na mesma linha, AGUILERA DE PAZ e RIVES Y MARTÍ, ao analisar o conteúdo da sentença, afirmam que "la condena ha de ser solamente en aquello que resulte probado aun cuando de ciencia pro-

[290] MANRESA Y NAVARRO, J. Mª., *Comentarios a la Ley de Enjuiciamiento Civil*, T.II, imprensa da Revista de Legislação, Madrid, 1883, p. 60.

[291] Op. cit., p. 102.

[292] AMAT, V., *Ley de Enjuiciamiento Civil comentada y anotada con la jurisprudencia del Tribunal Supremo*, T.I, imprensa Sopena, Barcelona, 1903, pp. 179-180.

[293] RIVES Y MARTÍ, F.P., e ORTÍZ Y ARCE, D., *Organización de Tribunales y Leyes de Procedimiento*, 3ª edic., edit. Reus, Madrid, 1922, p. 150.

[294] Ob. cit., p. 208.

pia conste al Juez lo contrario, regla ésta que se funda en el principio de que el juez debe fallar *secundum allegata et probata"*.[295]

60. Por último, devo assinalar que outros comentaristas da época omitem o citado brocardo, como sucede com MARFÁ DE QUINTANA,[296] AYLLON Y ALTOLAGUIERRE com PAREJO CHASSEROT,[297] ATARD com CERVELLERA,[298] PARRA IBÁÑEZ,[299] DE PASO Y DELGADO,[300] MARCO TULIO,[301] MARTÍNEZ MONTANER,[302] LÓPEZ-MORENO,[303] SILVELA LORING e BARRIOBERO ARMAS,[304] RIVES Y MARTÍ,[305] FÁBREGA Y CORTÉS,[306] ou LÁSTRES Y JUIZ.[307]

D.3. Doutrina processual do século XX

D.3.1. Introdução

61. Seguidamente realizarei um estudo da recepção do brocardo na doutrina processual espanhola do século XX, claramente influencia-

---

295 AGUILERA DE PAZ, E., e RIVES Y MARTÍ, F. de P., *El derecho judicial español*, T.II, edit. REUS, Madrid, 1923, p. 853

296 MARFÁ DE QUINTANA, J., *Simplificación de la Novísima Ley de Enjuiciamiento Civil*, editores Matheu y Grau, Barcelona, 1883.

297 AYLLON Y ALTOLAGUIERRE, E., e PAREJO CHASSEROT, L., *Enjuiciamiento Civil en general*, imprensa de José Perales y Martínez, Madrid, 1881.

298 ATARD, R., y CERVELLERA, S., *Ley de Enjuiciamiento Civil de 3 de Febrero de 1881 anotada, concordada y ligeramente comentada*, imprensa de M. Minuesa de los Ríos, Madrid, 1881.

299 PARRA IBÁÑEZ, F.S., *Curso elemental de derecho procesal español*, imprensa de Miguel Romero, Madrid, 1889.

300 DE PASO Y DELGADO, N., *Exposición histórico-exegética de la teoría de los procedimientos contencioso-administrativos*, edit. El progreso, Madrid, 1889.

301 MARCO TULIO, *Procedimientos judiciales*, imprensa de Felipe González Rojas, Madrid, 1894.

302 MARTÍNEZ MONTANER, F., *Estudio del juicio en materia procesal civil*, imprensa do Asilo de Hórfanos do S. C. De Jesús, Madrid, 1899.

303 LÓPEZ-MORENO, S., *Principios fundamentales del procedimiento civil y criminal*, T.I, imprensa de Victoriano Suárez, Madrid, 1901.

304 SILVELA LORING, J., y BARRIOBERO ARMAS, J., *Manual de práctica forense*, edit. Hijos de Reus, Madrid, 1904.

305 RIVES Y MARTÍ, F. P., *Contestación á las preguntas relativas a los procedimientos judiciales*, edit. Hijos de Reus, Madrid, 1911.

306 FÁBREGA Y CORTÉS, M., *Apuntes de procedimientos judiciales*, manuscrito [s.l. y s.f.]; idem, *Apuntes de procedimientos judiciales*, imprensa La Neotipia, Barcelona, 1907; idem, *Apuntes de práctica forense*, edit. La Neotipia, Barcelona, 1908; idem, *Lecciones de práctica forense*, 2ª edic., imprensa La Neotipia, Barcelona, 1921; idem, *Lecciones de procedimientos judiciales*, 3ª edic., imprensa de José Bosch, Barcelona, 1928.

307 LÁSTRES Y JUIZ, F., *Cuestiones prácticas de procedimiento civil*, Centro editorial de Góngora, Madrid, 1915.

da pelas orientações metodológicas formuladas por CHIOVENDA. E para efeitos expositivos, para lograr a maior claridade possivel, diferenciarei a doutrina clássica, isto é, a dos primeiros representantes do processualismo espanhol, da doutrina atual.

62. Desta análise já podemos antecipar que claramente se deduz a errônea recepção do autêntico brocardo *iudex iudicare debet secundum allegata et probata, non secundum conscienciam*, introduzindo-se uma dupla modificação: por un lado, se acrescenta o termo "partium" ou "partibus"; e por ouro lado, se silencia a expressão "*non secundum conscientiam*".

63. Como é óbvio, o errôneo desenvolvimento do brocardo conduz diretamente a manter postulados ou ideias diferentes das que quiseram transmitir os doutores do *ius commune*.

D.3.2. Doutrina clássica: Miguel y Romero, Guasp, Prieto-Castro e Gómez Orbaneja

64. A errônea formulação do brocardo aqui estudado a encontramos refletida na maioria das obras clássicas de nossos processualistas, como MIGUEL Y ROMERO, GUASP, PRIETO-CASTRO e GÓMEZ ORBANEJA.

MIGUEL Y ROMERO, em seu tratado *Principios del moderno Derecho Procesal Civil*, ao analisar a atividade das partes como limite dos poderes do Juiz, destaca que "la máxima *secundum allegata et probata partium judicare debet*, prohibe al Juez, de igual modo que a las partes, separarse de los términos en que están planteados y justificados los hechos de la controversia".[308]

GUASP é um dos grandes mestres do processualismo espanhol que mais analizou a problemática da relação do juiz com a prova, e em todos seus trabalhos adota erroneamente o brocardo. Assim, já em sua monografia *Juez y hechos en el proceso civil* destaca "No es un fenómeno singular el que en nuestro país el antiguo aforismo *secundum allegata et probata partium, iudex iudicare debet* y su constelación de máximas satélites hayan alcanzado la categoría de verdadero dogma jurídico".[309]

---

[308] MIGUEL Y ROMERO, M., *Principios del moderno Derecho Procesal Civil*, imprensa de Andrés Martín, Valladolid, 1931, p. 455. Sem embargo, a formulação do brocardo – ainda que de maneira errônea – não aparece em suas obras anteriores, muito mais procedimentalistas, como por exemplo pode comprovar-se em *Comentarios a la Ley de Enjuiciamiento Civil*, imprensa de Andrés Martín, Valladolid, 1917, ou em suas *Lecciones y modelos de práctica forense*, T.I, 4ª edic., Librería General de Victoriano Suárez e Tipografía de Andrés Martín Sánchez, Madrid-Valladolid, 1924.

[309] GUASP, J., *Juez y hechos en el proceso civil*, edit. Bosch, Barcelona, 1943, p. 7. Também se refere ao mesmo aforismo nas pp. 39, 81, 130, 158 e 169 (conclusão do livro).

De igual modo, em seus *Comentarios a la Ley de Enjuiciamiento Civil*, ao examinar os atos de instrução processual, se refere ao "antiguo aforismo: *iudex secundum allegata et probata a partibus iudicare debet*, aplicación fundamental, aunque no única, al proceso del llamado principio dispositivo";[310] e posteriormente, ao estudar os poderes instrutórios do juiz assinala "que el Juez debe fallar *secundum allegata et probata partium*".[311]

De igual modo, PRIETO-CASTRO, já em sua inicial obra *Exposición del Derecho Procesal Civil de España*, de 1941, ao explicar o conteúdo do principio dispositivo, indica incorretamente "*iudex iudicat secundum allegata et probata partium, non secundum conscientuam sua*",[312] pelo que entende que os "hechos que no son alegados y probados por las partes no pueden acogerse en la sentencia".[313] A mesma expressão – incorreta – encontramos em suas posteriores obras, como *Cuestiones de Derecho Procesal*,[314] *Derecho Procesal Civil*[315] e *Tratado de Derecho Procesal Civil*.[316]

E nesta mesma linha, GÓMEZ ORBANEJA se refere erroneamente ao brocardo em sua exposição do princípio dispositivo, indicando que este "puede expresarse con los siguientes aforismos del derecho romano-canónico medieval, válidos por entero para el vigente: [...] *judex judicet secundum allegata et probata partium*";[317] e posteriormente volta a indicar, referindo-se aos poderes instrutórios do juiz, que "los jueces deben juzgar *secundum allegata et probata partium*".[318]

65. Finalmente, devo destacar que outros processualistas da mesma época também adotam erroneamente dito brocardo, como sucede, por exemplo, com a obra de DE PINA. Assim, em seu *Tratado de las pruebas civiles*, seguindo expressamente a doutrina de CALAMANDREI,[319]

---

[310] GUASP, J., *Comentarios a la Ley de Enjuiciamiento Civil*, T. I, edit. Aguilar, Madrid, 1943, p. 676 (nota 1).

[311] Ob. cit., p. 904.

[312] PRIETO CASTRO, L., *Exposición del Derecho Procesal Civil de España*, Librería General, Zaragoza, 1941, p. 183.

[313] Ob. cit., p. 183.

[314] PRIETO CASTRO, L., *Cuestiones de Derecho Procesal*, edit. Reus, Madrid, 1947, p. 81.

[315] PRIETO-CASTRO FERRÁNDIZ, L., *Derecho Procesal Civil*, primeira parte, edit. EDERSA, Madrid, 1964, p. 344.

[316] PRIETO-CASTRO Y FERRÁNDIZ, L., *Tratado de Derecho Procesal Civil*, edit, Aranzadi, Pamplona, 1982, p. 516.

[317] GÓMEZ ORBANEJA, E., *Derecho procesal civil*, vol. I, 8ª edic., Madrid, 1976, p. 214.

[318] Ob. cit., p. 372.

[319] Se bem que com um pequeno matiz diferenciador na citação do aforismo.

destaca o "tradicional aforismo *secundum allegata et probata partium debet judex judicare, non secumdum suam constientiam*".[320]

66. Contudo, existem algumas exceções a esta prática majoritária da doutrina processualista: entre elas, por exemplo, DE LA PLAZA,[321] adota corretamente o brocardo, e ainda que não o cite ao analisar o tema dos princípios gerais da prova e da disponibilidade probatória,[322] sim o faz ao examinar o alcance do princípio dispositivo (sobre os fatos alegados), indicando que "los Tribunales deben dictar sus fallos *justa alegata et probata*".[323]

D.3.3. Doutrina atual

67. Na atualidade, podemos constatar que a errônea formulação do citado brocardo se consolidou na maioria dos estudos dos processualistas espanhóis, que sistematicamente o reproduzem na análise dos princípios processuais, na prova ou na congruência da sentença, como em seguida comprovaremos.

a) *Doutrina referente aos princípios processuais*

68. Uma das maiores preocupações da doutrina processual é a de identificar o conjunto de princípios que dão unidade e coerência ao sistema processual.

Neste ponto é quando os autores se referem, de forma indevida, ao brocardo. Assim, por ordem de publicação, pode destacar-se a seguinte doutrina especializada.

---

[320] DE PINA, R., *Tratado de las pruebas civiles*, edit. Porrua, México, 1942, pp. 97 – igualmente vid. a p. 79, na que destaca "el principio *secundum allegata et probata partium judex judicare debet*" – (esta obra ainda que tenha sido publicada fora da Espanha não deve levar-nos ao erro de entender que estamos ante um autor estrangeiro, já que como indica a própria capa do livro, foi catedrático da Universidade de Sevilla). Com anterioridade a esta obra, em seu *Manual de Derecho Procesal Civil* (1ª edic., edit. REUS, Madrid, 1936) acolhe em parte a expressão latina se bem que de forma um tanto confusa, ao indicar: "La carga de la prueba, *onus probandi*, no constituye una obligación. Quien afirma la existencia de un hecho de cuya realidad puedan deducirse consecuencias, a los efectos de la sentencia, tiene, no la obligación, sino el interés de probarlo, fundado en el conocimiento de que el Juez ha de juzgar *juxta allegata et probata*. Si no prueba, no contrae ninguna responsabilidad; se expone simplemente a ver negado el reconocimiento de su derecho. El principio de igualdad civil en la práctica de los juicios civiles se traduce en el de paridad de trato, asegurada a los contendientes, escribe Mattirolo, no permite que el Juez preste fe a los meros alegatos de una y otra parte, y quiere que cada uno de los litigantes deba probar los hechos positivos y negativos que aduce en sostenimiento de su causa, bajo pena de perder su demanda o excepción" (ob. cit., pp. 197-198).

[321] *Derecho Procesal Civil Español*, vol. I, edit. Revista de Derecho Privado, Madrid, 1942.

[322] Ob. cit., pp. 417 a 427.

[323] Ob. cit., p. 315.

MIGUEL Y ALONSO, junto a seu pai MIGUEL Y ROMERO, em seu *Derecho Procesal Práctico*, seguindo os desenvolvimentos de Millar, mantém que do princípio dispositivo se depreende "los siguientes aforismos del derecho romano medieval: [...] *Iudex iudicat secundum allegata et probata partium*".[324]

CORTÉS DOMÍNGUEZ, em seu estudo sobre o processo contencioso-administrativo, se refere ao "princípio latino *ne eat iudex ultra allegata et probata partium*".[325] De igual modo, em seu trabalho sobre os princípios do processo civil, destaca que "el principio de aportación de parte se recoge, pues, en el viejo brocardo *iudex secundum alligata et probata partium iudicare debet*".[326]

CORDÓN MORENO, em seu artigo sobre os poderes de direção do juiz civil, destaca como pilar básico do processo civil a disponibilidade das partes sobre os fatos e os meios de prova destinados a formar a convicção do julgador, indicando: "*iudex iudicare debet secundum allegata et probata partium*".[327] De igual modo, ao referir-se à iniciativa probatória do juiz na ordem jurisdicional contencioso-administrativo afirma: "Nuestro ordenamiento procesal civil no conoce estas manifestaciones de las facultades de dirección material del juez. Pero sí, en cambio, nuestro proceso contencioso-administrativo. Veámoslas. A) El principio *iudex iudicare debet secundum allegata partium*".[328] [329]

GIMENO SENDRA, em seus "Fundamentos del derecho procesal", ao analisar o princípio de aportação da parte adota a regra "*iudex iudicare debet secundum allegata et probata partium*";[330] e em seu exame das causas históricas da ineficácia da justiça, reitera que "la vigencia del principio de aportación (*Verhandlungmaxime*) se resume en el más estricto cumplimiento de la máxima *iudex iudicare debet secundum allegata et probata partium*".[331] [332]

---

[324] MIGUEL Y ALONSO, C., y MIGUEL Y ROMERO, M., *Derecho Procesal Práctico*, T.I, 11ª edic., edit. Bosch, Barcelona, 1967, p. 186.

[325] CORTES DOMÍNGUEZ, V., *Algunas notas sobre el proceso contencioso-administrativo*, em "R.D.P.I." 1974, p. 300.

[326] CORTÉS DOMÍNGUEZ, V., *La Constitución española y los principios rectores del proceso civil*, em "Principios constitucionales en el proceso civil. Cuadernos de Derecho Judicial", Consejo General del Poder Judicial, Madrid, 1993, p. 151.

[327] CORDÓN MORENO, F., *En torno a los poderes de dirección del juez civil*, em "Revista de derecho privado", 1979, p. 808.

[328] CORDÓN MORENO, F., *Algunas consideraciones sobre los poderes del Juez y de las partes en el Proceso Contencioso-Administrativo*, em "R.G.L.J.", T. LXXIX, 1979, p. 522.

[329] De igual modo, vid. sua *Introducción al derecho procesal*, edit. EUNSA, Pamplona, 1994, p. 142.

[330] GIMENO SENDRA, V., *Fundamentos del derecho procesal*, edit. Civitas, Madrid, 1981, p. 206.

[331] GIMENO SENDRA, V., *Causas históricas de la ineficacia de la justicia*, em "Justicia", 1987, III, p. 589.

GUTIÉRREZ DE CABIEDES, em seu estudo sobre a socialização do processo, também se refere a regra *"secundum probata partium iudex iudicare debet"*.[333]

FERNÁNDEZ, RIFA e VALLS, em seu "Derecho Procesal Práctico", adota a regra *"iudex iudicet secundum allegata et probata partium"* referindo-a ao princípio de aportação da parte.[334]

VÁZQUEZ SOTELO, ao estudar o fundamento deste mesmo princípio, destaca que a regra jurídica que melhor o traduz "es la que advierte al Juez cuales deben ser los límites de su juicio: *iudex iudicare debet secundum iusta allegata et probata partium et non secundum conscientiam suam"*.[335]

E MORÓN PALOMINO indica igualmente que "iudex iudicare debet secundum allegata et probata partium".[336]

69. Finalmente, diversos comentaristas da LEC 1/2000, na análise que realizam de seu art. 216, também mencionam incorretamente o brocardo. Assim por exemplo DAMIÁN MORENO, ainda que se refira a introdução dos fatos no processo e a vinculação judicial destes fatos, afirma: "En este aspecto, queda claro, pues, que lo que la ley quiere es que el juez a la hora de decidir se encuentre únicamente vinculado por los hechos alegados por las partes, esto es, que resuelva *secundum alegata et probata partium*";[337] e FERNÁNDEZ URZAINQUI, em similares termos, destaca: "En la concepción clásica, de inspiración más liberal, el principio [de aportación de parte] se ha proyectado también en la esfera probatoria, reputando a cargo exclusivo de las partes, con la alegación de los hechos, la prueba de los hechos alegados. Tal concepción, fielmente expresada en el brocardo *iudex iudicet secundum allegata et probata partium*, ha sido dominante en la regulación legal de nuestro

---

332 De igual modo, afirma em seu recente tratado *Derecho Procesal Civil*: *"Iudex iudicare debet secundum allegata et probata partium*. Esta es la máxima romana que mejor define el principio de aportación. Conforme a la misma, no sólo la introducción de los hechos, sino también su prueba es una actividad exclusiva de las partes" (T.I, "El proceso de declaración. Parte general", edit. Colex, Madrid, 2004, p. 43).

333 GUTIÉRREZ DE CABIEDES, E., *La socialización del proceso*, em "Constitución, derecho y proceso. Estudios en Memoria de los profesores Herce Quemada y Dunque Barragues", Zaragoza, 1983, p. 432.

334 FERNÁNDEZ LÓPEZ, M.A., RIFA SOLER, J.M., e VALLS GOMBAU, J.F., *Derecho Procesal Práctico*, T.I, edit. Centro de Estudios Ramón Areces, Madrid, 1992, p. 452.

335 Ob. cit., p. 605.

336 MORÓN PALOMINO, M., *Derecho Procesal Civil (cuestiones fundamentales)*, edit. Marcial Pons, Madrid, 1993, p. 93.

337 DAMIÁN MORENO, J., *Comentario al art. 216*, em "Comentarios a la nueva Ley de Enjuiciamiento Civil", T.I, dirigidos por A.Mª. Lorca Navarrete, edit. Lex Nova, Valladolid, 2000, p. 1418.

proceso civil, básicamente asentado en el predominio de la iniciativa de las partes, tanto en la aportación de hechos como en la de las pruebas conducentes a su verificación".[338]

70. Contudo, existem algumas exceções a esta prática majoritária da doutrina processualista: entre outras, GÓMEZ DE LIAÑO, em seu estudo sobre o princípio dispositivo, põe de manifesto que este se baseia no clássico aforismo, que dominou através dos séculos o processo civil, "*Judex judicet secundum allegata et probata*".[339]

b) *Doutrina referente à prova*

71. Outro âmbito processual em que se costuma adotar o brocardo aqui analisado, também de forma errada, é o da prova, e concretamente, o da iniciativa probatória do juiz. Assim, por ordem de publicação, podem destacar-se as monografias de:

JIMÉNEZ CONDE, em sua monografia sobre a apreciação da prova legal, destaca que "en la actividad probatoria, central del proceso, mediante la cual se persigue acreditar la verdad o falsedad de los hechos controvertidos, la ley prohibe en principio al Juez que investigue libremente, dejando la iniciativa y desarrollo de dicha actividad en manos de los particulares que litigan: *judex judicet secundum allegata et probata partium*".[340]

MARTÍN OSTOS, em sua relevante obra sobre os poderes instrutórios do juiz no processo civil, lhe dedica integramente um tópico ao que denomina "viejo brocardo" de "*secundum allegata et probata partium*", em função do qual "corresponden a éstas (las partes) tanto las alegaciones de los hechos como las pruebas de los mismos".[341]

DÍAZ CABIALE, em um estudo referente a iniciativa probatória do juiz, indica na epígrafe "*Secundum allegata et probata partium*" que: "Por último resta hacer referencia al tercer brocardo que con carácter tradicional también se ha venido entendiendo como corolario del principio dispostivo, '*secundum allegata et probata partium*'. Esta es, evidentemente, la máxima que más nos interesa por cuanto atañe a la actividad probatoria y al Juez [...]. Si las partes son las que ostentan el señorío

---

338 FERNÁNDEZ URZAINQUI, F.J., *Comentario al art. 216*, em "Comentarios a la nueva Ley de Enjuiciamiento Civil, T.I, coordinadores M.A. Fernández-Ballesteros, J.Mª. Rifá Soler y J.F. Valls Gombau, edit. Iurgium-Atelier, Barcelona, 2000, p. 814.

339 GÓMEZ DE LIAÑO, F., *En torno al principio dispositivo en el proceso civil*, em "RGLJ", 1973, p. 555.

340 JIMÉNEZ CONDE, F., *La apreciación de la prueba legal y su impugnación*, Publicaciones del Departamento de Derecho Procesal, Universidad de Salamanca, Salamanca, 1978, p. 21.

341 MARTÍN OSTOS, J., *Las diligencias para mejor proveer en el proceso civil*, edit. Montecorvo, Madrid, 1981, p. 192.

del proceso, en cuanto a su inicio y su objeto, parece también lógico que corresponda a ellas elegir los medios oportunos para defender sus interes, sino limitarse a juzgar en atención a lo alegado y probado por las partes".[342]

LORCA NAVARRETE, ao estudar os princípios retores da prova, e em concreto o "principio del modelo intervenido de instrucción probática complementaria de las partes" conclui: "En definitiva, el *iudex iudicet secundum allegata et probata partium* ha saltado por los aires".[343]

LÓPEZ SIMO, em sua monografia sobre aspectos gerais da prova na LEC 1/2000, indica que "el tribunal, a la hora de dictar sentencia, sólo tendrá en cuenta lo efectivamente alegado y probado por aquéllas (so pena de cometer incongruencia: *iudex iudicat secundum allegata et probata partium*); el tribunal, por tanto, no puede incorporar al proceso hechos no alegados por las partes ni llevar a cabo pruebas no propuestas por ellar".[344]

SEONE SPIEGELBERG, ao analisar a iniciativa probatória do juiz civil, também destaca que "*iudex iudicare debet secundum allegata et probata partium* (el Juez debe fallar según lo alegado y probado por las partes)".[345]

DÍAZ FUENTES, ao examinar as diligências finais de ofício mantém que viola a regra "*iudex iudicare debet secundum alegato et probata partibus*", se bem que depois adota o brocardo de forma distinta indicando "*iudex iudicare debet secundum iusta alegtta et probata partium*".[346]

ETXEBERRÍA GURIDI, em seu estudo sobre as faculdades judiciais em matéria probatória, na epígrafe intitulada "*Secundum allegata et probata partium*", afirma: "Parece lógico que si el inicio, así como la conclusión del proceso, y la determinación del objeto procesal están supeditadas a la voluntad de las partes, corresponda a éstas el protagonismo en la alegación de los hechos que fundamentan sus pretensiones

---

342 DÍAZ CABIALE, J. A., *Principios de aportación de parte y acusatorio: la imparcialidad del juez*, edit. Comares, Granada, 1996, pp. 7-8.

343 LORCA NAVARRETE, A.Mª., *Tratado de Derecho Procesal Civil*, parte geral, edit. Dykinson, Madrid, 2000, p. 555

344 LÓPEZ SIMO, F., *Disposiciones generales sobre la prueba*, edit. La Ley, Madrid, 2001, p. 28.

345 SEONE SPIEGELBERG, J. L., *La prueba en la Ley de Enjuiciamiento Civil 1/2000*, edit. Aranzadi, Cizur Menor, 2002, p. 22.

346 DÍAZ FUENTES, A., *La prueba en la nueva Ley de Enjuiciamiento Civil*, edit. Bosch, Barcelona, 2002, pp. 108 e 109 (como se pode comprovar da literalidade do texto, este autor formula o brocardo com evidentes erros de transcrição).

y de los medios de prueba mediante los cuales se pretende obtener la convicción judicial acerca de dichas afirmaciones".[347]

72. Todavia, encontramos obras nas que se opta por não fazer menção alguma ao brocardo aqui analisado, como, por exemplo, as de MUÑÓZ SABATÉ,[348] GARBERÍ LLOBREGAT com BUITRÓN RAMÍREZ,[349] assim como no recente estudo de ABEL LLUCH sobre a iniciativa probatória *ex officio iudicis* do juiz civil.[350]

c) *Doutrina referente à congruência*

73. Por último, outro âmbito no qual a doutrina atual costuma citar indevidamente o brocardo aqui analisado é o da congruência da sentença. Neste sentido, SERRA DOMÍNGUEZ destaca que "el juez debe fallar secundum allegata et probata", incorrendo em incrongruência quando se afasta dos fatos que foram desenvolvidos pelas partes.[351]

Toadavia, a maioria dos autores, apesar de identificar corretamente a finalidade do brocardo, a saber, assegurar a devida adequação da sentença com os fatos alegados e provados no processo, o adotam de forma inexata: assim, por exemplo, RAMOS MÉNDEZ, ao analisar a congruência da sentença, depois de defini-la, destaca que se encontra "incorporada al catálogo de garantías constitucionales que rigen la actividad jurisdiccional. *Iudex iudicare debet secundum allegata et probata partium*, lo que explica el principio general contenido en el art. 218.1 LEC: 1. Las sentencias deben ser claras, precisas y congruentes [...]".[352] E também DE LA OLIVA, em seu estudo sobre a congruência da sentença civil, em quanto aos fatos destaca que "el tribunal incurre en incongruencia cuando se aparta al juzgar de la observancia de la máxima

347 ETXEBERRÍA GURIDI, J. F., *Las facultades judiciales en materia probatoria en la LEC*, edit. Tirant lo Blanch, Valencia, 2003, pp. 29-30.

348 MUÑÓZ SABATÉ, Ll., *Fundamentos de prueba judicial civil LEC 1/2000*, edit. J. Mª. Bosch editor, Barcelona, 2001 (este autor, se limita corretamente a referir-se as expressões "*secundum allegata et probata*" e "*quod non est in actis non est in mundo*": ob. cit., pp. 429 a 436).

349 GARBERÍ LLOBREGAT, J., e BUITRÓN RAMÍREZ, G., *La prueba civil*, edit. Tirant lo Blanch, Valencia, 2004. Sem embargo, o primeiro autor, em sua obra *Introducción al nuevo proceso civil* (vol. I, edit. Tirant lo Blanch, Valencia, 2002, p. 234, se refere a regra "iudex iudicare debet secundum allegata et probata partium" se bem que, como indica o próprio autor, isso se deve a literalidade do art. 216 LEC.

350 ABEL LLUCH, X., *Iniciativa probatoria de oficio en el proceso civil*, edit. Bosch, Barcelona, 2005.

351 SERRA DOMÍNGUEZ, M., *Incongruencia civil y penal*, em "Estudios de Derecho Procesal", edit. Ariel, Barcelona, 1969, p. 400.

352 RAMOS MÉNDEZ, F., *Guía para una transición ordenada a la LEC*, edit. J. Mª. Bosch editor, Barcelona, 2000, p. 440. Na mesma ordem de ideias e com similar expressão – se bem que referida a LEC de 1881 – vid. seu *Derecho Procesal Civil*, 1ª edic., Librería Bosch, Barcelona, 1980, p. 617.

iudex iudicet secundum allegata et probata partium",[353] e posteriormente, ao analisar o fundamento da congruência, isto é, o princípio dispositivo, indica que este "rectamente entendido, es perfectamente compatible con lo sostenido en esta exposición a propósito de la máxima *iudex iudicet secundum allegata et probata partium"*.[354]

74. Finalmente, devo advertir que algúm autor, em que pese transcrever corretamente o brocardo – ainda que só de forma parcial – lhe atribui uma finalidade distinta da originária: este é o caso, por exemplo, de ARMENTA DEU, quem depois de mencionar "la regla *iuxta allegata et probata*" indica que com ela se "obliga al juez a resolver con arreglo a lo alegado y probado por las partes, estrictamente".[355]

D.4. Evolução da jurisprudência do TS

75. A mesma evolução que seguiu a doutrina espanhola até adotar equivocadamente o citado brocardo, também a encontramos na jurisprudência do nosso Tribunal Supremo, se bem que é certo que isto teve lugar muitas décadas mais tarde. Assim, em seu início, ainda que de forma expressa não mencione sua versão latina, fá-lo em castelhano para indicar seu verdadeiro alcance, isto é, a impossibilidade de que o juiz possa introduzir seu conhecimento privado dos fatos com o fim de manter a congruência de sua sentença. Neste sentido, por exemplo, a STS de 5 de junho de 1860 afirma em seu arrazoado 4º: "[...] y que, debiendo ser las sentencias conformes y ajustadas, no sólo á la cosa sobre que contienden las partes, sino también á la manera en que facen la demanda, y al averiguamiento ó prueba que es fecha sobre ella, según se dispone en la ley 16, título 22, de la Partida 3ª".[356] De igual modo, a STS de 30 de outubro de 1860 indica em seu arrazoado 5º: "Considerando finalmente que los preceptos de la ley 16, tít. 22, Partida 3ª, han sido fielmente observados al pronunciar la sentencia objeto del recurso, pues según aparece de la misma, la Sala, que la dictó, tuvo presente lo que se había solicitado en la demanda, el punto sobre que había ver-

---

[353] DE LA OLIVA SANTOS, A., *Sobre la congruencia de la sentencia civil*, em "La Ley", 1982, p. 896. De igual modo se pronuncia em *Derecho Procesal Civil. El proceso de declaración*, com DÍEZ-PICAZO, edit. Centro de Estudios Ramón Areces, Madrid, 2000, p. 407.

[354] *Sobre la incongruencia* ..., ob. cit., p. 901.

[355] ARMENTA DEU, T., *Lecciones de Derecho Procesal Civil*, edit. Marcial Pons, Madrid, 2002, p. 234.

[356] Sentença núm. 131, publicada na "Colección Legislativa de España. Sentencias del Tribunal Supremo de Justicia", Madrid, 1860, p. 386.

sado la controversia y la prueba resultante de autos".[357] E por último, a STS de 7 de março de 1872, cujo arrazoado 3°, destaca com precisção "que las sentencias deben dictarse conforme á lo alegando y probado".[358] [359]

76. Esta mesma jurisprudência se mantém durante o século XX, podendo destacar-se, a modo de exemplo, a STS de 19 de outubro de 1981 (RA 3809), em cujo arrazoado 3° se afirma: "[...] principio que según la jurisprudencia de esta Sala – sentencias, entre otras, de 12 abril 1955 y 25 mayo y 23 diciembre 1961 – tiene carácter de general de derecho, según el cual los Jueces y Tribunales deben dictar sus sentencias según lo alegado y probado en el juicio"; ou a STS de 28 de abril de 1990 (RA 2805), que mantém em seu arrazoado 2° se bem que os fundamentos jurídicos ou fáticos da sentença não forman parte de seu dispositivo, podem incidir na incongruência da mesma quando sejam suscetíveis de conduzir a "una conclusión contraria o distinta o justifican un apartamiento tal de los hechos con infracción de principio general de *justa allegata et probata*".

77. Todavia, desgraçadamente, esta doutrina jurisprudencial, há poucos anos sofreu uma modificação a respeito da correta recepção do brocardo, introduzindo-se um termo errado (o de *partium*) historicamente inexistente, ao mesmo tempo em que segue omitindo-se o final de dito brocardo, isto é, o referente à impossibilidade de utilizar o conhecimento privado do juiz (*secundum conscientiam*). Neste sentido, pode destacar-se, por exemplo, a STS de 21 de outubro de 2005, Relator Exmo. Sr. Vicente Luis Montes Penades (RJ 2005/7707), em cujo fundamento jurídico 1° se assinala que "el fallo ha de adecuarse a las pretensiones y planteamientos de las partes, de conformidad con la regla *iudex iudicare debet secundum allegata et probata partium*".

De igual modo, a STS de 31 de janeiro de 2005, Relator Exmo. Sr. José Ramón Ferrándiz Gabriel (RJ 2005/1283), indica em seu fundamento jurídico 1° que a "incongruencia tiene lugar cuando los Tribunales se apartan de las cuestiones de hecho y de derecho que les hayan sometido las partes, a las que les corresponde acotar los problemas liti-

---

[357] Sentença núm. 231, publicada na "Colección Legislativa de España. Sentencias del Tribunal Supremo de Justicia", Madrid, 1860, p. 658.

[358] Sentença núm. 85, publicada na "Colección Legislativa de España. Sentencias del Tribunal Supremo de Justicia", Madrid, 1875, p. 364.

[359] Nesta mesma linha, também podem consultar-se as SSTS de 11 de dezembro de 1875, núm. 113, consid. 1° (publicada na "Colección Legislativa de España. Sentencias del Tribunal Supremo de Justicia", segundo semestre de 1875, Madrid, 1877, p. 612); ou a de 16 de março de 1876, consid. 2° (publicada na "Colección Legislativa de España. Sentencias del Tribunal Supremo de Justicia", primeiro semestre de 1876, Madrid, 1877, p. 539).

giosos en los escritos de alegaciones rectores del proceso (*iudex iudicare debet secundum allegata el probata partium*)".

Finalmente, a STS de 23 de novembro de 2004, Relator Exmo. Sr. Jesús Corbal Fernández (RJ 2004\7383), em seu fundamento jurídico 2°, também ao analisar a incongruência da sentença, afirma: "El planteamiento jurídico acogido en la instancia no fue alegado adecuadamente en el escrito de contestación a la demanda de Catalana Occidente, por lo que con tal apreciación se incurre en una vulneración de los principios de contradicción, preclusión y defensa, con arreglo a los que no cabe suscitar cuestiones nuevas con posterioridad al período expositivo – *iudex iudicare debet secundum allegata et probata partium*".[360]

Em que pese esta doutrina judicial, em todas as decisões estudadas do Tribunal Supremo, pude constatar que o uso incorreto da expressão ocorreu para impedir uma atividade judicial que já proibia o verdadeiro brocardo, isto é, que o juiz, em seu julgamento final do litígio, ao proferir sentença, pudesse mudar os fatos litigiosos, incorrendo sua decisão em incongruência. Em consequência, o Alto Tribunal, apesar de utilizar incorretamente o brocardo, não está alterando sua verdadeira finalidade.

78. Finalmente, devo destacar que esta última jurisprudência, que adota erroneamente a formulação do clássico brocardo se reproduz sistematicamente na atual "jurisprudência menor" das Audiências Provinciais.[361]

---

[360] De igual modo, vid. as SSTS de 25 de abril de 205 (Relator Exmo. Sr. D. José Ramón Ferrándiz Gabriel), f.j. 2° (RJ 2005\3758); 3 de novembro de 2004 (Relator Exmo. Sr. D. Jesús Corbal Fernández), f.j. 2° (RJ 2004\6869); 15 de junho de 2004 (Relator Exmo. Sr. D. Xavier O'Callaghan Muñoz), f.j. 4° (RA 3850); 26 de fevereiro de 2004 (Relator Exmo. Sr. D. José Antonio Ballester Muñóz), f.j. 4° (RJ 2004\1749); 2 de dezembro de 2003 (Relator Exmo. Sr. D. Jesús Corbal Fernández), f.j. 2° (RA 8367); 5 de novembro de 2003 (Relator Exmo. Sr. D. Jesús Corbal Fernández), f.j. 2° (RJ 2003\8257); 21 de julho de 2003 (Relator Exmo. Sr. D. Xavier O'Callaghan Muñoz), f.j. 2° (RJ 2003\6579); 20 de dezembro de 2002 (Relator Exmo. Sr. D. Pedro González Poveda), f.j. 3° (RJ 2003\226); 14 de junho de 2002 (Relator Exmo. Sr. D. José Manuel Martínez.-Pereda Rodríguez), f.j. 2° (RJ 2002\5596); 13 de maio de 2002 (Relator Exmo. Sr. D. José Almagro Nosete), f.j. 1° (RJ 2002\5595); 22 de março de 2002 (Relator Exmo. Sr. D. Jesús Corbal Fernández), f.j. 4° (RJ 2002\2287); 15 de fevereiro de 2002 (Relator Exmo. Sr. D. Jesús Corbal Fernández), f.j. 9° (RJ 2002\1619); 1 de fevereiro de 2002 (Relator Exmo. Sr. D. Jesús Corbal Fernández), f.j. 4° (RJ 2002\2098); 29 de março de 2001 (Relator Exmo. Sr. D. Jesús Corbal Fernández), f.j. 3° (RJ 2001\3189); 31 de dezembro de 1999 (Relator Exmo. Sr. D. Jesús Corbal Fernández), f.j. 2° (RJ 1999\9622); 28 de dezembro de 1999 (Relator Exmo. Sr. D. Jesús Corbal Fernández), f.j. 2° (RJ 1999\9618); 7 de dezembro de 1999 (Relator Exmo. Sr. D. José Manuel Martínez-Pereda Rodríguez), f.j. 3° (RJ 1999\9194); 20 de setembro de 1999 (Relator Exmo. Sr. D. Jesús Corbal Fernández), f.j. 3° (RJ 1999\7229); assim como a mais antiga de 8 de julho de 1983 (Relator Exmo. Sr. D. Jaime de Castro García), consid. 3° (RJ 1983\4203), que afirma que o princípio da congruência se fundamenta na "máxima *secundum allegata et probata partium*".

[361] Assim, cfr. a SAP de Asturias (seção 7ª) de 26 de junho de 2006, f.j. 3° (JUR 2006\216453); a SAP de Barcelona (seção 12ª) de 16 de março de 2006, f.j. 2° (JUR 2006\246753); a SAP de Barcelona (seção 12ª) de 27 de junho de 2005, f.j. 4° (TOL 681643); a SAP de Barcelona (seção 13ª) de 5 de maio de 2005, f.j. 2° (TOL 677501); a SAP de Castellón (seção 3ª) de 27 de janeiro de 2006, f.j. 2° (JUR

D.5. *Resultado final da errônea recepção do brocardo: sua configuração normativa no art. 216 LEC*

79. A contínua e generalizada formulação errada do brocardo se materializou normativamente, pois o legislador o adotou no art. 216 LEC que, sob a epígrafe "Principio de justicia rogada", estabelece o seguinte: "Los tribunales civiles decidirán los asuntos en virtud de las aportaciones de hechos, pruebas y pretensiones de las partes, excepto cuando la ley disponga otra cosa en casos especiales".[362]

80. Em minha opinião, atendendo a evolução histórica que se acaba de realizar, a análise deste preceito requer que se distinguam dois aspectos jurídicos distintos: por um lado, em matéria de alegações, se adota um verdadeiro princípio acorde com a tradição histórica, já que nenhuma norma da LEC permite ao juiz alterar *ex officio* os fatos alegados pelas partes – pelo que o brocardo aqui analisado segue mantendo plena vigência. Contudo, a respeito da prova, a própria LEC estabelece uma multiplicidade de situações nas quais se atribui iniciativa probatória *ex officio iudicis*,[363] o que permite questionar se estamos diante de um verdadeiro princípio e, de estar diante de um princípio, permite concluir que apesar de sua expressa formulação a vigência do mesmo se encontra também igualmente limitada pela LEC.

81. Em definitiva, o art. 216 LEC adota dois princípios inspiradores do sistema processual civil: a plena vinculação do juiz aos fatos alegados pelas partes, sem exceção alguma; e a impossibilidade do juiz de praticar provas de ofício, ainda que com um regime maior de exceções.

2006\190201); a SAP de La Rioja (seção 1ª) de 24 de julho de 2006, f.j. 3º (JUR 2006\229515); a SAP de Las Palmas (seção 5ª) de 18 de julho de 2005, f.j. 2º (JUR 2005\216638); a SAP de León (seção 3ª) de 4 de julho de 2005, f.j. 3º (TOL 711016); a SAP de Lleida (seção 2ª) de 18 de maio de 2006, f.j. 3º (JUR 2006\271217); a SAP de Madrid (seção 18ª) de 12 de setembro de 2005, f.j. 2º (TOL 717533); a SAP de Madrid (seção 11ª) de 19 de julho de 2005, f.j. 5º (TOL 685739); a SAP de Madrid (seção 18ª) de 4 de maio de 2005, f.j. 1º (TOL 634224); a SAP de Mallorca (seção 5ª) de 3 de junho de 2005, f.j. 2º (TOL 677013); a SAP de Pontevedra (seção 1ª) de 8 de novembro de 2006, f.j. 2º (JUR 2006\284716); a SAP de Sevilla (seção 5ª) de 5 de maio de 2005, f.j. 3º (TOL 686339); a SAP de Toledo (seção 1ª) de 26 de outubro de 2005, f.j. 1º (JUR 2005\272538); a SAP de Valencia (seção 1ª) de 22 de março de 2006, f.j. 2º (AC 2006\1436); a SAP de Valencia (seção 8ª) de 28 de fevereiro de 2006, f.j. 2º (AC 2006\512); a SAP de Valencia (seção 11ª) de 29 de abril de 2005, f.j. 2º (TOL 672949); a SAP de Valencia (seção 8ª) de 31 de março de 2005, f.j. 2º (TOL 644465); entre as mais recentes.

E não só das Audiências Provinciais senão também dos TSJ, como se pode comprovar na STSJ de Catalunia – Sala Civil e Penal, seção 1ª, Relator Ilma. Sra. Dª. María Eugenia Alegret Burgues – de 24 de abril de 2006, f.j. 4º (RJ 2006\3998).

[362] E de fato, alguns comentaristas da LEC 1/2000, ao analisarem o art. 216 LEC se referem expressamente ao brocardo aqui analisado: assim, por exemplo, cfr. DAMIÁN MORENO, J., *Comentrario al art. 216*, ob. cit., p. 1418; ou FERNÁNDEZ URZAINQUI, F.J., *Comentario al art. 216*, ob. cit., p. 814.

[363] A respeito, me remeto ao ponto B.4 do capítulo V do presente estudo.

Porém em qualquer caso, só o primeiro tem a clara justificação histórica de todo brocardo. O segundo carece de dita tradição histórica, e a respeito devo assinalar que uma determinada ideia ou princípio não adquire mais autoridade por estar plasmado em uma norma, máxime quando, como se demonstrou, carece da tradição histórica que se lhe pretende atribuir e se encontra contraposto em distintos preceitos do mesmo texto normativo que se adota.[364]

Todavia, em alguma decisão judicial já encontramos aplicada a errônea formulação do brocardo à impossibilidade de atribuir iniciativa probatória ao juiz civil, em sentido contrário da tradição histórica aqui analisada. Este é o caso, por exemplo, da SAP de Murcia (seção 1ª) de 10 de julho de 2006 (JUR 2006\205437) em cujo fundamento jurídico 3º se afirma: "Igualmente han de ser las partes las que determinen los hechos que sirven de fundamento a su pretensión y también serán las que decidan sobre los medios de prueba que estiman conveniente utilizar a fin de acreditar los hechos alegados en la demanda y en la contestación a la demanda para convencer al juez sobre la cuestión debatida en el proceso y ello en virtud del principio de aportación de parte que se contiene bajo la regla jurídica *iudex iudicare debet secundum allegata et provata* [*sic*] *partium et non secundum conscientiam suma* [*sic*]".

[364] No mesmo sentido, RIBÓ DURÁN destaca que "aunque se han formulado principios generales del Derecho mediante axiomas, apotegmas o aforismos, extraídos de una dilatada experiencia doctrinal o constante expresión en sentencias judiciales, conviene no dar demasiada importancia a la feliz expresión sintética de una frase, olvidando la razón de su formulación" (*Diccionario de derecho*, 3ª edic., edit. Bosch, Barcelona, p. 688).

SEGUNDA PARTE

O Juiz e a prova: iniciativa probatória dos juízes civil e penal

V. A iniciativa probatória do juiz civil[365]

A) O princípio dispositivo: alcance

82. Em virtude do princípio dispositivo, as partes são absolutamente livres para dispor de seus interesses privados e reclamá-los ou não, judicialmente, na medida em que estimem oportuno. Por isso, é comum considerar como manifestações ou notas essenciais deste princípio as seguintes:

a) O inicio da atividade jurisdicional só é possível por iniciativa da parte, de acordo com os aforismas *nemo iudex sine actore* e *ne procedat iudex ex officio*. A LEC 1/2000 adota esta manifestação em seu art. 399.1, segundo o qual: "El juicio principiará por demanda"; com referência as medidas cautelares, em seu art. 721.2, que indica: "Las medidas cautelares previstas en este Título no podrán en ningún caso ser acordadas de oficio"; e por último, em matéria de execução, em seu art. 549, que prescreve: "Sólo se despachará ejecución a petición de parte".

b) A determinação do objeto do processo corresponde unicamente aos litigantes. Neste sentido, o art. 399.1 estabelece que na demanda se exporão "los hechos y los fundamentos de Derecho y se fijará con claridad lo que se pida". E, de igual modo, o art. 412.1 destaca que: "Establecido lo que sea objeto del proceso en la demanda, en la contestación y, en su caso, en la reconvención, las partes no podrán alterarlo posteriormente".

c) As decisões judiciais devem ser congruentes com as pretensões das partes, pelo que resulta de plena vigência o brocardo *ne eat iudex*

[365] O presente epígrafe acolhe sustancialmente o conteúdo de minha Conferência apresentada ao "III Congreso Internacional de Derecho Procesal" celebrado em Panamá de 16 a 19 de agosto de 2006.

ultra petita partium. Assim, o art. 216 determina que: "Los tribunales civiles decidirán los asuntos en virtud de las aportaciones de hechos, pruebas y pretensiones de las partes"; e

d) A finalização da atividade jurisdicional se atribui exclusivamente a vontade dos litigantes, que podem dispor livremente tanto da *res in iudicium deductae*, mediante a renúncia, o reconhecimento ou a transação, como da continuação do processo, através da desistência ou a prescrição da ação. De maneira conclusiva, o art. 19 indica que: "Los litigantes están facultados para disponer del objeto del juicio y podrán renunciar, desistir del juicio, allanarse, someterse a arbitraje y transigir sobre lo que sea objeto del mismo".

83. O fundamento do princípio dispositivo, na opinião da doutrina majoritária, se encontra na própria estrutura do modelo econômico e jurídico acolhido por nosso ordenamento, e especialmente, pela Constituição na que se reconhece o direito à propriedade privada – art. 33 – e a libertade de empresa no marco da economia de mercado – art. 38. Em consequência, opta por um determinado modelo que implica uma distinção clara entre interesses privados e públicos, e a admissão de uma ampla margem à autonomia da vontade e a iniciativa dos particulares.[366] Desta forma, se for transposta a proteção constitucional da propriedade privada no âmbito do processo, pode-se encontrar – ainda que de forma indireta – certa fundamentação constitucional do princípio dispositivo. Em definitiva, entendo que o reconhecimento constitucional da propriedade como um dos pilares básicos do Estado de Direito, exige que o proceso civil possa configurar o legislador deva estar informado pelo princípio dispositivo,[367] [368] motivo pelo qual

[366] O caráter constitucional do princípio dispositivo é posto em destaque, entre outros autores, por ALMAGRO NOSETE, J., *Garantías constitucionales del proceso civil*, "Justicia", I/1981, p. 18; RAMOS MÉNDEZ, F., *La influencia de la Constitución en el Derecho Procesal Civil*, "Justicia", I/1983, p. 23; GIMENO SENDRA, V. (em AAVV), *Derecho procesal. Proceso civil*, T. I, vol. I, Edit. Tirant lo blanch, Valencia, 1993, p. 302; e BERZOSA FRANCOS, Mª.Vª., *Principios del proceso*, em "Justicia", III/1992, p. 577. Em sentido contrário, CORTÉS DOMÍNGUEZ sustenta que o princípio dispositivo não tem "ningún fundamento en la Constitución, lo tiene en el derecho material que se pone en juego en el proceso. Por eso las interpretaciones que han querido ver la conexión de este principio con la Constitución en el art. 33 y en la existencia del derecho de propiedad, nos parecen que no tienen fundamento alguno" (*La Constitución española y los principios rectores del proceso civil*, "Principios constitucionales en el proceso civil. Cuadernos de Derecho Judicial", CGPJ, Madrid, 1993, p. 151).

[367] Obviamente, este princípio não vai reger os processos civis nos quais se pretenda a tutela jurisdicional de um interesse público, isto é, se legitime ao Ministério Público a solicitação de uma determinada pretensão (vid. ORTELLS RAMOS, M., *Introducción al Derecho Procesal*, Edit. Comares, Granada, 1999,p. 188; o BERZOSA FRANCOS, Mª.V., ob. cit., p. 576).

[368] Nesta linha, MONTERO AROCA sustenta que o princípio dispositivo deve seguir regendo o processo civil "por lo menos mientras la concepción política general mantenga la distinción entre intereses públicos y privados" (*Introducción al Derecho Procesal*, Edit. Tecnos, Madrid, 1976, p. 228).

este princípio está presente em toda a evolução parlamentar da LEC 1/2000.[369]

B) O princípio de aportação da parte

B.1. Delimitação conceitual

84. O princípio de aportação da parte faz referência a introdução e prova no proceso do material fático, e aparecem como manifestações deste princípio o que os litigantes têm que alegar os dados ou elementos fáticos da realidade discutida no proceso,[370] assim como propor a prova de tais dados ou elementos. A errônea formulação da regra *iudex iudicare debet secumdum allegata et probata partium*, que acabo de examinar, expressa em toda sua extensão o significado do mencionado princípio.

85. A diferença do que acontece com o princípio dispositivo – que como indiquei possui certo fundamento constitucional e, por isso, é inevitável em qualquer processo civil –, o de aportação da parte tem um caráter meramente técnico, que responde a um particular modo de conceber o desenvolvimento do processo jurisdicional, no que a iniciativa dos juízes e tribunais se restringe à vontade das partes.[371] Evidentemente, atribuir um caráter técnico a este princípio não significa que seja imune a concepcções políticas, e de fato, costuma relacionar-se com o princípio dispositivo indicando-se que, como norma geral, o processo inspirado pelo citado princípio o está, igualmente, pelo de aportação da parte. Não obstante, a virtualidade desta distinção se encontra no fato de diferenciar com precisão o essencial e básico princípio dispositivo, do eventual princípio de aportação da parte. Assim, enquanto

[369] Como destaca BERZOSA FRANCOS, Mª.V., *Los principios inspiradores del futuro proceso civil*, em "Presente y futuro del proceso civil", dir. J. Picó i Junoy, Edit. J.Mª. Bosch editor, Barcelona, 1998, pp. 27 a 40.

[370] Não me refiro aos fatos essenciais que configuram a *causa petendi*, pois estes, como indiquei, ao integrarem o objeto do processo devem ser alegados, necessariamente, pelas partes em virtude do princípio dispositivo e não de aportação de parte. Deste modo, como indica BERZOSA FRANCOS, "por lo que se refiere a la labor de introducción es necesario distinguir los elementos fácticos esenciales integradores de la *causa petendi* de aquellos otros que fundamentan o motivan la petición pero que no tienen este carácter de esencialidad. La alegación de los primeros corresponde a las partes en virtud del principio dispositivo ya que estos hechos constituyen junto al 'petitum' el objeto de proceso. La alegación de los segundos, motivadores de la estimación de la demanda o, en su caso, de la desestimación, si nos situamos en la perspectiva del demandado, aún correspondiendo también a las partes, encuentra su fundamento en el principio de aportación" (*Los principios del proceso*, ob. cit., pp 597-598). Para um estudo exaustivo deste tema, vid. BERZOSA FRANCOS, Mª. V., *Demanda, causa petendi y objeto del proceso*, Edit. El Almendro, Córdoba, 1984.

[371] Acerca do caráter técnico-processual do princípio de aportação da parte, vid. meu estudo *El derecho a la prueba en el proceso civil*, edit. J.Mª Bosch, Barcelona, 1996, pp. 217-218.

o legislador não pode, sem comprometer o caráter disponível do interesse discutido no processo civil, consentir ao juiz tutelar dito interesse na ausência de uma demanda da parte ou extralimitar-se em tal tutela mais além do disposto pelos litigantes, sim pode subtrair-lhes o poder monopolístico de iniciativa probatória incrementando, vice-versa, os poderes do juiz.[372]

86. A ideologia social emergente no presente século leva consigo na Europa o fenômeno da "socialização" do processo civil que, com o objetivo de incorporar aos clássicos princípios do liberalismo determinadas exigências do Estado Social de Direito, põe de manifesto a distinção entre objeto do processo e proceso como instrumento idôneo para alcançar à efetiva e real tutela, por parte do Estado, dos interesses litigiosos.

Uma das consequências mais relevantes da "publicização" ou socialização do processo civil se concretiza no fato de que, sem discutir a vigência do princípio dispositivo, traz à discussão em juízo o de aportação da parte, ao menos no que diz respeito à repartição de funções entre o juiz e os litigantes e ao incremento de faculdades probatórias do órgão jurisdicional, indicando-se que, apesar de os litigantes serem livres para dispor dos interesses deduzidos em juízo, ou seja, do objeto do processo, não o são a respeito do processo mesmo, vale dizer, de seu desenvolvimento, ao conceber-se não só como instrumento dirigido à tutela jurisdicional de direitos privados, senão também como função pública do Estado, interessado, portanto, no melhor cumprimento desta função. Por isso, a maioria das legislações processuais europeias posteriores à mencionada etapa de ideologia liberal adotam estes postulados socializadores do processo e, limitando o alcance do princípio de aportação da parte, atribuem aos juízes e tribunais, com distintos matizes, importantes iniciativas probatórias (tal é o caso da *Zivilprozessordung* alemã, o *Codice di Procedura Civile* italiano, o *Nouveau Code de Procédure Civile* francês, o Código Judicial belga, os diferentes Códigos Processuais do Estado suízo, o Código de Processo Civil português, ou a nova normativa processual britânica[373]).

---

[372] SATTA, S., y PUNZI, C., *Diritto processuale civile*, 11ª ed., Edit. CEDAM, Padova, 1992, p. 188. Para um estudo sobre os eventuais componentes "privatistas" e "publicistas" de um código processual civil me remeto a detida análise de PROTO PISANI, A., *Il codice de procedura civile del 1940 fra pubblico e privato*, em "Il Foro Italiano", 2000, 4, pp. 73 a 87.

[373] Para um estudo mais detalhado do alcance da iniciativa probatória do juiz civil no direito comparado, me remeto ao meu trabalho *Los principios del nuevo proceso civil*, ob. cit., pp. 35 a 38; e as recentes monografías de ABEL LLUCH, X., *Iniciativa probatoria de oficio en el proceso civil*, ob. cit., pp. 103 a 107; e ETXEBERRÍA GURIDI, J.F., *Las facultades judiciales en materia probatoria en la LEC*, ob. cit., pp. 98 a 122.

87. Na Espanha, a vigência de nossa LEC do século XIX, inspirada nos postulados liberais próprios do século passado, impediu que fosse adotada grande parte das orientações "socializadoras" do processo civil, pelo que se negou toda iniciativa probatória ao juiz – com exceção dos denominados "poderes instrutórios do juiz"[374] – fundamentando-se em argumentos de diversas índoles, tais como o caráter privado do objeto litigioso, a existência do interesse único das partes na obtenção de uma resolução favorável a suas pretensões, a incompatibilidade de dita iniciativa probatória com o direito à prova das partes, a proteção da instituição do ônus da prova, a salvaguarda da necessária imparcialidade do julgador, e o caráter autoritário de dita iniciativa probatória; argumentos todos eles que passo seguidamente a analisar de forma crítica. Em grande medida, todos estes argumentos têm pesado para que a LEC 1/2000 não atribua decididamente ao juiz um papel mais ativo em matéria probatória, adotando uma solução de compromisso que, como indicarei, bem utilizada pode na prática conduzir aos mesmos resultados que a atribuição da iniciativa probatória *ex officio iudicis*.

B.2. Reflexões críticas sobre os argumentos tradicionais contrários à atribuição de iniciativa probatória ao juiz civil

88. A doutrina costuma utilizar argumentos de diversas índoles para justificar a passividade do juiz civil em matéria probatória. E assim são formuladas as seguintes objeções:

Primeira: O interesse privado discutido no processo civil

Alguns autores costumam argumentar sobre a impossibilidade de atribuir iniciativa probatória ao juiz civil devido à natureza privada do interesse discutido no processo civil, isto é, a ideia de que as partes devem ser livres em sua disposição.[375] Este tipo de argumentação – como

---

[374] Cujo fundamento e alcance foram desvirtuados pela doutrina do Tribunal Supremo, tal como analisei no meu estudo *Las diligencias para mejor proveer en el proceso civil: entre el ser y el deber ser*, em "Justicia", 1998, 3-4, pp. 629 a 640.

[375] Nesta ordem de ideias, DE LA OLIVA (*Derecho Procesal Civil*, com M.A. Fernández López, 3ª edic., edit. Centro de Estudios Ramón Areces, Madrid, 1992, p. 277) destaca que atribuir iniciativa probatória ao juiz civil "resulta escasamente armónico con la idea de que, salvo que el proceso civil tenga por objeto casos en que esté implicado un interés general o público, lo prudente y razonable es que sean los sujetos jurídicos interesados los protagonistas del esfuerzo de alegaciones y prueba, puesto que son bienes jurídicos suyos los que están en *tela de juicio*" (grifos do autor). De igual modo, vid. MONTERO AROCA, J., *El proceso civil llamado "social" como instrumento de "justicia" autoritaria*, em "Proceso civil e ideología", coord. J. Montero Aroca, edit. Tirant lo Blanch, Valencia, 2006, p. 142.

destaca DEVIS ECHANDÍA – se sustenta na tese já completamente abandonada de que o processo civil é um negócio particular e com um fim privado: a defesa dos interesses pessoais.[376] Certamente, as concepções privatistas do proceso como negócio particular ou relação jurídica privada se encontram desde muito tempo superadas, em favor de uma visão "publicista" do processo, que o concebe como instrumento necessário para o exercício da função jurisdicional do Estado. Se bem é certo que o discutido no processo civil tem, por regra geral, um caráter disponível ou privado, ele não comporta que tais características possam igualmente predicar-se do proceso, pois o modo dele desenvolver-se não pertence aos litigantes senão ao Estado, único titular da função jurisdicional, que se serve do processo como instrumento para garantir a efetividade desta função.[377] Como já destacou em 1943 CALAMANDREI: "de la consideración de la jurisdicción, también en materia civil, como una función pública, se deriva la necesidad técnica de dar al juez todos los poderes necesarios para poder cooperar activamente a la satisfacción del interés público que también en el proceso civil está en juego; y basta reconocer el carácter público de la función jurisdiccional para deber considerar como técnicamente inadecuado a los fines de la justicia un sistema en el que el juez asiste como espectador impasible [...] el juez, también en el proceso civil, debe estar en todo caso provisto de los poderes indispensables para administrar la justicia de un modo activo, rápido y seguro: no vale objetar que cuando la materia de la contienda pertenece al derecho privado también la marcha del proceso se puede considerar como negocio privado, cuya suerte puede abandonarse al interés individual de los contendientes; por el contrario también en los procesos sobre controversias de derecho privado entra en juego, tan pronto como se invoca la intervención del juez, el interés eminentemente público que es la recta y solicita aplicación de la ley al caso concreto".[378]

Segunda: O interesse único das partes na obtenção de uma resolução favorável às suas pretensões

Trata-se de uma objeção de índole prática, que se fundamenta no fato de que os litigantes são os que melhor defendem seus interesses e,

---

376 DEVIS ECHANDÍA, H., *La iniciativa probatoria del juez civil en el proceso contemporáneo*, "RIDP", IV/1967, p. 68. Em sentido análogo, cfr. SENTÍS MELENDO, S., *Estudios de Derecho Procesal*, T.I, Edit. EJEA, Buenos Aires, 1967, p. 381; MARTÍN OSTOS, J., *Las diligencias para mejor proveer en el proceso civil*, Edit. Montecorvo, Madrid, 1981, p. 164.; e VERDE, G., *Dispositivo (principio)*, "Enciclopedia Giuridica Italiana", vol. XI, Edit. Treccani, Roma, 1989, p. 1.

377 A respeito, vid. *per omnia* CARNACINI, T., *Tutela giurisdizionale e tecnica del processo*, ob. cit.

378 CALAMANDREI, P., *Instituciones ...*, vol. I, ob. cit., p. 395.

en consequência, ninguém melhor que eles podem conhecer as provas acreditativas da certeza de suas alegações.[379]

A inconsistência deste argumento foi demonstrada oportunamente por GUASP, ao destacar que o mesmo "no demuestra por qué además de las partes no puede el Juez desarrollar una actividad en el mismo sentido".[380] Certamente, o fato de que os litigantes estejam mais preparados para aportar ao processo o material probatório necessário não explica que se omita ou exclua desta atividade o julgador.

Tercera: A incompatibilidade entre o direito à prova das partes e a iniciativa probatória do juiz

Este argumento se sustenta na ideia de que os únicos sujeitos que podem aportar provas ao processo são as partes, já que a elas lhes atribui o ordenamento jurídico um direito à prova, e em consequência, é necessário evitar que o juiz possa interpor-se no exercício deste direito.[381] A existência do mesmo a favor das partes aparece em contradição com a ideia de que o juiz possa aportar, de igual modo, provas ao processo.

Esta razão é certamente censurável. O direito à prova supõe a liberdade dos litigantes de utilizar os meios probatórios que estimem

---

379 Nesta linha, DE LA OLIVA (op. cit., p. 275) destaca: "Así, pues, estos sujetos se encuentran, con gran frecuencia, en mejores condiciones que nadie para lograr, conforme a reglas racionales, un resultado de certeza sobre los hechos relevantes para la decisión jurisdiccional que se requiera en cada caso. Por todo ello, los sistemas procesales civiles no se basan en la investigación *ex officio* de los hechos que se afirman relevantes [...] sino que, sobre la base de la referida experiencia, disponen que sean las partes de cada proceso los principales protagonistas de la iniciativa y del esfuerzo conducentes a aquella certeza". De igual modo, já no século passado, LESSONA afirmava que "el común sentir deduce [...] la máxima de que las partes, a las cuales tales hechos se refieren (los dudosos y discutidos), son las que los conocen, y conocen también los medios idóneos para probarlos. No puede, en su virtud, corresponder al Juez la iniciativa en esta materia" (*Teoría General de la Prueba en Derecho Civil*, T.I, 3ª ed., tradução de E. Aguilera de Paz, Edit. REUS, Madrid, 1928, p. 55). E, por sua parte, CHIOVENDA indica: *"nessuno è miglior giudice della parte circa le prove di cui può disporre, circa i suoi interessi individuali"* (*Principii di diritto processuale civile*, 3ª ed. Jovene Editore, Napoli, 1923, p. 205). Vid. também nesta linha, GUTIÉRREZ DE CABIEDES, E., *La socialización del proceso*, em "Constitución, Derecho y Proceso. Estudios en memoria de los profs. Herce Quemada y Dunque Barragues", Zaragoza, 1983, p. 432; e VÁZQUEZ SOTELO, J.L., *Los principios del proceso civil*, ob. cit., p. 623.

A jurisprudência também tende a utilizar este argumento. Assim, a STS de 7 de dezembro de 1988, f.j. 2º (RA. 9.581) destaca que o "juzgador debe respetar el equilibrio procesal, no sustituyendo a las partes en su actividad probatoria, pues éstas, como es obvio, *han de ser consideradas como las mejoras gestores de sus intereses"* (grifo nosso).

380 GUASP, J., *El juez y los hechos en el proceso civil*, ob. cit., p. 104 (nota 1).

381 A respeito, ALMAGRO NOSETE ao estudar o art. 24.2 C.E. manifesta: "lo interesante es que, con rango constitucional, se establezca este derecho en favor de las partes, precisamente, para preservar a éstas de lo contrario, es decir, de que una ilimitada confianza en el juez y en sus atribuciones probatorias, pudiera dar al traste con la responsabilidad inherente a la libertad de cada parte de utilizar los medios de prueba conducentes a la verificación de los hechos" (*Garantías constitucionales del proceso civil*, "Justicia", 1981, número especial, p. 34).

oportunos para lograr o convencimento do juiz acerca do discutido no processo,[382] porém disto não se pode deduzir que este não deva dispor *ex officio* atividade probatória alguma. O reconhecimento do direito à prova – como destaca TARUFFO – não significa atribuir às partes o monopólio exclusivo em matéria probatória, pelo que não implica a eliminação de certa iniciativa autônoma do juiz.[383] Ambas as iniciativas são absolutamente compatíveis, e só poderia ser contestada esta compatibilidade se a atuação *ex officio* se configurasse não como uma faculdade senão como um monopólio exclusivo sobre as provas, vale dizer, como um dever que impedisse ou limitasse a eventual iniciativa probatória das partes. Esta situação não aparece recolhida nos novos arts. 429.1.II e 435.2 LEC,[384] assim como tampouco em nenhum ordenamento processual civil de nosso entorno jurídico-cultural, no que se configura a mencionada iniciativa probatória dos juízes e tribunais como uma faculdade e nunca como um dever.[385]

Quarta: A destruição do ônus da prova

O outorgamento de iniciativa probatória ao órgão jurisdicional deve afrontar outra crítica consistente na pretendida destruição da instituição do ônus da prova. Deste modo, se afirma que o juiz provará a existência ou inexistência de fatos que, en virtud do *onus probandi*, correspondería provar a uma das partes.[386]

---

[382] Sobre o tema, vid. meu trabalho *El derecho a la prueba en el proceso civil*, ob. cit., pp. 21 e ss.

[383] TARUFFO, M., *Il diritto alla prova nel processo civile*, "Riv. dir. proc.", 1984, IV, p. 90. De igual modo se pronunciam GOUBEAUX, TROCKER e DENTI. GOUBEAUX conclui seu estudo sobre o direito a prova manifestando: "[...] le droit à la preuve qui, dans une large mesure est un droit à l'égard du juge, doit être vivifié par l'intervention du juge lui-même. En définitive, c'est une collaboration qu'il s'agit d'assurer entre le plaideur, le juge et même l'adversaire en conciliant, autant que faire se peut, des impératifs contraires, avec pour but la vérité et la justice" (*Le droit à la preuve*, na obra "La preuve en droit", Edit. Émile Bruylant, Bruxelles 1981, p. 301). Por sua parte, TROCKER, acolhendo a jurisprudência do *Bundesverfassungsgericht* alemão, destaca que "il potere attribuito al giudice di assumere prove di ufficio non esclude, né rende superfluo, un autonomo diritto delle parti di proporre a loro volta mezzi probatori" (*Processo civile e costituzione. Problemi di diritto tedesco e italiano*, Edit. Giuffrè, Milano, 1974, p. 520). E DENTI afirma que o "esercizio dei poteri d'ufficio del giudice ed esercizio del diritto di defesa delle parti non si contrappongono, ma operano su piani diversi, essendo indubitabile che il contradditorio debba essere salvaguardato anche di fronte alle iniziative ufficiose" (*Il ruolo del guidice nel processo civile tra vecchio e nuovo garantismo*, "Rivista trimestrale di diritto e procedura civile", III/1984, p. 731).

[384] Estas normas utilizam o termo "poderá".

[385] Neste sentido, cfr. GUASP, J., El juez ..., ob. cit., pp. 53, 120 e 121; TARUFFO, M., *Il diritto alla prova nel processo civile*, ob. cit., pp. 90 e 91 (especialmente, vid. nota 38); e ABEL LLUCH, X., *Iniciativa probatoria ...*, ob. cit., p. 163.

[386] Assim, por exemplo, GENTILE afirma: "*Vien meno l'onere della prova quando al giudice è data facoltà di accertare di propia iniziativa l'esistenza del fatto. Ogni qualvolta il giudice ha poteri autonomi di ispezione, informativa, ecc., vien meno l'onere della prova*" (*La prova civile*, Jandi Sapi Editori, Roma, 1960, pp. 20 e 21). De igual modo, BECERRA BAUTISTA assinala que quando: "el juez estime necesarias pruebas

Este argumento resulta dogmaticamente incorreto, pois como é sabido, as regras do ônus da prova operam no momento de ditar sentença. Devido a que em nosso ordenamento não é possivel o *non liquet*, ao impor os arts. 1.7 CC e 11.3 LOPJ o dever inexcusável aos juízes e tribunais de resolverem as questões discutidas no processo, o *onus probandi* se configura como aquela instituição que permite ao julgador sentenciar ou decidir nos casos em que se encontra ante "fatos incertos", vale dizer, insuficientemente provados.[387] Assim o ônus da prova não impede que o juiz, de ofício, possa ordenar a prática de um meio probatório pois, como indiquei, esta instituição entra em jogo e adquire plena eficácia no momento de ditar sentença, e não com anterioridade, permitindo saber ao julgador a que parte prejudicará a inexistência da prova de tais fatos.[388] Por isto, corretamente, o art. 217.1 LEC estabelece que o *onus probandi* deva ser tomado em consideração: "Cuando, al

---

distintas a las ofrecidas por las partes [...] se violará también el principio que obliga al juez a respetar la carga de la prueba" (*El proceso civil en Mexico*, Edit. PORRUA, S.A., Mexico, 1965, p. 76).

387 Assim, cfr. MICHELI, G.A., *L´onere della prova*, Edit. CEDAM, Padova, 1942, pp. 215-216 (e também às pp. 13, 95 e ss., 104, 137 e 213); VERDE, G., *L´onere della prova nel processo civile*, Edit. Jovene Editore, Napoli, 1974, pp. 21 e ss, 57 e ss., 112 e 135; id.: *Prova (dir. proc. civ.)*, em "Enciclopedia del diritto", T. XXXVII, Edit. Giuffrè, Milano, 1988, pp. 622 e 626; ANDRIOLI, V., *Prova (in genere)*, em "Nuovo Digesto Italiano", T.XVII, Edit. UTET, Torino, 1939, pág. 826; ou CARNELUTTI, F., *Lineamenti della riforma del processo civile di cognizione*, "Riv. dir. proc.", 1929, I, p. 35. Neste sentido, SERRA DOMÍNGUEZ, depois de colocar em destaque que o ônus da prova é totalmente independente do caráter disponível do processo, afirma: "Los principios sobre la carga de la prueba operan únicamente en el momento de la sentencia, careciendo de relevancia jurídica con anterioridad" (*Comentarios al Código Civil y Compilaciones Forales*, T. XVI, vol 2º, 2ª ed., Edit. EDERSA, Madrid, 1991, p. 54). Por sua parte, MUÑOZ SABATÉ, seguindo a ROSENBERG, destaca que "la teoría de la carga de la prueba es más bien la teoría de las consecuencias de la falta de prueba" (*Técnica probatoria. Estudios sobre las dificultades de la prueba en el proceso*, 3ª edic., Edit. Praxis, Barcelona, 1993, p. 48). Nesta linha, devo mencionar a EISNER, que destaca que a questão do ônus da prova "es un problema que en realidad se presenta con caracteres críticos y agudos, por primera vez, cuando el juez va a dictar sentencia [...] ese problema recién nace cuando el juez va a dictar sentencia y se encuentra en el expediente, o en la causa si fuese oral, con que no hay suficientes elementos de juicio para convencerse de la existencia o inexistencia de los hechos controvertidos y deba dictar de todos modos un fallo [...] Este es el momento en que juega la carga de la prueba" (*La prueba en el proceso civil*, Edit. Abeledo-Perrot, Buenos Aires, 1964, págs. 54 e 55). E, em similares termos, vid. também MORELLO, A.M., *La prueba. Tendencias modernas*, Librería Editora Platense, Abeledo-Perrot, Buenos Aires, 1991, p. 56.

388 Neste sentido, TARUFFO afirma: "l'uso dei poteri d'ufficio ... non contrasta ... con la regola dell'onere della prova, come regola finale di giudizio che ripartisce le conseguenze della mancata prova dei fatti giuridici, poiché essa opera comunque quando, malgrado la attività probatorie delle parti e del giudice, non si sia raggiunta la prova di un fatto costitutivo della domanda o dell'eccezione" (*Problemi e linee evolutive nel sistema delle prove civili in Italia*, em "Studi in onore di Enrico Tulio Liebman", vol. II, Edit. Giuffrè, Milano, 1979, p. 1511); e BARGI conclui o estudo da presente problemática assinalando que "non essite alcuna incompatibilità tra onere della prova e potere inquisitorio [del giudice]" (*Procedimento probatorio e giusto processo*, Jovene Editore, Napoli, 1990, p. 188). Igualmente, acerca da compatibilidade entre iniciativa probatória do juiz e ônus da prova, vid. GOUBEAUX, G., *Le droit a la preuve*, ob. cit., p. 285; SICARD, J., *La preuve en Justice*, Librairie du Journal des Notaires et des Avocats, Paris, 1960, p. 41; BARBOSA MOREIRA, J.C.: *Breves reflexiones sobre la iniciativa oficial en materia de prueba*, ob.cit., p. 159 ; e recentemente LLUCH, X., *Iniciativa probatoria de oficio en el proceso civil*, ob. cit., pp. 166-167; e FERNÁNDEZ LÓPEZ, M., *La carga de la prueba en la práctica judicial civil*, edit. La Ley, Madrid, 2006, pp. 79 a 83. Para uma visão crítica de nossa posição, vid. CHICO FERNÁNDEZ,

tiempo de dictar sentencia o resolución semejante, el tribunal considere dudosos unos hechos relevantes para la decisión". Em consequência, as regras do ônus da prova seguem tendo virtualidade naqueles casos em que, apesar da atividade probatória levada a cabo no processo, seja a instância da parte ou por iniciativa judicial, determinados fatos continuam sendo incertos.

Em todo caso, o certo é que cada vez mais se estão flexibilizando as regras do ônus da prova (sirva como exemplo o art. 217.6 LEC, com os critérios da disponibilidade e facilidade probatória) pelo que de antemão é difícil fixar com imutabilidade a que parte lhe correspondia à prova do fato finalmente acreditado em virtude da atividade judicial.[389]

Ademais, devo advertir como a jurisprudência do TS estabeleceu que o resultado das provas praticadas beneficiam ou prejudicam por igual a todas as partes, sem que a libertade de eleição judicial destes resultados suponha uma vulneração das regras do ônus da prova.[390] Em consequência, estas regras só entram em jogo na falta de prova, pois quando esta já se produziu, é irrelevante discurtir através de que sujeito foi incorporada ao processo.

Para concluir, devo advertir que a eventual, facultativa e limitada iniciativa probatória que se atribui ao juiz na LEC – especialmente seus arts. 429.1.II e 435.2 – não deve fazer-nos pensar que provocará nas partes o desinteresse em proporcionar elementos probatórios já que, como indiquei, dita possibilidade não exclui que o órgão jurisdicional, ao realizar o juízo fático da sentença, se valha das regras do *onus probandi*.[391]

T., *La carga de la prueba y la iniciativa probatoria de oficio en la Ley de Enjuiciamiento Civil*, em "Objeto y carga de la prueba civil", dir. X. Abel y J. Picó, edit. J. Mª. Bosch editor, Barcelona, 2007, pp. 129 a 163.

[389] Já MUÑOZ SABATE (*Técnica probatoria ...*, ob. cit., p. 48) põe de manifesto a impossibilidade de estabelecer regras iniciais apriorísticas e imutáveis, destacando que "ya no resulta necesario que esta regla tenga carácter apriorístico, al modo de un director teatral que vaya señalando a cada personaje su misión en la escena. Dejemos a cada parte practicar las probanzas que tengan por conveniente y dejemos que el juez las valore en la fase final, independientemente de quien las haya producido. Unos elementos puramente indiciarios, como la conducta procesal, o quizás una presunción grave y vehemente, es decir, pruebas indisponibles, puras inferencias que no se proponen ni se practican por nadie pero que surgen de otros elementos fijados en la litis, cualquiera de estos factores puede traer al juzgador el convencimiento de los hechos. La misma visión fenoménica del proceso, que luego desarrollaremos, es un campo abonado a todos estos desprendimientos heurísticos. ¿De qué servirá entonces la regla de la prueba grabada apriorísticamente, al modo que hace nuestro artículo 1214 del Código Civil – actual art.217 LEC?".

[390] A este respeito me remeto a meu estudo *El principio de adquisición procesal en materia probatoria*, em "La Ley", 2006, T. 1, pp. 1304 a 1316.

[391] Nesta linha, vid. DEVÍS ECHANDÍA, H., *El moderno proceso civil inquisitivo y con libertad para apreciar las pruebas*, "RDPI", 1965, I, p. 18.

Quinta: A vulneração da devida imparcialidade judicial

O argumento mais frequentemente utilizado para manter o estado de passividade do julgador civil em relação a sua iniciativa probatória se concretiza na possibilidade da perda de sua necessária imparcialidade, indicando-se que o juiz ao tomar de ofício a mencionada iniciativa, pode estar prejulgando sua decisão final. Assim, para um considerável setor da doutrina, a proteção da imparcialidade do órgão jurisdicional se configura como o único e sério fundamento que justifica sua atitude estática em ordem a praticar provas que não tenham sido propostas pelas partes. A necessidade de separar as funções de investigar e julgar, a fim de garantir a imparcialidade do julgador, já foi destacada por CHIOVENDA, afirmando que "las esferas del juez y del defensor deben estar netamente separadas, porque existe una verdadera incompatibilidad psicológica entre el oficio de juzgar y el de buscar los elementos de defensa de las partes".[392] [393]

Acerca desta eventual perda da imparcialidade judicial, devo efetuar diversas reflexões que nos oferecerão uma visão crítica desta

[392] *Principii ...ob.* cit., p. 729; e id.: *Identificazione delle azione. Sulla regola «ne eat iudex ultra petita partium»*, em "Saggi di Diritto Processuale Civile", vol. I, Edit. Giuffré, Milano, 1993, p. 176. Em termos muito similares se manifiesta LIEBMAN, para quem a necessária imparcialidade do julgador se configura como a razão nuclear da impossibilidade de praticar provas *ex officio*, manifestando que *"la decisione sull'azione e sull'eccezione implica una decisione sui fatti controversi e perciò sulle prove che li riguardano ed è propio diretta a preservare l'imparzialità di questa decisione la regola che esclude l'iniziativa del giudice nella ricerca di quelle prove"* (*Fondamento del principio dispositivo*, ob. cit., p. 562). De igual modo, este autor destaca a "l'incompatibilità psicologica tra l'agire e il giudicare e l'opportunità psicologica di non intorbidare la serenità del giudice col fornirlo di poteri di iniziativa piú confacenti alla funzione della parte o del difensore" (*Manuale di diritto processuale civile*, T.II, 4ª ed., Edit. Giuffré, Milano, 1984, pp. 84-85). Nesta linha, vid. FURNO: *Contributo alla teoria della prova legale*, Edit. CEDAM, Padova, 1940, p. 151; REDENTI, E., *Diritto Processuale Civile*, T.II, Edit. Giuffré, Milano, 1957, p. 33; e BAUR, F., *Potere giudiziale e formalismo del diritto processuale*, "Rivista trimestrale di diritto e procedura civile", 1965, pp. 1698-1699. Na Espanha, encontra-se na linha indicada MIGUEL Y ROMERO, que destaca "a medida que al Juez de raza latina se le aumentan sus poderes y su interés en el proceso, irá perdiendo su imparcialidad y rectitud, virtudes preciosas que quedarán sacrificadas ante el deseo institivo de que prevalezca su juicio, o lo que es peor aún, su prejuicio, del cual ningún hombre se puede considerar libre" (*Principios del moderno Derecho Procesal*, p. 438, op. cit., por GUASP, J.: ob. cit., p. 61). De igual modo, CARRERAS LLANSANA mantém que a concessão de maiores faculdades ao juiz em matéria probatória "podría suponer aventura muy peligrosa, que llegara a atentar con el bien supremo de la imparcialidad de los órganos jurisdiccionales" (*La función del juez en la dirección del proceso civil*, em "Estudios de Derecho Procesal" com FENECH, Edit. Bosch, Barcelona, 1962, p. 264); e GUTIÉRREZ DE CABIEDES, destaca que "las limitaciones del Juez para acordar pruebas de oficio no es una manifestación del principio dispositivo, sino del deber de imparcialidad", e em termos muito expressivos, assinala que a parte, em tanto que parte, tende a defesa de seus interesses particulares, e o Juiz, em tanto que Juiz, tem por função a administração da justiça *supra partes* [por lo que...] si el órgano jurisdiccional adopta en cualquier fase o acto del proceso, por importante que éste sea, la función de parte y la de Juez, pierde automáticamente su imparcialidad" (ob. cit., pp. 432-433).

[393] A respeito da nova LEC 1/2000, se referem a este argumento MONTERO AROCA, J., *El proceso civil llamado "social"* ..., ob. cit., pp. 155 a 160; DE LA OLIVA, ob. cit., p. 276; e DAMIÁN MORENO, ob. cit., p. 2160.

objeção, e nos conduzirão a defender que não é mais que uma exacerbação da garantuia de neutralidade do julgador:

a) Em primeiro lugar, o órgão jurisdicional quando decide levar a cabo a citada atividade, não se colaca a favor ou contra uma das partes, infringindo desta maneira seu dever de imparcialidade, pois antes da prática da prova não sabe a quem pode beneficiar ou prejudicar, senão que seu único objetivo é poder cumprir eficazmente a função de tutela judicial que a Constituição lhe assigna. Assim, por exemplo, se ordena a prova pericial, não conhece qual vai ser seu resultado, a respeito da prova testemunhal desconhece a declaração que a testemunha possa efetuar. A razão ou fundamento desta iniciativa probatória deve encontrar-se, unicamente, na busca da convicção judicial, ao objeto de outorgar a efetiva tutela dos interesses em litigio. Deve obviar-se qualquer outra inquietude do julgador, como podería ser a de ajudar à parte mais débil do processo a fim de lograr uma igualdade sustancial ou real dos litigantes pois, em minha opinião, não é esta uma função que lhe corresponda desempenhar.[394]

b) Em segundo lugar, postular a proteção da imparcialidade, como fundamento da inatividade probatória do julgador civil, e outorgar ao mesmo tempo dita faculdade aos juízes e tribunais de outras jurisdições, especialmente do penal,[395] e contencioso-administrativo,[396] significa reconhecer e legitimar que estes juízes e tribunais possam ser parciais se procedem de ofício a praticar prova, conclusão esta por ninguém compartida. Este argumento pode estender-se igualmente ao juiz civil que deve resolver os denominados "processos civis não dispositivos", respeito do qual o art. 752.1.II LEC lhe atribui a possibilidade de "decretar de oficio quantas [provas] estime pertinentes". Por último, de igual modo, no marco do procedimento arbitral, o art. 32 da nova Lei 60/2003, de Arbitragem, permite ao árbitro nomear *ex officio* a um ou

[394] A solução a esta problemática só pode vir dada por uma adequada regulação legal do direito constitucional a denominada "Justiça gratuita", sem que o juiz deva jogar papel algum na mesma pois, em caso contrário, poderá colocar-se em contradição, fundadamente, sua devida imparcialidade já que se alinhará ao lado de uma das partes, a mais débil economicamente. Em sentido análogo, vid. FABBRINI, G., *Potere del giudice*, em "Scritti Giuridici", T.I, Edit, Giuffré, Milano, 1989, p. 436. Uma incisiva crítica a esta possibilidade é realiza por FAZZALARI, quem chega a afirmar que "la tutela del litigante socialmente más débil por parte del juez es ciertamente un *slogan*" (*La imparzialità del giudice*, "Riv. dir. proc.", 1972, II, p. 203).

[395] A este respeito, me remeto ao seguinte epígrafe referente à iniciativa probatória do juiz penal.

[396] Nesta ordem jurisdicional, o art. 61 da Lei 29/1998, de 13 de julho, reguladora da Jurisdição Contencioso-administrativa faculta ao órgão jurisdicional para ordenar a prática de qualquer meio de prova nestes termos: "1. El Juez o Tribunal podrá también acordar de oficio el recibimiento a prueba y disponer la práctica de cuantas estime pertinentes para la más acertada decisión del asunto. 2. Finalizado el período de prueba, y hasta que el pleito sea declarado concluso para sentencia, el órgano jurisdiccional podrá también acordar la práctica de cualquier diligencia de prueba que estimare necesaria".

mais peritos,[397] sem que por isso se tenha desconfiado da devida imparcialidade do árbitro.

c) Em terceiro lugar, devo advertir a contradição que resulta negar ao órgão jurisdicional, por um lado, a possibilidade de ordenar uma prova, e outorgar-lhe, por otro, amplíssimas faculdades em sua prática até o extremo, por exemplo, de admitir ou denegar uma prova, ou de fazer perguntas aos litigantes ou testemunhas. Entendo que a imparcialidade do julgador pode perder-se de igual modo se, na prática do interrogatório das partes ou das testemunhas, ou na prova pericial, formula perguntas ou requer explicações ao interrogado ou ao perito em virtude dos arts. 306.1.II, 347.2 e 372.2 LEC.[398] Como bem destaca BARBOSA MOREIRA "llevada la suposición (de pérdida de la imparcialidad del juzgador) hasta las últimas consecuencias lógicas, las leyes deberían prohibir de modo absoluto cualesquiera iniciativas oficiales en materia de prueba, lo cual probablemente jamás ocurrió y no es propugnado siquiera por los más radicales representantes del «dispositivismo» en la ciencia procesal civil".[399]

d) Em quarto lugar, objeta-se à iniciativa probatória aqui analisada a predisposição – ainda inconsciente como assinala GUTIÉRREZ DE CABIEDES – do órgão jurisdicional a outorgar distinto valor probatório aos resultados dos meios de prova acordados *ex officio*.[400] Se bem isto excepcionalmente é possível, entendo que a solução a este temor vem dada pela via dos recursos, que contra toda sentença procedem, baseando-se na errônea apreciação da prova.[401]

e) Finalmente, em quinto lugar, também se objetou o perigo do eventual uso abusivo que o julgador pode efetuar de suas faculdades probatórias. No meu entender, a citada atribuição limitada de poderes ao juez civil contorna este perigo, e em qualquer caso, de existir um

---

[397] Para um comentário desta norma, me remeto a meu estudo *Nombramiento de peritos por los árbitros*, em "Comentarios prácticos a la Ley de Arbitraje", dir. V. Guilarte Gutiérrez, edit. Lex Nova, Valladolid, 2004, pp. 533 a 544.

[398] Vid. PICÓ I JUNOY, J., *Comentarios a la nueva Ley de Enjuiciamiento Civil*, T.II, dir. A. Mª. Lorca Navarrete, Edit. Lex Nova, Valladolid, 2000, pp. 1823 e ss.; 1913 e ss.; e 1999 e ss.

[399] *Breves reflexiones sobre la iniciativa oficial en materia de prueba*, ob. cit., p. 156.

[400] Ob. cit. pág. 433. Em sentido análogo, CORDÓN MORENO afirma que o "órgano jurisdiccional, siquiera sea en el ámbito interno, tenderá a dar más crédito a los medios de prueba (y a sus resultados) aportados por él que a los aportados por las partes, poniendo en peligro su imparcialidad" (*Introducción al derecho procesal*, Edit. EUNSA, Pamplona, 1994, p. 142).

[401] Neste sentido, DEVÍS ECHANDÍA destaca: "La imparcialidad del juez debe presumirse [...] no existe razón para temerle a la parcialidad del juez si se le otorgan facultades inquisitivas y libertad de apreciación [...]. Por otra parte, existen los recursos, la segunda instancia y la casación para corregir las consecuencias de una parcialidad" (*Teoría General de la Prueba Judicial*, T.I, Edit. Víctor P. de Zavalía, Buenos Aires, 1981, p. 130). De igual modo, vid. MORELLO, A.M., *La prueba. Tendencias modernas*, ob. cit., págs. 213 e ss.

exercício arbitrário ou extralimitado de tais poderes, dita atuação deverá ser corrigida através dos oportunos recursos. Por outro lado, esta atuação abusiva do julgador não deixa de ser um suposto excepcional e, como tal, não constitui motivo ou razão suficiente para impedir sua iniciativa probatória.[402]

Sexta: O caráter autoritário da iniciativa probatória do juiz

Faz pouco tempo que se voltou a discutir o caráter inquisitório ou autoritário do poder probatório do juiz civil como manifestação de uma ideologia política totalitária, fascista ou comunista. É o enfoque que atualmente formula MONTERO AROCA, quem destaca como nos códigos processais fascistas, alemão e italiano, se potencia a iniciativa probatória do juiz civil.[403]

Em minha opinião, trata-se de uma crítica puramente terminológica, isto é, sem conteúdo sustancial para aqueles que sustentamos que o juiz deve ter uma limitada – não absoluta – iniciativa probatória. Em primeiro lugar, estamos ante um uso interessado de termos ideológicos, pois como indica TARUFFO "un proceso en el que el juez dispone de poderes probatorios no implica ningún autoritarismo procesal, pudiendo tales poderes configurarse como puramente supletorios o integradores respecto de aquellos de las partes, y pudiendo el juez desarollar un papel del todo secundario, o marginal, en la búsqueda de las pruebas".[404] Por isto considera que "este modo de utilizar el lenguaje – con conceptos como fascista, autoritario o totalitario – no es neutral en virtud de la valoración negativa que el empleo del término 'autoritario' comporta respecto al proceso en el cual el juez tiene poderes probatorios, y de la valoración positiva que el término 'liberal' retóricamente comporta respecto del proceso en el que el juez está privado de tales poderes. Se trataría así de un juego de definiciones particularmente inútil pero no inócuo, pues con ello pretende crearse confusiones o tergiversaciones del tema debatido".[405] Chega-se deste modo ao que

[402] Deste modo SENTÍS MELENDO, ao estudar os perigos que podem apresentar os poderes do juiz, destaca que "la patología no debe servir nunca de pauta para apreciar la bondad o los defectos de una institución" (*Los poderes del juez (Lo que el juez puede o podrá)*, "Revista Jurídica de Cataluña", 1976, III, p. 690). Neste sentido, GUASP afirma que "no se comprende por qué se ha de negar «a priori» la concesión de una facultad que se reputa conveniente por la mera posibilidad – no cabe ni hablar de riesgo – de que se haga de ella un uso inconveniente" (ob. cit., p. 62).

[403] MONTERO AROCA, J., *Los principios políticos de la nueva Ley de Enjuiciamiento Civil*, edit. Tirant lo Blanch, Valencia, 2002, pp. 116 a 124. De igual modo, vid. ALVARADO VELLOSO, A., *Garantismo procesal contra actuación judicial de oficio*, edit. Tirant lo Blanch, Valencia, 2005, pp. 94 a 118.

[404] TARUFFO, M., *Poteri probatori delle parti e del giudice in Europa*, em "RTDPC", 2006, 2, p. 454. Na mesma linha vid. COMOGLIO, L.P., *Riforme processuali e poteri del giudice*, edit. Giappichelli, Torino, 1996, pp. 57 e ss.; e ABEL LLUCH, X., *Iniciativa probatoria de oficio en el proceso civil*, ob. cit., p. 164.

[405] TARUFFO, M., *Poteri probatori ...*, ob. cit., p. 454.

denomina uma *polarizzazione simmetrica*, quando em um polo existe o modelo dispositivo, que costuma valorar-se positivamente, e no qual se concebe o processo como instrumento de resolução de conflitos; e no polo oposto, o modelo inquisitivo, no qual de forma autoritária se lesionam as garantias das partes e o processo só está interessado em estabelecer a verdade. Como pode observar-se nesta colocação "maniqueísta", só existe um modelo processual "bom", o dispositivo, e em frente, um modelo processual "mau", o inquisitivo.[406] Contudo, como poderá comprovar-se, é possível articular certa iniciativa probatória sem lesionar as garantias constitucionais das partes. Por isto, entendo que este uso interessado do termo "liberal" comporta um enfoque "perverso" da questão, pois impede o diálogo ou debate com a doutrina que não opina de igual modo, já que colocam necessariamente aos autores que integram este último setor sob a indevida desqualificação – ainda indireta – de ser fascista ou autoritária.[407]

E, em segundo lugar, não é de todo correta a identificação ideológica que pretende realizar-se entre juiz civil passivo e estado liberal, pois como analisa TARUFFO existem sistemas políticos inspirados em uma ideologia liberal que tanto negam a iniciativa probatória ao juiz civil como lhe permitem certa iniciativa: assim podemos constatar a existência de códigos processais de "corte liberal" elaborados em sistemas políticos não democráticos nos quais o juiz é substancialmente passivo e não dispõe de poderes probatórios autônomos – como sucedeu com o italiano de 1865 ou o napoleônico de 1806 –, e códigos processuais também de "corte liberal" elaborados em sistemas políticos democráticos nos quais sim se atribui iniciativa probatoria ao juez civil – assim, por exemplo, podemos constatar em França a reforma de 1975 do *Nouveau Code de Procédure Civile* e seus arts. 10 y 144; ou as *Federal Rules of Evidence* dos EEUU de 1975 e seus *rules* 614(a), 614 (b) y 706.[408] Outro exemplo desta colocação equivocada encontramos nas *Transnational Rules of Civil Procedure*,[409] do ano 2000, efetuadas pelo *American Law Institute* – em cooperação com a UNIDROIT – que prentendem harmonizar ou criar um corpo unificado de normas básicas transnacionais em matéria de litigios civis e nas quais se prevé que o juiz terá iniciativa a respeito das provas de interrogatório, de testemunhas e das partes, documental

---

[406] TARUFFO, M., *La prova dei fatti giuridici*, edit. Giuffrè, Milano, 1992, pp. 20 a 22.

[407] A este respeito, remeto-me ao meu estudo *El derecho procesal entre el garantismo y la eficacia: un debate mal planteado*, en "La Ley", 2003, T. 5, pp. 1769 a 1775.

[408] Sobre este ponto, vid. TARUFFO, M., *Poteri probatori ...*, ob. cit., pp. 461 a 467.

[409] O documento que analiso é o *Preliminary Draft* nº.2, de 17 de março de 2000, publicado pelo *American Law Institute* (pode consultar-se em Internet: www.ali.org/ali/transrules.htm).

e pericial,[410] sem que por isso possa manter-se que este texto é fruto de uma ideologia fascista, autoritária ou comunista.[411]

Em conclusão, o caráter mais ou menos liberal do sistema político de um estado não é definitivo para qualificar como autoritária a iniciativa probatória *ex officio iudicis*, pelo que entendo com TARUFFO que as equações "'poderes probatorios del juez = régimen autoritario' e 'juez pasivo = régimen liberal' são vagas e genéricas, e se reduzem a *slogans* polêmicos privados de valor científico".[412] Em minha opinião, a bondade técnica (ou validez) de uma norma depende de seu própio conteúdo e alcance, mais que da época em que tenha sido redatada, da ideologia de seu autor ou da forma em que se aplique na prática forense, pelo que podem existir códigos processuais de grande rigor científico ou tecnicamente incorretos com independência do caráter mais ou menos liberal ou social do regime político em que foram criados.

B.3. Limites constitucionais à iniciativa probatória do juiz civil

89. Uma vez examinados criticamente os argumentos justificativos da negativa de atribuir iniciativa probatória ao juiz civil, devo analisar os limites que eventualmente deveria ter esta em nosso sistema constitucional.

Como é óbvio, a iniciativa probatória *ex officio iudicis* não pode ser ilimitada, pois pode entrar em conflito com direitos ou valores constitucionais que merecem ser protegidos. Por isto, como tive ocasião de

---

410 Assim, a respeito do interrogatório das testemunhas e das partes, a regra 22.3 estabelece: "A party may call any person whose testimony is relevant and admissible, including that party. *The court may call any person on its own motion under the same conditions*" (a cursiva é minha). Com referência à prova documental, a regla 22.4 indica: "The parties may offer in evidence any relevant document or thing. *The court may order any party or nonparty to present any relevant document or thing in that person's possession*" (a cursiva é minha). E finalmente, em matéria de prova pericial, a regra 23.1 estabelece: "The court may appoint a neutral expert or panel of experts whenever, in the court's discretion, expert evidence may be helpful in resolving issues in the cases", e a regra 23.2 indica que: "The court determines the issues that are to be addressed by the expert and such tests, evaluations, or other procedures as are to be employed by the expert. The court may issue orders necessary to facilitate the inquiry and report by the expert and may specify the form in which the expert shall make its report".

411 Nesta mesma linha, outro texto internacional harmonizador do direito processual civil é o "Código Procesal Civil Modelo para Iberoamérica" que, elaborado desde o Instituto Ibero-americano de Direito Processual, foi aprovado em 1988 depois de um longo período de reflexão no qual intervieram um grande número de processualistas sul americanos, espanhois e italianos. Este Texto – que foi acolhido em novos Códigos processuais civis ibero-americanos e tem inspirado múltiplas reformas normativas – estabelece em seu art. 33. 4º e 5º: "El Tribunal está facultado: [...] 4º) para ordenar las diligencias necesarias para esclarecer la verdad de los hechos controvertidos, respetando el derecho de defensa de las partes; 5º) para disponer en cualquier momento la presencia de los testigos, de los peritos y de las partes, para requerirles las explicaciones que estime necesarias al objeto del pleito".

412 TARUFFO, M., *Poteri probatori ...*, ob. cit., p. 458.

analisar em outro lugar,[413] dita iniciativa tem três relevantes limites que seguidamente passo a analisar.

90. Em primeiro lugar, a prova praticada pelo juiz deve, necessariamente, limitar-se aos fatos controvertidos ou discutidos pelas partes, em virtude dos princípios dispositivo e de aportação da parte. Em consequência, são os litigantes que devem trazer ao processo o material fático que fundamenta suas respectivas pretensões, não podendo o órgão jurisdicional levar a cabo nenhuma atividade tendente a investigar ou aportar fatos não alegados pelas partes, nem decidir alterando-os, sob pena de incorrer a sentença em um vício de incongruência.

91. Em segundo lugar, é necessário que constem no processo as fontes de prova sobre as quais tem lugar a posterior atividade probatória do juiz (assim, por exemplo, a identidade da testemunha que deverá declarar). Só desta forma se evita que o juiz atue inquisitivamente ou utilize seu "conhecimento privado" a margem dos resultados que figuram nos autos. Este limite tende a garantir a devida imparcialidade do julgador, na medida em que sua atuação se restringe unicamente às fontes probatórias que já constam nos autos e nunca a investigar novas fontes. A margem do uso destas fontes probatórias entendo que o juiz não pode ter iniciativa probatória, pois sería incontrolável sua fonte de conhecimento a respeito dos elementos probatórios por ele utilizados, o que pode comprometer a debida confiança que objetivamente o juiz deve merecer do justiciável.[414]

92. E finalmente, em terceiro lugar, é necessário que se respeite, em todo momento, o princípio do contraditório que qualquer litigante possue no desenvolvimento da prova, pelo que deve permitir-se-lhe propor novas provas e, evidentemente, participar na prática de toda a atividade probatória. Deste modo, não se vulnera o direito de defesa constitucionalizado no art. 24 da Constituição Espanhola.

93. Em definitiva, cada objeto protegido incide em um âmbito distinto da atividade jurisdicional: o primeiro, no própio processo e nos fatos nele discutidos; o segundo, no juiz e sua devida imparcialidade; e o terceiro, nas partes e seu direito constitucional à defesa.

B.4. Justificação da iniciativa probatória do juiz civil

94. Até o momento, pode-se constatar a validade constitucional da atribuição de certa iniciativa probatória ao juiz civil. Agora deve

---

[413] *La iniciativa probatoria del Juez civil y sus límites*, em "Revista del Poder Judicial" núm. 51, 1998, pp. 294-295; e *El derecho a la prueba en el proceso civil*, ob. cit., pp. 267-271.

[414] A este respeito me remeto a minha monografia *La imparcialidad judicial y sus garantías: la abstención y la recusación*, edit. J.Mª. Bosch editor, Barcelona, 1998, especialmente pp. 24-25, 51 e 104 a 108.

encontrar-se a justificação de dita iniciativa. Em minha opinião, a formulação atenuada do princípio de aportação da parte tem uma base constitucional na que sustentar-se: o caráter Social do Estado de Direito consagrado em nossa Constituição, assim como no dever do juiz de velar pela efetividade na tutela dos interesses discutidos no processo para lograr, deste modo, o que o artigo primero do citado Texto Fundamental proclama como valor superior do ordenamento jurídico: a "justiça", que constitui, sem dúvida alguma, o objetivo final da função jurisdicional. A "justiça", como valor superior do ordenamento jurídico representa um ideal da comunidade, um objetivo a alcançar pelo ordenamento jurídico, pelo que se existe um interesse público em que o resultado do processo seja "justo", o Estado deve por ao serviço daqueles que o dirigem os meios e poderes necessários para que possa alcançar-se dito fim. Evidentemente, o problema radica em dotar de conteúdo o significado ao valor "justiça", pois sua ambiguidade e falta de concreção podem propiciar certo decisionismo judicial. KELSEN conclui seu ensaio "Que é Justiça?"[415] formulando sua concepção da "Justiça" com estas palavras: "la Justicia, para mí, se da en aquel orden social bajo cuya protección puede progresar la búsqueda de la verdad". Nesta busca da "verdade" dentro do proceso – "verdade" mediatizada, em virtude dos princípios dispositivo e de aportação da parte, pelos relatos fáticos dos respectivos litigantes – e respeitando rigorosamente todos os direitos e garantias constitucionais, encontra sua justificação a iniciativa probatória do juiz.

95. É certo que as limitações próprias do homem fazem com que nem sempre possa ser alcançada a tão prestigiada "justiça", porém isto não pode ser um obstáculo para que o legislador ponha nas mãos do julgador os meios suficientes ao objeto de que esta possa lograr-se em um maior número de ocasiões, máxime se com isto não se infringe preceito constitucional algum. Como indicou TARUFFO, ao estudar o conceito de «justiça da decisão judicial» esta não é nunca justa se fundamentada sobre una determinação errônea ou inexata dos fatos, pelo que conclui que a certeza do juízo sobre os fatos é uma condição necessária para que se possa afirmar que a decisão judicial é justa.[416] Ademais – como adverte o citado autor[417] – tudo isto é compatível com a teoria segun-

[415] Este ensaio constitui sua conferência de despedida como professor da Universidade da California pronunciada em Berkeley em 27 de maio de 1952. Junto com outros ensaios do mesmo autor se encontra na obra *¿Qué es Justicia?*, Edit. Ariel, Barcelona, 1991 (pp. 35 a 63).

[416] TARUFFO, M., *La prova dei fatti giuridici*, Giuffrè Editore, Milano, 1992, p. 43. De igual modo, vid. BULYGIN, E., *Sull'interpretazione giuridica*, em "Analisi e diritto", 1992, p. 25; e PARRA QUIJANO, J., *Racionalidad e ideologías en las pruebas de oficio*, edit. TEMIS, Bogotá, 2004, pp. 4 a 8.

[417] TARUFFO, M., *La prova ...*, ob. cit., p. 44.

do a qual o processo unicamente serve para resolver conflitos: se não se aceita como válida qualquer solução do conflito, e em seu lugar se pensa que este deve ser resolvido sobre a base de algum critério de justiça, então certamente nos encontramos com o dever de reconhecer que a declaração judicial certera dos fatos é uma condição necessária para lograr a solução justa do proceso.

96. Seguindo com esta argumentação, observamos que a Constitución Espanhola recolhe em seu art. 24.2 o direito fundamental de toda pessoa obter uma efetiva tutela judicial. Para outorgar esta tutela, fazendo realidade a justiça demandada pelos particulares quando se veem compelidos a acudir à solução judicial de seus conflitos, o órgão jurisdicional necessita a prova dos fatos discutidos e aos quais aplicará o ordenamento jurídico. Em consequência, se o objetivo de todo processo é que os Juízes e Magistrados apliquem a lei a determinados fatos, de cuja certeza devem estar convencidos, limitar-lhes ou restringir-lhes, de um modo absoluto, a iniciativa probatória supõe, a meu juízo, uma limitação à efetividade da tutela judicial e em última análise a busca da justiça.[418] [419]

97. Em definitiva, à luz de todas estas previsões constitucionais, se alcança uma idônea harmonização entre o caráter privado do objeto litigioso e a natureza indisponível do processo, facilitando que os órgãos jurisdicionais possam outorgar uma efetiva e justa tutela dos interesses em conflito.

---

[418] Comparto as palavras de BARBOSA MOREIRA quando afirma: "Al juez le corresponde esencialmente juzgar, y toda la actividad procesal está ordenada a proporcionarle los medios necesarios para juzgar bien. Pero juzgar quiere decir aplicar las normas jurídicas pertinentes a los hechos que han originado el litigio. De ahí que al órgano judicial le es tan indispensable el conocimiento de los hechos cuanto el conocimiento de las normas: y constituyendo las pruebas, como nadie ignora, la vía normal de acceso al conocimiento de los hechos, resulta lógico estimar inherente a la tarea del juez la iniciativa probatoria" (*Breves reflexiones sobre la iniciativa oficial en materia de prueba*, em "Libro Homenaje al Profesor Jaime Guasp", Edit. Comares, Granada, 1984, p. 156). De igual modo, PRIETO-CASTRO Y FERRÁNDIZ mantém que: "El Juez ha de poseer facultades para averiguar la verdad de los hechos [alegados por las partes, añadiría] y confrontar su correspondencia con los supuestos de las normas jurídicas, como también para medir cuándo y en qué amplitud el arbitrio que multitud de normas le conceden ha de ejercerlo. Si, pues, la libertad del juez es coartada, impidiéndole remover aquellos obstáculos y provocándole dificultades en el segundo de esos aspectos, el sistema procesal será imperfecto, teniendo este carácter de imperfección el nuestro, ya que, por ejemplo, en muchos procesos no le permite decidir cuándo es necesaria la prueba" (*Tratado de Derecho Procesal Civil*, Edit. Aranzadi, Pamplona, 1985, p. 531). Finalmente, nesta linha vid. também MORELLO, A.M., *La prueba. Tendencias modernas*, ob. cit., pp. 60 a 64.

[419] Na linha de argumentar o aumento dos poderes de iniciativa probatória do juiz em uma maior efetividade da tutela jurisdicional dos direitos litigiosos, isto é, em uma maior eficácia do processo, se pronunciam diversos autores na obra *Para un proceso civil eficaz*, coord. Ramos Méndez, Universidad Autónoma de Barcelona, Bellaterra, 1982. Assim, vid. CORBAL Y FERNÁNDEZ, J.E., *La Administración de Justicia y la eficacia de la Ley de Enjuiciamiento Civil: la primera instancia* (pp. 99-100); CORTÉS DOMÍNGUEZ, V., *La eficacia del proceso de declaración* (p. 134); y MONTERO AROCA, J., *Juicio crítico de la Ley de Enjuiciamiento Civil (Conmemoración no festiva de su centenario)* [p. 169].

B.5. O princípio de aportação da parte no novo processo civil

98. A alegação da realidade fática discutida no processo se atribui em exclusividade aos litigantes, pelo que o princípio de aportación da parte, neste aspecto, rege em toda sua extensão. Assim, de manera concludente o art. 216 LEC destaca que: "Los tribunales civiles decidirán los asuntos en virtud de las aportaciones de hechos [...] de las partes".

De igual modo, em matéria de introdução do material probatório, a LEC opta pelo princípio de aportação da parte, se bem existem exceções que provocam sua atenuação. A formulação geral do citado princípio se encontra no citado art. 216, segundo o qual: "Los tribunales civiles decidirán los asuntos en virtud de las aportaciones de hechos, pruebas y pretensiones de las partes"; e no art. 282 *ab initio*, ao indicar que: "Las pruebas se practicarán a instancia de parte".

Sua atenuação se estabelece rapidamente, e com caráter geral, no próprio art. 282, segundo inciso, ao indicar: "Sin embargo, el tribunal podrá acordar, de oficio, que se practiquen determinadas pruebas o que se aporten documentos, dictámenes u otros medios e instrumentos probatorios, cuando así lo establezca la ley".

Na LEC, encontramos distintas hipóteses de iniciativa probatória *ex officio iudicis*: em primero lugar, para os processos sobre capacidade, filiação, matrimônio e menores, o art. 752.1.II estabelece: "Sin perjuicio de las pruebas que se practiquen a instancia del Ministerio Fiscal y de las demás partes, el tribunal podrá decretar de oficio cuantas estime pertinentes".

Em segundo lugar, a LEC também preve determinadas matérias a respeito das quais outorga iniciativa probatória ao juiz, como sucede com o direito estrangeiro (art. 281.2 *in fine*),[420] assim como certas atividades probatórias que possam realizar-se de ofício, como por exemplo, a acareação entre testemunhas e entre estas e as partes (373.1 y 2),[421] ou a chamada ao juízo da pessoa que efetuou a "declaração" escrita prevista no art. 381.1 (art. 381.3)

Em terceiro lugar, a LEC outorga iniciativa judicial na prática de algumas provas: assim, por exemplo, faculta ao juiz para solicitar aclarações e adições no interrogatório das partes (art. 306.1.II) e das testemunhas (art. 372.2), lhe permite formular perguntas ao perito e

[420] A este respeito, me remeto ao estudo de ALONSO-CUEVILLAS SAYROL, J., *Las normas jurídicas como objeto de prueba. Tratamiento del derecho extranjero y la costumbre en el proceso civil español*, edit. Tirant lo Blanch, Valencia, 2004, especialmente pp. 71 e ss.

[421] Vid. PICÓ I JUNOY, J., *Comentarios a la nueva Ley de Enjuiciamiento Civil*, AAVV, T.II, dirigidos por Lorca Navarrete, Edit. Lex Nova, Valladolid, 2000, pp. 1826 e 2001.

requerer ao mesmo que dê as explicações que estime necessárias sobre o objeto da perícia aportada (art. 347.2), e lhe atribui a determinação da amplitude da prova de inspeção judicial (art. 353.2 LEC).

Em quarto lugar, através das "diligências finais", é permitido ao juiz que, dentro do prazo para prolatar sentença, possa ordenar a prática de atividade probatória, se bem que o art. 435.2.I o condiciona à ocorrência de quatro requisitos: deve versar sobre fatos relevantes, oportunamente alegados; devem existir atos de prova anteriores que não tenham dado resultado conducentes; o resultado probatório negativo deve relacionar-se a circunstâncias já desaparecidas e independentes da vontade e diligência das partes; e devem existir motivos fundados para crer que as novas atuações permitirão adquirir certeza sobre os citados fatos.[422] Desta forma, os tradicionais "poderes instrutórios do juiz", à margem de mudar de nome, passam a adquirir o alcance limitado que a jurisprudência do Tribunal Supremo atribuía a tais diligências.[423]

Finalmente, a nova LEC introduz uma nova norma que apresenta uma dúvida no sentido de acolher como uma mera advertência do tribunal às partes ou permitir uma limitada iniciativa probatória. Me refiro ao art. 429.1.II e III, segundo a qual:

> Cuando el tribunal considere que las pruebas propuestas por las partes pudieran resultar insuficientes para el esclarecimiento de los hechos controvertidos lo pondrá de manifiesto a las partes indicando el hecho o hechos que, a su juicio, podrían verse afectados por la insuficiencia probatoria. Al efectuar esta manifestación, el tribunal, ciñiéndose a los elementos probatorios, cuya existencia resulte de los autos, podrá señalar también la prueba o pruebas cuya práctica considere conveniente.
>
> En el caso a que se refiere el párrafo anterior, las partes podrán completar o modificar sus proposiciones de prueba a la vista de lo manifestado por el tribunal.

Devido à complexidade que apresenta esta norma, vou analisá-la por separado na epígrafe siguinte.

Contudo, não quero acabar sem antes destacar que toda esta normativa levou MONTERO AROCA[424] a afirmar que a nova LEC "ha aumentado las facultades del tribunal en materia probatoria (por ejemplo, en los arts. 282 y 429.1.II) y lo ha ido a hacer cuando la llamada 'publi-

---

[422] Para um estudo detalhado destas diligências finais me remeto aos trabalhos de ABEL LLUCH, X., *Las diligencias finales de oficio del art. 435.2 LEC*, em "La Ley", 2003-5, pp. 1735-1741; MARTÍN OSTOS, J., Las diligencias finales, em "Revista del Poder Judicial", núm. 67, 2002, pp. 381 a 404; e PÉREZ BENÍTEZ, J.J., *Las diligencias finales: su admisión en todo tipo de procesos*, em "La Ley", núm. 6554, 2006, pp. 1 a 9.

[423] Sobre este particular, vid. meu trabalho *Las diligencias para mejor proveer en el proceso civil: entre el ser y el deber ser*, ob. cit., pp. 629 a 640.

[424] *Derecho Jurisdiccional*, T.II, 10ª edic., Edit. Tirant lo blanch, Valencia, 2001, p. 255.

cización' del proceso está en franca retirada en todo el mundo. Frente a lo que la doctrina sostenía hace unas décadas, hoy se está admitiendo que en este proceso no deben aumentarse las facultades del juez". Não obstante, a realidade do direito comparado nos conduz a advertir o errado ponto de vista deste autor, pois não é certo que a atribução de iniciativa probatória *ex officio iudicis* suponha um retrocesso histórico, mas sim todo o contrário, como indiquei, nos aproxima às tendências mais modernas do direito processual civil.[425]

B.6. A solução espanhola "de compromisso": o art. 429.1.II LEC

99. Uma das grandes novidades que introduz a LEC 1/2000 a encontramos em seu art. 429.1.II, cuja redação final se deve a uma emenda transacional do grupo parlamentar socialista, a número 321, que propunha uma ampla iniciativa probatória do juiz,[426] e que foi rechaçada para acolher o conteúdo do atual art. 429.1.II.[427] Neste sentido, a LEC 1/2000 alcançou uma solução de compromisso entre as tendências liberal, do inicial Projeto de Lei, e publicista, introduzida no trâmite parlamentar.

100. A própria literalidade desta norma conduz a sustentar que nela nos encontramos, em quanto à indicação da insuficiência da prova solicitada, ante um dever; e respeito à indicação da concreta prova para demonstar tais fatos, ante uma faculdade judicial. Em concreto:

a) Por um lado, nos encontramos ante um verdadeiro dever, em função do qual o juiz deve advertir às partes da insuficiência das provas propostas para o esclarecimento dos fatos litigiosos. Assim, estabelece que: "Cuando el tribunal considere que las pruebas propuestas por las partes pudieran resultar insuficientes para el esclarecimiento de los hechos *lo pondrá de manifiesto* a las partes [...]". Esta norma não utiliza o condicional "podrá", como sim o faz por exemplo quando outorga ao juiz a possibilidade de ordenar diligências finais no art. 435.2 LEC, senão a forma verbal imperativa "lo pondrá". Não obstante, estamos na preseça de um dever judicial de difícil controle, na medida em que sua aplicação depende da valoração subjetiva que efetue o próprio juiz sobre a "insuficiência" da prova. Por isto, para analisar a infração deste dever, necessariamente, será preciso estudar as particularidades de cada caso em concreto para, a partir de tais dados, determinar sua infração.

---

425 A este respeito vid. as notas 372 e 408 a 410.

426 BOCG, Congreso de los Diputados, Serie A, Núm. 147-9, de 26 de março de 1999, p. 260.

427 BOCG, Congreso de los Diputados, Serie A, Núm. 147-12, de 27 de julho de 1999, pp. 744 e 868.

b) E, por outro lado, atribui uma faculdade ao juiz quando, depois de obrigar-lhe a efetuar a mencionada advertência de insuficiência probatória, lhe permite que possa assinalar aquela prova que considere que possa colmatar dita insuficiência. Aqui, o próprio art. 429.1.II LEC abandona os termos imperativos para acolher as formas verbais condicionais, indicando que o tribunal: "[...] podrá señalar también la prueba o pruebas cuya práctica considere conveniente". Em minha opinião, a fim de oferecer a tutela judicial mais justa possível, o juiz deveria procurar sempre atuar esta faculdade, com os limites indicados anteriormente, e que estão nesta mesma norma, e muito especialmente naqueles juízos nos quais não intervem um advogado devido a sua falta de obrigatoriedade.

101. A maioria dos autores e a jurisprudência dos Tribunais de Justiça sustentam que o art. 429.1.II LEC não acolhe uma iniciativa probatória do juiz, mas tão somente a possibilidade de que este, ante uma eventual insuficiência probatória, indique, aconselhe ou advirta às partes os fatos afetados por dita insuficiência e a prova que resulte conveniente para demonstrar tais fatos, sem que esta advertência suponha uma iniciativa probatória.[428] [429] Desta maneira, sem atentar formalmente ao princípio de aportação da parte, já que são sempre os litigantes que em última instância assumem ou não a iniciativa probatória, se permite ao juiz canalizar sua iniciativa em ordem a lograr que sua resolução possa ser o mais justa possível.

102. Em minha opinião, a literalidade do art. 429.1.II LEC permite outra leitura da norma, em função da qual se atribuía certa iniciativa probatória ao juiz. Como tive ocasião de analisar em outros estudos,[430]

---

[428] Assim, vid. ASENCIO MELLADO, J.Mª., *Derecho procesal civil. Primera parte*, 2ª edic., Edit. Tirant lo blanch, Valencia, 2000, p. 264; CORTÉS DOMÍNGUEZ, em AAVV., *Derecho Procesal Civil*, 3ª ed., Edit. Colex, Madrid, 2000, p. 266; DAMIÁN MORENO, J., *Comentarios a la nueva Ley de Enjuiciamiento Civil*, AAVV, T.II, ob. cit., p. 2160; idem, *Estructura y principios del proceso ordinario en la nueva Ley de Enjuiciamiento Civil*, "Revista General de Legislación y Jurisprudencia", 2000, núm. 2, p. 185-186; DE LA OLIVA SANTOS, A. (com DÍEZ-PICAZO GIMÉNEZ, I.), *Derecho procesal civil. El proceso de declaración*, Edit. Centro de Estudios Ramón Areces, S.A., Madrid, 2000, p. 276; GIMENO SENDRA, em AAVV., *Derecho Procesal Civil*, 3ª ed., Edit. Colex, Madrid, 2000, p. 27; MONTERO AROCA, J., em AAVV, *Derecho Jurisdiccional*, T.II (Proceso civil), 9ª edic., Edit. Tirant lo Blanch, Valencia, 2000, pp. 239, 255 e 272; ORTELLS RAMOS, M., *Derecho Procesal Civil*, Edit. Aranzadi, Elcano, 2000, pp. 365-366; VILLAGÓMEZ CEBRÍAN, M., *El nuevo marco procesal civil. Los principios de la nueva LEC*, "Tribunales de Justicia", 2000/5, pp. 525-526; ETXEBERRÍA GURIDI, J.F., ob. cit., pp. 276-277; e ABEL LLUCH, X., *Iniciativa probatoria ...*, ob. cit., pp. 149 a 153 e 182.

[429] A respeito da doutrina judicial das Audiências Provinciais, remeto-me às resoluções acolhidas nas obras *Los poderes del juez civil en materia probatoria*, coord. X. Abel e J. Picó, edit. J. Mª Bosch, Barcelona, 2004, pp. 177 a 183, e na de LORCA NAVARRETE, A.Mª., *Estudio jurisprudencial de los poderes del juez civil en materia probatoria*, edit. Instituto Vasco de Derecho Procesal, San Sebastián, 2006, pp. 49 a 108.

[430] Refiro-me aos meus trabalhos *El derecho a la prueba en el proceso civil*, ob. cit., pp. 207 a 281; e *La iniciativa probatoria del juez civil y sus límites*, ob. cit., pp. 269 a 302.

no atual Estado Social e de Direito, dentro do qual a "Justiça" se configura como um valor superior do ordenamento jurídico, o juiz deve estar comprometido na justa composição dos litígios, isto é, não pode configurar-se como um sujeito inerte, passivo, sem nenhum tipo de iniciativa probatória. Por isto, se o fim de todo processo é que os juízes e magistrados apliquem a lei aos fatos concretos, de cuja certeza devem estar convencidos, coartar-lhes ou restringir-lhes, de um modo absoluto, a iniciativa probatória supõe uma limitação a efetividade da tutela judicial e em consequência a busca da justiça. Em definitiva, atendendo as citadas previsões constitucionais, é possível efetuar uma leitura da nova LEC que outorgue aos juízes mecanismos adequados para poder impartir uma mais justa tutela dos direitos e interesses em conflito: desde estas premissas, entendo que o art. 429.1.II LEC não se limita só a permitir ao juiz manifestar às partes uma eventual insuficiência probatória, senão que estabelece também a possibilidade de "indicar" – não somente advertir ou sugerir – a prova cuja prática considere necessária. Esta norma – a diferença do que sucede quando se refere aos "fatos" que podem ver-se afetados pela insuficiência probatória, de onde expresamente só se permite ao juiz efetuar uma mera "manifestação" de tais fatos – em matéria probatória permite ao juiz "indicar", isto é, determinar ou designar, a prova cuja prática considere conveniente, pelo que se estima que é necessária e é lógico pensar que deva praticá-la.

Como é óbvio, e assim o indiquei com anterioridade, a iniciativa probatória *ex officio iudicis* não pode ser ilimitada, e por isso é de todo correto os três limites que a respeito estabelece o art. 429.1.II LEC: em primeiro lugar, a impossibilidade de introduzir fatos não alegados pelas partes;[431] em segundo lugar, a impossibilidade de utilizar fontes probatórias distintas das existentes no processo;[432] e finalmente, em terceiro lugar, a necessidade de garantir o direito de defesa das partes, pelo que se lhes permitem completar ou modificar suas proposições probatórias.

Reconheço que se trata de uma interpretação literal da norma, fundada em uma argumentação constitucional, que limita a eficácia do princípio de aportação da parte mais além do que quis o legislador. Porém em todo caso, esta interpretação, que tende a garantir a plena eficácia da tutela judicial, evita as diversas críticas que podem ser formuladas à iniciativa probatória do juiz: não supõe uma quebra do prin-

---

[431] A iniciativa probatória do juiz se restringe ao "fato ou fatos que, a seu juízo, poderían ver-se afetados pela insuficiência probatória" e tais fatos vêm delimitados pelos escritos iniciais de alegações das partes.

[432] Neste sentido, exige-se que o tribunal se cinja "aos elementos probatórios cuja existência resulte dos autos [...]".

cípio dispositivo, *alma mater* do processo civil, na medida em que as partes conservam a exclusividade na determinação do objeto litigioso; evita a eventual perda da imparcialidade do juiz, pois este, ao levar a cabo sua iniciativa probatória, não está efetuando uma atividade inquisitiva, de investigação ou averiguação de fatos não alegados pelos litigantes, que podería por em dúvida sua devida imparcialidade, senão uma atividade de verificação dos mesmos; e garante plenamente o direito de defesa das partes. Ademais, permite que a prova cumpra sua função, pois se esta tem por finalidade lograr o convencimento do juiz acerca da existência dos fatos discutidos no processo, resulta contraditório, de um lado, sustentar que a prova é uma atividade que exclusiva e excludentemente interessa as partes, e, de outro, proibir em consequência ao juiz praticar por própria iniciativa o meio probatório que considere necessário para alcançar sua devida convicção,[433] e neste sentido é como entendo que possa ser interpretado o art. 429.1.II LEC.

Em qualquer caso, desde um ponto de vista prático, provavelmente resultará estéril discutir se o art. 429.1.II LEC acolhe uma mera sugestão ou uma verdadeira iniciativa judicial, pois de producir-se a manifestação do tribunal o lógico é que as partes a assumam como própria.

Finalmente, para concluir, devo admitir que na prática judicial se está fazendo um escasso uso da faculdade do art. 429.1.II LEC, ou ao menos não se utiliza como sería desejável. Isto se deve, basicamente, a dois motivos de natureza muito diferente: por um lado, ao habitual desconhecimento que, no próprio ato da audiência preliminar, costuma ter o juiz sobre as questões debatidas, o que lhe coloca em uma posição de distância a respeito dos fatos discutidos e a prova proposta ao respeito. A este ato devería assistir com um conhecimento exaustivo do caso – ao menos, com uma leitura da demanda e contestação e um estudo prévio das exceções formuladas – pois isto permitiría a audiência preliminar alcançar os resultados desejados pelo legislador.[434] Não

[433] Nesta ordem de ideias, em seu momento MONTERO AROCA afirmou que "si la prueba es la actividad procesal que tiende a convencer al juez de la existencia o inexistencia de los datos aportados en el proceso, *va contra los más elementales principios de la lógica que el juez no puede [...] ni acordar la práctica de los medios probatorios más convincentes para formar su convicción*" [a cursiva é minha] (*Juicio crítico ...*, ob. cit., p. 169).

[434] Isto é, epecialmente, para o que interessa agora, a fixação dos fatos controvertidos em ordem a precisa proposição e admisão das provas. Por isso, entendo com ALONSO-CUEVILLAS que o máximo aproveitamento das utilidades probatórias da audiência previa "comportaría pues un necesario cambio de hábitos no sólo para los letrados de las partes sino también para los juzgadores" (*La audiencia previa al juicio*, en "Instituciones del nuevo proceso civil.", T.II, coord. J. Alonso-Cuevillas, edit. Difusión Jurídica, Barcelona, 2000, p. 169). E, na mesma linha, ABEL LLUCH destaca: "Tengo la convicción que para que la audiencia previa pueda desplegar todas sus potencialidades y las partes vean satisfechas sus expectativas procesales es imprescindible una presencia activa y

obstante, o excessivo trabalho em nossa primeira instância ou que a "rotina funcionarial" provoca em ocasiões dita desídia judicial na audiência preliminar. E, por outro lado, o escasso uso da faculdade do art. 429.1.II LEC se deve a certos prejuízos de que seu uso pode supor a perda da devida imparcialidade judicial que, como analisei, é de todo inadmissível se dita faculdade se utiliza dentro dos limites legalmente estabelecidos.

VI. A iniciativa probatória do juiz penal[435]

A) Introdução. Breve aproximação sobre o princípio acusatório

103. Um dos problemas que não perde seu protagonismo no direito processual penal é o referente à iniciativa probatória do juiz no ato do juízo oral e a possível vulneração do princípio acusatório.[436]

104. O princípio acusatório se converteu no princípio fundamental do moderno método do procedimento criminal, que rege desde o início mesmo do proceso. Como destaca nosso TC em sua sentença 95/1995, de 19 de junho (f.j. 2º), "el respeto del principio acusatorio constituye una exigencia constitucional en todos los procesos penales".[437] [438]

---

directiva del juez en dicha fase procesal" (*La audiencia previa: entre el deseo y la realidad*, em "Revista del Poder Judicial", núm. 69, 2003, p. 367).

[435] A presente epígrafe acolhe substancialmente o conteúdo de minha Conferência apresentada ao "XXVII Congreso Internacional de Derecho Procesal" celebrado em Cartagena das Índias (Colômbia) de 5 a 7 de setembro de 2006.

[436] A este respeito, vid. meus trabalhos *La imparcialidad judicial y sus garantías: la abstención y la recusación*, editorial J.Mª. Bosch editor, Barcelona, 1998; *La imparcialidad objetiva del juez a examen*, "La Ley", 1998, T. I, pp. 2001 a 2018; *El juez penal y su iniciativa probatoria: reconsideración de una errónea doctrina jurisprudencial*, em "La Ley", 1999, T. V, pp. 1928 a 1931; *Principio acusatorio e iniciativa probatoria del juez penal. Comentario a la sentencia del Tribunal Supremo (Sala 2ª) de 23 de septiembre de 1995*, em "Revista General del Derecho", 1999, núm. 656, maio, pp. 6009 a.6012; e *Reflexiones en torno a la cuestionada iniciativa probatoria del juzgador penal*, em "Justicia", 1996, núm. 1, pp. 145 a 181.

[437] De igual modo, vid. suas sentenças 60/1995, de 17 de março (f.j. 3º) 99/1992, de 22 de junho, f.j. 2º; entre outras muitas. A Respeito da doutrina do TC, vid. meu trabalho *Las garantías constitucionales del proceso*, edit. J.Mª. Bosch editor, Barcelona, 1997, pp. 109 a115; e mais recentemente a obra dirigida por ORTELLS e TAPIA, *El proceso penal en la doctrina del Tribunal Constitucional (1981-2004)*, edit. Aranzadi, Cizur Menor, 2005, pp. 207 a 210 e 1039 a 1086.

[438] O princípio acusatório mereceu uma especial atenção monográfica por parte da doutrina processual espanhola: assim vid., por ordem de publicação, as obras de GÓMEZ ORBANEJA, E., *Comentarios a la Ley de Enjuiciamiento Criminal*, T. I, vol. II, edit. Bosch, Barcelona, 1951, pp. 167 a 207 e 286 a 317; ASENCIO MELLADO, J. Mª., *Principio acusatorio y derecho de defensa en el proceso penal*, edit. Trivium, Madrid, 1991; VERGER GRAU, J., *La defensa del imputado y el principio acusatorio*, edit. J. Mª. Bosch editor, Barcelona, 1994; MARTÍNEZ ARRIETA, A., *La nueva concepción jurisprudencial del principio acusatorio*, edit. Comares, Granada, 1994; RUIZ VADILLO, E., *El principio acusa-*

Este princípio tem por finalidade garantir em todo momento a imparcialidade do juiz, se enuncia mediante o brocardo *ne procedat iudex ex officio*, e supõe a ideia de que "no hay proceso sin acusación". As características essenciais deste princípio, segundo a jurisprudência do TC espanhol, são as seguintes:

a) Separação de funções entre o juiz instrutor e o juiz decisor (SSTC 174/2003, de 29 de setembro, f.j. 3º; 60/1995, de 17 de março, f.j. 3º; 32/1994, de 31 de janeiro, f.j. 3º; 136/1992, de 13 de outubro, f.j. 2º; o 145/1988, de 12 de julho);

b) Impossibilidade de celebrar o juízo oral sem que exista acusação (SSTC 83/1992, de 28 de maio, f.j. 1º; o 141/1986, de 29 de outubro, f.j. 2º);

c) Correlação entre acusação e sentença (SSTC 40/2004, de 22 de março, f.j. 2º; 189/2003, de 27 de outubro, f.j. 2º; 36/1996, de 11 de março, f.j. 4º; 95/1995, de 19 de junho, f.j. 2º; o 161/1994, de 23 de maio, f.j. 2º);

d) Proibição da *reformatio in peius* (SSTC 28/2003, de 10 de fevereiro, f.j. 3º; 232/2001, de 11 de dezembro, f.j. 5º; 45/1993, de 8 de fevereiro, f.j. 2º; 153/1990, de 15 outubro, f.j. 4º; o 242/1988, de 19 de dezembro, f.j. 2º).

105. Como podemos comprovar, este desenvolvimento do princípio acusatório não exclui a possibilidade de que o juiz penal possa ter certa iniciativa probatória, e assim o colocou de manifesto o TC espanhol (SSTC 334/2005, de 20 de dezembro, f.j. 3º; 229/2003, de 18 de dezembro, f.j. 14º; 130/2002, de 3 de junho, f.j. 5º; ou a 188/2000, de 20 de julho, f.j. 2º). Todavia, desde o denominado "garantismo processual", nega-se dita possibilidade: assim, FERRAJOLI, destaca como um dos dez axiomas de todo "sistema garantista" o de *nulla accusatio sine probatione*,[439] o que lhe conduz a manter a total passividade probatória do juiz penal,[440] se bem admite que "se trata de un modelo límite, sólo tendencial y nunca perfectamente satisfacible".[441]

106. Em ordem a efetuar um estudo completo do tema, examinarei, em primeiro lugar, a vigência atual do princípio acusatório na maioria

---

torio y su proyección en la doctrina jurisprudencial del Tribunal Constitucional y Tribunal Supremo, edit. Actualidad Civil, Madrid, 1994; ARMENTA DEU, T., *Principio acusatorio y derecho penal*, edit. J. Mª. Bosch editor, Barcelona, 1995; DÍAZ CABIALE, J.A., *Los principios de aportación de parte y acusatorio: la imparcialidad judicial*, edit. Comares, Granada, 1996; GONZÁLEZ NAVARRO, A., *Acusación y defensa en el proceso penal*, edit. Bosch, Barcelona, 2004; e GUERRERO PALOMARES, S., *El principio acusatorio*, edit. Aranzadi, Cizur Menor, 2005.

439 FERRAJOLI, L., *Derecho y razón. Teoría del garantismo penal*, edit. Trotta, Madrid, 1995, p. 93.

440 Neste mesmo sentido, vid. MONTERO AROCA, J. (em AAVV), *Derecho Jurisdiccional*, T.I, 14ª edic., edit. Tirant lo blanch, Valencia, 2005, p. 375; ou GUZMÁN, N., *La verdad en el proceso penal. Una contribución a la epistemología jurídica*, editores del Puerto, Buenos Aires, 2006, pp. 180-181.

441 Ob. cit., pp. 610-611.

dos processos penais europeus e latino-americanos; em segundo lugar, a iniciativa probatória do juiz penal nos citados códigos; em terceiro lugar, o caso espanhol, no qual a jurisprudência tem evoluído sem uma linha clara de reflexão a respeito; em quarto lugar, exporei minha opinião sobre o fundamento, alcance e limites de dita iniciativa judicial; e, finalmente, formularei umas conclusões a modo de reflexão final.

B) Vigência do princípio acusatório nos atuais códigos processuais penais e a iniciativa probatória do juiz penal

107. O princípio acusatório, tal como foi perfilhado anteriormente, preside os atuais métodos de procedimento criminal da maioria dos estados democráticos europeus e latino-americanos, como seguidamente passo a analisar.

B.1. Vigência do princípio acusatório

B.1.1. Nos ordenamentos jurídicos dos estados europeus

108. Na Alemanha, rege o princípio acusatório, pois existe uma nítida separação das funções entre acusar e julgar; a abertura do processo oral está condicionada ao exercício da ação pelo Ministério Público; e o tribunal não pode estender o processo pendente a outras pessoas nem a outros fatos que se lhe atribuem ao acusado.[442]

De igual modo, em Itália também se encontra presente o princípio acusatório, caracterizado pela equidistância formal do juiz com a acusação e a defesa, e a igualdade de armas entre acusação e defesa.[443]

Em Portugal, o art. 32.5 de sua Constituição prevê expressamente a vigência do processo penal com "estrutura acusatória", pelo que "busca la igualdad de poderes de acción procesal entre la acusación y la defensa, quedando el juez en una situación de independencia,

[442] A este respeito, vid. amplamente, GÓMEZ COLOMER, J.L., *El sistema procesal penal alemán: su historia y principios más relevantes*, em "Sistemas penales europeos", Cuadernos de Derecho Judicial, Consejo General del Poder Judicial, Madrid, 2002, pp. 256 a 258; e *El proceso penal alemán. Introducción y normas básicas*, edit. Bosch, Barcelona, 1985, pp. 49 a 71 e 171; e BOSS, H., *Alemania*, em "Sistemas de proceso penal en Europa", diretor R. Maciá Gómez, edit. CEDECS, Barcelona, 1998, p. 23.

[443] Vid. sobre o particular NICASTRO, G.M., *Sistema procesal italiano*, em "Sistemas penales europeos", Cuadernos de Derecho Judicial, Consejo General del Poder Judicial, Madrid, 2002, p. 112; e SPATARO, A., *Italia*, em "Sistemas de proceso penal en Europa", diretor R. Maciá Gómez, edit. CEDECS, Barcelona, 1998, pp. 233-234.

apenas interesado en juzgar objetivamente el caso que le ha sido adjudicado [...] la jurisdicción no interviene oficiosamente, ni puede ampliar su poder de juzgar a personas y hechos distintos a aquellos que son el objeto de la acusación, por lo que el principio acusatorio, limitando el objeto de la decisión jurisdiccional, constituye un refuerzo de la defensa del acusado y, simultáneamente, surge como garantía de la imparcialidad del tribunal, porque limita el poder de éste, incluso para suplir deficiencias de la acusación".[444]

E na Holanda, a vigência do princípio acusatório se deduz do fato de que unicamente o Ministério Público tem o poder de proceder judicialmente contra uma pessoa, e é a que decide ademais o objeto da causa, já que o juiz só pode decidir sobre os fatos tal e como são apresentados pelo Ministério Público em sua denúncia.[445]

B.1.2. Nos ordenamentos jurídicos dos estados latino-americanos

109. Ao igual como acontece na maioria dos países europeus, nos modernos códigos processuais penais dos estados latino-americanos também se encontra presente o princípio acusatório.

Assim, na Colômbia, o novo Código de Procedimento Penal de 2004 está regido em sua integridade por este princípio, com uma nítida distinção entre as funções de acusação e julgamento, limitando-se esta última aos fatos configuradores da acusação.

De igual modo, no novo Código Processual Penal peruano, de 29 de julho de 2004, que entrou em vigor em 1° de julho de 2006, rege o princípio acusatório, sobre a base da nítida separação de funções instrutórias (Ministério Público), de controle da investigação (juiz da investigação preparatória) e decisórias (juiz penal); a devida correlação entre a acusação e a sentença; e a proibição da *reformatio in peius*.

Também na Nicarágua, seu Código Processual Penal, que entrou plenamente em vigor em 24 de dezembro de 2004, assume todas as notas próprias de um processo penal de corte acusatório.[446]

---

444 DE MORAES ROCHA, J.L. e CONDE CORREIA, J., *Sistema de procedimiento penal portugués*, em "Sistemas penales europeos", Cuadernos de Derecho Judicial, Consejo General del Poder Judicial, Madrid, 2002, pp. 202 e 217. De igual modo, vid. LEONES DANTAS, A., *Portugal*, em "Sistemas de proceso penal en Europa", diretor R. Maciá Gómez, edit. CEDECS, Barcelona, 1998, pp. 315-316.

445 NOORDHOEK, E. W., *Holanda*, em "Sistemas de proceso penal en Europa", diretor R. Maciá Gómez, edit. CEDECS, Barcelona, 1998, p. 193.

446 A este respeito, como destaca GÓMEZ COLOMER, este Código "realiza una apuesta clara y decidida a favor del principio acusatorio. No sólo porque lo consagra expresamente en el art. 10, dentro del Título Preliminar dedicado a los principios y garantías procesales, sino también porque lo hace efectivo a lo largo de todo su articulado" (*Manual de Derecho Procesal Penal Nicaragüense*,

No Chile, esta mesma ordem de ideais, o novo Código Processual Penal de 2000 assume como próprio o modelo de procedimento criminal baseado plenamente no princípio acusatório.

Nesta mesma direção, o Código de Procedimento Penal boliviano de 1999 abandona a velha estrutura inquisitiva e acolhe um modelo acusatório de justicia penal, caracterizado pela proibição de que o juiz inicie e realize a instrução de ofício e a existência de um juízo oral, público, contraditório, fundado nos princípios da imediação e concentração.[447]

Finalmente, na Costa Rica, o Código Procesusal Penal de 1998 veio a recolher um juízo penal plenamente acusatório.[448]

110. Sem embargo, em uma linha mais inquisitiva se mostra a normativa argentina e brasileira: em Argentina, o Código Processual Penal de 1991 nasceu já "velho e caduco", recolhendo diversas características do vetusto Código de Procedimento Criminal e Correcional de 1889 de nítido corte inquisitivo.[449] No Brasil, o código de processo penal de 1941 mescla aparentemente instituições próprias do modelo inquisitivo como outras do acusatório, se bem se encontra marcada por um forte espírito inquisitivo.[450] E, finalmente, o Código Judicial panamenho de 1984 mescla instituições próprias da regulação acusatória com a inquisitiva.[451]

B.2. Iniciativa probatória do juiz penal

B.2.1. Nos ordenamentos jurídicos dos estados europeus

111. Na maioria dos países em que recentemente se promulgaram novas leis de procedimento criminal, ou se reformaram em profundidade as já existentes, rege o princípio acusatório e se permite a inicia-

---

AAVV, coordenadores GÓMEZ COLOMER, J.L., e TIJERINO PACHECO, J.M., 2ª edic., edit. Tirant lo Blanch, Valencia, 2006, pp. 65-66).

447 Desta forma se pronuncia IMAÑA ARTEAGA, R., *Informes Nacionales – Bolivia*, em "Las reformas procesales penales en América Latina", coord. Julio B. J. Maier, Kai Ambos e Jan Woischnik, edit. Ad-Hoc, Buenos Aires, 2000, pp. 98 y 102.

448 A este respeito, vid. GONZÁLEZ ÁLVAREZ, D., *Informes Nacionales – Costa Rica*, em "Las reformas procesales penales en América Latina", ob. cit., pp. 269-270.

449 Assim se pronunciam GUARIGLIA, F. e BERTONE, E., *Informes Nacionales – Argentina*, em "Las reformas procesales penales en América Latina", ob. cit., 52 e 64-65.

450 Nestes termos opina HASSAN CHOUKR, F., *Informes Nacionales – Brasil*, em "Las reformas procesales penales en América Latina", ob. cit., p. 145.

451 Assim, vid. FUENTES RODRÍGUEZ, A., *Manual de Derecho Procesal Penal Panameño*, Universidad de Panamá, 2006, pp. 35-36.

tiva probatória do juiz penal.[452] Assim, por exemplo, entre os códigos europeus, em Alemanha, o § 244. II da *Strafprozessordnung* de 1975 consagra o *Aufklärungspflicht* (dever de esclarecimento ou averiguação), estabelecendo: "El Tribunal ampliará de oficio, con el fin de indagar la verdad, la práctica de las pruebas a todos los hechos y medios de prueba que fueran de importancia para la resolución".[453]

Na mesma linha, o art. 507 do *Codice di Procedura Penale* italiano de 1988 indica: "Finalizada la práctica de las pruebas, el juez, si resulta absolutamente necesario, puede disponer también de oficio la práctica de nuevos medios de prueba".[454]

Também em Portugal, o art. 340.1° do *Código de Processo Penal* 1987 assinala: "El Tribunal ordenará, de oficio o a petición de parte, la práctica de todos los medios de prueba que crea necesarios para el descubrimiento de la verdad y la justa decisión de la causa", e seu inciso segundo estabelece: "Si el Tribunal considera necesario la presentación de pruebas que no consten en la demanda, sentencia o recurso, lo pondrá en conocimiento de las partes con la antelación que le sea posible, y lo hará constar en acta".[455]

De igual modo, na Holanda, o juiz adquire um especial protagonismo durante o juízo oral, tomando parte ativa nele, já que é quem determina como se leva a cabo, faz a maioria das perguntas, e pode ordenar provas de ofício.[456]

Finalmente, na França, o art. 310 do Código Processual francês, estabelece que: "El Presidente – de la *cour d'assises* – está investido de

---

452 Uma relevante exceção a encontramos nos países do *common law*, nos quais, como destaca TINOCO PASTRANA (*Fundamentos del sistema judicial penal en el Common Law*, Servicio de Publicaciones de la Universidad de Sevilla, Sevilla, 2001, pp. 46-47), impera a ideia do "proceso de partes adversas, donde el juez ostenta la posición de árbitro o moderador de la litis", o que conduz a que a própria doutrina anglo-saxônica em lugar de falar de sistema ou princípio acusatório empregue outras expresões como "adversary system" ou "adversarial procedure".

453 Este dever, como indica PETERS, deve exercitar-se ainda que sejam muito escassas as possibilidades de lograr uma maior convição do juiz penal (*Strafprozess*, 4ª edic., edit. C. F. Müller, Heidelberg, 1985, p. 305).

454 Esta iniciativa probatória do juiz penal motivou um grande debate doutrinário entre os processualistas penais italianos, e originou uma polêmica que chegou a desenvolver-se diante da *Corte Costituzionale* e da *Corte di Cassazione*, resolvendo-se a favor da legitimidade do citado preceito. A este respeito, me remeto a bibliografia e jurisprudência analisada em meu trabalho *Reflexiones ...*, ob. cit., pp. 146 a 148, ao que deve acrescentar-se – por publicar-se com posterioridade – os estudos de NICASTRO, G.M., ob. cit., pp. 112 e 150; ou SPATARO, A., ob. cit., p. 260.

455 De igual modo, vid. seus arts. 323 e 327.

456 NOORDHOEK, E. W., ob. cit., p. 202.

un poder discrecional por el que puede, por su honor y conciencia, tomar las medidas que cree útiles para descubrir la verdad".[457]

B.2.2. Nos ordenamentos jurídicos dos estados latinoa-mericanos

112. Distinto caminho ao utilizado na maioria dos códigos processuais penais europeus, nos quais se costuma permitir a iniciativa probatória do juiz penal, é o que recorreram diversas – e novas – normativas de procedimento criminal latinoa-mericanas, nas quais se costuma limitar-se ou inclusive proibir-se dita iniciativa.

113. Dentro das legislações proibitivas, encontramos as modernas regulações colombiana, nicaraguense, chilena e boliviana.

Assim, na Colômbia, o novo Código de Procedimento Penal de 2004 proíbe de forma taxativa a iniciativa probatória do juiz em seu art. 361, segundo o qual: "Prohibición de prueba de oficio. En ningún caso el juez podrá decretar la práctica de pruebas de oficio". Em consequência, a iniciativa probatória se atribui só às partes (arts. 374 e 357) podendo intervir o juiz só durante a prática da mesma (*ad exemplum*, a respeito da prova testemunhal se pronuncia o art. 397). Sem embargo, a Corte Suprema de Justiça, Sala de Cassação Penal, com a relatoria do magistrado Edgar Lombana Trujillo, aprovada por Ata nº. 28, de 30 de março de 2006, veio a limitar a rigidez desta norma, estabelecendo: "[...] 4.5. Es aquí que, en términos generales, el Juez Penal está en la obligación de acatar el artículo 361 de la Ley 906 de 2004, en cuanto prohíbe decretar pruebas de oficio, pues se trata de un mandato legal que tiene razón de ser en el sistema acusatorio implementado en Colombia. Sin embargo, cuando por motivos de índole constitucional el Juez arribe a la convicción de que es imprescindible decretar una prueba de oficio, antes de hacerlo debe expresar con argumentos cimentados las razones por las cuales en el caso concreto la aplicación del artículo 361 produciría efectos inconstitucionales, riesgo ante el cual, aplicará preferiblemente la Carta, por ser la 'norma de normas', como lo estipula el artículo 4º constitucional. Sólo después de un ejercicio de esa naturaleza el Juez, excepcionalmente puede decretar una prueba de oficio.

[457] E na mesma linha, cfr. os arts. 156.I (poder do Juiz de realizar de ofício a prova pericial) e 456 (poder do tribunal *correctionel* de ordenar de ofício "as provas úteis para a comprovação da verdade"); o que motiva que DERVIEUX destaque que em todo o sistema processual penal francês "la búsqueda de la prueba de una infracción incumbe al Ministerio Fiscal y a la policía, así como al Juez que conoce del asunto: el Juez de instrucción y la sala de acusación, el tribunal de jurado – *cour d'assises* – (y su presidente), el tribunal *correctionel* y el tribunal *de police*" (*El sistema francés*, em "Procesos penales de Europa", dirigido por M. Delmas-Marty e tradução de P. Morenilla Allard, edit. EDIJUS, Zaragoza, 2000, p. 308).

Este modo de discernir tiende a garantizar la realización práctica de los cometidos constitucionales en las situaciones específicas, y no conspira contra la vigencia general de la prohibición contenida en el artículo 361 de la Ley 906 de 2004".

De igual modo, o novo Código Processual Penal nicaraguense, que entrou totalmente em vigor em 2004, estabelece a proibição do juiz para procurar provas – em seu art. 10 –, se produz uma ausência de normas que autorizem o interrogatório do julgador a testemunhas e peritos ou a recepção de provas complementares, e se exclui expressamente a possibilidade de que o juiz realize de ofício a inspeção judicial – art. 310.[458]

Também o novo Código Processual Penal chileno de 2000 estabelece o monopólio da iniciativa probatória às partes acusadora e acusada, permitindo só ao juiz o que pode denominar-se "prova sobre a prova" em seu art. 336.II, segundo o qual: "Si con ocasión de la rendición de una prueba surgiere una controversia relacionada exclusivamente con su veracidad, autenticidad o integridad, el tribunal podrá autorizar la presentación de nuevas pruebas destinadas a esclarecer esos puntos, aunque ellas no hubieren sido ofrecidas oportunamente y siempre que no hubiere sido posible prever su necesidad".

E na Bolívia, o art. 342 do Código de Procedimento Penal de 1999 proíbe a iniciativa probatória do juiz penal, indicando: "Base del juicio [...] En ningún caso el juez o tribunal podrá incluir hechos no contemplados en alguna de las acusaciones, producir pruebas de oficio ni podrá abrir el juicio si no existe, la menos, una acusación".

114. Contudo, em outros estados latino-americanos optou-se por permtir a iniciativa probatória do juiz penal de forma excepcional. Assim, no Perú, o art. 155 de seu novo Código Processual Penal de 2004 parte da iniciativa dos litigantes, indicando: "[...] 2. Las pruebas se admiten a solicitud del Ministerio Público o de los demás sujetos procesales [...]. 3. La Ley establecerá, por excepción, los casos en los cuales se admitan pruebas de oficio". Porém, seu art. 385, excepcionalmente, permite a iniciativa judicial de ofício nestes termos: "1. Si para conocer los hechos, siempre que sea posible, que no se halla realizado dicha diligencia en la investigación preparatoria o ésta resultara manifiestamente insuficiente, el Juez Penal, de oficio o a pedida de parte, previo debate de los intervinientes, ordenará la realización de una inspección o de una reconstrucción, disponiendo las medidas necesarias para llevarlas a cabo. 2. El Juez Penal, excepcionalmente, una vez culminada

[458] Assim o destaca TIJERINO PACHECO, J.M., *Manual de Derecho Procesal Penal Nicaragüense*, AAVV, coordenadores GÓMEZ COLOMER, J.L., e TIJERINO PACHECO, ob. cit., p. 295.

la recepción de las pruebas, podrá disponer, de oficio o a pedido de parte, la actuación de nuevos medios probatorios si en el curso del debate resultasen indispensables o manifiestamente útiles para esclarecer la verdad. El Juez Penal cuidará de no reemplazar por este medio la actuación propia de las partes. La resolución que se emita en ambos supuestos no es recurrible".

Na mesma linha, o art. 301 do Código de Procedimento Penal equatoriano de 2000 estabelece a iniciativa probatória do juiz penal nos seguintes termos: "Otras pruebas. – El presidente tendrá la facultad de llamar a cualquier persona para interrogarla y de ordenar que se exhiban ante el tribunal los objetos o documentos que considere necesarios para esclarecer el hecho o alguna circunstancia alegada por las partes".

Também na Venezuela, o art. 359 de seu Código Orgânico Processual Penal de 2001, de forma excepcional, permite a iniciativa probatória *ex officio iudicis*, indicando: "Excepcionalmente, el tribunal podrá ordenar, de oficio o a petición de parte, la recepción de cualquier prueba, si en el curso de la audiencia surgen hechos o circunstancias nuevos, que requieren su esclarecimiento. El tribunal cuidará de no reemplazar por este medio la actuación propia de las partes".

De igual modo, neste mesmo âmbito geográfico, devo destacar o "Código Procesal Penal Modelo para Iberoamérica", auspiciado pelo Instituto Iberoamericano de Direito Processual,[459] que partindo de uma configuração acusatória mista do procedimento penal, prevê a iniciativa probatória do juiz penal: assim, seu art 147, que inicia a regulação das "disposiciones generales" da prova estabelece: "Objetividad, investigación judicial autónoma. Salvo que la ley penal disponga lo contrario, el ministerio público y los tribunales tienen el deber de procurar por sí la averiguación de la verdad mediante los medios de prueba permitidos y de cumplir estrictamente con los preceptos de los arts. 232, 250 y 272, párr. 1. Durante el juicio, los tribunales sólo podrán proceder de oficio a la incorporación de prueba no ofrecida por los intervinientes en las oportunidades y bajo las condiciones que fijan los arts. 285, 289, 316, 317 y 320". E na mesma linha, seu art. 289 indica: "Prueba de oficio. En la decisión (en la que fija el día de la audiencia para celebrar el juicio y admite o rechaza la prueba propuesta), el tribunal ordenará, de oficio, la recepción de la prueba pertinente y útil que considere conveniente, siempre que su fuente resida en las actuaciones ya practicadas".

115. Finalmente, em outros códigos de procedimento criminal de corte mais inquisitivo se prevê de forma mais ampla a iniciativa probatória do juiz penal. Assim, na Argentina, o art. 356 do Código Proces-

[459] Este Código pode ser consultado em www.iidp.org/index.cgi.

sual Penal da Nação de 1991, prevê nos seguintes termos: "El presidente del tribunal ordenará la recepción oportuna de las pruebas ofrecidas y aceptadas. El Tribunal podrá rechazar, por auto, la prueba ofrecida que evidentemente sea impertinente o superabundante. Si nadie ofreciere prueba, el presidente dispondrá la recepción de aquella pertinente y útil que se hubiere producido en la instrucción"; e o art. 388 insiste: "Si en el curso del debate se tuviera conocimiento de nuevos medios de prueba manifiestamente útiles, o se hicieren indispensables otros ya conocidos, el tribunal podrá ordenar, aún de oficio, la recepción de ellos".[460] No mesmo sentido e com a nova redação dada pela Lei nº 11.690/2008, o art. 156 do Código de Processo Penal brasileiro de 1941 estabelece a iniciativa probatória *ex officio iudicis* indicando: "A prova da alegação incumbirá a quem a fizer, sendo, porém, facultado ao juiz de ofício: I – ordenar, mesmo antes de iniciada a ação penal, a produção antecipada de provas consideradas urgentes e relevantes, observando a necessidade, adequação e proporcionalidade da medida; II – determinar, no curso da instrução, ou antes de proferir sentença, a realização de diligências para dirimir dúvida sobre ponto relevante". E, por último, no Panamá, o Código Judicial de 1984 prevê a iniciativa probatória do juiz sentenciador no próprio ato do juízo (art. 2259) e inclusive em qualquer momento antes de ditar sentença (art. 2407).

116. Uma vez analisado o direito comparado, passo a examinar criticamente a problemática da iniciativa probatória do juiz penal no ordenamento espanhol.

C) O caso espanhol

C.1. Regulação da iniciativa probatória do juiz no juízo oral

117. No processo penal espanhol, a iniciativa probatória do juiz penal se reconhece, de forma excepcional, no art. 729.2º da Lei de Procedimento Criminal (LECrim). Assim, a regra geral é a contida no art. 728 LECrim, segundo o qual:

> No podrán practicarse otras diligencias de prueba que las propuestas por las partes, ni ser examinados otros testigos que los comprendidos en las listas presentadas.

Sem embargo, o artigo seguinte (729) estabelece:

---

[460] A este respeito, GUARIGLIA e BERTONE indicam: "El juicio es dirigido por el presidente del tribunal, quien acumula las facultades de dirección y poder de policía y disciplina. Es él también quien interroga al imputado, a los testigos, peritos e intérpretes; el fiscal, las otras partes y los defensores sólo pueden formular preguntas con la autorización del presidente, y en el momento en que éste considere oportuno (C.P.P. 389)" (ob. cit., pp. 55-56).

Se exceptúan de lo dispuesto en el artículo anterior: [...] 2º Las diligencias de prueba no propuestas por ninguna de las partes, que el Tribunal considere necesarias para la comprobación de cualquiera de los hechos que hayan sido objeto de los escritos de calificación.

C.2. Análise da jurisprudência do Tribunal Supremo: uma doutrina por definir

118. O estudo da jurisprudência do Tribunal Supremo (TS) nos oferece um panorama pouco clarificador: no lugar de efetuar uma doutrina precisa a respeito, limita-se a resolver casuisticamente cada caso concreto que se lhe apresenta, evitando deste modo o desenvolvimento de uma resposta genérica ao tema da iniciativa probatória *ex officio iudicis*. E ademais, sobre este particular, existem tanto sentenças que a admitem como outras que a negam, colocando inclusive em questão a constitucionalidade do art. 729.2° LECrim, o que conduziu a STS de 9 de maio de 2005 (f.j. 4°)[461] a admitir que sua própria jurisprudência é "vacilante e incluso contradictoria en ocasiones".[462] Vou expor a seguir esta errante doutrina jurisprudencial.

C.2.1. Doutrina jurisprudencial contrária a iniciativa probatória "ex officio iudicis"

119. Não faz muito tempo denunciei a existência de uma doutrina jurisprudencial que, de maneira errônea, impede toda iniciativa probatória ao juiz penal por entender que esta iniciativa atenta ao princípio acusatório e ao dever de imparcialidade judicial, pelo qual inclusive chega a se questionar a validade constitucional do art. 729.2° LECrim.[463] Um bom exemplo desta doutrina a encontramos na recente STS de 2 de março de 2005 (f.j. 4°), na qual a margem do caso concreto que se lhe coloca – corretamente resolvido pelo tribunal – efetua umas considerações gerais sobre dita iniciativa judicial, quando a linha do interrogatório que o tribunal efetua diretamente ao acusado – que havia recusado a contestar a acusação ao amparo de seu direito fundamental a não declarar – afirma que isto é inadmissivel, pois este:

[...] tomó el partido de la acusación descendiendo a la arena del combate, situándose en las antípodas del modelo – acusatorio – ya descrito en la Exposición de Motivos de

[461] RA 7388 (Relator Exmo. Sr. D. Ángel Juanes Peces).

[462] Esta mesma opinião a encontramos na STS de 26 de dezembro de 2002, f.j. 3°, RA 2188 (Relator Exmo. Sr. D. Joaquín Delgado García).

[463] Refiro-me aos meus trabalhos *Reflexiones ...*, ob. cit, pp. 145 e ss.; e *Principio acusatorio ...*, ob. cit., pp. 6009 e ss.

nuestra venerable Ley de Enjuiciamiento Criminal de 1882 a cuyo espíritu hay que seguir siendo obediente: ... No; los Magistrados deben permanecer durante la discusión pasivos, retraídos, neutrales, a semejanza de los jueces de los antiguos torneos, limitándose a dirigir con ánimo sereno los debates [...]. Hay que concluir afirmando que el derecho a un juicio imparcial quedó vulnerado por la actuación ya analizada.

Nesta mesma linha, se bem alegando a infração da imparcialidade objetiva do juiz, a STS de 23 de setembro de 1995 (f.j. 2º)[464] afirma que:

Establecido, pues, que la aportación de prueba supliendo al Ministerio fiscal y que sea inequívocamente de cargo es en principio inconstitucional y vulnera los principios de imparcialidad objetiva del Tribunal y observancia del acusatorio [...].

E, de igual modo, as SSTS de 11 de maio de 1998 (f.j. 2º)[465] e a de 1 de dezembro de 1993 (f.j. único)[466] destacam que:

[...] pierde, finalmente, el Tribunal su imparcialidad objetiva porque la simple formulación de la prueba exterioriza un prejuicio o toma de posición favorable y coadyuvante al éxito de la acción penal en un supuesto, como el presente, de prueba inculpatoria.

120. Em função de tais argumentações, considera-se que a prova praticada pelo juiz deve considerar-se ilícita, porquanto foi obtida vulnerando o direito fundamental a um processo com todas as garantias, em cujo conteúdo essencial deve acolher-se a exigência da imparcialidade judicial. Por isso, considerou-se ilícito:

a) O interrogatório do juiz aos peritos (cfr. a STS de 11 de maio de 1998, f.j. 2º);

b) O interrogatório do juiz a uma testemunha extemporaneamente proposta pelo Ministério Público (cfr. as SSTS de 23 de setembro de 1995, f.j. 2º; 1 de dezembro de 1993, f.j. único);

c) O interrogatório do juiz ao acusado quando este se vale de seu direito a não declarar (cfr. a STS de 2 de março de 2005, f.j. 4º).

121. Em definitiva, como podemos comprovar, os argumentos básicos para negar a iniciativa probatória do juiz penal costuma ser a proteção do princípio acusatório e da devida imparcialidade objetiva.

C.2.2. Doutrina jurisprudencial a favor da iniciativa probatória "ex officio iudicis"

122. Sem embargo, frente à doutrina jurisprudencial que acabo de expor, existem distintas resoluções do TS que admitem a validade

---

[464] RA 6756 (Relator Exmo. Sr. D. Ramón Montero Fernández Cid).

[465] RA 4357 (Relator Exmo. Sr. D. José Manuel Martínez-Pereda Rodríguez).

[466] RA 9225 (Relator Exmo. Sr. D. José Hermenegildo Moyna Ménguez).

constitucional do art. 729.2º LECrim. e, com ele, a iniciativa probatória do juiz penal. Assim, por exemplo, a recente STS de 9 de maio de 2005, em seu f.j. 4º, destaca a constitucionalidade de dita norma que, em princípio, não atenta nem ao princípio acusatório nem ao dever de imparcialidade judicial, sempre que a atividade probatória do juiz penal se limite aos fatos discutidos no processo, se empreguem as fontes probatórias que já constem nos autos e se garanta o direito de defesa de todas as partes.[467]

Nesta mesma linha, várias sentenças do Alto Tribunal admitem dita iniciativa quando se trata do que denomina "prueba sobre prueba", isto é, aquela "que no tiene la finalidad de probar hechos favorables o desfavorables sino de verificar su existencia en el proceso [...] por lo que puede considerarse neutral y respetuosa con el principio acusatorio" (cfr. o ATS de 5 de maio de 2005, f.j. 2º,[468] ou a STS de 16 de junho de 2004, f.j. 4º,[469] e a jurisprudência a que se remete).

123. Pese a imprecisão conceitual dos termos "prueba sobre prueba", se admite a iniciativa probatória de ofício com respeito a:

a) A prova documental consistente na aportação de escritos por terceiras pessoas (cfr. o ATS de 5 de maio de 2005, f.j. 2º),[470] a aportação da resolução judicial sumarial de entrada e registro (cfr. a STS de 23 de abril de 1993, f.j. 1º),[471] a leitura de um documento sumarial cuja existência aparece no juízo oral (cfr. a STS de 28 de junho de 2000, f.j. 1º),[472] a leitura de uma declaração testemunhal quando não coincida com a realizada na instrução e assim o ponham de manifiesto as partes (cfr. a STS de 4 de novembro de 1996, f.j. 3º[473]), ou a audição de fitas magnetofônicas sumarial quando sua transcrião escrita – documentada pelo Secretário Judicial – já consta nos autos do juízo oral (cfr. as SSTS de 26 de março de 2001, f.j. 1º[474]; ou 24 de março de 1999, f.j. 1º);[475]

b) A prova pericial, para que o perito que efetuou um laudo analítico oficial possa defendê-lo ante sua impugnação por alguma das par-

[467] De igual modo, cfr. a STS de 26 de dezembro de 2002 (f.j. 3º).

[468] JUR 2005\127691 (Relator Exmo. Sr. D. Enrique Bacigalupo Zapater).

[469] RA 918 (Relator Exmo. José Aparicio Calvo-Rubio).

[470] Este auto se refere à remissão por parte da policia da ficha do acusado para comprovar sua altura.

[471] RA 931 (Relator Exmo. Sr. D. Carlos Granados Pérez).

[472] RA 1186 (Relator Exmo. Sr. D. José Aparicio Calvo-Rubio).

[473] RA 8045 (Relator Exmo. Sr. D. Francisco Soto Nieto).

[474] RA 1957 (Relator Exmo. Sr. D. Diego Antonio Ramos Gancedo).

[475] RA 511 (Relator Exmo. Sr. D. Joaquín Giménez García).

tes (cfr. as SSTS de 14 de novembro de 2002, f.j. 4º,[476] 1 de outubro de 2002, f. j. 3º,[477] ou a de 23 de fevereiro de 2000, f. j. 5º);[478]

c) O interrogatório de testemunhas (cfr. as SSTS de 8 de junho de 2004, f.j. 4º[479]; 17 de setembro de 2002, f. j. 2º;[480] ou 22 de janeiro de 1992, f. j. 1º);[481]

d) Ou a inspeção judicial (cfr. as SSTS de 9 de maio de 2005, f. j. 4º; ou a de 3 de fevereiro de 2005, f. j. 1º).[482]

C.3. Análise da jurisprudência do Tribunal Constitucional a favor de dita iniciativa probatória

124. A doutrina jurisprudencial do TC, se bem é certo que evita efetuar posicionamentos maximalistas ou apriorísticos sobre o tema da iniciativa probatória do juiz penal, não é menos certo que, em linha de princípio, se pronuncia a favor da mesma sempre que não suponha uma atividade inquisitiva encoberta.

Assim, por exemplo, na sentença 188/2000, de 10 de julho, encontramos este posicionamento genérico da questão, afirmando em seu f.j. 2º:

> Más concretamente, en relación con la cuestión que aquí nos ocupa, la iniciativa probatoria de oficio, la garantía de la imparcialidad objetiva exige, en todo caso, que con su iniciativa el juzgador no emprenda una actividad inquisitiva encubierta. Sin embargo, esto no significa que el Juez tenga constitucionalmente vedada toda actividad procesal de impulso probatorio, por ejemplo, respecto de los hechos objeto de los escritos de calificación o como complemento para contrastar o verificar la fiabilidad de las pruebas de los hechos propuestos por las partes. En efecto, la excepcional facultad judicial de proponer la práctica de pruebas, prevista legalmente en el art. 729.2 LECrim, no puede considerarse *per se* lesiva de los derechos constitucionales alegados, pues esta disposición sirve al designio de comprobar la certeza de elementos de hecho que permitan al juzgador llegar a formar, con las debidas garantías, el criterio preciso para dictar Sentencia (art. 741 LECrim), en el ejercicio de la función jurisdiccional que le es propia (art. 117.3 CE). Y ello sin perjuicio, claro está, de que no quepa descartar la posibilidad de utilización indebida de la facultad probatoria *ex officio judicis* prevista en el art. 729.2 LECrim, que pudiera llevar a desconocer las exigencias ínsitas en el principio acusa-

[476] RA 1906 (Relator Exmo. Sr. D. Diego Antonio Ramos Gancedo).

[477] RA 1649 (Relator Exmo. Sr. D. Julián Sánchez Melgar).

[478] RA 290 (Relator Exmo. Sr. D. Diego Antonio Ramos Gancedo).

[479] RA 755 (Relator Exmo. Sr. D. Andrés Martínez Arrieta).

[480] RA 1482 (Relator Exmo. Sr. D. José Aparicio Calvo-Rubio).

[481] RA 294.

[482] RA 4808 (Relator Exmo. Sr. D. Diego Antonio Ramos Gancedo).

torio. De cualquier manera, para determinar si en el ejercicio de la antedicha facultad de propuesta probatoria el Juez ha ultrapasado los límites del principio acusatorio, con quiebra de la imparcialidad judicial y, eventualmente, del derecho de defensa, es preciso analizar las circunstancias particulares de cada caso concreto.

Depois deste posicionamento, admite a validade da prova ordenada de ofício pelo juiz penal consistente no interrogatório de uma testemunha sobre os fatos acusados cuja identidade surgiu no próprio ato do juízo oral. Por isso, em seu f.j. 3º destaca:

En el presente, a la vista de las actuaciones queda fuera de toda duda que la propuesta probatoria de oficio que se denuncia arranca de la información obtenida en el acto del juicio oral, en donde se advierte – en lo sustancial, a partir del informe policial y del testimonio del perjudicado –, la referencia, no ocasional sino reiterada, a una persona, don Antonio Palma Ramos, que había permanecido al margen del proceso y que habría adquirido de don José Barona y del acusado los derechos sobre la opción de compra que aquéllos habían acordado inicialmente con el Banco Exterior. Ello lleva a la Juez de lo Penal, apelando a la facultad prevista en el citado art. 729.2 LECrim, a proponer la citación de la referida persona para oír su testimonio en el juicio sobre un hecho, la antedicha adquisición, admitido por las acusaciones y reconocido por el acusado. Esta propuesta judicial, a la que ciertamente se opuso el actual recurrente formulando expresa protesta por la suspensión del acto del juicio a esos efectos, contó no obstante con el respaldo de las acusaciones, pública y particular. Tras la declaración del Sr. Palma, el Ministerio Fiscal modificó su conclusión inicial y calificación del delito de estafa por la alternativa de estafa o apropiación indebida, en tanto que la acusación particular calificó los hechos como delito de estafa y otro de apropiación indebida. La Sentencia del Juzgado absolvió al acusado del delito de estafa y le condenó como autor de un delito de apropiación indebida. La Jueza rechaza la alegación de pérdida de imparcialidad derivada de la propuesta de declaración del Sr. Palma. Fundamenta este rechazo en la doctrina contenida en varias Sentencias del Tribunal Supremo relativas al art. 729.2 LECrim y en el hecho de que la cesión de los derechos sobre la opción de compra al Sr. Palma estaba perfectamente documentada en autos, habiendo sido reconocida por el propio acusado.

Pues bien, cuando – como aquí es el caso– se adopta una iniciativa probatoria *ex officio judicis*, no de forma inopinada o sorpresiva, ni como parte de un plan preconcebido por el juzgador, sino como propuesta asumida por las partes acusadoras y en virtud de una decisión razonablemente fundada a partir de la emergencia en el acto del juicio de una fuente adicional de prueba de la que, en buena lógica, cabía esperar una cierta corroboración de los hechos enjuiciados con el objetivo, no de condenar o de exculpar, sino de alcanzar el grado preciso de convicción para adoptar una decisión resolutoria del conflicto, ninguna quiebra de la imparcialidad judicial cabe imputarle al juzgador y ninguna vulneración del principio acusatorio puede entenderse producida.

Con otras palabras: no se puede temer legítimamente la pérdida de la imparcialidad objetiva de un Juez que acuerda una diligencia probatoria, en el seno del juicio oral – por tanto, con plena garantía de contradicción – con el fin de esclarecer un hecho reconocido por las acusaciones y por el mismo acusado. Y por lo que respecta a la imparcialidad subjetiva, que ha de presumirse salvo prueba en contrario, a falta de la más mínima acreditación, aun indiciaria, de que la Juez de lo Penal se hubiese guiado por otra intención que no fuese la de ahondar en la clarificación de los hechos enjuiciados, no cabe sostener con fundamento que la juzgadora ya conocía con antelación cuál iba a ser el sentido, favorable o perjudicial para el imputado, de la decisión por ella acordada. En definitiva: en las circunstancias del caso presente no cabe hablar, con el menor fundamento, de que la iniciativa del Juzgador entrañe una actividad inquisitiva encubierta o signifique una toma de partido por la acusación o por la defensa.

E conclui esta resolução indicando que toda esta iniciativa probatória *ex officio iudicis*, a margem de não vulnerar a devida imparcialidade judicial, tampouco vulnera o direito de defesa das partes, já que se lhes permite intervir contraditoriamente na prática desta prova. Assim, no mesmo f.j. 3º se afirma:

Por lo demás, a la práctica de la controvertida diligencia probatoria no cabe oponerle ni la causación de indefensión alguna, ni el desconocimiento de las exigencias propias del principio contradictorio puesto que, propuesta la iniciativa, las partes pudieron alegar en defensa de su derecho e interés, y así lo hicieron, sin que conste que no pudiesen intervenir en la práctica de la testifical acordada de oficio para someterla a contradicción, contestándola y discutiéndola. Así pues, la pretensión deducida, por lo que a esta tacha se refiere, se ha de desestimar.

De igual modo, a STC 130/2002, de 3 de junho, efetua um desenvolvimento similar da questão. Assim, destaca a necessidade de evitar formulações maximalistas ou apriorísticas sobre a matéria, indicando a prudência com a que deve atuar o juiz penal a fim de evitar sua atuação inquisitiva. Em concreto, seu f.j. 5º afirma:

[...] si bien no todas las irregularidades e infracciones de dicho régimen legal poseen relevancia constitucional a los efectos de las garantías del art. 24.1 y 2 CE, no es menos cierto que, como sostuvimos en la STC 188/2000, de 10 de julio – en la que analizamos la facultad de impulso probatorio que el art. 729.2 LECrim otorga al Juez penal, cuya doctrina es extrapolable al caso presente –, el impulso probatorio del órgano judicial (tanto de oficio como a petición de parte) puede, en ocasiones y a la vista de las circunstancias del caso, traspasar los límites que le imponen el debido respeto al principio acusatorio, en el sentido de que quien debe formular la acusación y sobrellevar la carga de la prueba inculpatoria es la acusación y no quien ha de dictar Sentencia en el proceso, menoscabando reflejamente aquella apariencia de imparcialidad objetiva que debe preservarse en todo momento (STC 186/1990, de de 15 de noviembre, FJ 5). Por ello debe indagarse – a la vista de los datos objetivos que quepa extraer del modo de proceder que en cada caso haya observado el órgano judicial – si tras un impulso probatorio aparentemente neutral, incluso al abrigo de lo dispuesto en el art. 729.2 LECrim, el Juez no ha emprendido en realidad sino una actividad inquisitiva encubierta. Para determinar si esto es lo que ha sucedido en el caso de autos es preciso analizar sus circunstancias particulares.

Depois deste posicionamento genérico, o TC entende que o julgador penal não atuou inquisitivamente já que a prova de interrogatório de duas testemunhas se refere a pessoas cuja identidade já consta no juízo, pelo que dificilmente pode sustentar-se que as buscou a margem do atuado perdendo assim sua devida imparcialidade. Em concreto, segue indicando seu f.j. 5º que:

> La suspensión del acto del juicio, formalmente basada en la incomparecencia de uno de los testigos, permitió la citación de dos nuevos testigos, agentes de la Policía, que habían intervenido en el atestado policial y por lo tanto figuraban en las actuaciones judiciales. Se trataba, pues, de dos personas ya identificadas en el proceso.

Nesta mesma linha, a STC 229/2003, de 18 de dezembro, na qual depois de assumir sua própria doutrina, recolhida na STC 188/200, de 10 de julho – que já analisamos –, destaca a validade das perguntas que diretamente pode formular o juiz ao acusado e às testemunhas para reforçar sua acusação dos fatos debatidos no ato do juízo oral. Por isso, em seu f.j. 14ª, afirma:

> [...] lo que se reprocha al Presidente del Tribunal es haber formulado una serie de preguntas al acusado y fundamentalmente a los testigos, preguntas que versaron sobre los hechos objeto de acusación (pues todas ellas se refieren a la actuación del propio Juez y del Fiscal en la instrucción de la causa en la que se dictaron los Autos presuntamente prevaricadores) y que pueden entenderse razonablemente llevadas a cabo al efecto de alcanzar el grado preciso de convicción para la adopción de una decisión, sin ser manifestación de una actividad inquisitiva encubierta, sustituyendo a la acusación, ni una toma de partido a favor de las tesis de ésta. Por lo demás tampoco puede sostenerse que la formulación de tales preguntas haya generado indefensión alguna al demandante de amparo, pues pudo alegar al respecto lo que estimó oportuno en el acto de la vista. En conclusión, cabe afirmar que ni de la formulación de las citadas preguntas, ni del contenido de las mismas pueda apreciarse la denunciada pérdida de imparcialidad judicial, debiendo ser desestimada también esta alegación.

Finalmente, a STC 334/2005, de 20 de dezembro, em seu f.j. 3º, admite a iniciativa probatória do juiz penal sempre que tenha por objeto a comprovação da certeza dos fatos discutidos no processo, pelo que entende que com dito limite é constitucional que o juiz possa ordenar o interrogatório de testemunhas e do próprio acusado.

125. Em definitiva, da doutrina do TC se deduz que, se bem é consciente que uma ilimitada iniciativa probatória do juiz penal é suscetível de pôr em perigo a devida imparcialidade judicial, admite a validade constitucional de dita iniciativa, amparada no art. 729.2 LECrim, sempre que com isso não se aprecie uma atividade inquisitiva encuberta dirigida a introduzir fatos distintos dos contidos nos escritos de qualificações ou a buscar elementos probatórios mais além das fontes de prova que já lhe constem no ato do juízo.

C.4. *Opinião pessoal*

C.4.1. *Introdução: o incorreto entendimento do princípio acusatório e sua exacerbação*

126. Uma das primeiras conclusões que se deduzem do estudo da jurisprudência – tanto do TS como do TC – é a ausência de uma doutrina geral a ter em conta a ordem a admitir ou denegar a iniciativa probatória do juiz penal, provavelmente devido ao fato de limitar-se dita jurisprudência ao estudo de cada caso em concreto.

127. Se bem que existe uma doutrina judicial majoritária tendente a considerar como válida a iniciativa probatória do juiz penal, desgraçadamente não aporta nenhuma fundamentação – salvo o da própria literalidade do art. 729.2º LECrim. – para destruir o argumento referente à infração da imparcialidade objetiva do juiz como motivo justificador da imposibilidade de atribuir iniciativa probatória *ex officio iudicis*. Por isso, seguidamente, vou formular diversas reflexões que nos oferecerão uma visão crítica de dito argumento, e analizarei se o outorgamento de iniciativa probatória ao juiz é suscetível de criar-lhe prejuízos ou uma tomada de posição favoravel por alguma das partes, como mantém as citadas SSTS de 11 de maio de 1998 e a de 1 de dezembro de 1993. Tudo isso me conduzirá a concluir que estamos na presença de uma exacerbação do princípio acusatório, pois este incide só sobre a delimitação fática do objeto discutido no processo penal, e a limitada iniciativa probatória que exporei seguidamente, em nenhum caso, pode alterar os fatos discutidos no juízo oral.[483]

128. Em primeiro lugar, o órgão jurisdicional penal, quando decide levar a cabo dita iniciativa, não se decanta nem a favor nem em contra da acusação ou da defesa, infringindo desta maneira seu dever de imparcialidade pois, antes de praticar a prova, não sabe a que parte pode beneficiar ou prejudicar, senão que seu único objetivo é cumprir eficazmente a função jurisdicional que a Constituição lhe asigna. Assim, por exemplo, se ordena uma prova pericial, não conhece qual vai ser seu resultado, ou respeito à prova testemunhal ignora a declaração que a testemunha possa efetuar. A razão ou fundamento desta iniciativa probatória unicamente pode encontrar-se na busca da devida convicção judicial para assim poder outorgar uma efetiva tutela dos interesses em litígio, pelo que deve obviar-se qualquer outra inquietude do julgador, como poderia ser a de ajudar à parte mais débil.

[483] Para um completo estudo crítico das diversas objeções que podem-se formular a respeito da iniciativa probatória do juiz penal, remeto ao meu artigo *Reflexiones...*, ob. cit., pp. 145 e ss.

129. Em segundo lugar, devo advertir a contradição que resulta de negar ao órgão jurisdicional, por um lado, a possibilidade de ordenar uma prova e outorgar-lhe, por outro, amplíssimas faculdades em sua prática, até o extremo, por exemplo, de admitir ou denegar um meio probatório (arts. 659.I e 792.I LECrim), ou de fazer perguntas às testemunhas (art. 708.II da LECrim),[484] aos peritos (STS de 6 de abril de 1994, f.j. 8º)[485] ou ao próprio acusado (STS de 28 de maio de 1992, f.j. 4º).[486] A meu entender, o perigo de perda da imparcialidade objetiva se encontraria também latente em todas estas atuações de ofício do juiz e, sem embargo, ninguém discute sua constitucionalidade.

130. Em terceiro lugar, postular a proteção da imparcialidade como fundamento da inatividade probatória do juiz penal, e outorgar a sua vez iniciativa probatória a juízes e tribunais de outras ordens jurisdicionais, especialmente aos da ordem contencioso-administrativa (art. 61 da Lei 29/1998, de 13 de julho), trabalhista (com os poderes instrutórios do juiz *ex* art. 88 da Lei de Procedimento Laboral de 1995), e civil (com as diligências finais *ex* art. 435.2 LEC), significa reconhecer e legitimar que estes juízes podem ser parciais se procedem de ofício na prática da prova, conclusão esta por ninguém compartida.

131. Em quarto lugar, resulta de interesse destacar um argumento de direito comparado. Como indiquei anteriormente, no âmbito europeu – Alemanha, Itália, Portugal, França, etc. – permite-se uma considerável intervenção ativa do julgador penal em ordem a prática daqueles meios de prova que estime necessários, sem que por eles possa, sob nenhum conceito, afirmar-se que tenha desaparecido a imparcialidade de tais juízes. Este modelo de juiz ativo contrasta com a do juiz penal anglo-saxão, passivo e inerte, se bem que isso, provavelmente, se deve não tanto à opção consciente do legislador de apostar por un modelo ou outro de juiz, senão como indica HERNÁNDEZ GARCÍA, da diferente perspectiva que condiciona a atuação do juiz anglo-saxão: este é o senhor do processo, mas não da decisão, a qual se transfere ao jurado, pelo que a nítida dissociação entre corte e jurado tende a produzir dita passividade.[487]

[484] A STS de 31 de maio de 1999 ("La Ley", 1999, 7430, Relator Exmo. Sr. D. Conde-Pumpido Tourón) ao analisar a possibilidade do julgador de dirigir às testemunhas as perguntas que estime conduzentes para depurar os fatos sobre os que declarem afirma no f.j. 6º que se trata de uma "facultad que, utilizada moderadamente, no afecta a la imparcialidad del presidente, ni en los juicios ordinarios ni en los juicios con jurado, y puede permitir aclarar algún aspecto del testimonio que haya resultado confuso".

[485] RA 2882.

[486] RA 4392.

[487] HERNÁNDEZ GARCÍA, J., *Conocimiento científico y decisión judicial: ¿Cómo accede la ciencia al proceso y cómo puede valorarse por los jueces?*, em "Jueces para la Democracia", núm. 54, novembro,

132. Finalmente, em quinto lugar, poderia objetar-se a iniciativa probatória aqui analisada a predisposição – ainda inconsciente – do juiz penal a outorgar distinto valor probatório aos resultados dos meios de prova acordados *ex officio*. Se bem que isso excepcionalmente é possível, a solução a este temor vem dada pela via dos recursos que contra toda sentença procedem, baseando-se na errônea apreciação da prova.

133. Todas estas reflexões sumariamente expostas[488] me conduzem à conclusão de que, em princípio, o outorgamento de certa iniciativa probatória ao juiz penal não supõe infração alguma a sua devida imparcialidade objetiva. Sem embargo, o juiz sentenciador não pode livremente buscar qualquer elemento probatório à margem dos dados conhecidos no ato do juízo oral pois, do contrário, atuar inquisitivamente, sim poderá pôr em perigo sua imparcialidade. Por isso, para que o órgão jurisdicional possa exercitar a facultade do art. 729.2º da Lei de Procedimento Criminal é necessário que constem já nos autos as fontes de prova sobre as quais terá lugar a posterior atividade probatória. A meu entender, só desta forma se evita que o juiz, atuando inquisitivamente, perca sua objetividade.

134. Colocado assim o problema da iniciativa probatória *ex officio iudicis*, pode lograr-se a justa e equilibrada solução ao mesmo, evitando respostas radicais sobre o particular. Nesta busca da justa e equilibrada solução, deveremos perguntar-nos, em primeiro lugar, qual é o fundamento que justificaria uma eventual iniciativa probatória; em segundo lugar, que direitos fundamentais das partes podem ver-se comprometidos com uma ilimitada iniciativa probatória *ex officio iudicis*; e, finalmente, em terceiro lugar, que limites devem impor-se a dita iniciativa para evitar a vulneração de tais direitos fundamentais. A isso responde os seguintes epígrafes de meu estudo.

C.4.2. Fundamento de uma limitada iniciativa probatória do juiz penal

135. O mesmo fundamento que justifica a iniciativa probatória do juiz civil é o que também justifica esta iniciativa para o juiz penal, já que o fim do processo e da prova é o mesmo. Em minha opinião, salvo alguma pequena *nuance* que se deriva do reconhecimento constitucio-

---

2005, p. 80, quem para sustentar sua tese utiliza as obras de NOBILI, M., *Verità e dibattimento*, em "Scenari e trasformazioni del processo penale", edit. CEDAM, Padova, 1998, pp. 50 a 60; GARAPON, A., e PAPADOPOULOS, I., *Juger en Amérique et en France*, edit. Odile Jacob, Paris, 2003, pp. 96 a 103.

[488] Que se encontram devidamente desenvolvidas em meu trabalho *Reflexiones en torno a la cuestionada iniciativa probatoria del juzgador penal*, ob. cit., págs. 157 e ss.

nal de algum direito fundamental amparado só para o processo penal – como sucede, por exemplo, com o direito a não declarar contra si mesmo – não deve existir diferença alguma entre as faculdades probatórias dos juízes civil e penal. Em ambos os casos, como já indiquei, o fundamento que justifica a iniciativa probatória se encontra no caráter Social do Estado de Direito consagrado no art. 1 CE, assim como no dever do Juiz de velar pela efetividade na tutela dos interesses discutidos no processo para lograr, deste modo, o que o artigo primeiro do citado Texto Fundamental proclama como valor superior do ordenamento jurídico: a "justiça", que constitui, sem dúvida alguma, o objetivo final da função jurisdicional. Como indiquei anteriormente, a "Justiça", como valor superior do ordenamento jurídico, representa, nas palavras de PECES-BARBA, um ideal da comunidade, um objetivo a ser alcançado pelo ordenamento jurídico,[489] pelo que sim existe um interesse público em que o resultado do processo seja "justo", o Estado deve pôr a serviço de quem o dirige os meios e poderes necessários para que possa alcançar-se dito fim.

136. O problema radica em dotar de conteúdo o significado ao valor "Justiça", pois sua ambiguidade e falta de concreção podem "propiciar um certo decisionismo judicial". Como destacou KELSEN em seu ensaio *¿Que é Justiça?*[490] estamos ante um conceito relativo, já que varia em função do momento histórico-cultural dentro do qual nos situamos, pelo que formula sua concepção do mesmo com estas palavras: "Justicia, para mí, se da en aquel orden social bajo cuya protección puede progresar la búsqueda de la verdad". Nesta busca da verdade,[491] respeitando rigorosamente todos os direitos e garantias reconhecidos em nossa Carta Magna, entendo que pode justificar-se a atribuição judicial de certa iniciativa probatória. Se bem que é certo que as limitações próprias do homem fazem com que este nem sempre possa alcançar a tão apreciada "Justiça", mas isso não deve ser obstáculo para que o legislador ponha nas mãos do julgador os meios suficientes ao objeto de que esta possa lograr-se no maior número de ocasiões.[492] Seguindo a TARUFFO,

---

489 PECES-BARBA, G., *Los valores superiores*, edit. Tecnos, Madrid, 1986, p. 118.

490 Encontra-se traduzido ao castelhano por A. Calsamiglia na obra *¿Qué es Justicia?*, edit. Ariel, Barcelona, 1991 (pp. 35 a 63).

491 Esta "verdade", ou melhor dito "convencimento judicial" – como indicarei mais adiante –, se encontra mediatizada, em virtude do princípio acusatório, pelos relatos fáticos dos respectivos escritos de qualificação das partes, pelo que o juiz deve buscar seu convencimento só sobre tais fatos.

492 Como indiquei anteriormente, esta linha argumentativa a encontramos acolhida em diversas resoluções do nosso TC com referência a iniciativa probatória *ex officio* do juiz civil. Assim, por exemplo, em seu acórdão 251/1984, de 25 de abril (f.j. 2º), afirma: "En definitiva, no puede olvidarse que la vigencia del principio dispositivo en el proceso civil [el TC, obviamente, se está

em seu conceito de "justiça da decisão judicial", considero que esta não é nunca justa se se fundamenta sobre a determinação errônea ou inexata dos fatos, pelo que conclui que a certeza do juízo sobre os fatos é uma condição necessária para que se possa afirmar que a decisão judicial é justa.[493] Ademais – como adverte este autor – tudo isso não é incompatível com a teoria segundo a qual o processo unicamente serve para resolver conflitos: se não se aceita como válida qualquer solução do conflito, e em seu lugar se pensa que este deve ser resolvido sobre a base de algum critério de justiça, então certamente nos encontraremos com o dever de reconhecer que a declaração judicial certeira dos fatos é uma condição necessária para lograr a solução justa do processo.[494]

137. Nesta mesma linha argumentativa, observamos que nossa Constituição recolhe em seu art. 24.2 o direito fundamental de toda pessoa obter uma *efetiva* tutela judicial. Para outorgar esta tutela, fazendo realidade a justiça demandada pelos particulares quando se veem compelidos a acudir à solução judicial de seus conflitos, o órgão jurisdicional necessita a prova dos fatos discutidos a respeito dos quais determinará o direito. Por isso, como indiquei anteriormente, se o objeto de todo processo é que os Juízes e Magistrados apliquem o direito a uns concretos fatos, de cuja certeza devem estar convencidos, coartar-lhes ou restringir-lhes, de um modo absoluto, a iniciativa probatória supõe, a meu entender, uma limitação à efetividade da tutela judicial e consequentemente da busca da justiça. Sem dúvida alguma, esta busca da Justiça se encontra ínsita em diversos preceitos da LECrim, que obrigam ao Tribunal sentenciador a descobrir a denominada verdade "material" ou "histórica". Contudo, devido à vigência do princípio acusatório, a mencionada "verdade" se circunscreve à realidade fática limitada nos escritos de qualificação.[495] Isso deu margem a que alguns autores defendam os conceitos de "verdade processual" ou "verdade judicial", como aquela a que todo processo intenta chegar com base no

---

refiriendo más que al principio dispositivo, al de aportación de parte] no es de carácter absoluto ya que tiene límites, establecidos por el legislador, *con objeto de facilitar que los Jueces y Tribunales puedan dictar una resolución de fondo que lleve a cabo una justa composición de los intereses en presencia, lo que es plenamente congruente con uno de los valores superiores del ordenamiento jurídico, la justicia, consagrado por el art. 1 de la Constitución*; y que uno de tales límites es, precisamente, el de las diligencias para mejor proveer" (a cursiva é minha).

493 TARUFFO, M., *La prova dei fatti giuridici*, ob. cit., p. 43.

494 Ob. cit., p. 44. Em sentido análogo, cfr. ALCHOURRÓN, C.E, e BULYGIN, E., *Los límites de la lógica y el razonamiento jurídico*, em "Análisis lógico y Derecho", Centro de Estudios Constitucionales, Madrid, 1991, p. 312.

495 A ideia de uma "verdade material" postula um modelo de procedimento incompatível com o princípio acusatório. Assim, cfr. GIULIANI, A., *Prova (filosofia)*, em "Enciclopedia del Diritto", T. XXXVII, edit. Giuffrè, Milano, 1988, p. 526; e DIDDI, A., *Processo di parti ed esigenze dell'accertamento penale*, em "La Giustizia Penale", IV/1994, p. 191.

que nele consta e se discute.[496] Não obstante, o conceito de "verdade", com os adjetivos que se lhe queiram atribuir, como fim de todo processo, é equívoco, pelo que é preferível acudir a outros conceitos, como os de "convencimento judicial": assim, a finalidade da prova, e por isso do processo, não é lograr a verdade, senão o convencimento do juiz em torno à exatitude da realidade fática que integra o objeto do processo. Por esta razão, o art. 729.2º L.E.Crim., plenamente respeituoso com o princípio acusatório, indica como fim da iniciativa probatória *ex officio iudicis* "la comprobación de cualquier de los hechos que hayan sido objeto de los escritos de calificación".[497] [498]

138. Em conclusão, à luz das previsões constitucionais que acabo de analisar, pode fundamentar-se juridicamente a possibilidade de outorgar ao juiz penal a necessária iniciativa probatória em ordem a facilitar-lhes o correto exercício da função jurisdicional que o art. 113 CE lhes encomendou, se bem que isso deve ser respeitoso com outros direitos proclamados igualmente em dito texto constitucional, e que em seguida passo a analisar.

C.4.3. Direitos que podem ver-se afetados por uma ilimitada iniciativa probatória do juiz penal

139. Uma ilimitada iniciativa probatória do juiz penal pode comportar a vulneração do princípio acusatório e de algum direito fundamental das partes. Em concreto, a respeito do princípio acusatório, pode infringir-se quando com a prática da prova se introduzam fatos

[496] Assim, PISANI, M., *La tutela penale delle prove formate nel processo*, edit. Giuffrè, Milano, 1959, p. 28; e UBERTIS, G., *La ricerca della verità giudiziale*, em "La conoscenza del fatto nel processo penale", AAVV, edit. Giuffrè, Milano, 1992, p. 1 a 4.

[497] Neste sentido, vid. GIMENO SENDRA, *Fundamentos del Derecho Procesal*, edit. Civitas, Madrid, 1981, p. 203; ORTELLS RAMOS, M., *Principio acusatorio, poderes oficiales del juzgador y principio de contradicción. Una crítica de cambio jurisprudencial sobre correlación entre acusación y sentencia*, em "Justicia", IV/1991, p. 797; MONTERO AROCA, J., *El principio acusatorio. Un intento de aclaración conceptual*, em "Justicia", IV/1992, p. 785 (aunque este autor ha cambiado su opinión); VERGER GRAU, J., ob. cit., p. 134; ARMENTA DEU, T., ob. cit., pp. 52-53; DÍAZ CABIALE, J.A., ob. cit., p. 35; ou GONZÁLEZ NAVARRO, A., ob. cit., p. 145.

[498] Este constitui o argumento que a *Corte Costituzionale italiana* utiliza em suas sentenças 111/1993, de 22 de março, e 241/1992, de 3 de junho, para manter a constitucionalidade do art. 507 do *Codice di procedura penale*, no qual recordemos se atribui iniciativa probatória ao juiz penal. Assim, na primeira sentença (ff.jj. 7º e 8º) destaca: "El fin primero e indudable del proceso penal no puede ser otro que el de la búsqueda de la verdad [...] es sobretodo del art. 507 que se deduce la inexistencia de un poder dispositivo de las partes en materia probatoria [...] confiere al juez el poder-deber de integración, incluso de oficio, de las pruebas en las hipótesis en que la falta o insuficiencia, por cualquier razón, de la iniciativa de las partes impida al juicio oral realizar la función de asegurar el pleno conocimiento judicial de los hechos que constituyen el objeto del proceso, esto es, consentirle alcanzar una justa decisión".

distintos dos que conformam os escritos de qualificação e tenham sido discutidos no processo. Como indiquei ao delimitar o conteúdo deste princípio, os fatos pelos quais se formula a acusação só podem introduzir-se por atividade das partes.

140. Também pode comprometer-se a devida imparcialidade judicial se a atividade probatória vai mais além das fontes de prova que já constam no ato do juízo, pois é lógico pensar que, neste caso, estará atuando inquisitivamente, ao utilizar fontes de prova que não deveria conhecer a margem do praticado no ato do juízo.

141. E, finalmente, o devido respeito ao direito de defesa das partes, exige que, de ordenar-se a realização de uma prova de ofício, deva garantir-se o direito de defesa, podendo as partes não só participar contraditoriamente durante sua prática, senão também solicitar aquelas outras provas que estimem mais adequadas para a defesa de seus interesses.

C.4.4. Limites de dita iniciativa probatória

142. Em função dos argumentos que acabo de realizar, entendo que a iniciativa probatória *ex officio iudicis* deve ter três limites que respondem à necessidade de proteger a devida vigência do princípio acusatório e outros direitos fundamentais das partes:

143. Em primeiro lugar, a prova deve cingir-se aos fatos objeto de discusão no juízo oral. O princípio acusatório comporta a plena vinculação do julgador penal aos elementos fáticos alegados nos escritos de qualificação, isto é, a impossibilidade de alterar os fatos configuradores do processo penal. Em consequência, as partes são as que devem trazer ao juízo oral todo o material fático, não podendo o juiz realizar nenhuma atividade tendente a investigar ou aportar outros fatos, nem decidir alterando-os. Os fatos puníveis devem permanecer imutáveis a partir do início do juízo, sem que no mesmo possa dar-se entrada a fatos novos essenciais, já que como recorda a STC 161/1994, de 23 de maio (f.j. 2º), se impõe a necessidade de que "la condena recaiga sobre los hechos que se imputan al acusado [...] puesto que el debate procesal vincula al juzgador, impidiéndole excederse de los términos en que viene formulada la acusación o apreciar hechos o circunstancias que no hayan sido objeto de consideración en la misma, ni sobre los cuales, por tanto, el acusado ha tenido ocasión de defenderse", para seguir indicando que o debate processual "vincula al juzgador penal, en cuanto no podrá pronunciarse sobre los hechos no aportados al proceso ni objeto de la acusación".

Por outro lado, se a atividade probatória praticada revela fatos essenciais não aduzidos pelas partes, que produzem uma alteração substancial do objeto submetido a julgamento, deverá decretar-se a suspensão do juízo para que se proceda, de acordo ao art. 746.6 LECrim, à realização da pertinente informação complementar.

Em definitiva, como pode comprovar-se, este primeiro limite tem por objeto salvaguardar a vigência do princípio acusatório.

144. Em segundo lugar, é preciso que constem no juízo as fontes de prova sobre as quais terá lugar a posterior atividade probatória. A meu entender, só desta forma se evita que o juiz, atuando de um modo inquisitivo, perca sua imparcialidade. Assim, a respeito da prova testemunhal, a presença de um terceiro que possa ter conhecimento de dados relevantes para o juízo e cuja identidade se revele neste ato; acerca da prova documental, a existência de um documento que apareça citado no juízo; com referência à prova pericial, a concorrência de fatos para cuja verificação se requerem conhecimentos técnicos-especializados; em relação à prova de reconhecimento ou inspeção judicial, a individualização pelas partes do objeto a examinar diretamente pelo julgador; e pelo que se refere à declaração do acusado, sua prática *ex officio* se condiciona a que este não exerça seu direito constitucional a não declarar.[499]

Este limite tende a garantir a devida imparcialidade do juiz sentenciador, na medida em que sua atuação se restringe unicamente a comprovar ou verificar fatos que já constam no juízo e só mediante fontes de prova que igualmente lhe são reveladas em dito momento processal.

145. E, finalmente, em terceiro lugar, é necessário que o desenvolvimento da prova praticada a instância do juiz se respeite escrupulosamente o princípio do contraditório e o direito de defesa que todo litigante possue na execução de qualquer meio probatório. Assim, como destaca ORTELLS RAMOS, a prática da prova *ex officio* deve comportar para as partes a possibilidade tanto de intervir realmente em sua realização como de admitir-lhes aquela prova que estimem necessária para poder contradizer os eventuais resultados da prova ordenada de ofício.

[499] Neste caso, se coloca a dúvida de se o juiz pode ordenar de ofício a leitura da declaração do acusado realizada durante a instrução penal, pois o art. 730 LECrim atribui dita possibilidade "a qualquer das partes". A este respeito, devo destacar que, com caráter geral, a jurisprudência do Tribunal Supremo espanhol permite que as partes acusadoras possam pedir dita leitura, que poderá desvirtuar validamente a presuncão de inocência se a declaração inicial se realizou em presença judicial e com assistência de seu advogado e concorre com outros meios de prova (sobre este aspecto, vid. os recentes estudos de MAGRO SERVET, V., *El derecho a no declarar de los acusados en el juicio oral y la viabilidad de la lectura de sus declaraciones en la instrucción*, em "La Ley", núm. 6421, 14 de fevereiro de 2006, pp. 1 a 5; e ORTEGO PÉREZ, F., *Consideraciones sobre el derecho del imputado a guardar silencio y su valor (interpretación jurisprudencial del ius tacendi)*", em "La Ley", núm. 6418, 9 de fevereiro de 2006, pp. 1 a 7.

146. Todos estes limites, que faz uma década indiquei como os que necessariamente devem articular-se para evitar toda crítica negativa à iniciativa probatória *ex officio iudicis*,[500] são os que atualmente recolhe a doutrina do TC para legitimar dita atuação judicial.[501]

D. Reflexões finais

147. Como se pode comprovar, se bem que é certo que é difícil fazer considerações maximalistas ou apriorísticas sobre a iniciativa probatória do juiz penal, entendo que é possível manter as reflexões finais:

a) Em um modelo de processo penal acusatório o relevante é que a acusação a formule e mantenha um órgão distinto do juiz, pois o que se pretende é proteger a necessária imparcialidade judicial. Por isso, em princípio, a iniciativa probatória do juiz penal sobre os fatos que conformam uma acusação que lhe é alheia não afeta ao princípio acusatório, como tampoco afeta ao princípio dispositivo a iniciativa probatória do juiz civil limitada aos fatos litigiosos.

b) No âmbito do direito comparado, e a respeito dos modernos códigos processuais penais – europeus e latino-americanos – inspirados pelo princípio acusatório, se prevê a iniciativa probatória do juiz penal com diversa intensidade: existem códigos que negam dita iniciativa (os da Bolívia, Chile, Colômbia ou Nicarágua); outros a permitem com caráter excepcional (os da Itália, Perú, ou Venezuela); e outros, ao contrário o preveem de maneira geral (os da Alemanha, Equador, Holanda ou Portugal). Na Espanha, onde se encontra vigente todavia uma lei de procedimento criminal do século XIX, regida por um sistema acusatório formal ou misto, também se prevê dita iniciativa se bem que com caráter excepcional.

c) Conceber a impossibilidade de atribuir qualquer atividade probatória ao juiz como uma manifestação do princípio acusatório é só o resultado de uma evolução – doutrinária e jurisprudencial – pouco reflexiva que, pretendendo incorporar o máximo de garantias de imparcialidade do julgador, esqueceu que o processo é o instrumento que possuem os juízes e tribunais para levar a cabo sua função jurisdicional (art. 117.1 CE), pelo que é de todo inadequado não atribuir-lhes as faculdades necessárias que, sem despresar nenhum direito fundamental das partes, lhes permita cumprir justa e eficazmente a citada função jurisdicional.

---

[500] Neste sentido, vid. meu trabalho *Reflexiones ...*, ob. cit., pp. 174 a 178.

[501] Assim, a modo de exemplo, me remeto a STC 188/2000, de 10 de julho (f.j. 2º).

d) A atribuição de certa iniciativa probatória ao juiz penal no ato do juízo oral é constitucional, encontrando seu fundamento no valor justiça (art. 1 CE) e no direito à efetividade da tutela judicial (art. 24.2 CE). Ademais não vulnera nem o princípio acusatório nem os direitos ao juiz imparcial e à defesa das partes. Provavelmente por isso, se encontra prevista expresamente na maioria dos ordenamentos processuais penais europeus e latino-americanos.

e) Sem embargo, uma ilimitada iniciativa probatoria *ex officio iudicis* pode por em perigo o princípio acusatório, assim como os direitos fundamentais das partes a um juiz imparcial e à defesa. Por isso, entendo que tal iniciativa deve limitar-se nos seguintes termos: em primeiro lugar, a prova praticada pelo juiz deve limitar-se aos fatos alegados nos escritos de qualificação e discutidos no juízo oral. Com este limite se protege a plena vigência do princípio acusatório. Em segundo lugar, é necessário que já constem ao juiz as fontes de prova sobre as quais terá lugar sua posterior atividade probatória. Com este limite se protege a devida imparcialidade do juiz, já que só desta forma se evita que atue de um modo inquisitivo, buscando elementos probatórios à margem dos que já constam nos autos. E finalmente, em terceiro lugar, é preciso que se permita às partes participar na prática desta prova e poder contradizê-la. Com este limite se protege escrupulosamente o direito de defesa que todo litigante possui na execução de qualquer meio probatório.

f) Um processo penal não é mais acusatório ou mais garantista se nega a iniciativa probatória do juiz; o que sim será, provavelmente, é menos eficaz. Por isso, deve buscar-se o justo equilíbrio entre o devido garantismo processual e a obtenção da máxima eficácia da justiça penal, objetivo que pode alcançar-se com a iniciativa probatória do juiz penal indicada na conclusão anterior.

g) Em função do que foi mencionado, o juiz penal deveria poder ordenar a prova testemunhal ou documental se a presença do terceiro ou do documento, respectivamente, foi revelada durante o ato do juízo; acerca da prova pericial é preciso a concorrência de fatos discutidos no juízo oral para cuja verificação se requeiram conhecimentos técnicos especializados; com referência a prova de reconhecimento ou inspeção judicial, é necessária a individualização pelas partes do objeto sobre o qual recairá o exame direto do juiz; e com relação a declaração do acusado, ela é posssível quando não tenha sido obtida violando o seu direito fundamental de não declarar em juízo.

Conclusões

Primeira. A análise direta das fontes históricas da doutrina do *ius commune* permite deduzir que a expresão *iudex iudicare debet secundum allegata et probata partium* não é correta, pese a que geralmente se afirma sua tradição histórica destacando seu caráter de aforismo ou brocardo. Realmente, a doutrina medieval da Escola de Bolonha que glosou a obra de Justiniano formulou o brocardo *iudex iudicare debet secundum allegata et probata, non secundum conscientiam*. Por isso, só esta última expresão é o único e verdadeiro brocardo.

Segunda. A partir de certa doutrina processual alemã de finais do século XIX – e de forma singular de WACH –, assim como da italiana de princípios do século XX – e de maneira especial de CHIOVENDA, com seus *Principii, Saggi,* e *Istituzioni* – se pode constatar a errônea formulação da expresão *iudex iudicare debet secundum allegata et probata partium* (e similares), que vai se arraigando e transmitindo mimeticamente a seus discípulos diretos, e destes a sua vez a seus próprios discípulos, até chegar maioritariamente a atual doutrina processual civil alemã e italiana. Sem embargo, será muito difícil saber se este erro foi involuntário ou respondeu a uma expressa intenção de manipular a tradição histórica do pensamento jurídico ao objeto de adequar-la à imperante ideologia liberal da época.

Terceira. Idêntico fenômeno da errônea recepção do brocardo sucedido em Alemanha e Itália se produz na maioria da doutrina processual espanhola posterior ao século XIX – a anterior se manteve fiel a sua correta redação histórica. Assim, a partir das obras dos grandes mestres do direito processual da primeira metade do século passado (GUASP, PRIETO-CASTRO e GÓMEZ ORBANEJA) se transmite a maioria de seus atuais discípulos, o que facilita sua recepção normativa no art. 216 LEC, que impede ao juiz resolver mais além dos fatos e provas aportadas pelas partes. Não obstante, se bem que resulta clara a vigência histórica desta regra a respeito dos fatos, o que justifica que não exista limitação a sua plena eficácia, isso não sucede a respeito das provas, cuja tradição histórica é inexistente, formulando-se diversas exceções legais que limitam sua plena virtualidade.

QUARTA. Com esta formulação errônea do brocardo se está produzindo uma dupla modificação no conteúdo que deram ao mesmo os glosadores e comentaristas do Digesto: por um lado, se introduz o termo "partium" ou "partibus"; e por outro lado, se silencia a expresão "non secundum conscientiam". Este brocardo – corretamente enunciado – comporta a proibição do juiz em colocar na sentença fatos não alegados ou fatos que, ainda sendo alegados e discutidos, não foram provados.

QUINTA. Desta forma, altera-se em sustância a verdadeira finalidade que se pretendia alcançar com dito brocardo, a saber, assegurar que o juiz, no momento de examinar o caso, isto é, ao ditar sentença – *iudex iudicare debet* –, se limitasse a resolvê-lo só em função do discutido e provado no processo – *secundum allegata el probata* –, sem que seu conhecimento privado pudesse modificar o verdadeiramente alegado e provado no mesmo – *non secundum conscientiam*. Ou dito em outros termos, o que se pretendia era lograr a devida congruência da sentença com os fatos configuradores do objeto litigioso e com a prova praticada no processo.

SEXTA. O presente brocardo guarda íntima relação com a máxima *quod non est in actis non est in mundo*, em cuja virtude, a margem de proteger a vigência processual da escritura, se quis manter a plena eficácia do que hoje em dia constituiria o princípio dispositivo, isto é, a liberdade de alegação fática das partes, e a limitação da liberdade do convencimento judicial.

SÉTIMA. A errônea recepção do brocardo também arraigou na atual jurisprudência de nosso Tribunal Supremo. Sem embargo, em todas as resoluções analisadas, o uso incorreto da expressão se produziu para impedir uma atividade judicial que já proibia o verdadeiro brocardo, isto é, que o juiz, em seu exame final do litígio, ao ditar sentença, possa mudar os fatos litigiosos, incorrendo sua resolução em incongruência. Em consequência, o Tribunal Supremo, a pesar de utilizar incorretamente o brocardo, não está alterando sua verdadeira finalidade.

OITAVA. O brocardo não pretende resolver o problema de se o juiz deve ter ou não iniciativa probatória, pois se refere ao momento final do processo, quando deve examinar ou sentenciar (*iudicare*). Não é objeto deste trabalho de investigação entrar nesta discusão: se bem que existem sólidos argumentos para sustentar que o juiz civil não deva ter nenhuma iniciativa probatória, também existem para justificar certa iniciativa probatória *ex officio iudicis*. Sem embargo, neste debate doutrinário conviria deixar de utilizar-se como argumento de autoridade o caráter histórico do brocardo *iudex iudicare secundum allegata et probata partium* (o similares), já que isso supõe ignorar sua autêntica formulação, pois a "latinização" de uma ideia não a converte em um aforismo ou brocardo. Em definitiva, estamos ante um tópico que não por repetir-se continuamente adquire a validade histórica de que carece. Por isso, seria desejável que a doutrina não siga reiterando este erro, erro que se deve a influência dos grandes mestres do processualismo alemão e italiano de finais do século XIX e princípios do XX.

NONA. Finalmente, na polêmica sobre se o juiz deve ter iniciativa probatória deveriam evitar-se posturas radicais ou maximalistas para buscar o ponto de equilibrio que permita ao processo ser o mais eficaz possível sem sacrificar nenhuma garantia constitucional das partes. Isso se logra permitindo ao juiz certa iniciativa probatória limitada aos fatos discutidos no processo, sobre a base das fontes probatórias que já lhe constem nas atuações, e permitindo às partes a plena participação na prática da prova *ex officio iudicis*, podendo ampliar sua inicial proposição de prova. Desta forma, se respeitam escrupulosamente os princípios dispositivo (no processo civil) e acusatório (no processo penal), se assegura a devida imparcialidade judicial, e se protege o direito de defesa das partes. Aqui se encontra o ponto de equilíbrio entre a iniciativa do juiz e a atividade probatória das partes: a postura radical negando todo tipo de iniciativa probatória do juiz supõe restar eficácia ao processo como instrumento do Estado para a justa tutela dos interesses litigiosos. Em definitiva, entendo que não deve buscar-se o garantismo processual sem ter em conta a função que cumpre o processo, nem tampouco a eficácia processual olvidando-se as garantias constitucionais do processo. O garantismo exacerbado pode originar a ineficácia do processo, e a eficácia extrema pode propiciar a vulneração das garantias básicas da atividade do juiz – com seu dever de imparcialidade – e das partes – com seus direitos à defesa. Por isso, o debate garantismo-eficácia não deve colocar-se em termos de prevalência de um sobre o outro, senão de compatibilidade, isto é, deve buscar-se a máxima eficácia do processo respeitando as garantias processuais do juiz e das partes.

Fundo Documental

No presente fundo documental, aporta-se cópia das obras extrangeiras mais relevantes até o século XIX. Para facilitar a localização do brocardo se utilizou o símbolo →

Índice de obras que integran o fundo documental:

ACCURSIO, Glossa in Digestum Vetus (1568) edição a cargo de Mario Viora, "*Corpus Glossatorum Iuris Civilis*", vol. VII, ex officina Erasmiana, Torino, 1969.

AEGIDIO DE VITERBIO, Tractatus de testibus, en "*Tractatus de testibus, probandis, vel reprobandis*", variorum authorum (coord. Ioannem Baptistam Ziletum), Venetiis, 1568.

ALBERICO DE ROSATE, *Commentarii in Primam Digesti Veteris Partem*, Arnaldo Forni Edit., Venetiis, 1585.

AZÓN, Brocarda (s/f), edição a cargo de Mario Viora, "*Corpus Glossatorum Iuris Civilis*", vol. IV, ex officina Erasmiana, Torino, 1967.

BALDO DE UBALDIS, *Practica Baldi*, Ludguni, 1541.

BARTOLO DE SAXOFERRATO, *In priman Digestum Veteris partem. Commentaria*, Nicolaum Beviloquam (ed.) Torino, 1574.

BOLGIANO, K., *Handbuch des Reichs-Civil-Prozessrechts*, 1ª edic., edit. F. Enke, Stuttgart, 1879.

BORDEAUX, R., *Philosophie de la procédure civile*, imprimerie de Auguste Hérissey, Évreux, 1857.

BUNSEN, F., *Lehrbuch des deutschen Civilprozessrechts*, edit. Guttentag, Berlin, 1900.

CROTO DE MONTEFERRATO, Tractatus de testibus, en "*Tractatus de testibus, probandis, vel reprobandis*", variorum authorum (coord. Ioannem Baptistam Ziletum), Venetiis, 1568.

DURANTI, G., *Speculum Iuris*, edição publicada em Torino, 1578.

——, *Speculum Iuris*, edição publicada em Venetiis, 1585.

ENDEMANN, W., *Das Deutsche Zivilprozessrecht*, 1ª edic., Heidelberg, 1868.

FERMOSINI, N.R., *De probationibus*, Lugduni, 1662.

GÖNNER, *Handbuch des deutschen gemeinen Prozesses*, edit. J. J. Palm, Erlangen, 1804.

GOTHOFREDUS, D., *Corporis Iustinianaei Digestum Vetus seu Pandectarum Iuris Civilis*, T. I, Lugduni, 1604.

MARANTAE VENUSINI, *Speculum aureum et lumen advocatorum praxis civilis*, Lugduni, 1573.

PLANCK, J. W., *Lehrbuch des Deutschen Civilprozessrechts*, edit. C. H. Beck'schen, Nördlingen, 1887.

SCHMIDT, R., *Die aussergerichtlichen Wahrnehmungen des Prozessrichters*, em "Archiv für Bürgerliches Recht und Prozess", 2, 265-305, 1892.

——, *Lehrbuch des deutschen Civilprozessrechts*, edit. Von Duncker & Humblot, Leipzig, 1898.

STEIN, F., *Das private wissen des Richters*, Leipzig, 1893.

THOLOSANO, P.G., *Syntagma Iuris Universi*, parte III, Lugduni, 1606.

ULLMANN, D., *Das österreichische Civilprozessrecht*, 3ª edic., edit. F. Zempsth, Wien, 1892.

VON LEEUWEN, S., *Corpus Juris Civilis Romani*, Coloniae Munatianae, 1756.

WACH, A., *Handbuch des Deutschen Civilprozessrechts*, edit. Von Duncker & Humblot, Leipzig, 1885.

WETZELL, G. W., *System des ordentlichen Zivilprocesses*, edit. Bernhard Zauchnitz, Leipzig, 1878.

XAMMAR, P., *De officio iudicis, et advocati*, pars I. quaest. XV, 41, Barcinonae, 1639.

SPECVLVM IVRIS GVLIELMI DVRANDI,

Cui præter solitas Ioan. Andreæ, Baldi, & aliorum additiones, accessere Alexandri de Neuo, ad vnumquenque titulum lucubrationes.

Aureum Repertorium in totum Ius Canonicum, item Ioan. de Deo Cauillationes, ac Alberti Galeoti Margaritam, ad finem quarti libri subiunximus.

Cum Indice rerum & verborum locupletissimo.

PARS SECVNDA.

AVGVSTAE TAVRINORVM:
Apud Hęredes Nicolai Beuilaquę. M D LXXVIII.

¶ Sententia a quo sit ferenda.

3. §. Sequitur videre, a quo sit sētētia ferēda. Et qdē ferēda est p os ipsius iudicis.nō dēt eñ aliū ꝯmittere, ꝓlationē verborū, alioquin ipso iure nulla est, C.ḋ sen.ex bre.rec.l.j.& 2.& fi.ff.ḋ arb.die.in prī.& l.nō distīguem⁹. §.qstū.ver.ꝙ si hoc mō.ex.ḋ ꝯsue.ad nrā. nisi iudex sit illustris. q ꝓt ꝑ aliū recitare, dūmō is, cui ꝯmittet.sciat legere, vt ibi,& in auth.ut ab illustri.& q s.eā dignitatē sunt.§. sancimus igit. Col. v.ibi, ne cogāt, &c.[a] ¶† Quid si nescit legere iudex, uł nō videt nā cæc⁹,& illiterat[b] iudicare ñ possunt, ff.de iu.cæcus.vt s.de iu. del.§.excipi.ver.itē ꝙ est surdus.& ver.itē ꝙ est illiterat⁹.& j.§. iuxta.uer.itē ñ ualet.Resp.vł deleget cāe diffinitionē alteri, vel faciat petitionē & allegatiōes partiū ꝑ aliū recitari,& ꝑ seipsum ab illo instructus, ꝓferat verba diffinitionis causę, s.Cōdeno, vł Absoluo:& hoc Potestates Italię obseruāt. Do.tñ.meus hoc nō approbat.qḋ dic, s'm eū in Sūma e.ti.§.qualiter.Vin.dixit[b], ꝙ si iudex nō videt clarè, ita ꝙ non pōt legere, uel examinare rescriptum & rasuram, uel cācellaturā, & cætera huiusmodi, pōt tanquam suspectus repelli. Quod & si literæ suspectæ sint, licet aduersarius eas admittat, iudex tñ ex officio eas repellere, dēt, ext.de exc.exceptionē.ff.de postu.quos ꝓhibet.ext.de cri.fal.su ꝑ eo.¶†Sed & si iudices sint plures, oēs simul sentētiare debēt; alias nō ualet sñia unius, 2.q.6.§.diffinitiua.uer.si plures.& l.si in tres nisi aliqs eorū sit per cōtumaciā absēns: qa tūc ualet sñia ꝑ sentiū.qḋ dic, ut ex.ḋ of.del.prudētiā §. adiicimus.& c.cām.ff.ḋ re iud.duo ex tribus.uel nisi unus de mādato aliorū ꝓnūciet.ex tra de ele.in Genesi.& j.de elec.§.j.ver.his igit.uel nisi in cōmissione cōtineat, ꝙ vnus posset sine alio procedere.præmissa probant ff.de arb si in tres.ff.de re iud.l.ij.qḋ dic, ut s.de arbi.§.sequtur.uer.pone ergo. Ar.tamen contra C.de relat.aut.prohibet.vbi dicitur, ꝙ si plures sunt iudices, unusquisque ꝓnunciet, quod sibi videbit.Itē ꝯ de re iud.c.fi.Sol.ibi[c].¶† Quid si sunt duo iudices ordinarii,& un⁹ absente alio fert sñiam? Videtur, ꝙ nō ualeat, in aut.Col.ix.ut iud.nō expe.sa.iu.f.Ar.ꝯ de of.ꝯsu.l.j.[d] Dic, ꝙ si sint ordinarii, quilibet pt ferre ꝑ se sentētiā, si quilibet ꝑ se cognouit: sed si simul cognouerūt, simul ꝓnūciare debēt. Si aūt sunt delegati ad unā cām, tunc simul oēs dent ꝓnūciare, ut ext. de of.del.causam matrimonii.& no.ff.de re iud.Pōponius.ff.ad muni.municeps.de ap.Imperatores.de hoc s.de cita.§.iā de citatione.ver.hoc aūt.& seq.vbi ēt no.utrū possit ratificari[e].¶†Itē ferēda ē sñia a suo iudice, id ē, ab eo q iurisdictionē habet ī qōe ꝓposita: alioquin ipso iure nō ualet, lata a iudice inꝯpetenti, 2. q.1.ī primis.xi.q.1.clericorū.ext.ḋ iud.at si clerici.& deꝯsue.ad nostrā.C.si a nō com.iud.l.fi.ff.de re.iu.factū.¶ † Quid si nulla delegatiōe ꝓcedēte aliqs tulit sñiam in aliqua cā, in qua iudex ñ erat, nunqd ratihabitio ordinarii facit ualere sentētiā? Videtur, ꝙ sic, ff.de iud.licet.C.ḋ iure fis.l.2.li.x.& ix.q.2.Lugdun.Sed dic, ut no.in præd.l.ij.& 9.q.2.c.j.[f] Est aūt incōpetēs iudex, q nullā habet iurisdictionē: ut qa ꝑ falsas literas ē obtent⁹, ext.ḋ cri.fal. ꝑ eo.si dat⁹ est ad unā certam rem.& uult de alia iudicare, ext. de of.del.cū olim.& c.uenerabili.& C.si a non cōp.iud.l.j.uel si partes ꝯsentiāt in eū: quia nulli pręest iurisdictioni, qḋ fieri nō potest.extra.de foro ꝯp.significasti s.C.de iur.om.iu.priuatorū. de iu.l.j.vel si partes errore, uel metu ꝯsentiūt ēt in eū, qui pręest iurisdictioni ff.de iur.om.iud.si ꝑ errorē.C.de epis.aud.si qs. si clericus sine metu, uel ēt sciēter, ꝯsentiat in alienū iudicē secularē, ext.ḋ foro.ꝯp.si diligēti.& c.Romana.in prī.e.ti.li.6 9.q. inolita.& c.placuit.vł ēt ecclesiasticū sine ꝯsensu sui epi, vt e.ti. significasti.& in præd.c.Romana.uel in talem, puta delegatū, cu is iurisdictio nō poterat prorogari, ext.ḋ of.del.P.& G.vel si ḋ spirituali ꝯsensimus in laicū, ext.de iud. decernimus.& de ar. ꝯtingit.uel si ꝯsensum reuocauim⁹, ff.de iu.om.iud.l.si ꝯuenerit.vel si sit talis, q possit per exceptionem aliquā remoueri: qḋ dic, ut s.de iu.del.§.excipi.¶† Verū si iudex iurisdictionē habet ꝑ re, de qua sñiam ꝓfert, si coram eo lis sit ꝯtestata, ualet eius sñia, licet ante litem contestatam potuisset ꝑ exceptionē iurisdictio eius declinari, ext.de re iu.c.inter monasteriū. C.de exc. ꝑen.nisi alias sit sententia nulla.

ADDITIONES.

c. ¶ Ad horum instar idem possunt episcopi, de re iudic.capit. vl.lib. sed electi, confirmati, uel administratores id non possunt, vt ibi scripsi per ver.episcop.

xit. ¶ De rescr.sciscitatus.quod decidendo ibi hic remisi.

l. ¶ Dic, ꝙ pronunciatio potest fieri per unum aliis præsentibus & mādantibus, tamen per uerba pluralis numeri, de re iud.c.pen.lib.vi.si discor dant, locum habent contraria.

. ¶ Ibi de uoluntaria iurisdictione.& tali, quæ singulis competebat, vt in prin. vnde licet duo cognouerint, uno impedito, alter expediet.

tificari. ¶ Vide, quod no.de arb.c.2.li.6.in ul.gl.

. ¶ Verba fuerunt Alb. Gal. de iud. ord. & del. ante fi. ver.sed pone,

quod iudex.

g Significasti. ¶ Vbi scripsi super fi.j.gl.nouem, quæ requiruntur in prorogatione fienda per clericum.

SVMMARIVM.

1 *Sententia, ordine iudiciario substantiali prætermisso, uel non seruato, lata ipso iure non tenet.*

2 *Terminus ad causæ decisionem ab initio electus, vicem obtinet peremptorij.*

3 *Iudex quandoque cogi potest iuris inducias diminuere.*

¶ Sententia quando sit ferenda.

4. §. Nunc videndum restat, quando sententia sit ferēda: & quidem ordine iudiciario ꝑmisso, s.lite contestata, confessionibus & allegationibus auditis, omnibusque causæ meritis diligenter inuestigatis, in die nō feriato,& ante crepusculū noctis. hęc omnia probātur 30.q.v.§.his ita.& c. incerta. & c.nullum.& c.iudicantem.ext.ut lite non conte.ꝑ totū, ff de fer.si feriatis.ext.de of.del.cōsuluit.in aut.de iud.§.sedebūt.Col.6.

1 ¶† Alioquin sñia ordine iudiciario substātiali prętermisso, uel nō seruato lata nō tenet ipso iure, 2.q.6.§.diffinitiua. ver.item sententia contra solitū.ext de ele.dudum.C.de sent.ex breui.rec.l.2.3.& 4.Et hoc uerū est regulariter. Fallit tamen in casibus, in quibus, si reus sit contumax, possunt testes lite nō ꝯtestata recipi & sententia ferri: quos dixi s.de testi.§. nunc tractem⁹.

a ver.3.& ver.4. & ver.v.& uer. 8.& ver. xj.& ver.30.& ver.34.[a] Itē secundū leges ferēda est intra bienniū in causa criminali: in ciuili uero intra triennium, ut C.de iud.properādum.quod dic,

2 ut extr.e.c.pen.¶† Illud autem est no.ꝙ si causa intra certū tē-

b pus, puta intra mēsem decidenda cōmittitur[b], ut ext.de of.del. de causis.& de ap.super eo.2.si huiusmodi commissio de partiū ꝯsensu emanauerit, iudex, adueniēte ipso termino, ad petitionē partis alterius pronūciabit: quāuis pars altera ꝯdicat, petēs terminum ad probādum de iure suo,& ob hoc appellans. nā eo ꝙ ab initio cōsensit in terminum, talis terminus uicē obtinet perēptorii, adeo vt etiam cōclusionis loco censeatur, nisi forte nouū & inexcogitatum impedimētum emergat, ut probationes inducere nequiuerit: quo casu uel iure communi, uel restitutionis be-

c neficio, subuenitur eidem, ar.ext.de ap.cordi[c].sicut & fit ī termi-

3 no iuris ꝓut no.e.ti.ex ratione.¶ † Si uero ex consensu partis alterius tantum præfixus fuit, tūc ad eius petitionem nō differetur sententia ultra illum: quia sic cōsensisse uidetur. alteri tamē parti, quæ nō ꝯsensit, nō ꝑiudicat, quin ad ꝓbādum de iure suo moderatas debeat inducias obtinere. Iudex eñ iuris inducias debet, & cogitur diminuere: & in hoc uidet delegās fecisse gratiā impetranti. Certum quoq; est, ꝙ vbi mandat lis intra certum tēpus, seu terminū terminari, nō dabit iudex tot & tātas inducias, sicut alias fecisset, si certus termin⁹ præfixus nō esset. Caueat tāne sic eas coarctet, ꝙ omnino ius partis absorbeat, quia intra tā angustum tempus probare nō possetat.ff.de admin.tut.tutor. qui repertoriū.§.j.Quod si forte reus, q in termino nō cōsensit dilationes ulteriores, quam actor, q ꝯsensit, obtinuerit, hæ ꝓderūt etiam reo, vt intra easdē possit de iure suo docere, C.de tēp. in īteg.rest.petēd.l.petēdæ. Vltra terminū aūt ꝑfixū neq̄t iudex eas dare, uel ī cā ꝓcedere, nisi de partiū ꝯsensu, ut in præd.c.de causis.& ext.de re iud.qḋ ad ꝯsultationē.§. sed nec executionē.

d s'm Papā, ut no.in præd.c.super eo.[d] Et idē videtur per omnia, si negociū intra certū tēpus instruendum mandat, & postea remittendum: quod dic, ut s.de remis.§.videndum.uer.in summa.

ADDITIONES.

a Ver.34. ¶ Omisit 33.qui ibi est, cum opponuntur exceptiones priuilegiatæ, de quibus de lit.contest.exceptionis.lib.6.quasi intendat, ꝙ licet in eo recipi posset testis, non tamen diffinitiua ferri. Posset tamen dupliciter responderi. scilicet ꝙ ibi miscuerat puras dilatorias cum illis: vnde vere excipere non potuit. Item quam plures alios omisit, in quibus fertur sententia, vnde non omnes, sed certos, uoluit numerare. Hæc dicta sunt, propter no.de lit.contest.exceptionis. li.6.in gl.sufficiebat.in fi.& s.de excep. §.dicto.in vlt.col.

b Committitur. ¶ Si ueuit dies termini, & est feriata, vides s.de fer.§.i.super ver.pen.

c Cordi. ¶ li.6.

d Super eo. ¶ Vbi post eum scripsi totum, quod hic habetur, post ver.illud autem usque in fi.& quod interseruit Host.& hoc in gl.quæ inci.fiat ergo, & uide quod no.uel dixi s.de dila.§.j.ver.sed pone, ꝙ causa.quod hic poni poterat: sed quia de dilationibus erat, ibi potius collocaui.

SVMMARIVM.

1 *Sententia ferri debet secundum allegata & probata, non secundum conscientiam.*

Sententia ferri debet secundum consuetudinem loci, in quo contractum est, ubi litigatores sunt diuersorum locorum.
3 *Sententia debet ferri secundum iura, non per exempla.*
4 *In prolatione sententiæ debent adesse ij, quorum consilium & præsentia requiritur.*
5 *Sententia ferri debet in publico, non in occulto.*
6 *Causa si ab initio ducatur per procuratorem, syndicum, uel actorem, tūc in eius personam concipienda est sententia: secus si per principalem dominum.*
7 *Sententia debet esse certa.*
8 *Sententiæ generales in iure quæ sint.*
9 *Petens decem si iudex condemnat in quinque, de aliis quinque tacens, an possint illa quinque repeti.*
10 *Sententiam recte latam an posit iudex corrigere, uel mutare.*
11 *Sententia delegati potest per superiorem corrigi, uel mutari: & si multū distet, nihilominus potest actio pristina intentari.*
12 *Sententia, quæ non transit in remiudicatam, potest corrigi, & quasi de nouo per iudicem, uel eius successorem ferri.*
13 *In sententiæ prolatione quæ sint per iudicem exprimenda*
Iudex quibus verbis in prolatione sententiæ vti debeat.
14 *Iudex quibus casibus teneatur sententiæ causas exprimere.*
15 *Sententia est secundum formam petitionis dictanda.*
16 *In qualibet sententia dicuntur sex contineri.*
17 *Custodia ueritatis in iudicando est magis obseruanda, quam obedientia voluntatis.*

¶ Sententia qualiter sit ferenda.

5. §. Qualiter aūt sentētia sit ꝓmulgāda, clarius explicemus. Et quidē iudex ante omnia
debet diligenter cuncta, q́ fuerunt in iudicio acta, discutere, &
cū peritis deliberare, ut s̄. de requis. ꝯs. in prin. & in fi. postmodū
partes citandæ sunt ad sententiam audiendam, ut ext. de testi. cū
olim. in fi. aliter non ualeret sententia, ut s̄. de citat. §. viso. uer. ali
a ter autē. Deinde [a] est ferenda sententia, iudice sedente pro tribu
nali in loco consueto, uel alias honesto, utraque parte præsente,
uel altera contumaciter absente: (quia contumacia facit tūc eā
pro præsente haberi) sentētia prius in scriptis redacta, & correc
ta, sacris ēt coram se positis, sciat iudex, q̄a nō minus iudicabit,
q̄ iudicet hoc probatur per ordinem 2.q.4.§. notādū uer. aboli
tio. & 3.q.3.§. spacium. uer. a procedente. C. de iud. properandū
& l. rē nō nouā. C. q̄ūo & quando iud. ea quæ. ext. de dolo & cō
tu. veritatis. ext. de iureiurand. veniētes. & j̄. e. ti. §. iuxta. ver. itē
b non valet. & per totum [b]. ¶ † Item debet ferri secūdum allegata
1 & probata, & nō s̄m ꝯscientiā, vt 3.q.7. iudicet. ff. de of. pre. illicitas. §. ueritas. ext. de of. iu. ord. si sacerdos. & de of. del. pastoral-
c lis. §. q̄a uero [c]. quod facit ad q. illā, quia cū quidam nobilis quē
dā interfecisset in platea Bonoñ. & Potestas de fenestris palatii
hoc vidisset, tādē quia homicidiū illud nō ꝓbat, Potestas voluit
illum ad quæstionem ponere, vt sic ab ipso erueret veritatē. Sed
Azo, Host. & Acc. consulti, responderunt, ꝙ hoc facere non po
terat, per præ. §. veritas. Sed contra 2.q.j.§. quando. quod intelli
2 ge, ut no. j̄. de no. cri. §. fi. ver. Pet. de Samp. ¶ † Debet etiam ferri secundum consuetudinem loci, in quo contractum, est vbi
litigatores sunt diuersorum locorum: quod dic, ut s̄. de fer. §. j.
ver. sed pone. Quid ergo, si unus Carnoten. & alter Rhemen.
contrahunt Parisiis: demum de communi consensu consentiūt
in iudicem Beluacen. scientes eum suum non esse iudicem, vt ff.
de iuris. om. iud. si conuenerit? Dic, ꝙ ille iudicabit secundum cō
suetudinem Parisien si sit illa consuetudo ad decidendum litē,
vt probatur in præ. ver. sed pone. Item pone: quidam Flandren.
obiit Ianuæ, & ibi in testamento vxorem suam hæredem instituit: sed ecce, secundum consuetudinem Ianuæ nō potest uxor
succedere viro, ex quo possessor bonorum se tuetur: in Flādria
uero est contraria ꝯsuetudo, ex quo mulier replicat. Dic, ꝙ mu
lier secundum consuetudinem Flandriæ, vbi litigatur; potior
ē in adeūda hæreditate, ff. ex q. cau. in pos. ea. apud Iulianū. ī fi. &
sic obtinuit ī hac q. & ī p̄ s̄m Odof. ꝑ iura posita ī p̄. ver. sed po
3 ne de hoc no. s̄. d̄ inst. edi. §. ꝯpēdiosè. ver. q̄d si d̄ ꝯsuetudine. ¶ †
Debet quoq; sñīa ferri s̄m iura, ñ ꝑ exēpla, 2.q.7.§. hoc dicto. ni
si cēnt exēpla pricipis, q̄ faciūt iꝰ, C. de leg. l. fi. ext. de re iu. de cau
d sis [d]. ēt si lata sit a principe sine scriptis, dū ī ñ sit lata animo statuendi ius, xxv.q.2. institutionis. Argu. contra, xx. dist. de quibꝰ.
e in fi. [e] Quid si iudex ita dixit, Pronūcio, sicut talis iudex in tali cā
pronunciauit: (& constat quòd ille bene iudicauit) nūqd valet
f hæc sententia [f]? & videtur, quod nō, propter vitium pronūcia
tionis, ut ff. de excu. tut. qui testamēto. Vel potest dici ꝯtra, qua
si hæc verba nō vitient, arg. ff. de verb. ob. quiæ extrinsecus. Vel
refert, vtrum in sentētia expressit errorem, uel non, quod dic, vt
g extr. de sent. excom. c. per tuas [g]. ¶ † Item adesse debent in prola
4 tione sententiæ ij, quorum ꝯsilium & præsentia requiritur: puta canonici episcopales, quando episcopus debet sentētiare, ar.
xv.q.7. episcopus. extra. de his, quæ fi. a præl. sine cons. ca. nouit.
h ext. de accus. qualiter. ij. lxxxvi. dist. si quid. xxiiij. dist. episcopꝰ [h].

5 ¶ † Debet autem ferri in publico, non in occulto, C. de sent. & in
ter. om. iu. sentētiam. xcvi. dist. bene quidem. extra. de off. deleg.
consuluit. 3.q.3.§. spacium. ver. a procedente. xviii.q.2. pernicio
sam. extra, vt eccle. bene. c. j. ff. de reg. iur. omnia, quæcunque. Et
intellige locum publicum, in quo ius reddi consueuit, ff. de iust.
& iure, l. pe. & ff. de arbi. si cū dies. § pe. & ff. de inter. in iure fac.
6 l. iiij. ¶ † Porro si causa ab initio ducta est per procuratorem syn
dicum, uel actorem, sententia in personam eius cōcipienda est,
& non in personam domini: & ipse condemnandus est, seu eius
i condemnatio faciēda est, secundum T. [i] extr. de censi. olim cau
sam. C. de sent. & inter. om. iud. l. j. extra, de elec. querelā. Si vero
k dominus causæ in propria persona litigauerit, [k] quamuis postea
in causa illa procuratorem dederit, formanda est sententia in ꝑ
sonam domini, & nō procuratoris, ut ff. de neg. gest. liberto. §. j.
l extr. de transact. ex literis [l]. Tutius tamē est, in personam vtrius
que condemnationem dictari, prout not. in præd. decre. quere-
m lam [m]. C. de procur. nihil interest. In criminibus autē in personā
7 domini est dictanda, C. de iureiur. l. fin. ¶ † Item debet esse sentē
tia certa, ut C. de sent. quæ sine cer. quantit. profer. per totū. Sed
contra j̄. de expen. §. fin. uer. item scias. & ff. si pars hæred. pet. nō
possumus. Sed illud ibi facit natura actionis: suꝑ quo dic, quod
si de certa quantitate actū est, certa debet dari sentētia: alioquin
non ualet, vt Inst. de actio. §. curare. Dic tamen, quod quandoq;
factum

ADDITIONES.

a Deinde. ¶ Ponit verba Tan. vbi s̄. resp. j.
b Totum. ¶ Pil. de præsentia Euāgeliorum hic tacta, tractat, vbi s̄. in fi. po
nēs tex. ipsius l. rem nō nouam. & tenet, ꝙ si solennitas illa defuerit, sententia non valebit: alle. C. de iur. cal. l. 2. Ac. ibi contra per l. ff. de ven. insp.
l. j. in fi. Temperat demum Pile. dictū suū, dicēs, ꝙ si iudex a principio iu
rasset generaliter, prout debet, puta quasi illud iuramentum semper adsit
sine Euangeliorum præsentia, ualere sententiam.
c Quia uero. ¶ Vide, quod dixi s̄. de disp. & alle. §. fi. prope fi. ver. licet.
ADDE ver. seq. Item pone, quæ posui post Bar. in 7.q. principali in l. cū-
ctos populos. C. de summa tri. & fide cathol.
d Causis. ¶ Ibi dixi de hoc in gl. contra, quæ.
e In fi. ¶ Ibi soluitur in j. gl. & uide, quod dixi de elect. venerabilē. ver. sciūt
super j. gl.
f Sententia. ¶ Ad quæstionem facit, quod scripsi s̄. de except. §. viso. ver.
porro in Italia. ¶ ADDE, quæ scripsit Angel. consil. cxlix. an ualeat sententia iudicis dicentis, pronuncio in omnibus & per omnia, ut in consilio
continetur. ADDE ulterius domin. Abb. Sicul. in c. cum venerabilis. in
penult. col. Ext. de excep. & ibi dixi, ꝙ ex quo de illa sententia non apparet in actis, non ualet sententia
g Tuas. ¶ Hunc finem nescio quare posuerit auctor, cum quæstio poneret,
ꝙ constabat primam sententiam ualere. Secunda etiam allegatio parum
ualet, quia ibi stipulatio erat certa & perfecta, licet uerba superflua fuerint interposita. Sed in casu quæstionis sententia remanet incerta ex quo
ex verbis sententiæ, uel actis eiusdem instantiæ non habetur certitudo.
De actis litis dixi: quia bene ualeret talis sententia, condemno ad petita:
& de hoc statim sequitur in uer. item debet. & patet in l. iii. C. de sen. quæ
sine cer. quan. Non obstat decre. cum venerabilis. ver. quia vera. de excep.
quia in generali, uel vniuersali iudicio loquitur, vt j̄. dicetur, & per Host.
in Summa eo. tit. §. qualis. sub uer. certa
h Episcopus. ¶ Valet tamen consuetudo contraria, de cōsuet. non est. li. vi.
i Secundum T. ¶ Vbi s̄. rub. j. ante fi. ver. & no. de apparatu j̄. dicam.
k Litigauerit. ¶ & litem contestatus fuerit. Habetur quæstio Scharabecii,
quam quidam attribuunt Fran. Accur. sed originale habeo de manu primi, qui tenuit, ualere sententiam latam in personam domini, qui contestatus fuerat litem, licet postea procuratorem dederit, qui cum eo præsens e
rat tempore sententiæ, in qua de ipso mentio facta non fuit: & incipit quæ
stio: Quidam petebat a me fundum. Motiua ipsius fuerunt, quia libellus
contra dominum formatus fuerat, & non contra procuratorem: & sic con
tra dominum formari debuit sententia, ff. communi diuid. l. ut fundus. In
sti. de act. §. curare. Item hic dupliciter dominus, re ipsa & contestatione
litis: ergo, &c. Item actio in factum, quæ oritur ex re iudicata, datur cōtra
dominum, & non contra procuratorem, ff. de procu. l. Plautius Conueniē
tius ergo & expedientius fuit actori, illum condemnari quem sententia af
ficit. Constat enim ex promissione procuratoris iudicatum solui, nec ex
delatione iuramenti per eum facti, nec ex eius pacto dominum affici, ff. iu
sol. si ante. de iureiur. iusiurandum. ij. §. fi. de procur. qui ad agendum. in fi.
li. vj. Non obstat. l. j. C. de sent. & inter. quia, ut ibi dicit textus, domina nū
quam fuerat in iudicio: & tunc principalem uocari: qui ignorat statum
causæ, videtur absurdum, & uocatio procuratoris statum causæ notū habentis, posset inducere iudicem ad non pronunciandum uel ad aliter iudi
candum: merito igitur ille uocandus. Nec enim placet subauditus Maxis-
me, vel dicere, ꝙ ibi factum narret, cum verba legis regulariter, & non fru
stra ponantur, ff. de iniur. ait prætor. §. j. Ad l. si quis cum procuratorio. ff.
de procu. & ad l. licet. §. si plures. eo. tit. & his similes, respondet, quod dominus tempore sententiæ non erat ibi in iudicio: hic præsens erat in iudi
cio. Procedunt autem prædicta, & fortius, quando dominus litem ad se ae
sumpserat, quasi procuratorē reuocando: quod poterat: tum quia non fu,
rat litem contestatus: tum quia non residebat hoc ibi plenius. ¶ ADDE
an sententia lata contra dominum qui litigauit per procuratorem, sit nul
la tam de iure ciuili, quam canonico, & quod ius sit seruandum, Ang.
cons. xcviii.
l Literis. ¶ Pars decisa faciebat ad hoc, ubi etiam erat hæc gloss. Tan. in j.
compil.
m Querelam. ¶ In gl. concipienda. & vide, quod super ea dixi.

SPECVLVM IVRIS GVLIELMI DVRANDI.

Episcopi Mimatensis, Iuris V.D.

CVM IO. AND. BALDI DE VBALDIS,
aliorumq. aliquot præstantiss. Iurisc. Theorematibus.

NVNC DENVO AB INNVMERIS, QVIBVS ANTEA scatebat, erroribus atq. mendis summa industria, et labore repurgatum.

PARS SECVNDA.

VENETIIS, M D LXXXV.

mus.& de arbi.cōtingit. vel si cōsensum reuocauimus, ff.de iurisd.om.iud.l.si conuenerit.vel si sit talis,qui possit per exceptionē aliquam remoueri : quod dic, vt su-
6 pra de iud.deleg.excipi.† Verùm si iudex iurisdictionē habet super re,de qua sententiam profert, si coram eo lis sit contestata,valet eius sententia,licet ante litē contestatam potuisset per exceptionē iurisdictio eius declinari,ext.de re iud.c. inter monasterium. C.de excep. l.pen.nisi aliàs sit sententia nulla.

SVMMARIVM.

Sententia quando sit ferenda.

1 *Sententia, ordine iudiciario substantiali prætermisso, vel non seruato, lata,ipso iure non tenet.*
2 *Terminus ad causę decisionē ab initio electus,vicē obtinet peremptorii.*
3 *Iudex quandoque cogi potest iuris inducias diminuere.*

4.§.Nunc videndum restat, qñ sentētia sit ferenda: & quidē ordine iudiciario præmisso.s.lite contestata, confessionibus,& allegationibus auditis,omnibusq; causæ meritis diligēter inuestigatis,in die non feriato, & ante crepusculum noctis. hæc omnia probantur 30.q.5.§. his ita.& c. incerta.& c. nullum.& c.iudicantem.ext.vt lit.non contesta.per totum.ff.de fer.si feriatis.ext.de off.del. cōsuluit.in Auth.
1 de iud.§.sedebunt.Col.6.† Alioquin sentētia ordine iudiciario substantiali prætermisso,vel non seruato, lata, non tenet ipso iure,2.q.6.§.diffinitiua.ver.item sententia cōtra solitū, ext.de elec. dudum. C.de sent.ex breui. rec.l.2.3.& 4.Et hoc verū est regulariter. Fallit tñ in casibus,in quibus,si reus sit cōtumax,possunt testes lite nō contestata recipi,& sentētia ferri:quos dixi supra de testi.§.nunc tractemus.versic.3.& ver.4.& ver.5.& ver.8.&
a ver.11.& ver.30.& ver.34.[a] Item secundum leges ferenda est intra biennium in cā criminali:in ciuili verò intra triennium,vt C.de iud. ꝓperādum.quod dic, vt ext.
2 eo.c. pc.† Illud aūt est no. ꝙ si cā intra certum tempus,
b puta intra mensem,decidenda cōmittitur [b], vt ext.de off.del.de causis.& de app.sup eo.2. si huiusmodi commissio de partium consensu emanauerit, iudex, adueniente ipso termino, ad petitionem partis alterius ꝓnunciabit:quamuis pars altera ꝯtradicat,petens terminum ad ꝓbandum de iure suo, & ob hoc appellans.nā eo ꝙ ab initio ꝯsensit in terminum,talis terminus vicē obtinet peremptorij,adeo vt ēt conclusionis loco censeatur,nisi fortè nouum,& inexcogitatum impedimētum emergat, vt ꝓbationes inducere nequiuerit: quo casu vel iure cōi,vel restitutionis beneficio subuenitur
c eidem, argu.ext.de appe.cordi.[c] Sicut & fit in termino
3 iuris,prout no. eo.tit.ex ratione. † Si verò ex consensu partis alterius tm̄ pręfixus fuit,tunc ad eius petitionem non differetur sñia vltra illum, quia sic consensisse vr: alteri tñ parti,quæ non consensit,non pręiudicat,quin ad probādū de iure suo moderatas debeat inducias obtinere.Iudex.n.iuris inducias debet,& cogit̄ diminuere:& in hoc vr̄ delegans fecisse gratiam impetranti,Certum quoq; est, ꝙ vbi mandatur lis intra certum tēpus, seu terminū terminari,nō dabit iudex tot, & tantas inducias,sicut aliàs fecisset, si certus terminus pręfixus nō esset.Caueat tñ,ne sic eas coarctet,ꝙ omnino ius partis absorbeat,quæ intra tam angustū tempus probare non posset: argu.ff.de admin.tut.tutor,qui repertorium.§.1. Quòd si fortè reus,qui in termino nō cōsensit, dilationes vlteriores,q̄ actor,qui consensit,obtinuerit,hę proderūt ēt reo, vt intra easdē possit de iure suo docere, C. de tēpo.in integ.resti.l. petēdæ. Vltra terminū aūt pfixū nequit iudex eas dare, vel in cā ꝓcedere, nisi de partiū cōsensu,vt in pdi.c.de causis.& extra de re iud. quod ad consultationē.§.sed nec executionē. fm Papam,vt no.
d in pd.c. super eo.[d] Et idē vr̄ per oīa, si negocium intra certum tempus instruendū mandat̄, &postea remittēdum:qd̄ dic,vt s̄.de remis.§.videndum.versi.in summa.

ADDITIONES.

a Ver.34. *Omisit 33. qui ibi est, cum opponuntur exceptiones priuilegiatæ, de quib. de lit.contes.exceptionis. lib.6.quasi intendat, quòd licet in eo recipi posset testis,nō tamē diffinitiua ferri. Posset tamē dupliciter respōderi,scilicet, quòd ibi miscuerat puras dilatorias cum illis:vnde verè excipere non potuit. Item quamplures alios omisit, in quibus fertur sententia, vnde non omnes,sed certos voluit numerare. Hæc dicta sunt propter no.de lit.contest. exceptionis.lib. 6.in glo.sufficiebat.in fi.& supra de excep.§.dicto.in vlt.col.*
b Committitur. *Si venit dies termini,et est feriata,vide sup.de fer. §.2.super versicu. penult.*
c Cordi. *Lib.6.*
d Super eo. *Vbi post eum scripsi totum, quod hic habetur, post versic. illud autem.vsque in fin.& quod interseruit Host. et hoc in glo.quæ incip.fiat ergo.& vide,quod no.uel dixi sup.de dila.§.1.versicu.sed pone, quòd causa. quod hic poni poterat; sed quia de dilationibus erat, & ibi potius collocaui.*

SVMMARIVM.

Sententia qualiter sit ferenda.

1 *Sententia ferri debet secundum allegata, & probata, non secundum conscientiam.*
2 *Sententia ferri debet secundum consuetudinem loci,in quo contractum est,vbi litigatores sunt diuersorum locorum.*
3 *Sententia debet ferri secundum iura,non per exempla.*
4 *In prolatione sententiæ debent adesse ii,quorum consilium,& præsentia requiritur.*
5 *Sententia ferri debet in publico,non in occulto.*
6 *Causa si ab initio ducatur per procuratorem, syndicum, vel actorem, tunc in eius personam concipienda est sententia; secus si per principalem dominum.*
7 *Sententia debet esse certa.*
8 *Sententiæ generales in iure quę sint.*
9 *Petens decem, si iudex cōdemnat in quinque, de aliis quinque tacens, an possint illa quinque repeti.*
10 *Sententiam rectè latam an possit iudex corrigere, vel mutare.*
11 *Sententia delegati potest per superiorē corrigi,vel mutari; & si multum distet,nihilominus potest actio pristina intentari.*
12 *Sententia,quæ non transit in rem iudicatam,potest corrigi, & quasi de nouo per iudicem,vel eius successorem ferri.*
13 *In sententiæ prolatione quæ sint per iudicem exprimenda. Iudex quibus verbis in prolatione sententiæ vti debeat.*
14 *Iudex quibus casibus teneatur sententiæ causas exprimere.*
15 *Sententia est secundum formam petitionis dictanda.*
16 *In qualibet sententia dicuntur sex contineri.*
17 *Custodia veritatis in iudicando est magis obseruanda, quàm obedientia uoluntatis.*

5.§.Qualiter aūt sñia sit ꝓmulganda,clariùs explicemus. Et qdē iudex ante oīa dēt diligēter cūcta,q̄ fuerūt in iudicio acta,discutere,& cū peritis deliberare,vt s̄.de requ. cōs.in prin. & in fi.postmodū partes citādę sunt ad sñiam audiēdā, vt ex de testi.cū olim.in fi.aliter nō valeret sñia,vt s̄.de cita.§.
a viso.ver.aliter aūt. Deinde[a] est ferenda sñia, iudice sedente pro tribunali in loco cōsueto, vel aliàs honesto, vtraq; parte pñte,vel altera ꝯtumaciter absente,(qa ꝯtumacia facit tūc eā ꝓ pñte hr̄di) sñia priùs in scriptis redacta,& correcta,sacris ēt corā se positis, sciat iudex,qa nō minus iudicabit, q̄ iudicet.hoc ꝓbat̄ p ordinē 2.q.3. §.notandū.versi.abolitio.& 3.q.3.§.spaciū.ver.à ꝓcedente.C.de iud.properandum.& l.rem non nouā.C.qūo,& qñ iud.ca,q.ext.de dol.& cōt. veritatis.ext.de iureiu.ve-
b niētes.& ĵ.eo.ti.§.iuxta.versi.itē non valet.& p totum.[b] 1 † Item

ADDITIONES.

a Deinde. *Ponit verba Tancre.vbi suprà respon.1.*
b Totum. *Pil.de præsentia Euangeliorum hic tacta,tractat,vbi sup.in fi.ponēs tex.ipsius l.rem nō nouā. & tenet, ꝙ si solennitas illa defuerit, sñia nō ualebit;alle.C.de iur.cal.l.2. Accu.ibi cōtra,per l.ff.de vē.insp. l.1.*

l. 1. in fi. Temperat demum Pile. dictum suum, dicens, quòd si iudex à principio iurasset generaliter, prout debet, puta quasi illud iuramentum semper adsit sine Euangeliorum præsentia, valere sententiam.

1 †Item debet ferri secundum allegata & probata, & nõ secundum conscientiam, vt 3. quæstio. 8. iudicet. ff. de off. præsi. illicitas. §. veritas. ext. de offi. iud. or. si sacerdos.
a & de off. deleg. pastoralis. §. quia verò [a]. quod facit ad q. illam, quia cum quidam nobilis quendam interfecisset in platea Bonon. & Potestas de fenestris palatij hoc vidisset, tãdem quia homicidium illud non probatur, Potestas voluit illum ad quæstionem ponere, vt sic ab ipso erueret veritatem. Sed Azo, Hostien. & Accur. consulti, responderunt, quod hoc facere non poterat, per prædic. §. veritas. Sed contra 2. quæstio. 1. §. quando. quod intellige, vt not. infra de no. cri. §. fin. versi. Pet. de Samp.
2 †Debet etiam ferri secundum consuetudinem loci, in quo cõtractum est, vbi litigatores sunt diuersorum locorum, quod dic, vt supra de fer. §. 1. versicu. sed pone. Quid ergo, si vnus Carnoten. & alter Rhemen. contrahunt Parisijs, demum de communi consensu consentiunt in iudicem Beluacen. scientes eum suum nõ esse iudicem, vt ff. de iud. si conuenerit? Dic, quòd ille iudicabit secundum consuetudinem Parisien. si sit illa consuetudo ad decidendum litem, vt probatur in prædic. versicu. sed pone. Item pone, quidam Flandren. obijt Ianuæ, & ibi in testamento vxorem suam hæredem instituit: sed ecce, secundum consuetudinem Ianuæ non potest vxor succedere viro, ex quo possessor bonorum se tuetur: in Flandria verò est contraria consuetudo, ex quo mulier replicat. Dic, quòd mulier secundum consuetudinem Flãdriæ, vbi litigatur, potior est in adeunda hæreditate, ff. ex quibus cau. in poss. ea. apud Iulianum. in fin. & sic obtinuit in hac q. & in prædict. secundùm Odof. per iura posita in prædic. versicu. sed pone, de hoc nota. supra de edit. instrumen. §. com-
3 pendiosè. versicu. quid si de consuetudine. † Debet quoque sententia ferri secundum iura, non per exempla, 2. quæstio. 7. §. hoc dicto. nisi essent exempla principis,
b quæ faciunt ius, C. de legi. l. fi. ext. de re iud. de causis [b]. et si lata sit à principe sine scriptis, dum tamen sit lata animo statuendi ius, 25. quæstio. 2. institutionis. Argumen.
c contrà, 20. distinctio. de quibus. in fin. [c] Quid si iudex ita dixit. Pronuncio, sicut talis iudex in tali causa pronunciauit: & constat, quòd ille bene iudicauit, nunquid va-
d let hæc sententia [d]? & videtur, quòd non, propter vitiũ pronunciationis, vt ff. de excu. tut. qui testamento. Vel potest dici contrà, quasi hęc verba non vitient, argum. ff. de verbor. obliga. quæ intrinsecus. Vel refert, vtrùm in sententia expressit errorem, vel non, quod dic, vt ex-
e tra de sentent. excommu. capit. per tuas [e]. † Item adesse
4 debent in prolatione sententiæ ij, quorum consilium & præsentia requiritur, puta canonici episcopales, quãdo episcopus debet sententiare, argum. 15. q. 7. episcopus. extra de his, quæ fi. à præla. sine consen. capit. nouit. extra de accus. qualiter. 2. 86. dist. si quid. 24. distinct. epi-
f scopus [f]. † Debet autem ferri in publico, non in occul-
5 to, C. de senten. & interl. omn. iud. sententiam. 96. distin. bene quidem, extra de offic. deleg. consuluit. 3. q. 3. §. spacium. ver. à procedente. 18. q. 2. perniciosam. ext. vt eccl. benefi. c. 1. ff. de reg. iur. omnia quęcunque. Et intellige locũ publicũ, in quo ius reddi ꝯsueuit, ff. de iust. & iu. l.
6 pe. & ff. de ar. si cũ dies. §. pe. & ff. de inter. in iu. fa. l. 4. † Porrò si cã ab initio ducta est ꝑ ꝓcuratorẽ, syndicũ vel actorẽ, sñia in personã eius ꝯcipiẽda est, & nõ in ꝑsonã dñi, & ipse ꝯdẽnãdus est, seu eius ꝯdẽnatio facienda est, sm
g T. [g] ext. de censi. olim cãm. C. de sent. & inter. om. iu. l. 1. ex̃ de elec. querelã. Si verò dñs cãe in propria persona li-
h tigauerit [h], quis postea in cã illa ꝓcuratorẽ dederit, formãda est sñia in personã dñi, & nõ ꝓcuratoris, vt ff. de
i nego. liberto. §. 1. ex̃ de transf. ex literis [i]. Tutius tñ est, in
k personã vtriusq; ꝯdẽnationẽ dictari, ꝑut no. in pr̨. dec. querelã [k]. C. de proc. nihil interest. In criminib. aũt in ꝑ-
7 sonã dñi est dictãda, C. de iurei. l. fi. † Itẽ dẽt esse sñia certa, vt C. de sen. quæ sine cert. quãt. profer. ꝑ totũ. Sed ꝯ. ſ. de exp. §. fi. ver. itẽ scias. & ff. si pars her. pet. nõ possumus. Sed illud ibi facit natura actionis, super quo dic, ꝙ si de certa quãtitate actũ est, certa dẽt dari sñia, alioquin nõ valet, vt Inst. de act. §. curare. Dic tñ, ꝙ qñq; factũ est icertũ, & tunc certa nõ põt dari sñia, C. de sen. quę sine cert. quant. profer. hæc sñia. 11. q. 3. graue: 43. di. habuisse. Vnde si petãtur decẽ, aut Stichus, vt in noxali actione, põt iudex ꝓnũciare, vt denẽ decẽ pro æstimatione litis, aut Stichus

ADDITIONES.

a Quia verò. *Vide, quod dixi sup. de disp. & alle. §. fi. prope fi. ver. licet.*
ADDE ver. seq. Item pone, quæ solui post Bar. in 7. q. principali in l. cunctos populos. C. de sum. tri. & fide cathol.
b Causis. *Ibi dixi de hoc in glo. contra quæ.*
c In fi. *Ibi soluitur in 1. glo. & vide, quod dixi de elec. venerabilem. ver. sciunt. sup. 1. glo.*
d Sententia. *Ad quæstionem facit, quod scripsi sup. de excep. §. viso. uer. porrò in Italia.*
ADDE, quæ scripsit Ange. con. 148. an valeat sententia iudicis dicentis, pronuncio in omnibus & per omnia, vt in consi. continetur.
ADDE vlterius do. Abba. Sicu. in c. cùm uenerabilis, in pe. col. extra de excep. & ibi dixi, ꝙ ex quo de illa sententia non apparet in actis, non valet sententia.
e Tuas. *Hunc finem nescio quare posuerit auctor, cum quęstio poneret, quòd constabat primam sententiam valere. Secunda etiam allegatio parum ualet, quia ibi stipulatio erat certa & perfecta, licet verba superflua fuerint interposita. Sed in casu quæstionis sententia remanet incerta, ex quo ex uerbis sententiæ, vel actis eiusdem instantiæ non habetur certitudo. De actis litis dixi, quia bene valeret talis sententia, condemno ad petita, & de hoc statim sequitur in versi. item debent. & patet in l. 3. C. de senten. quæ sine cer. quam. Non obstat decr. cum venerabilis. versi. quia uero. de exceptio. quia in generali, vel uniuersali iudicio loquitur vt infra dicetur, & per Hos. in summa eo. titu. §. qualis. sub ver. certa.*
f Episcopus. *Valet tamen consuetudo contraria, de consue. non est. li. 6.*
g Secũdũ T. *Vbi sup. rub. 1. ante fi. ver. & no. de apparatu inf. dicã.*
h Litigauerit. *& litem contestatus fuerit. Habetur quęstio Scharabecii, quam quidam attribuunt Fran. Accu sed originalem habeo de manu primi, qui tenuit, ualere sententiam latam in personam domini, qui contestatus fuerat litem, licet postea procuratorem dederit, qui cum eo præsens erat tẽpore sententiæ, in qua de ipso mentio facta non fuit: et incipit quæstio, Quidam petebat à me fundum. Motiua ipsius fuerunt, quia libellus contra dominum formatus fuerat, & non contra procuratorem, & sic contra dominum formari debuit sententia, ff. communi diui. l. vt fundus. Institu. de actio. §. curare. Item hic dupliciter dominus, re ipsa, & contestatione litis, ergo, &c. Item actio in factum, quæ oritur ex re iudicata, datur contra dominum, & non contra procuratorem, ff. de procur. l. Plautius. Conuenientius ergo & expedientius fuit actori, illum cõdemnari, quem sententia afficit. Constat enim ex promissione procuratoris iudicatum solui, nec ex delatione iuramenti per eum facti, nec ex eius pacto dominum affici, ff. iudic. sol. si ante. de iureiu. iusiurandum. 2. §. fin. de procura. qui ad agendum. in fi. lib. 6. Non obstat l. 1. C. de senten. & interlo. quia, ut ibi dicit textus, domina nunquam fuerat in iudicio, & tunc principalem vocari, qui ignorat statum causæ, videtur absurdum, et uocatio procuratoris statum causę notum habentis, posset inducere iudicem ad non pronunciandum, vel ad aliter iudicandum, meritò igitur ille vocandus. Nec enim placet subauditus Maximè, vel dicere, quòd ibi factum narret, cùm verba legis regulariter, & non frustra ponantur, ff. de iniur. ait prætor. §. 1. Ad l. si quis cum procuratorio. ff. de procu. & ad l. licet. §. si plures. eo. titu. & his similes, respondet, quòd dominus tempore sententiæ non erat ibi in iudicio, hic præsens erat in iudicio. Procedunt autem prædicta, & fortiùs, quando dominus litem ad se assumpserat, quasi procuratorem reuocando, quod poterat, tum quia non fuerat litem contestatus, tum quia non residebat. hoc ibi pleniùs.*
ADDE, an sententia lata contra dominum, qui litigauit per procuratorem, sit nulla tam de iure ciuili, quàm canonico, & quod ius sit seruandum, Ange. consi. 98.
i Literis. *Pars decisa faciebat ad hoc, vbi ẽt erat hæc gl. T. an. in 1. cõpil.*
k Querelam. *In glo. concipienda. & vide, quod super ea dixi.*

BROCARDICA AVREA

D. AZONIS BONONIENSIS ANTIQVORVM IVRIS CONSVLTORVM FACILE PRINCIPIS.

In quibus omnes ferè iuris antinomiæ conciliantur, atque concordantes leges suis locis collocantur.

Nunc tertio ad studiosorum comodum, decem Rubricis insignioribus aucta, varijsq; mendis expurgata, ædita.

Accessit Tabula Rubricarum, & index omnium locorum communium, qui in hoc libro continetur quò lectoribus facillimè succurratur.

CVM PRIVILEGIO.

NEAPOLI
APVD IOANNEM BOIVM. 1568.
Expensis Iacobi Facchetti.

CORPUS GLOSSATORUM JURIS CIVILIS

IV.3

CURANTE

JURIS ITALICI HISTORIAE INSTITUTO TAURINENSIS UNIVERSITATIS

RECTORE AC MODERATORE

MARIO VIORA

AZONIS

BROCARDA

AUGUSTAE TAURINORUM

EX OFFICINA ERASMIANA

ff *Quòd met. causa. l. illud verum est.*
ff *Ad turpil. l. prima. §. si quis.*
C De *fideicom. l. voluntatis.*
ff De *min. l. quod si minor. l. in causæ. &* *l. vlt.*
ff *De rei vend. l. quod si & l. prima. l. officium. l. non solum. l. sumptu.*
ff *Mand. l. idemq; in fundo.*
ff De *vsufr. l. si cuius rei.*
ff *Fam. hærcis. l. & puto offi.*
ff De *in litē. iura. l. videamus.*
ff *De eo quòd cert. loco. l. non vtiq;. §. nunc.*
ff Commod. *l. si mibi. §. hæres eius. l. sicut.*
ff *De legat. primo. l. si domos. §. de euictione.*
ff *De tuto. & cur. dat. l. præses in prin. & l. quero.*
ff *De iudic. l. Iulianus.*
ff *Quod vi aut clam. l. si alius. §. bellissime in fi.*
ff De *accusat. l. si plures:*
ff *De verbo. obligat. l. si ita quis promiserit.*
ff De *pen. l. respiciendum.*

Iudicis officium esse spectandum subaudi iudicis quidem officium ad multa, & varia sua præbet adminicula; nec singula sub vna Rubrica comprehendi possunt sed magis actendi possunt per exempla. vt ecce. Vendicat sibi locum iudicis officium in fructuum, percipiendorum restitutione. vt instit. de off. iudic. §. pri. & 3. & in impensarū restitutione. ff. de pet. hæred. l plane. Item iu integrum restitutione danda, vel deneganda vt ff. de minor. l. quòd si minor & in cautionibut præstandis vt in sequenti Rubrica continetur. & consimilibus quæ quisq; per. ll. sub hac Rubrica positas notare potest vel inuestigare, illud tamen sub regula trado quia ita demum vendicat sibi locum iudicis officium, si non sit specialis actio prodita. Vendicat autem quis dico quantum ad obligationem non quantum ad exactionem nam & si specialis actio locum sibi vendicat. tamen locum habet, iudicis officium, quo ad exequutionem, vt ff. de rei vendicat. l. officium & bene dixi quantum ad obligationem. quia & per iudicis officium possum dicere, aliquem mihi obligatum esse ad restitutionē fructuum vel consimilium. vt ff. de vsur. l. mora. §. in bone fidei. non tamen iudicis officium dico actionem esse, nec enim est formula a iure prodita. est autem actio ius. l. formula a iure prodita vt ff. de furt. l. si seruus nauem. ibi enim paulus vocat actionem in factum iuris formulam.

EX IVDICIS OFFIC. CAVtio præstatur.

ff *De iud. l. in omnibus, & l. aliquando.*
ff De *pet. hæred. l. quòd si in diem.*
ff *Qui satis. cog. l. inter omnes conuenit.*
C De *vsur. l. aduersus.*

Ex officio &c. hæc Rubrica exposita est supra in illa iudicis officium &c.

Rei retentione consulitur vt caueatur.

ff De *pignorat. act.l.si necessarias.* §.*si pignor.*

ff Fam.hercis.l.hæredes.§.*idē iuris.*

ff Sol.mat.mat.l.cum mulier.

QVANDO IVDICES AVDIRE DEBENT aliquem, melius dixisset exaudire.

C De pen.l.penult.

C Vt nemo priuat,l.2.

ff De min.l.ait prætor.

Quando iudices debent aliquem audire, sed non quemlibet exaudire, male scriptum est quia semp iudex debet quēlibet audire sed non quemlibet exaudire, attendere enim debet vtrum iuxta sit petitio, an non & ita legis adminicula dare vel denegare legis beneficium, vt s̄. eo. in illa Rubr. legis adminicula, & in illa quæ facit cō tra.ll. &c.

Maior iudex de his quæ ad sui subditi iurisdictionem spectant se intromictere non debet, nisi negligens fuerit, vel aliquid ante eū appellatum.

In Auct.de eccles.tit.sin autem &. §. *etiam si.*

In Auct.de defēs.ciuit.§.*nulla exigēte*

Altera ex causa cessante poterit cognoscere ꝙ credo.

ff De offi.proconsl.l. pri.§.*pri.*

Minorem iudicem pręsente suo superiore suum posse exercere officium.

C De *donat.l. in hac sacratissima.l.in donationibus.*

C De *offi.iudi.alexandriæ.l.pri.*

IVDEX EX CONSCIENTIA IVdicare debet.

In Auct.de iure iur.à mor.præst.

In Instit.de act.§.*si minus.*

In Instit.de rerum diuis.§.*sed si gregis.*

C Vt quæ des.aduoc.l.pri.

C *Si min.se ab hæred.abst.l.pri.*

C De testib.l.nullum.

C De *condit.indeb.l. 2.*

C De *inoffic.don.l.si filius.*

ff De *confirm.tuto.l.vtilitatem.*

C Qui admi.ad bono.poss. l. bonorum.

In Decre.*x.q.pri.c.nunc vera.*

C De *fide instrum.l.apud eos.*

C Quib.ex caus.in poss.ea .l.si nisi. col. vlt.

C Si alie.res pign.dat.sit.l. pri.

ff De *suspect.tut.l.tutor.*§.*ceterum.*

C Accusat.l.singuli.

ff De *arbit.l.qualem autem.*

ff De *in litē iur.l.in actionibus*

ff De *confess. l. penult.*

ff De *iud.l.non quicquid.*§.*iudex.*

ff De *adult.l.pri.*§.*si publico.*

IMMO SECVNDVM ALLEGATA.

C De edend.l.qui accusare.

ff De offi.presid.l.illicitas. §. *veritas.*

In Decret.2.q.pri.c.dominus omnipotēs

In Decret.*2.q.3.c.quamuis.*

C *De rei vend.l.res alienas.*

C Si per vim vel al.mo.l.vlt.

C De probib.sequestr.l.quoties.

C De *iud.l.properandum.*§.*sed & siquid.*

ff De *iud.l.eum quem.*§.*iudicibus.*

ff De *re iudi.l.a diuo pio.*§.*penult.*

ff De *muner.& honorib.l.rescripto* §.*si quis.*

C De edi.di.adr.tollen.l.vlt.

In Auct.de emphyt.§.*debet, et in oībus*

Rei retentione consulitur vt caueatur.

ff De pignorat. act. l. si necessarias. §. si pignor.

ff Fam. hercis. l. hæredes. §. idē iuris.

ff Sol. mat. mat. l. cum mulier.

QVANDO IVDICES AVDIRE DEBENT aliquem, melius dixisset exaudire.

C De pen. l. penult.

C Vt nemo priuat. l. 2.

ff De min. l. ait prætor.

Quando iudices debent aliquem audire, sed non quemlibet exaudire, male scriptum est quia semp iudex debet quẽlibet audire sed non quemlibet exaudire, attendere enim debet vtrum iuxta sit petitio, an non & ita legis adminicula dare vel denegare legis beneficium, vt s. eo. in illa Rubr. legis adminicula, & in illa quæ facit cō tra. ll. &c.

Maior iudex de his quæ ad sui subditi iurisdictionem spectant se intromictere non debet, nisi negligens fuerit, vel aliquid ante eū appellatum.

In Auct. de eccles. tit. sin autem &. §. etiam si.

In Auct. de defēs. ciuit. §. nulla exigēte

Altera ex causa cessante poterit cognoscere q credo.

ff De offi. proconsl. l. pri. §. pri.

Minorem iudicem presente suo superiore suum posse exercere officium.

C De donat. l. in hac sacratissima. l. in donationibus.

C De offi. iudi. alexandriæ. l. pri.

IVDEX EX CONSCIENTIA IVdicare debet.

In Auct. de iure iur. à mor. præst.

In Instit. de act. §. si minus.

In Instit. de rerum diuis. §. sed si gregis.

C Vt quæ des. aduoc. l. pri.

C Si min. se ab hæred. abst. l. pri.

C De testib. l. nullum.

C De condit. indeb. l. 2.

C De inoffic. don. l. si filius.

ff De confirm. tuto. l. vtilitatem.

C Qui admi. ad bono. poss. l. bonorum.

In Decre. x. q. pri. c. nunc vera.

C De fide instrum. l. apud eos.

C Quib. ex caus. in poss. ea. l. si nisi. col. vlt.

C Si alie. res pign. dat. sit. l. pri.

ff De suspect. tut. l. tutor. §. ceterum.

C Accusat. l. singuli.

ff De arbit. l. qualem autem.

ff De in litē iur. l. in actionibus

ff De confess. l. penult.

ff De iud. l. non quicquid. §. iudex.

ff De adult. l. pri. §. si publico.

IMMO SECVNDVM ALLEGATA.

C De edend. l. qui accusare.

ff De offi. presid. l. illicitas. §. veritas.

In Decret. 2. q. pri. c. dominus omnipotēs

In Decret. 2. q. 3. c. quamuis.

C De rei vend. l. res alienas.

C Si per vim vel al. mo. l. vlt.

C De probib. sequestr. l. quoties.

C De iud. l. properandum. §. sed & siquid.

ff De iud. l. eum quem. §. iudicibus.

ff De re iudi. l. a diuo pio. §. penult.

ff De muner. & honorib. l. rescripto §. si quis.

C De edi. di. adr. tollen. l. vlt.

In Auct. de emphyt. §. debet, et in oībus

→ Iudex debet ex conſcientia iudicare & e contra ſecundum allegata iudicare debet, cum querit an iudex ſecundum conſcientiam ſuã iudicare debeat in cauſa ciuili vel criminali dixtingue vtrum notũ ſit ei tamq̃ iudici .i. ratione officij ſui an vt priuato. in primo caſu fertur ſententia ſecundum conſcientiam ſuam quæ etiam dici poteſt allegatio vt ff. de ferijs.l. 3. &.ff. finium reg.l. ſi irruptione & ff. de minor. 25. an.l. minor. quid mirum? nonne fert ſententiam ſecundum teſtificationes & confeſſiones quas nouit vt iudex & ita põt intelligi hoc generale ſi vero nouit vt priuatus non debet ſecundum eam ſententiam ferre ſed ſecũdum allegata, & ita intelligitur contraria Rubrica.

IVDEX SVAM SENTENTIAM poteſt interpretari.

ff *De teſtament.l. heredes.§. ſiquid.*
ff *De prætor. ſtipulat.l. prima in fi. & l. in pretorijs.*
ff *De re iud.l. actor.§. ꝙ iuſſit.*
ff *De vulgar. & pupill. ſub.l. ex facto.*
ff *De regul. iur.l. nerarius.*
ff *De arbit.l dicere.*

Contra.

ff *De appellat.l. ab executore.*

Iudex poteſt ſuam ſententiam interpretari & e contra non cuilibet iudici ſuam ſententiam corrigere ſeu interpretari licet, hi tãtum qui ſunt illuſtres ſuꝑ illuſtres ſpectabiles vel clarisſimi vt imperator cõſul. præfectus vrbis patricius proconſul. comes orientis prætor præſes prouintie & ita intelligitur.l ff. de appellat.l. ab exequutore, &.ff. de vulga. ſubſtit.l. ex facto & ff. de reg. iur.l neratius & ff. de prætor ſtipulat.l in prætorijs ergo municipales interpretari nõ poſſunt põt tamen quilibet iudex. verba actorum emendare ſue ſententiæ, puta ſi contra artem grammaticã poſuerit verba & eadem poſtea velit mutare ſententia eadem remanẽte, põt certum interpretari. Sed vocabuli ſignificationem apertius denotare non põt, niſi ſit clarisſimus ad minus.

Iudex nõ naturam actionis mutare. Sed ſollicitus equitatẽ ſequi.
ff *De re iudic.l. ſiquis.*

INTERDICTIONEM IVDICIS eſſe ſeruandam.

In *Auct. de hered. & fal.§. his igitur.*
C *De poſtul.l. pri.*
ff *De iud.l. iudicium.*
ff *De verb. obli.l. is cui.*
ff *De oper no. nunt.l. de pupillo. §. meminiſſe.*
ff *De i rei vendic. qui reſtituere.*
ff *De re milit.l. diſertorem.§. in bello*
C *Vnde vi.l. meminerint.*

Contra.

C *Si per vim vel al. mo.l. fin.*
In *Auct. de epiſco.§. nulli uero.*
C *Quomodo & quando iud.l. ea.*
C *Commen. epiſtol l. 1.l. interloquutio.*
ff *De arb.l. ſi cum dies.§. ſi arbiter, & § ſimpliciter.*
ff *De pecul.l. quoties.*
C *De his quib vt indig.l. nõ oportet.*

Interdictionẽ iudicis eſſe ſeruãdam & e cõtra cum iudex aliquid

CORPUS GLOSSATORUM JURIS CIVILIS

VII

CURANTE

JURIS ITALICI HISTORIAE INSTITUTO TAURINENSIS UNIVERSITATIS

RECTORE AC MODERATORE

MARIO VIORA

ACCURSII

GLOSSA

in

DIGESTUM VETUS

Per seguir virtute e conoscenza

AUGUSTAE TAURINORUM

EX OFFICINA ERASMIANA

cognitione. vt. j. de accu. le. iulia. ꝛ. j. de oble. l. i. C. de pa. po. le. iij. ꝛ. §. de offi. pre. vi b. l. i. §. cum patronus. ꝛ facit. j. de iure patro. l. i. ꝛ. l. diuus.

a Obseruare. ordo. nō ordinem esse seruañ. vt. j. de fideicō. lib. l. generaliter. §. q̄d ergo.

b Omnium clientuloꝝ. vt innuit statim.

c Datur. id est defertur.

d Adhibuerunt. l. aduocatos. ꝛ fa. C. de postul. prouidendum.

e Aduocatos. d̄bebit. si tñ inuenire non possit. vt. j. d̄ postu. l. i. §. ait pretor.

f Ad iuidiam. s. reprimēdam. cum. n. vilior videatur tāto minus ei iuidentur. ꝛ ecōtra. sic horatius. iuidiam placare paras virtute relicta.

g Cōmunia. s. que diximus. s. e. ti. p totum. exceptis paucis. vt. s. e. l. solēt circa prin. ibi sed hoc ꝛc.

h Eminisse. in aduētum. q̄d fieri debet per se si potest vel per legatum suum ante per duos dies ꝓcōsulatus sui predecessoris. vt h̄ in autē. de admini. in fi. col. iij.

i Procōsulatus. vtriusq3 ꝓconsulis vel dic primi añ tēpus suum finitum ꝛ post vsq3 in aduētum successoris. ꝛc.

k Debebit ius. et si vltra suum tp̄s sit pp ciuium vtilitatē vt dicit. ꝛ dr̄ idem magistratus. vt. j. d̄ preca. l. sed si manēte. ꝛ sic pōt etiam delegare vltra suū tēpus. sed cōtra. j. de iurisd. om. iud. eum q̄ §. magistratus. sed dic q̄ nō dr̄ finitum officium. nec dr̄ priuatus donec successor aduenerit. ꝛ ipē sciuerit. vt. j. tit. ij. si forte. ꝛ. j. t. i. l. i.

l Legatum. añ sēnā finito officio vsq3 remanebit p. l. dies. vt. C. vt oēs cāetam ci. q̄ m. l. i. ꝛ in autē. de admini. §. f. col. vij.

m Si quid erit. atrociter. sed modice. vt. j. de offi. eius cui mā. ē iurisdi. l. i. in fi. ꝛ. l. fi. §. fi.

n Egatus. nō h3. si hēs ius h3. cōcor. j. de iudi. l. cum ptor. §. i. l3 cōtra. C. de iudi. a iudice. solpāle ē in legato ꝓcōsulis idq3 ex eo apparet. qr̄ intitulat̄ de offi. ꝓcō. ꝛ le. in ceteris nō reperit̄ de legato q̄quam vel h̄ post litem cōtē. sed similitudinem ꝓcuratoris ar. j. d̄ iurisd. om. iu. ꝛ q2 ꝛ. C. de ꝓcu. l. neq3 in fi. vel hic loq̄tur cum q̄s ad plures cās vel vniuersitatē ē delegatus vniuersaliter. ꝛ tūc d̄mandat vnā. vt. j. q̄s ꝛ a quo ap. l. i. in fi. si aūt ad vnā tm̄ illam nō d̄mādat alij idq3 ex co nitit̄ q2 si vniuersaliter delegatā h3 nō ꝑt totam demādare. sic nec iste. vt. j. de iurisd. om. iu. l. solet. nec ē correctum ꝑ

ri dicat̄. poterit de plano similiter ꝛ libertum nō obsequētem emēdare: aut verbis: aut fustium castigatione. Obseruare itaq3 eum o3. vt sit ordo[a] aliqs postulātium. s. vt oium[b] desideria andiātur: ne forte dum honori postulātium dat̄[c] vel iprobitati ceditur: mediocres desideria sua nō ꝓferāt: q2 aut oio non adhibuerūt[d] aduocatos aut minus frequētes: neq3 in aliqua dignitate positos aduocatos sibi ꝓspexerūt. Aduocatos quoq3 petēnb9 debebit[e] idulgere. Plerūq3 feminis vel pupillis: vel alias debilib9. vel his qui sue mētis nō sunt. Si quis eis petat: vel si nēo sit q petat vltro eis dare debebit. Sed ꝛ si quis per potentiam aduersarij non inuenire se aduocatum dicat: eque oportebit ei aduocatum dare. Ceteꝝ opp̄mi aliq̄ per aduersarij sui potētiam nō oportet. hoc enim ēt ad iuidia3[f] eius q ꝓuincie preest spectat. si qs tam potenter se gerat vt omnes metuant aduersus eum aduocationem suscipere. Que ēt oium cōia[g] presidium sunt: ꝛ debent ab his oib9 obseruari.

i Idem.

m Eminisse[h] oportebit vsq3 i aduētum successoris oia ōbere ꝓcōsulem agere: cum sit vnus ꝓcōsulatus[i] ꝛ vtilitas ꝓuincie exigat eē aliquem p quem negocia sua ꝓuinciales explicēt. Ergo ꝛ in aduētum successoris d̄bet ius[k] dicere. Legatum suum ne ante se[l] de prouincia dimittat ꝛ lege iul. repetūdarum ꝛ rescripto diui adriani ad calpburniu3 ruffi. ꝓconsulem achaie admonetur.

v Enuleius.

s Si q̄d erit[m] q̄ maiorē aiaduersionem exigat remittere legatus apud ꝓcōsule3 d3. neq3. n. aiaduertēdi vel cohercēdi vel atrociter verberādi ius h3.

p Aul9.

l Egatus[n] mādata sibi iurisdictione iudicis dandi ius non habet.

p Omp.

l Egati[o] ꝓcōsulis nihil ꝓpriu[p] hñt: nisi a ꝓcōsule eis mādata fuerit iurisdictio.

v Lpianus.

p Rocōsules[q] ñ amplius q̄ sex fascibus vtuntur.

autē. vt defun. seu fu. §. fi. col. vj. s. q̄ delegat9 ad vniuersitatē nō possit vnā litē subdelegare. q2 veꝝ dicim9 esse vt ter debeat audire cā3 si velit dare diffinitiuam sniam. alij libri hñt. hoc ius nō h3. ꝛ tūc cōcor. dcā lex. C. sed cōtra j. de iudi. lege cum ptor. §. i. sed solue illam ab ista. sicut soluisti istam ab alia C. scdm aliam lecturam.

l Licinius.

e T legati[r] ꝓcōsulu3 tutores dare possunt.

v Lpianus.

p Rocōsul portam rome igressus[s] deponit imperium[t].

De officio prefecti augustalis.

Prefectus	char.	19

v Lpianus.

p Refectus egypti[x] nō prius deponit prefectura3 ꝛ imperium quod ad similitudinem ꝓconsulis lege sub augusto ei datum ē: q̄ allexādriam[y] igressus sit successor eius l3 in prouinciam venerit ꝛ ita mādatis eius cōtinetur.

De officio presidis.

m Artianus.

n Omē p̄sidis[ꝛ] generale ē eo q̄ ꝛ ꝓcōsules ꝛ legati cesaris: ꝛ oēs ꝓuicias regētes: l3 sēatores sint p̄sides appellant̄: ꝓcōsulis[?] appellatio specialis ē.

v Lpia.

p Reses[ꝛ] ꝓuincie apud se adoptare pōt quēadmodū ꝛ emācipare filium: ꝛ manumittere s̄uu3 pōt.

p Aulus.

p Reses[s] ꝓuincie in sue ꝓuicie hoies tm̄ impium h3. Et hoc

o Egati. s. futuri.

p Proprij. imo ꝓpria3. vt. j. de of. ei9 cui mā. ē iu. l. cognitio. §. cū ꝓpria3. q̄ ē cōtra. so. expone vt ibi. vl̄ dic h3 ibi ꝓpriam post delegationē vt hic subjicit.

q Rocōsules. fascib9. i. vicib9 vel mēsib9. vt. s. de ori. iuris. l. iij. §. exactis in fi. illius. §.

r T legati dare pñt. imo vr̄ q̄ n̄. vt. j. de tu. ꝛ cu. da. ab his. nec mā. q̄ ē contra so. nō facit hoc ex delegatiōe ꝓcōsul. sed legis bñficio. vt. j de tute. mu. §. tutoris.

s Rocōsul. igressus. i. redeundo.

t Imperiū. q̄tum ad exercitiū ēt volūtarie. ꝛ ēt quātum ad isignia. vt. s. e. l. i. sed ptra vr̄ q2 roma cōis ē pria. vn̄ nō videbat̄ deposuisse iperiū q̄ si in sua esset ꝓuincia. vt. j. ad muni. l. roma.

u De officio p̄fecti augu. Hic spectabilis ē vt. C. de p̄ua. carcē. l. i. §. viro quoq3.

x Refect9 egypti. q̄ dr̄ augustal. q2 august9 p̄mū eū ibi ꝯstituit.

y Alexādriā. sed q̄re hoc. rñ de q2 alexādria metropolitana erat ciuitas in q̄ p̄fect9 cōseqbat̄ p̄fecturā. sicut ꝛ impator rome. añq̄ ergo ille cōseq̄ret̄ p̄fecturā. q̄d erat p igressum alexādrie. h̄ nō deponebat. vt. s. ti. i. l. meminisse.

z De officio p̄sidis. Hic de clarissimis icipit tractare. nā p̄ses ē clarissim9. vt. C. d̄ p̄ua. car. l. i.

ꝛ Omē p̄sidis. s. ꝓuicie. sed nomē p̄sidis nō addito ꝓuincie ē generalissimum.

? Et ꝓcōsulis. sed q̄ē dr̄a īter p̄sidem vt in hoc titulo accipit. ꝛ ꝓcōsulem. Rñdeo ꝓcōsul ex cōsulibus eligebat̄. ꝛ ad remotā ꝓuinciam regēdam mittebat̄ extra italiā. l3 p̄ses nō ex cōsulibus. vt sic a noīe argumētat̄. vt in istit. de dona. §. ē ꝛ aliud. ꝛ sic tribus mōis dr̄ p̄ses stricte. vt i hoc ti. largius vt hac lege largissime vt in glo. parua que recipit. s. ꝓuincie.

ꝛ Reses. seruū. ꝛ sic obtinet vicē duoꝝ. vt. s. de adop. si cōsul. ꝛ spāle ē in volūtaria iurisditiōe. alas secus vt. j. de pac. si plures.

s Reses. ꝓuatus ē quantum ad cōtentiosam iurisditionem exercēdam nō quātum ad volūtariam. vt. s. ti. ij. l. i. ꝛ. l. ij. itē hoc si volebat aliq̄d exequi extra ꝓuinciam puta dēmādare sniam executiōe re existente extra ꝓuinciam vel ītra p se sed p delegatum. sic pōt vt. s. de off. pre. vr. l. fi. q̄ nō pōt plusq̄ priuatus. vt. j. de bo. auc. iu. poss. cum vnus. §. pc. nō aūt dico si exierit vt ob hoc videat̄ in ꝓuincia amisisse impium vt dicūt valcones q̄ dicunt se nō teneri sub rege anglie. nisi ipē sit i vasconia. alas nolūt ei s̄uire. sed dicūt cū ꝓuatum ꝛ nō esse coꝝ regem. sed male itelligunt nā nō ē priuatus sicut nec sacerdos desinit. cui iterdr̄ offm̄. hoc tñ ē q̄ nō h3 exercitiū iurisditionis extra ꝓuinciam suam q2 in dicēdis sentētijs suis more suoꝝ maioꝝ d3 s̄uare. vt. s. de insti. ꝛ iur. lege pc. pōt tñ ꝛ d3 delegare etiā extra vt delegatus ĩfra puinciam cognoscat. vt dixi.s̄.de of.p̄.vr.l.fi.

a Extraneos.sed ⁊ sui dici possunt rõne delicti.vt.C.vbi de cri.agi.opor.l.l.i.⁊ in autē.qua in prouincia.⁊.C.vbi se.vel cla.l.i.

b Nec distinguit.sic nec nos distinguimus.vt.ĩ.de postu.lege impator.ar. cõtra.ĩ.de testi.q̄situm. Item argumentum q̄ rescripta large sũt iterp̄tanda sic ⁊.s̄.de offi.p̄fe.vrbis.l.i.§ initio.

3 In metallum.dr̄ in metallum dari q̄n magno põdere metalli p̄mitur.in opus metalli q̄n minori.vt.ĩ.de penis.l.aut dãnuz.§.iter eos.sed cur nõ multo magis h̄z ptãtē deportãdi ipo s̄cõ exequẽdo vt.ĩ.de legatis tertio.l.i.§.d̄portatos.cũ magis sit dãnari ĩ metallũ quã deportari cuz ex pria maxima ca.di.iterueniat ex s̄cda media.vt isti.d̄ ca.di.§.maria ⁊.§.media. Rñdeo h̄ forte cõtingit pp̄ ĩsulaꝝ assignatioez q̄ erãt ĩ pprio dñio principis. vñ cũ de/põtatio sine assigna tione ĩsule fieri non possit merito ĩ eo ex pectat iuss̄ p̄ncipis nisi sit maxim⁹ iudx.

dum in puincia est. nam si excesse/rit priuatus est. Nã iterdum impe/rium ⁊ aduersus extraneos[a] hoies: si q̄ in alium commiserint. nam ⁊ ĩ mandatis principuz est: vt curet is qui puincie preest: malis hoib⁹ p/uinciam purgare nec distinguit[b] vñ sint. v Vlpianus.

p Preses[c] puincie. maius impe/rium in ea puincia h̄z oibus põt principem. i Dez.

p Preses[d] puincie nõ magis tu/torem quã spãlem iudicẽ ipse se dare põt. i Dem.

i Illicitas[e] exactiões ⁊ violenti/as factas ⁊ extortas metu ven/ditiones ⁊ cautões: vel sine p̄cij nu/meratione phibeat[f] preses puĩcie. Item ne quis iniquuz lucrũ aut dãnum sentiat[g] preses puincie pro/uideat. Veritas[h] reruz erroribus gestorum nõ viciatur. Et ideo pre/ses puincie id sequatur quod cõue/nit eum sequi ex fide eorum que p/babuntur. Ne potentiores[i] vi/ri humiliores iiurijs afficiãt: ne ve/defensores[k] eorum calũniosis crimi/nibus ĩsectentur innocentes ad re/ligionem presidis puincie ptinet. Illicita ministeria[l] sub pretextu adiuuantium militares viros ad cõ/cutiendos[m] homines pcedentia p/hibere ⁊ deprehensa coercere pre/ses puincie curet: ⁊ sub specie tri/butorum illicitas exactiones fieri prohibeat. Neq3 licita negocia/tione aliquos phiberi[n]: neq3 phi/bita exerceri: neq3 innocentibus[o] penas irrogari ad solicitudinem su/am p̄ses puincie reuocet. Ne te/nuis[p] vite hoies sub pretextu aduẽ/tus officioꝝ: vel militum lumine[q] vnico vel breui suppellectili ad ali/orum vsus trãslatis iniurijs vexẽ/tur p̄ses puincie prouidebit. Ne quid sub nomine militũ: quod ad vtilitates eorum in communi nõ p/tinet: a quibusdam propria sibi cõ/moda inique vendicantibus com/mittatur: preses prouincie prouide/at. Sicuti[r] medico imputari euẽ/tus mortalitatis nõ debet[r] ita quod per imperitiam commisit imputari ei debet: pretextu[s] humane fragilita/tis[t] delictum decipientis[u] in pericu/lo hominis innoxium esse nõ deb3.

Qui vniuersas[x] puincias regũt ius gladij[y] habent: ⁊ in metallum[z] dandi eis potestas permissa est.

Preses prouincie[&] si mulctam quam irrogauit ex presentibus fa/cultatibus eorum: quibus eam ĩdi/xit: redigi non posse deprehende/rit: necessitatez solutionis modere/tur. Reprehensa[?] exactorum il/licita auaritia remissa propter iopi/am mulcta a prouincias regẽtibus exigi non debet. i Dem.

p Preses prouĩcie[℞] ĩspectis edi/ficijs dominos eorum causa cognita reficere ea compellat: ⁊ ad/uersus detractantem competenti[a] remedio deformitati[b] auxilium fe/rat. i Vlianus.

s Epe[c] audiui cesarem nostrum dicentem hac rescriptione eũ qui prouincie preest: adire potes. non imponi necessitatem procõsuli vel legato eius: vel presidi prouin/cie suscipiende cognitione. Sed eũ extimare debere: an ipse cogno-

c Preses.post principem vt.s̄.ti.s̄cdo. ⁊ ideo.

d Preses.dare p̄t.hoc dic vt.s̄.de of.pre.vr.l.fi.

e Illicitas.numeratione hoc refert tñ ad vẽditiones.

f Prohibeat.qd̄ cauet per totum titulum de dolo.⁊ pre/cipue in.l.arbitrio.⁊ qd̄ met⁹ ca.⁊ p̄cipue in.l.sicuti.§.pe/dius.⁊.l.fi.§.si iusto.⁊.§.fi. azo.

g Item.sentiat.vel dolo vl̄ facilitate.vt cauet p totuz ti. de mino.xxv.an.⁊ p̄cipue i.l. qd̄ si minor in fi.⁊.ĩ.ex q̄bus cau.ma.vel re ip̄a vt.C.de re sin.ven.l.ij.

h Veritas.pone casum ali/ud erat scriptum.aliud actũ. si ex fide testiũ q̄ pbãt appet q̄d ē actum.id seq̄tur vt h̄.⁊ C.plus valere qd̄ agit p totũ ti.itē pone exẽplum.vt.C.de erro.aduo.l.ij.item pone exẽ/plũ. vt.ĩ.fa.herc.si filia ĩ pn. ⁊ vt.ĩ.de nego.ge.item si cuz §.fi.⁊ de iu.om.iu.si p errorē ⁊.ĩ.ad municip.l.assũptio.⁊ s̄.de statu ho.iperator.⁊.ĩ.de reg.iur.l.si librarius.in eo er/go qd̄ dicit ex fide eoꝝ ⁊c̄. est arg.p Io.q̄ sm̄ allegata d3 iudex iudicare.nõ s̄cdm̄ p̄scie/tiam.sed.m.cõtra ⁊ p eo ē.ĩ. de fer.eadē in fi.⁊.ĩ.finiuz re/gun.si irruptione.§.fi.sed ibi vt iudici erat notum.secus si vt priuato.

i Ne potẽtiores humiliores largius appellat h̄ humiles q̄.C.de icest.nup.l.humilem

k Ne defensores.dupliciter lege hãc lr̄az.itē facit.ĩ.e.l.§. ne tenuis.

l Illicita ministeria.id ē mi/nistros.

m Cõcutiẽdos.occasiõe mi/litum q̄ licite mittebant.vt.s̄ de officio pcõ.lege quarta.§.i.pcedebãt q̄dam cum eis q̄ ĩferẽtes cõcussio/nes siue timores hoibus aliq̄ ab eis extorq̄bant.⁊ sic veniebant in vestimen/tis ouium.itus aũt erãt lupi rapaces.⁊ sic no.q̄ p̄textu liciti nõ d3 cõmitti il/licitum.vt.ĩ.e.l.§.ne tenuis.⁊.ĩ.de iureiurãdo.si duo.§.idem.⁊.C.q̄ le.pso.l. fi.⁊.C.de sacrosan.ec.q̄ sub pretextu.

n Neq3.phiberi.nisi in pena.vt h̄.⁊.ĩ.de penis.l.moris.⁊.s̄.de offi.pre.vr. l.i.§.⁊ vrbem.que sunt cõtra.

o Innocẽtibus.sancius.ē enim ⁊c̄.vt.ĩ.de penis.l.abñtem.

p Ne tenuis.officioꝝ.i.officialium.ac.

q Lumine.puta cãdela vna vel lucerna. vel dic q̄ p similitudinem loq̄tur. nam si ẽt porcellũ hẽat tenuis hõ tãquam oculum suum fouat illum.⁊ sic ĩ ali/is ẽt minimis.⁊ subijcit.⁊ fa.s̄.eadem le.§.illicita.ac.

r Sicuti nõ d3.nõ est in medico semp releuet vt eger. Item ⁊ alibi.⁊ si nõ p̄suadet orator ⁊ cetera.ac.

s Pretextu.nõ potes tuũ delictum p̄textu fragilitatis excusare.vt h̄.⁊.ĩ. ad legem aq̄l.si seruus suum.§.si fornic.

t Fragilitatis.quam asserit fuisse in egro.ac.

u Decipiẽtis.s.medici.ac.

x Qui vniuersas.i.vniuersi q̄ regunt puincias.s.p̄sides vel pcõsules vel q̄cũq3 sint.vt.s̄.e.l.i.secus in magistratibus municipalibus.vt.ĩ.de iu.om. iu.l.magistratibus.

y Ius gladij.qd̄ est merꝝ iperiuz.vt.ĩ.de iu.om.iu.l.impium.⁊ sic nõ q̄ cla/rissimi habent merꝝ iperium.multo magis spectabiles.multo plus illustres ⁊ supillustres.excipit p̄fectus augustalis q̄ l3 sit spectabilis tñ nõ h̄z merũ iperium.vt.C.de offi.pre.augu.l.ij.que ē cõtra.vel illud quãtuz ad iudices q̄ eis subsũt.vt in eos nõ hẽat merꝝ imperium.in alios aũt sic.vt hic dicit.ac.

& Preses puĩcie necessitatē.nõ rõne necessitatis penã re/mitti vt h̄ ⁊.C.d̄ mõ mulc.lege fi.ĩ fi.ali/as nõ minuit.vt.C. de penis lege penã ⁊.ĩ.de re iudi.lege qd̄ iussit.in fi.q̄ sunt cõtra.sic ⁊ satisdatõ remittit rõe necessi/tatis.vt.ĩ.si cui plus q̄.p legē fal.cũ non facile.⁊ necessitas appellãdi.vt.ĩ.mã. ⁊ si pcuratorem.§. si ignorãtes.sic si nõ iterest actoris quã/do remittitur pena vt.ĩ.siquis ĩ ius vo. lege s̄cda in fine.⁊.ĩ d̄ in ius vo.quãuis.

? Reprehensa. ali/as apprehẽsa.⁊ ali/as deprehensa ⁊ est casus.quia si fuit re/missa pena propter inopiam l3 fiat post/modum soluẽdo ta/men nõ debet iteꝝ exigi.⁊ hoc dicit re/prehensa ⁊c̄.secus ĩ colono.vt.ĩ.loca.si vno.itez secus ĩ eo qui cessit bonis.vt ĩ.de cess.bono.lege is qui bonis.

℞ Preses puin/cie.detractan/tē.i.inobedientem.

a Competenti. vt si quidem sint socij. ⁊ vnus velit reedificare.alij compellãtur.vt.ĩ.pro socio cum duo/bus.§.idem respõ.⁊.C.de edi.pri.si vt proponis.si aũt nõ sint socij idem ē.s.vt reficiantur.vt hic ⁊ plus.vt ẽt de nouo faciant h̄ si ta/men sint curiales.alias nõ cõstructio sed restructio precipit ⁊ de/structio ihibetur.vt h̄ ⁊.C.de edi.pri.singularum.⁊ de iur.r.p.l.fi. ⁊.ĩ.de leg.i.cetera in prin.

b Deformitati.q̄r ciuitas nõ d3 deformari.

c Epe.necessitatem.nam non quicquid iudicis potestati per/mittitur id subicijtur iuris necessitati ⁊c̄.vt hic ⁊.ĩ.de iudi.l. non quicquid.⁊.C.quomodo ⁊ quã.iu.l.i. Item hoc quando ver/bũ potes vt h̄ vel poteris.vt.ĩ.l.proxi.fuit propositum. quid au/tem si verbum debes.respon.ibi aliud dici potest.nam per verbũ potes liberam dat potestatem huic adeundi.⁊ ex quadam conse/quentia liberam dare videtur ei qui fuit aditus. sed econtrario c̄tria rõe in verbo debes.tu dic idem in vtroq3.at in voluntatibus vltimis omnia talia necessitatem important.vt.ĩ.de le.iij.l.fideicõ/missa.§.siq̄s ita. Item hic si sint directa verba ad hos q̄ petebant a principe.q̄d aũt si verba fuerint directa in ip̄m presidem. distigue an p verbum mãdo vt tunc delegare possit.an p̄cipio.⁊ tũc nõ. vt in autē.vt nulli iudi.§.⁊ h̄ vero iubemus.col.ix.⁊ sic distinguunt curiales dñi pape vel imperatoris.l3 ar.cõtra.ĩ.man.l.i.item ex eo quod h̄ dicit nõ impõi necessi.per hec verba ē ar.q̄ nõ iterp̄tatur rescriptum large vt ẽt cogat ad alteruz precise vel alternatiue co/gnoscẽdo vel delegãdo.⁊ sic ē cõtra.s̄.de cõsti.pn.l.fi.sed h̄ redde/retur iutile.cum forte ip̄e cognoscere nõ posset vnde sic exponitur vt ar.ĩ.de le.i.si q̄s.⁊.ĩ.ad mu.l.i.in fi.

Practica Baldi.

¶ Perutilis ac vere au-
rea Practica iuris vtriusq; monarche ac lu
minis dñi Baldi de Ubaldis de perusio
nõ solum aduocatis, verũ procuratoribus,
et alijs practicantibus summe necessaria:
cum additionibus domini Antonij de Cre
monte: que, preter primã, omnes textui in-
seruntur: & cũ pristinis apostillis clarissimi
J.U. doctoris dñi Celsi Hugonis dissuti,
nouissime cum adiectione nonnullorum titulorum in quibusdam antiquissimis exem
plaribus inuentorum, hactenus non impres
sorum: et cum Repertorio alphabetico.

¶ Aduertas lector: quia
Angelus in tractatu suo maleficiorum super verbo, ex interuallo: dicit Practicam
istam, seu mauis compendiosam: fuisse Tã
credi de corneto. Ego vero Baldi esse affir
mo: vt patet in pluribus eius locis: maxime
in prefatione ante Rubricam de iurisditio-
ne fo. iiij. & in questionibus circa appellatio
nem q. j. nu. ij. circa fi. illius questionis fo. l.

1541.

Ueneunt Ludguni, apud Stephanum
Malleotum: In vico mercuriali.

fol v. r [alphabeticum]

Iudex an teneatur supersedere si lite pendente accusator et reus inter se componant. in questionibus circa emergentia in causis.q.v.nu.i.fo.xxxviij.
Iudex appellationis an possit supplere condemnationem prioris iudicis si minus appareat condemnatus. in questionibus circa ap.q.iij.nu.i.fo.l.
Iudex auget et minuit penam a lege statutam.de off.iudi.nu.40.fo.iij.
Iudex debet esse diligens in examinatione cause.de offi.iudi.nume.4.fo.j.
Et habere summam equitatem ante oculos nuero.5.Et debet ex officio suo supplere si quid deest aduocatis partium.ibidem. nume.8.fo.ij.Et iudicare secundum allegata et probata.ibidem.nu.9.
Iudex debet ferre sententiam secundum veritatem legum et iustitiam.de offic.iud.nu.ii.fo.ij.Et si dubitet de iure: debet consulere peritiores.ibidem.nu.15.fo.ij.Et debet ex officio suo sententiam latam executioni mandare.ibidem.nu.16.Et debet aduertere ad ea: que dolo malo etiam maioribus in contractibus bone fidei facta sunt. ibidem. nu.37.f.iij.Et debet examinare an libellus oblatus sit recipiendus vel non.ibidem.nu.47.
Iudex debet respicere instrumenta probationis etiam in criminibus.in questionibus circa proba.q.j.nu.2.fo.xxviij.
Iudex debet ter citare siue sit ordinarius siue delegatus. in questionibus de cita. et dila.q.xij.nu.10.fo.xiij.
Iudex delegatus non potest citare: nisi sua commissio in citatione contineatur.in.q. de cita.et dila.q.xij.nu.2.fo.eodem.
Iudex et accusator nullus potest esse in eadem causa. in questionibus circa notorium.q.vj.nu.2.fo.xxvj.
Iudex ex causa prorogat: et arctat.de off.iud. nu.42.fo.ij.et nume.43.
→ Iudex ex officio suo facit interrogationes vbicunque in iudicio ipsum equitas monet.de officio iudi.nu.46.fo.iij.
Iudex existimat nunquid quis sit in dolo vel lata culpa.de offic.iudi.nu.30.fo.iij.
Iudex in dubio eligit.de of.iu.nu.32.fo.iij.
Iudex in pena extraordinaria criminum non potest penam imponere corporaliter sanguinis.de extraordinarijs questionibus. in rub.nu.4.fo.lxxij.
Iudex interpretatur voluntatem defuncti quando est dubia.de offic.iudi.nu.34.fo.iij.
Iudex interpretatur quid sit modicum tempus vel multum.de offi.iu.nu.34.fo.iij.
Iudex loci in quo extraneus commisit tertium furtum: an possit eum de furtis alibi commissis punire.in questione.de iurisd.q.iiij.nu.1.fo.vj.
Iudex non debet esse procliuus ad proferendam sententiam.de offi.iudi.nu.14.fo.ij.
Iudex non debet ferre duplicem sententiam in eodem negotio.in questione. circa sententiam.q.j.nu.4.fo.xl.
Iudex non potest abbreuiare seu minuere tempus decem dierum datum ad appellandum: nec tempus concessum ad petendum restitutionem. in questionibus circa appellationes.q.iij.nu.5.fo.l.
Iudex non potest sententiam interlocutoriam post decem dies sine licentia eius pro quo lata est reuocare. in questione. circa appellationem.q.iij.nu.8.fo.lj.
Iudex potest declarare suam sententiam et eam interpretari.de offi.iudi.nu.12.fo.ij.
Iudex potest extra territorium exercere iurisditionem voluntariam. in questionibus de iurisdi.q.x.nu.4.fo.viij.
Iudex prouincialis non tenetur reum fugientem remittere ad locum delicti ibi puniendum. in questionibus de iurisdi.q.vj.nu.4.f.vij.
Iudex qualiter se debeat habere ad testium receptionem.de offi.iudi.nu.7.fo.ij.
Iudex qui iudicaturus est populo debet vti diuersis cautelis.de caute.et remed.in rub.nu.2.fo.lxxxij.
Et debet semper inuigilare commodis subiectorum ibidem num.3.Et manus suas excutere ab omni munere.ibidem nu.4.
Iudex si dederit minorem terminum quam sit a iure statutum suppletur a lege.in questione.de cita.et dila.q.xvj.nume.2.fo.xiiij.
Iudex si se obtulit dare saluum conductum et securitatem ad comparendum coram eo defendere: quid operetur ista securitas.in questionibus circa emergentia in causis.q.iij.nu.2.fo.xxxviij.
Iudex viso instrumento in quo appareat de pacto ingrediendi facto creditori an poterit reo absente et irrequisito autoritatem prebere creditori: vt de sua licentia tenutam faciat: et capiat iuxta formam instrumenti: in questione.circa statu.q.xxiiij.nu.4.f.lxxix.
Iudicis que sint partes quando ab eo fru

de verbo. oblig. l. si seruum. §. sequitur. † Item iudex debet testes secreto examinare et eorum depositiones secreto recipere: vt not. in. l. si quãdo. C. de test. et. l. nullũ. eod. tit. et eos variantes et falsa dicentes et fraude nõ carentes punire: vel ordinaria pena. l. cornel. de falsis. vel. l. extraord. officio iudicis et eius motu vel occasione: vt ff. de test. l. si qui varia. C. de test. l. nullũ. vl ti. rñ. ¶ † Circa quorũ testiũ receptionẽ dz habere iudex inuigilãtiã in eis inspecta eorũ qualitate: cõditione: etate: discretione: fama: fortuna: et fide vñ solet dici etas: cõditio: qualitas discretio: fama. Et fortuna fides in testibus ista requires: et predicta colliguntur. ff. de testi. l. ij. et. iij. in prin. vsqz ad. §. l. iul. et pluribus legibus sequẽ. Et potest iudex arbitrio suo facere: vt ꝑducantur testes de vna ciuitate in aliam: vt not. in auk. de testa. §. et qm̃ sancimus. coll. vij. et. c. de fide instrumẽ. l. iudices. et si eos in criminalibus vacillare inuenerit: vbi maius periculum vertit. C. de ap. l. ad dictos. potest eos tormentis subijcere: vt in auk. de test. §. in crialibus. et. ff. de qõ. l. vnus. §. testib. et. l. ex liberto. §. testis. j. rñ. Item si inueniet eos festinare ad veritatem. vt in. d. auk. de testi. §. si vero ignoti. et hoc maxime si testes sunt ignoti et viles. et facit eo. titu. §. hoc autem. ¶ † Preterea iudex ex officio suo habet de iure supplere si quid deest aduocatis partiuz seu litigantibus et id proferre quod scit legibus et iuri publico conuenire: vt. C. vt que desunt aduoca. par. iudex sup. in rubro et nigro. de facto autem supplere: vel proferre non habet: nisi ei notum sit vt iudici: vt. d. l. no. et tunc secundũ illud põt iudicare et illud attendere: vt. C. qui et adner. quos. l. j. in. j. gloss. et hoc etiam si non ꝓbetur ab aliqua parte: vt ibi. facit. ff. de actio. emp. l. j. in vlti. rñ. Predictorum autem rationem: qm̃ ius certũ et finitum est facti autẽ interpretatio plerunqz etiã prudentissimos fallit. ff. de iuris et facti igno. l. iij. nam omnia facta sunt incerta. ff. de verborum obligationib. l. vbi autem. §. id quod. † Insuper iudex habet iudicare secũdum allegata et probatã: vt nota. ff. de in litem iuran. l. ij. in gloss. vltima. et de offic. presid. l. illicitas. §. veritas. et institu. de actio. §. si minus. facit. ff. de ferijs. l. ij. in glo. penultima. et habes nota. extra de offi. ordina. c. j. Et potest iudex sententiã ferre contra ius litigatoris: et tenet sententia: vt. ff. de iusti. et iur. l. penultima. §. pretor. et. C. quando prouocare non est necesse. l. ij. et de mune. patri. l. non videtur. lib. et hoc nisi sententia remedio appellationis rescindatur: alias infringitur: vt dictis legibus. quando prouocare non est nece. et de muneri. patri. nam per appellationem extinguitur pronũtiatum. ff. ad turpillia. l. j. §. vltimo. et no. ff. nil noua. appella. pen-

10 dente. l. vna. † Et habet quis appellare a sententia quam putat iniquam eadem die: si velit appellare viua voce: et hoc modo apud acta dicat: appello. licet iudex surrexerit et etiam horis interpositis: vt. ff. de appellationib. l. ij. et. de in integrum restitu. l. diuus. et argumẽ. ff. de adulterijs. l. quod ait lex. vltimo responso. vel intra decem dies. et tunc in scriptis: vt in autẽ. de appellationib. et intra que tempora. §.

11 j. collati. iiij. ¶ † Preterea habet iudex sententiam ferre secũdum veritatem legum et iustitiam: vt in autenti. iusiurand. quod prestatur ab. circa finẽ. colum. secunda. et C. de senten. et interlo. om. iudi. l. nemo. vltimo responso. et de institu. l. rem non nouam. §. j. sciturus iudex: quod non magis iudicat alios: qꝫ ipse iudicabitur: vt. d. l. rem non nouam. vnde non debet esse immemor sue salutis eterne. C. ad. l. iuliã. re-

12 petun. l. fina. ¶ † Item potest iudex suã sententiam declarare: et eam interpretari. ff. de testib. l. heredes palam. §. j. et. C. commi. vel episto. l. ea que. vel etiam emẽdare: vt in grammatica et actorum verbis: tenore sententie semper perseuerato: vt ff. de re iudica. l. actorum mutare autem non potest: vel corrigere. vt. C. de senten. ex pericu. recit. l. secunda. ff. de re iudi. l. quod iussit. vltim. respõso. et hoc in diffinitiua: in interlocutoria autem secus: vt d. l. quod iussit. j. responso. et. ff. de arbit. l. diem. vltim. respon.

13 ¶ † Item potest iudex pronuntiare eadeꝫ die super consequentibꝰ viam statutorũ per sententiam: vt super fructibus expensis et similibus accessorijs ad causam expectantibus: vt. ff. de re iudica. l. pau-

et quãdo nõ. vt. ff. de verb. obli. l. si ita qs §. sola. in fi. z. l. interdũ. §. fi. et. l. si seruũ. §.
41 sequitur. † Ite. iudex interpretatur qd sit modicum. tps vel multũ. vt. ff. de arbi. l. itẽ post quinquẽniũ. z. §. si quis cau. l. z si post tres. z. ff. de superficie lega. l. j. §.
42 ait. in glo. sed vtilis z ibi notat. ¶ † Itez iudex ex cã tẽpus prorogat: z artat. l. ij. ff. de re iudi. z ibi notat. ¶ Itez iudex ex officio suo statuit tps a iure ñ statutũ. ff. de iure delibe. l. j. in fi. fa. ff. de lega. l. j. gl. vt differãt. in autẽ. de fideic. §. j. in gl. sex mensiũ. colũ. j. z institu de inuti. stipu. §. fi. z fere semper tẽpus. x. dierũ iudex statuit. vt not. insti. de inuti. stipu. §. pure. facit. ff. de constit. pecu. l. promissor stichi.
43 ¶ Itẽ † ex officio iudex diẽ statutã a partibus moderat z artat in exhibitione facienda z etiã diẽ statuit nõ statutã: vt. ff. qui satisd. cogã. l. de die. j. rñ. ff. de dãno infe. l. iiij. §. j. idẽ iuris erit in termino: q inter partes ordinatur: alias stabilitur. ff. de re iudi. l. quod iussit. §. arbiter. l. arbiter. §. fi. de ar. l. si opus. ff. de oper. nou.
44 nun. c. cum cessante. extra de ap. † Item iudex arbitrio suo dilationẽ sacramenti format: si sit dubiũ inter partes: ispecta rerũ z personarũ diuersitate z qualitate ff. de iuris. om. iu. l. iusiurandũ z ad pecunias. ff. si de qlitate. z. §. nõ semp qd valet zc. etiã in articulis super dubijs que-
45 stionũ formãdis. ¶ † Itez iudicis officio petitur fm decretũ interponi in actionibus personalibus. vt no. ff. de dam. infe.
→ 46 l. si finita. § si plures. ¶ † Item iudex ex officio suo interrogationes facit vbicũq in iudicio ipsum equitas monet. l. vbi-
47 cunq. ff. de interro. ac. ¶ † Preterea iudex hz examinare vtrũ libellus oblatus sit recipiẽdus: vel nõ. vt no. ff. de offi. assesso. l. j. z. C. nemo priua. l. ij. Nã si iudex viderit aliqd rescriptũ: vel instrumentũ vel acta: vel qd aliud susceptũ ereptum est manib⁹ pducentis: poterit retinere donec veritas eruat. ar. C. de sacri. paga. z eorũ tẽp. l. sicut. Itẽ officio iudicis admittit diligentius z eximit seruato ordine iuris. ff. de verb. pos. cõtra ta. l. si post
48 mortẽ. §. fi. ¶ † Itẽ officio iudicis heres rogat⁹ cogit restituere: vt. ff. si qs omiss. cau. test. l. si qs omissa. retenta tñ trebellianica: q demũ locũ hz qñ qs cogitur: vt heres: nõ als. ff. ad treb. l. mulier. §. fin.
49 ¶ Itẽ † officio iudicis trebellianica rescindit: z si incertũ sit. an locus sit falcidie: cautio pstat de ea reddẽda. ff. de here. insti. l. ex facto. qd not. singlr. Itez officio iudicis eligit bon⁹ vir an seruus liber esse iussus rõnes reddiderit: z qd dz deponat: z hoc cũ heres abest iusta causa ptor pnũtiat q seru⁹ dz. ff. de fideic. li.
50 l. si pater. §. si sticho. ¶ † Itẽ offõ iudicis tẽp⁹ modicũ indulget mulieri ad cauẽduz de re mariti: quã ipm cõmodauit inueniẽda: si poterit z restituẽda: vel actione cedenda. ff. solu. ma. l. si constante. §. si
51 vxor. ¶ † Itẽ offõ iudicis cogunt testes venire ad testificandũ remedio pretoris ff. queadmodũ te. ape. l. cum ab initio. et hoc si non sint ibi officiales pñtes vel tabellio: als mittit ad eos vt co. titu. si qs
52 ex signatorib⁹. qd no. ¶ † Insup officiũ iudicis vertit an vetus exceptio det destruenti sua ppria autoritate op⁹ qd vi aut clã factũ est qd qdẽ licitũ est si incontinenti fiat: vel copia iudicis hri non pot vtrũ ei⁹ authoritate destruat: vel si enorme dãnum qs patiat. ff. qd vi aut clã. l. si quis fecerit. §. bellissime. Nã nõ lz qd ppria autoritate facere. ff. qd vi aut clam. l. j. §. j. ff. qd me. cau. l. extat. C. vnde vi. l. si quis in tãtã. z de iudi. null⁹. ¶ Itẽ officio iudicis qdã petũtur eqtate inspecta: iuris rigore omisso. q quidẽ equitas oritur ex aliq necessitate. z hoc pbat. C. de ope. lib. l. j. vlti. rñ. z pro hoc fa. extra de obseruatione ieiuniorum. c. ij. §. vlti. z. c. fina.
53 ¶ † Item officio iudicis quedam fiunt cã veritatis inquirende. que de iure communi sunt prohibita. Naz prohibentur agnati z cognati vsq ad. iiij. z. vj. gradum testificari in criminalib⁹. l. nullũ. C. de testamen. z. ff. de testibus. l. iulia. et ibi no. ¶ Itẽ in domesticis personis z familiaribus in quibus iudex ex officio suo poterit veritatẽ requirere: cũ veritatem habeat requirere oibus modis quibus põt. ar. si qs cau. l. eũ. j. rñ. C. de liber. cau. l. nec omissa. z de eden. l. is apud quẽ. de preci. impe. offe. l. j. z de qd. l. interrogari lz tales persone de iure se valeant excusare. z ppter consanguinitatẽ seu parentelam: z ppter suspitionẽ euitãdã. vt. C. de excu. tu. l. humanitatis. z fa. quod no.

BARTOLI A SAXO FERRATO

IN PRIMAM ff. VETERIS PARTEM.

Commentaria:

Quibus præter Alex. Barb. Seiſſell. Pom. Nicelli & aliorum Adnotationes & contrarietatum Conciliationes,

Acceſſerunt nouiſſimè Excellentiſſimorum virorum Caſſiani Putei, primi In Pedemontano Senatu Præſidis, Guidonis Pancirolij, & Bernardi Trotti, in Taurinenſi Academia hora veſpertina ex ordine iura enodantium, fertiliſſimæ lucubrationes: quarum ope, non modo quænam ſint receptiores ſententiæ quiſque facilè intelliget, ſed minimo labore, quicquid in unaquaq; materia utile, ac neceſſarium fuerit, tanquam in refertiſſima penu, repoſitum inueniet.

Adhibita eſt etiam extrema (ut ita dicam) correctionis manus. nam ſumma fide, ſtudio, & diligentia, loci infiniti ſunt ab erroribus & tenebris vindicati, & ſuo nitori reſtituti. vt diligens lector uel primo ut aiunt aſpectu, cognoſcere poterit.

Cum Summi Pont. Cæſ. Maieſt. Galliarum, & Hiſpaniarum Reg. Priuilegijs.

AVGVSTAE TAVRINORVM.
Apud Nicolaum Beuilaquam. MDLXXIIII.

adde,ꝙ plene no.per In. in c.allegato. Sequit̃ in gl, ſm aliam lect.
dic ꝓut hẽs literã negatiuã,quod intellige non ſubdelegat uniuer
ſitatẽ cãrum. Vel intellige ut nõ ſubdeleget cãm.ſ.noĩatim ſibi de
mandatã inter cæteras,quaſi in ea ſit delegatus, ut ad certam cãm,
non ad uniuerſitatẽ cauſarum,ut.infra de uerb. ob. l.doli clauſula.

LEX XIII.

Legati. No.ꝑ eo.ꝙ dixi in l.meminiſſe.s̃.eo.ꝙ non dr̃ officiũ finitũ,niſi aduenerit ſucceſſor,& hoc ẽt ſi nõ ſit
ꝯfirmatus.¶Op.ad hoc ꝙ dr̃,ꝙ non hẽt propriũ ꝯ.l.j.§.qui mã-
datã.ĩ.de of.eius cui man.eſt iuriſdõ.Sol. ut ibi not. quia propriũ
non habet ordinarium,ut hic,ſed delegatum habet, ut ibi dicitur.

LEX XVI.

1 *Archypresbyter,qui ex conſuetudine habet oblationes factas in die domi*
nica,& ſacriſta in die ſancti Laurentij ſi dies ſancti Laurentij uenerit in
die dominica, habebit archypresbyter oblationes,non ſacriſta.
2 *Iuriſdictionem minor propter aduentum maioris, non amittit.*
3 *Epiſcopus propter aduentum legati cardinalis, non amittit iuriſdictionẽ.*

a Proconſul. [a]Allegat̃ hæc lex, ad quæſtionẽ.[b] Cõſuetudo
b †eſt in eccl̃ia sãcti Laurẽtij, ꝙ Archipsbyter
1 hẽat oblationes dñicales, & ſacriſta eas q̃ fiunt in feſto ſcĩ Laurẽtij
Cõtingit ꝙ feſtũ ſancti Laurẽtij uenit in die dñico, & ꝯcludit ꝙ ob
lationes ſunt archipresbyteri. Nã maior eſt dñica q̃ aliud feſtũ, &
inſpicit̃ potius ꝙ eſt nãle q̃ ꝙ eſt accidẽtale,arg.l.iij.§.1. ĩ.de tute.
& ſic potius inſpicit̃ dies dñica,q̃ feſtũ ſancti Laurẽtij. Facit ad idẽ
c l.dies feſtos.C.de fer.Itẽ inducit̃ [c] in ar. [d] ad qõnẽ † ꝙ minor iudex
d ꝑꝑ ꝑſentiã maioris,amittat ſuã iuriſdõnẽ.Cõtra tñ eſt in aut. de de
2 fen.ciui.§.nulla.ubi defenſor nõ amittit iuriſdictionẽ. ꝑꝑ ꝑſentiã
ꝑſidis. Ad idẽ.l.cunctos. C. de metatis, & epidemeticis,lib.12.Et
3 hæc ualent, † q̃a ſi ueniũt hic cardinales legati, ꝙ eps̃ nihilominus
nõ amittat iuriſdictionẽ ſuã,ut no.in d.l.cũctos. Dixi etiã in l.iij.§.
c ſi tã uicinum.infra de dam. infec. Quid autem [c] de iure canonico,
uide in c.uolentes.extra de offi.leg. Et dic ut ibi dicitur.

ADDITIONES.

a Pom. ¶ Proconſul. Vide Are.in l.b ſeruus plurium.§ fi.ĩ. de leg.1. Ale.l.ſi quis
poſthumos in prin.de lib.& poſth.
b ¶ Ad q.Sed Bal.poſt Cy.in l.iii.§ j.ĩ.de tut.vr̃ tenere,ꝙ debeat diuidi illud lucrũ. Vide Cy.in d.l.dies feſtos,& Cy.& Imo.in d.l. qui ſolidum. §. cum poſt de
le.2.quæ ſcripſi in l.ſi ita ſcriptum. de lib. & poſth.
c ¶ Item inducit̃.Adde Car.in c.fi.de fer.ubi aliter loquit̃. Ego cõtra bar.allega-
ui Gul.& bal.hic,& Ro.quia ſi põt uti iuriſdictione preſente iure, & ſic conſe-
qui commodum,eodẽ mõ põt colligere oblationes. Et uide gl. in c.deniq;.21.
diſt in l.nihil.C.de pala.fac.lar.li.12.& uide q̃ ibi remiſi. gl. in l. cunctos,hic allegata. And.Barb.
d Pariſ ¶ Item inducitur in ar.ad qõnem.uide Ber.in c. uolentes. de off.delegat.
e Poma. ¶ Quid autem. Vide Barb.conſi.45.2.uol.

De officio præfecti auguſtalis. Rub.

LEX VNICA.

Præfectus. Præfectus auguſtalis, eo ipſo imperiũ amittit,
ꝙ ſucceſſor ĩtrauit Alexãdriã.h.d.uſq; ad finẽ.

De officio præſidis. Rub.

LEX PRIMA.

Nomen. Appellatione præſidis continetur quicũ
que rector prouinciȩ,& apud ſe, talis ꝑ-
ſes poteſt manumittere,h.d.cum l.ſeq.

LEX III.

1 *Forum quis ſortitur ratione delicti.*
2 *Iudex extra prouinciam, non habet iuriſdictionem.*
3 *Lex ubi non diſtinguit,quando diſtinguamus.*
4 *Iudex ſubditum de delicto per eũ commiſſo extra prouinciã punire põt.*

Præſes. Præſes prouinciæ cognoſcit de criminib. in ſua pro
uincia,per quoſcunq, commiſſis & eos punit, donec
eſt in prouincia.h. d. uſq; ad fi.In tex. ibi, priuatus eſt quantum ad
1 exercitium.¶†No.ꝙ dixi in ſummario ꝙ ratione delicti quis ſor
tit̃ forum, ut l.j.& in aut.qua in ꝓuincia. C.ubi de cri. agi opor. &
2 ꝙ ubi.l.nõ diſtinguit,nec nos diſtinguemus.Dicitur hic,ꝙ † habet̃
ꝓ perſona priuata,quãdo eſt extra ſuã ꝓuinciã. Cõtra de le.2.s̃.de
offic.procon.Solu.quãtũ ad iuriſdõnem contentioſam, habetur
pro priuata,ut hic,non quantum ad uoluntariam, ut in cõtrario.
Op.ad hãc ſol.de l.fi.s̃.de offi.præfe. urb. Sol. etiam in contentio-
ſa,licet ſit extra prouinciam poteſt inhibere,uel iubere alium iudi
care,ut in ꝯtrario,nõ tñ habet exercitiũ iuriſdictionis cõtentioſæ
ut hic,& allegat̃ pro quæſtione,ꝙ iudex maleficiorum, licet ſit ex
tra prouinciam,habet iuriſdictionem, non tamen eius exercitiũ.
a ¶Opp.[a] †dr̃ hic, ꝙ nos non diſtinguemus ubi lex.non diſtinguit.
3 ꝯ.l.q̃ſitum.ĩ.de teſti. So.dico ꝙ ſi lex indiſtincte loquens diſtingui
tur per aliã legẽ,& tũc ꝑ eã diſtinguemus, nõ alr̃, ut hic.¶†Quæro
4 hic dr̃,ꝙ hẽt cognitionẽ in hoĩes ſuæ prouinciæ, quid ſi ſubiectus
iſtius prouinciæ non delinquit ĩ ſuã ꝓuincia ſed alibi,an poterit in
ſua ꝓuincia puniri Et vr̃ ꝙ non: quia debet puniri in loco delicti,
ut in d.auth.qua in ꝓuincia. Vñ in loco domicilij non debet puniri,ne pro eodem delicto,bis puniatur,ut.ĩ.nau.cau.ſta.l.j.In ꝯrium
eſt ueritas. Nã & accuſari põt corã iudice ſuo de ſuo delicto & pu-
nirj,ut.ĩ.de interdi.& rele.l.relegatorũ.§.interdicere. & ibi not.&
eſt text.in l.j. C.ubi de cri. agi opor. Sed nunquid iudex poterit de
hoc inquirere,licet ſit alibi commiſſum. De hoc dicã.ĩ.de iur.om.
iud.l.extra territorium. Et an ſecundum ſtatutum eius loci puniatur; hanc quæſtionem diſputauit Cy.in ciuitate Senarum.

ADDITIO.

a Poma. ¶ Opp.Vide Iaſ.in l.quamuis.ĩ.de in ius uoc.

LEX VI.

a Illicitas. [a]No.q̃ pertinent ad ꝑſidẽ. Quæro dicit ſtatutũ,[b] ꝙ
b iudex de facto dẽt reſcindere uendõnes factas ꝑ mi
nores:poſt hoc ſtatutũ,factæ ſunt multæ uenditiones.& ẽt poſt ingreſſum officij ſui, an eas poterit de facto reſcindere: Et vr̃ ꝙ non,
q̃a hic dicit factas nõ faciendas. In ꝯriũ eſt ueritas. q̃a intelligit̃ ẽt
de factis poſt ſtatutũ. Alĩs lex eſt modici effectus. Nã legis eſt, ad fu-
tura trahi,nõ ad præterita,ut.l.leges. de legib.& no.in l.unica.ĩ.de
condictio.ex lege.ubi exponit,ſit,id eſt,erit, & quia ſemper lex loquitur ſecundum dominum meum,ut.l.Arriani.C.de hæreti.

ADDITIONES.

a Poma. ¶ Illicitas. Vide Fel.in ſimili in c.2.uer.amplia.3.de conſtitu.
b ✱ Statutũ. Adde ꝙ uerba ſtatuti ꝑteriti t̃pis intelligunt̃ ẽt in futurũ, bart.in l.
uerbum oportebit in fi.ff.de uer.ſign. id tamen non comprehenditur de propria
ſignificatione,ut no.in l.ſi quis id quod infra.de iur.om.iud. PVT.

a §.Veritas. [a]Allegat̃ ꝙ iudex debet iudicare ſm allegata, &
b ꝓbata,[b] nõ aũt [c] ſm ꝯſcĩam.Opp.ad hoc de l.ſi ir
c ruptione.ĩ.fi.regũ.& l.ij.in fi.ĩ.de fur.Sol. Aut id qđ iudex hẽt in
ꝯſcĩa,eſt notũ ſibi ut iudici,aut tanq̃ priua.ꝑſonæ. Primo caſu, ſm
ꝯſcĩam ſuã iudicat informatus ex actis, corã eo, Et ita põt intelligi
1 hic. Aliàs ſi ut priuatæ perſonæ eſt ſibi notũ,tunc non † põt iudica
2 re ſm conſcientiam,† ſed ſecũdum ꝓbationes ſibi factas. Et de hoc
no.in c.2.extra de officio ordina. ubi ſi iudex iudicat ſm legem,nõ
peccat,licet contrarium cognoſcat, ut no.per Cyn.in l.j.C.ut quæ
deſunt aduo.Et ſigna hanc glo.& tene menti.

ADDITIONES.

a Poma. ¶ Veritas. Vide Iaſ.in §.ſi minus.Inſti.de actio. ubi ponit etiam quid in
criminalibus.uide per Mod.l.j.C.ut quæ deſunt aduocatis.& Imo.conſi.23.
Pariſ. ¶ No.tñ ꝙ iudex põt ſe fundare,ad iudicandũ, ẽt ex ꝯfeſsione facta corã
eo,uiua uoce,licet nõ ſit redacta in ſcriptis,Bal.in l.j.C.de manumiſ.uin. quẽ re
fert Fel.in c.cũ uenerabilis,extra de excep.Alex.in l.ſi is ad quẽ.ĩ.de acq.hær.&
Fel.in c.paſtoralis.in §.uero.de offi.deleg.uide Iaſ.in l.ij.ĩ.de in litem iurand.
b ¶ Allegata & probata. Vide Ant.& Imo.in d.c.1. per Io.cal.in c.paſtoralis.de
offi.dele.adde Bal.in l.j.C.de uindi. & apud conſ.manu. & quæ dixi poſt Bart.in
l.j.C.ut q̃ deſunt aduo.& Spe.in ti.de ſen.§.qualiter.uer.2. Et iſta faciunt ad qõ
nem,capitaneus uidit duos rixantes a feneſtra,ſi non mittit familiã, põt priua-
ri officio. Et hæc eſt iuſta cã priuationis,ut no.Bal.in l.j §.qui es. s̃.de offic.ꝑfec.
urb.alleg.dictũ Cyn. in l.ſi ſeruus. C.de noxa.ꝙ dictũ loquitur in patre,in ꝑtãte
habente filium rixoſum, quo caſu ſi non prouideat, põt licite ab officio repelli.
facit ꝙ no.Bar.in l.j.in fi.s̃.de his qui ſunt ſui uel alie.iur.Et utrum ex hoc poſsit
puniri Gui.de Suza.in l.j.C.ut quæ deſunt aduo.Bal.in l.nullus. C.de ſum.tri.&
fide catho.Ang.in l.ij.s̃.de his qui ſunt ſui uel ali.iu.
c ¶ Non autem. Ad illud an iudex teneat̃ iudicare ſm conſcientiã.uide Flo. in l.ſi
irruptione.ad fi.ĩ.fi.re.& ꝙ no.in l.ea.ĩ.de fer.C.de admi.tu.l.tutores.1. q.7.c.iu
dicet.2.q.1.c.ſi peccauerit.§.qñ uero.Et iſtud procedit,in iuriſdic.contentioſa,
in uoluntaria aũt põt. Ita intelligit̃ gl.l.bonorũ.C.qui admit.uide Io. And.in ti.
de diſp.& alleg.§.fi.uide Ang.& Io.in l.a diuo Pio.§.j.ĩ.de re iudi. Et quod not.
in c ſi ſacerdos.de offi.ordi.& adde Io.cal.c.paſtoralis § quia uero.de offi. deleg.
qũo rñdet ad iſtũ tex. A. B. ✱ Pro declaratione tñ huius §.uide Bal.in l.ſi ir-
ruptione.ff.fin.reg.& iudex qui iudicare debet ſm ꝯſcientiã: q̃ ꝯſcientiã ſequi de
beat?uide Iaſ.in l.certi iuris.C.de iudi.& limita hunc tex. nõ hr̃e locũ in his quæ
ſunt uoluntariæ iuriſdictionis,quia tunc attendit̃ magis ueritas quã ꝓbatio, ſm
Bal.in auth.matri & auiæ.in fi.C.qñ mul.tut.off.fung.poſſ. ſecus in ijs q̃ ſunt cõ
tentioſæ iuriſd, & an & qñ iudex iudicet ſm conſcientiam uel ſecundum ueríta-
tem actorum: Abb.in c.paſtoralis de off.deleg. PVT.
† Claud. ¶ Conſcientiã Et quotuplex ſit conſcientia,ponit Bal.in l.fi.uer. no.tũ,
ꝙ triplex.C.de pœn.iud.qui mal.iudic.& quid ſit ꝯſcientia, tradit in c.niſi cum
pridem.de renun.& ibi etiam ponit,quid ſi iudex dicat, ſecutus meam conſcien
tiam ita pronuncio,quòd non ualet.Et idem dicit in teſte ita deponente.

1 *Officium iudicis,timens ab alio offendi, poteſt implorare, vt ſibi præſtetur*
ſecuritas.
2 *Securitas quid ſit,& legitimum præſidium.*
3 *Securitas quotupliciter præſtetur.*
4 *Securitas,debet præſtari,& cum fideiuſſoribus & ſine, inſpecta qualitate*
præſtare debentis.
5 *Securitatem præſtare debens de non me offendendo, debet etiam præſtare*
pro amicis & cõplicibus meis, & ꝙ ipſe nec complices ſui me offendent.
6 *Promittens non offendere,ſi offendit extra territorium,tenetur.*
7 *Securitas præſtita de me non offendendo,durat arbitrio iudicis.*
8 *Iudex põt concedere lĩam timenti, vt ſecũ ducat familiares & ſeruiẽtes.*
9 *Securitatis præſtitæ alicui de nõ offendẽdo effectus, eſt ꝙ acrius puniatur.*

§.Nepo-

TRACTATVS
DE TESTIBVS
PROBANDIS, VEL REPROBANDIS VARIORVM AVTHORVM,

Et quidem omnium, qui his de rebus quicquam memorabile hactenus commentati ſunt:

QVORVM NOMINA
octaua pagina deſcribuntur,

MVLTO' REPVRGATIORES, ET ENVCLEATIORES:
quibus ſummæ rerum memoria dignarum ſuo quæque loco, atque Index longè locupletiſſimus, aſcriptus eſt.

PER IOANNEM BAPTISTAM ZILETVM
Venetum I. V. D. in lucem editi.

VENETIIS,
Apud Iacobum Simbenum, Curante Vincentio de Stephanis. M D LXVIII.

Iudæus testificatur contra consentientem, quod contra ipsum in testem producatur. Ioan. Crot. nu. 139. fol. 615
Iudæi coram iudice laico non possunt in testes produci. Albe. de Malet. n. 13. fo. 381
Iudæi nuper ad fidē conuersi, non possunt inter Christianos ad officia publica promoueri. Ioann. Crot. numero 99. fol. 596
¶ Iudex quilibet potest testem uacillantem, & falsum deponentem punire, cuiuscunque fori, testis ille fuerit. Nepos de Monte Albano. nu. 119. fol. 12
Iudex testem interrogare debet, an sit criminosus, uel partis amicus, uel inimicus. Nepos de Mōte Albano n. 136. f. 14
Iudex uel aduocatus, qui fuit in causa aliqua, non potest in ea esse testis. Nepos de Monte Albano. num. 140. fol. 14. & Albe. de Malet. nu. 28. fol. 395
Iudex & arbiter super actis coram se testificari possit. Nepos de Monte Albano. nu. 144. fol. 14
Iudex an si post publicationem cognouit testes male deposuisse, an possit iterum examinare & punire. Iacob. Butrig. numer. 8. fol. 23
Iudex ex officio debet compellere testes uenire, ad deponendum, quos ultra quindecim dies detinere non debet, & an procedat in criminalibus. Iacob. Butriga. nu. 9. & 10. fol. 23
Iudex incffrænatam multitudinem testium admittere non debet. Iacob. Butriga. nu. 11. fol. 23. & Iacob. Aegid. nu. 51. fol. 94
Iudex apud Iuristas dicitur bonus uir. Bar. ibi nu. 67. fol. 53
Iudex ex officio tenetur scribi facere dicta testium per personam publicam, ne ueritas pereat. Et omnia quæ a partibus dicūtur in iudicio. Iacob. Butrig. nu. 19. fol. 24
Iudex quando pronunciat testes recipiendos uel non recipiendos esse, quomodo agendum. Iacob. Butrig. nu. 4. fol. 25
Iudex hominem exhibet. ut recognoscatur a teste, qui dixit aliquid factū ab aliquo, & nomen ignoret. Bar. nu. 46. fol. 48
Iudex ex officio in causa ciuili testes nō examinat, & examinati non probant secus in criminali. Bal. de Vbal. num. 10. fol. 74
Iudex punit testem falsum dicentem coram se parte præsente, sine citatione. Bald. de Vbal. nu. 15. fol. 75. & Nel. de Santo Gemin. nu. 237. fol. 165
Iudex cui non liquet plenè de testis falsitate, debet sententiam temperare. Bal. de Vbal. nu. 17. fol. 75
Iudex qui habet arbitrium procedendi, nō potest absoluere uel condemnare ex depositione testium non iuratorum. Bald. de Vbal. nu. 22. fol. 76
Iudex ex causa non adhibet fidem testi clare deponenti. Bal. de Vbal. nu. 38. fo. 83
Iudex si omisit examinare testes super substantialibus, publicato processu, possunt iterum examinari. Bal. de Vbal. numero 42. fol. 83
Iudex secundum allegata & probata, iudicare debet. Iacob. Aegidij. nume. 1. fol. 86
Iudex cogit testem dictum suum obscurum declarare. Iacob. Aegid. nu. 17. fol. 89
Iudex non interrogans testem de causa dicti tenetur parti ad interesse. Iacob. Aegidij. nu. 19. fol. 89
Iudex propter quas causas, ut suspectus recusetur. Iacob. Aegidij. nume. 36. fol. 92
Iudex omni suspicione carere debet. Ange. de Perusio nu. 3. fol. 96
Iudex qui patitur dicta testium uidere ante aperturam falsi tenetur. Angel. de Perusio. nu. 16. fol. 98
Iudex reuelans secreta testium causæ, uel alterius rei, tenetur pœna falsi. Ang. de Perus. nu. 17. fo. 98
Iudex reuelans sententiam, quā laturus est, de falso tenetur. Ang. de Perusin. 18. f. 98
Iudex cogit testes etiam nō suæ iurisdictionis, testimonium ferre. Ang. de Perusio. nu. 21. fol. 98
Iudex post peremptorium gratificari potest parti in præiudicium alterius partis. Ange. de Perusio. nu. 8. fo. 102. Contrarium uide ibi. nu. 17. fol. eod.
Iudex post peremptoriū testes iuratos examinare potest. Ange. de Perus. n. 9. f. 102
Iudex ita debet uni parti deferre, ut alteri parti iniuriam non faciat. Ange. de Perusio. nu. 17 fol. 102
Iudex non debet post terminum testes audire. Angel. de Perusio. nu. 18. fol. 102

Domestici. Si non iurauerint. Si in causa propria. De debitore. De uenditore. De fideiussore. De tutore curatore. De negociorum gestore. De iudice. De aduocato & procuratore. Si sint singulares. Si in causa cõmuni. Si participes & socij. Si sint obscuri. Si testes reuertuntur ad iudicem. Si causam sui dicti non dixerint. Si iudex non interrogauerit. Si sunt inimici, uel criminalis lis sit inter eos mota. Si unũ pro alio dicunt. Si corrupti dixerunt. Si uerum non dicant. Si proximiora rei de qua quæritur testimonia non dixerint. Si præmeditatũ & unum sermonem dixerint. Reprobantur notarij qui extensè dictum testis non scribunt. Si unus dicit de una re & alius de alia. Si unus dicit de una persona & alius de alia. Si non bene computant gradum consanguinitatis. Si discordant de loco. Si discordant de tempore. Si discordant de re. Si singuli diuersa & uaria deponant. Si aliquis de meis pro te, & de tuis pro me dixerint. Quando non dicũt ad causam: quia falsa uel uaria. Si sunt usurarij. Reprobantur etiam iudices suspecti. De recusationibus iudicum. Si recipiantur iterato. Si alias sunt falsi, uel fuerint falsi. Si contra te sunt testificati: & uis pro te producere. Si didicerint testificata. Si secrete non dixerint dictum suum. Si à iudice non recipiantur. Si deficiunt in numero ordinato quando certus numerus exigatur. Si articuli non faciunt ad causam. Si deponunt extra intentionem. Si interrogetur de suis facinoribus. Si multitudo fuerit magna. Si non sunt redacta in publicam formam eorum dicta. Si contra se reputantur induci testes & instrumenta. Qui compelluntur inuiti, & qui non. Reprobantur proxenetæ & censuales. Hermaphroditi. Parentes & matres in infinitum. De liberis. De his qui sunt in mortali peccato. Si non dicant de uisu sed de credulitate & auditu. An testes dati reprobentur, & qualiter, & qui non.

LAVS DEO.

a TRACTATVS DE TESTIBVS a ET EORVM REPROBATIONE D. IACOBI AEGIDII DE VITERBIO, CVM ADDITIONIBVS D. ANGELI DE PERVSIO.

ADDITIO.

a Testibus. Hic incip. addi. domini Iaco. Aegidij de Viterbio prioris Aurelien. qui legit Romæ, & rogatu do. Gualfredi Mediolanen. maioris iudicis ecclesiæ Viterbien. edidit hunc tract. per uiam addi. & commẽtationis, qui singula uerba incipiendo à reprobatione infamium &c. & adde quod in quodam lib. antiquo inueni hunc eundem tract. attributũ fuisse do. Angel. de Amelia, qui fuit tempore Bart. Aliqui tamen attribuunt huiusmodi tracta. do. Ang. de Vbal. sed ut paucis uerum absoluam est domini Iaco. Aegidij publicatus in ciuitate Viterbiẽ. ut ex plurimis subscriptionibus uoluminũ antiquorum inueni. Tho. Diplouatatius.

SVMMARIVM.

1 *Iudex secundum allegata & probata iudicare debet.*
Sancius est delinquenti facinus impunitum relinquere, quàm innocentem condemnare.
Testis falsi dictum quibus obnoxium sit.
Testis infamis non admittitur.
2 *Serui testimonium reprobatur.*
3 *Monachus, canonicus regularis, & similes testificantur in causis sua ecclesiæ.*

Fratres

4 *Fratres minores & prædicatores de licentia sui superioris testificantur. & ipsis magis creditur.*

Veritatem occultans mortaliter peccat.

Serui admittuntur ad testimonium contra dominum.

5 *Mulier non admittitur in criminalibus ad testificandum, in ciuilibus sic.*

Mulieres uarium, & mutabile cor semper tenent.

Fœminæ in testamentis, & ultimis uoluntatibus ad testimonium non admittuntur, in codicillis uero sic.

6 *Minor in criminalibus non est testis idoneus.*

Impubes testificatur de his quæ uidit in pupillari ætate.

Seruus factus liber testificatur de his, quæ seruitutis tempore uidit.

7 *Furiosus & mentecaptus repelluntur.*

8 *Pauper admittitur ad testificandum, sed ei tanta fides non adhibetur.*

Testes pauperes facilius corrumpuntur quàm diuites.

Testis non tantum ex facultatibus, quàm ex fide idoneus reputatur.

9 *Excommunicati, infideles, & hæretici repelluntur a testimonio.*

Excommunicatio quid sit.

10 *Domestici & familiares item repelluntur, uxor dicitur domestica.*

11 *Testes debent cum iuramento deponere, & tale iuramentum non potest remitti.*

Sacramentum calumniæ partium uoluntate remitti non potest.

Sacramentum an in causa criminali possit remitti, uel alia causa ardua.

12 *Testis in causa propria quis esse non potest.*

Monacus pro ecclesia non testificatur.

Nec de uniuersitate pro uniuersitate.

13 *Venditor pro emptore non testificatur.*

Fideiussor pro emptore sic.

Tutor curator & similes pro dominis non testificantur.

Aduocatus durante aduocatione non testificatur: ea uero finita sic.

14 *Testes singulares reprobantur.*

15 *Socii & consortes in causa communi non testificantur.*

16 *Particeps & socius criminum repellitur.*

17 *Testes obscuri, & ignoti ad testimonia non admittuntur.*

Iudex cogit testem dictum obscurum declarare.

18 *Testis incontinenti potest dictum suum mutare. in totum uel in partem, & statur ultimo.*

19 *Testis non reddens causam dicti non probat.*

Iudex non interrogans testem de causa dicti, tenetur parti ad intereße.

20 *Inimicus repellitur a testimonio.*

21 *Testis dicens falsum reprobatur.*

22 *Testificans corruptus pecunia repellitur.*

23 *Testis celans ueritatem non probat.*

24 *Testis uerosimilia non deponens non admittitur.*

25 *Testes deponentes per eundem præmeditatumque sermonem non probant.*

26 *Testes de diuersis rebus deponentes reprobantur.*

27 *Testes deponentes de diuersis personis reprobantur.*

28 *Testes reprobantur ratione computationis graduum.*

29 *Testes de diuersis locis deponentes non probant.*

30 *Testes iurantes, & deponentes in ecclesia reprobantur.*

31 *Testis unus quando dicit de uno tempore, & alius de alio non admittitur.*

Testis quando sit interrogandus de tempore, & uarietas in tempore noceat.

32 *Decima non probatur per testes quorum unus dicit de fabis, & alius de ciceribus.*

33 *Officium iudicis quale esse debeat, cum testes uariant: siue inter se, siue inter alios.*

34 *Testes dicentes unum pro alio, & pluribus dixerunt sua testimonia reprobantur. & tanquam falsarii puniuntur.*

35 *Vsurarii & consistentes in peccato mortali a testimonio repelluntur.*

36 *Testis reprobatur ex illis causis ex quibus iudex ut suspectus recusatur.*

Iudex propter quas causas, ut suspectus recusatur.

37 *Testes super eisdem articulis iterato recipi non possunt.*

38 *Testis qui aliàs falsum testimonium protulit, repellitur.*

39 *Testis qui contra me testificatus est, si modo per me producitur repellitur.*

Testes

40 *Testes per dedicita testificata repelluntur.*
41 *Testis secrete, & sigillatim non deponens reprobatur.*
42 *Testis non receptus a iudice, uel ab alio de ius mandato non admittitur.*
43 *Testes recepti ante litem contestatam nō probant.*
44 *Testes deficientes in numero requisito reprobantur.*
45 *Testes non rogati non probant.*
46 *Testes reprobantur sola uoluntate illius contra quem producuntur coram arbitro.*
47 *Testis non admittitur in illis casibus in quibus oportet probare per scripturam.*
Scriptura in quibus casibus requiritur.
48 *Testes quando articuli producti ad causam non faciunt, non admittuntur.*
49 *Testes producti super id de quo est actum reprobantur.*
50 *Testis de facinoribus suis interrogari potest.*
51 *Multitudo effrenata testium reprobatur.*
Numerus quadragenarius dicitur effrenata multitudo.
52 *Testes quorum dicta non sunt redacta in publicam formam non probant.*
53 *Producere testes, uel instrumenta contra se quis non cogitur.*
54 *Senes & ualetudinarii non admittuntur ad testificandum.*
Senes dicitur qui compleuit lxx. annos.
55 *Proxeneta non admittitur nisi utraque parte uolente.*
56 *Hermaphroditus testificari non compellitur.*
57 *Ascendentes & descendentes inter se non testificantur.*
Mater testificatur pro filio de aetate.

TESTIVM Facilitati ac uarietati, & ipsorum falsitati machinationibusque fraudolosis, per quos multa ueritati cōtraria perpetrantur ut. C. de testi. l. testium. & furta clandestina committuntur, dum di-
1 ctis † ipsorum iudiciaria auctoritate, qui dum habet secundum allegata & probata iudicare: ut. ff. de offi. praesi. l. illicitas. uersi. ueritas. & extra de senten. ex-cō. c. lator. & in decretis. xxiiij. q. ij. si qui non certe. miseri domini rerum enormi-ter spoliantur: ut alibi dicit. l. ff. de usuc transfor. l. insontes & innocentes grauiter puniuntur. cum sancius sit deliquenti facinus impunitum relinquere, quam innocentem aliquatenus condemnare ut. ff. de poen. l. absentem. & in decre. xij q. j. c. j. Et in his iniqui peiores sunt furibus latronibus abigeis & aliquibus criminosis. Nā falsi dictum testis tribus obnoxium est personis. primo Deo qui tactis sacrosanctis ecclesiae scripturis praesentiam ipsorum deuiat & periurat. deinde iudici quem mentiendo decepit atque fallit. postremo innocenti quem laedit testimonio suo falso: ut extra de falsis. c. Ideo proposui obuiare contra uoces testium sceleratas: & ipsorum quibus, & in quibus causis testimonia reprobantur, nil de contingentibus obmittendo: quia nil uidetur actum donec aliquid superest ad agendum: ut. C. ad Silla. l. ulti. secundum iura canonica & ciuilia breuiter explicabo. & primo.

Reprobantur testes si sunt infames: ut de testib. l. iij. §. lege Iulia & extra de uer. signi. c. forus. §. testes.
3 Sed infamia iuris & non facti: ut. C. de digni. l. neque. & de infa. l. j. Sed quid de alio crimine cui crimen opponitur: dic ut extra de testibus. c. testimonium eius. Sed an praecedente appellatione damnatores de crimine admittuntur in testem: dic ut no. extra de testi. c. fi.

Quibus casibus quidam infamātur infamia iuris & facti, habetur. ff. quib. ex cau. infa. irro. l. ij. §. ulti. & l. qui autem & l. athletas. §. ait praetor. & per totum. & C. ex quib. cau. infa. irro. l. ea quae. & l. si te. & l. decreto. & l. fustibus. & l. nō damnatos. & insti. de poe. teme. liti. §. ex quibusdam. nam infames ex quolibet actu legitimo repellūt: ut. ff. quemad. testa. ape. l. si quis & ff. de testi. l. scio. C. de sum. Tri. l. j. ubi de hoc.
2 Reprobantur † testes si sūt serui. ut. C. de testi. l. seruos. & l. eos quia serui timore dominorum supprimerent ueritatem: ut extra de uer. sig. c. forus. §. testes. & iij. q. viij. c. item in criminali. &

TRACTATVS DE TESTIBVS

PROBANDIS, VEL REPROBANDIS VARIORVM AVTHORVM,

Et quidem omnium, qui his de rebus quicquam memorabile hactenus commentati sunt:

QVORVM NOMINA octaua pagina describuntur,

MVLTO' REPVRGATIORES, ET ENVCLEATIORES: quibus summæ rerum memoria dignarum suo quæque loco, atque Index longè locupletissimus, ascriptus est.

PER IOANNEM BAPTISTAM ZILETVM Venetum I. V. D. in lucem editi.

VENETIIS,

Apud Iacobum Simbenum, Curante Vincentio de Stephanis. M D LXVIII.

Iudex potest ex officio testes punire, quos pars accusare nō potest. Tynda.n.9.f.349
Iudex infringere nō potest prohibitionem, quòd filius in causa patris nō testificetur. Albe.de Malet.nu.5. fol. 364
Iudex arbitrari debet quis sit testis idoneus Albe.de Malet.nu.19.fol. 372
Iudex propter quid excōmunicet. Albe. de Malet.nu.37.fol. 385
Iudex recipiens testem infamem fatuus est. Albert.de Malet.nu.64.fol. 389
Iudex an cogi possit testificari in causa criminali. Albe.de Malet. nu.25.fol. 395
Iudex de sua priuata conscientia non iudicat. Albe de Malet.nu. 27. fol. 395
Iudex testem infamem & alias criminosum, ex officio repellit. Albe.de Malet.nu. 11. fol.408.& Ioann.Crot.nu. 40. fol. 587
Iudex ordinarius habens testem in sua iurisdictione, potest cogere testes ad deponēdum. Albe.de Malet.nu.48. fol. 420
Idem si testis sit de iurisdictione iudicis, aduocatus comparet coram eo, tunc potest cogi à iudice ordinario, & puniri. ibi. nu. 49. fol. eodem
Iudex potest committere examinationem testium absentium iudici illius territorij, ubi testes degunt, & compellat eos ad testificandum, si causa est ciuilis, & quid si causa est criminalis. Albe.de Malet.n.50. & 51.fol. 420
Iudex quòd assignet certum terminum ad producendum testes, an sufficiat. Albe.de Malet.nu.26. fol. 427
Iudex an interloqui possit parte nō citata, ubi est quæstio de iure, an statutū teneat uel cōsuetudo Alb.de Malet.n.40.f. 429
Iudex informatione recipere potest de notorio & fama in camera sua nemine citato. Albe.de Malet.nu.42.fol. 429
Iudex ubicunque ex mero officio, & motu proprio aliquid facit, præsentia partis nō est necessaria. Albe.de Malet.n.41.f. 429
Iudex procedens ex suo officio publicatis attestationibus, potest super eisdem capitulis & attestationibus, iterato alios testes producere. Albe. de Malet. numero 44. fol. 430
Iudex nec partes petere debent, quòd testes iurare debeant de ueritate tantum super articulis datis, quoniam testis iuratus super uno articulo non probat super alio. Albe.de Malet.nu. 55. fol. 431
Iudex uiuam uocem testis audire debet, & qua constantia deponat. Albe. de Malet. nu.72.fol. 435
Iudex discutere debet an probatio sit admittenda, uel ne. Albe.de Malet.num.99. fol. 437
Iudex dubius an debeat admittere articulos, uel reijcere, tanquam impertinentes, quid agere debeat. Alb.de Malet. n. 101. fol. 437
Iudex in criminalibus, etiam parte non instante, testes producit: secus in ciuilibus. Lanfran. de Oria.nu.12. fol. 458
Iudex utrum possit delegare iuramentum deferendum testi. Lanfran.de Oria.n.17. fol. 459
Iudex utrum ex suo officio quem ad testimonium deferendum compellat. Lanfrā. de Oria.nu.37.fol. 471
Iudex ex suo officio post publicatas attestationes, potest testes non sufficienter examinatos retro examinare. Lanfran. de Oria.n.37.fol. 471
Iudex an possit esse testis & iudex. Lanfran. de Oria.nu.69.fol. 487
Iudex appellationis non debet se impedire de nouis quæstionibus, sed sententiare debet benè uel mal è appellatum. Maria.Sozi.nu.7.fol. 513
Iudex exceptionem in genere admittere nō debet, nisi quælibet species inclusa in genere ad intentionem excipientis concludat. Maria.Sozi.n.76. fol. 538
Iudex non semper ad unam probationum speciem inclinatur, sed ex uarijs causis motum animi sui informare potest. Maria.Sozi.seni.nu.111.fol. 549
Iudex qui omisit interrogare testes super interrogatorijs à parte productis, an inualidet examen. Rober.Maran.n.4.fol. 566
Iudex secundum allegata & probata, sententiam ferre debet. Ioan.Crot.num.24. fol. 585
Iudex ex officio suo potest inquirere de cōditione testis, & illum inuentum inhabilem repellere. Ioann. Crot. numero 41. fol. 587

TRACTATVS DE TESTIBVS DOMINI IOANNIS CROTI DE MONTEFERRATO.

OMNIBVS LEGALIS NORMAE PROFESSORIBVS PERQVAMVTILIS, ET NECESSARIVS.

Cum Apostillis plurimis utilissimis quæstionibus ultimo loco positis, Prudentissimi. V. I. Professoris Domini Petri de Moncada Hispani.

SVMMARIVM.

1 *Ordo est principium mediis, & media suis finibus iungens.*

Ordo quid operetur.

2 *Tractatus diuisio.*

3 *Infamis infamia iuris an possit esse testis in testamento?*

Excipiens contra testem adhibitum in testamento quòd erat infamis, an ita probare teneatur, uel quòd infamis erat, & communi opinione ita reputabatur.

Excommunicatio quomodo probari debeat, cum agitur de irritando sententiam a iudice excommunicato latam.

Excommunicatus a iudicando repellitur.

4 *Qualitas aliqua ubicunque requiritur ad essentiam alicuius actus, illa est probanda ad hoc ut actus plenè probetur. & nume. 395.*

Præsumitur in dubio pro regula.

Præsumptio quando onus probandi in aduersarium transferat.

5 *Mulier an possit esse testis in testamento. & quid in testamento condito a rustico.*

6 *Mulier in codicillis testis esse potest.*

Codicilli largo modo ueniunt appellatione testamenti.

7 *Mulier testis esse potest in testamento inter liberos.*

8 *Mulier potest esse testis in testamento ad pias causas.*

Opinio illa in dubiis est amplectenda, per quam testamentum sustinetur.

9 *Mulier in testamento condito in terris ecclesiæ, & non ad piam causam, an possit esse testis.*

10 *Testis idoneus dicitur, qui est omni exceptione maior.*

Legatarii an possint esse testes in testamento. & nu. 15.

11 *Mulier an in testamento tempore pestis possit esse testis.*

Testes idonei habitu & actu, quando in probatione alicuius actus haberi non possunt, testes minus idonei in subsidium admittuntur.

Participes criminis admittuntur ad probandum coniurationem secretè factam per alios.

12 *Maior idoneitas requiritur in teste deponente in causa criminali, quàm in deponente in testamento, uel causa ciuili.*

Pubes nisi sit maior uiginti annorum, non potest in causa criminali testificari.

Mulier ad testimonium admittitur in causa capitali, si ueritas aliter probari non potest.

sint esse testes in testamento? de quo uide Bal.& alios in l.casus.C.de testa.Item posset quæri an Theutonicus possit esse testis in testamento Hispani uel Galli, uel Græcus in testamento Latini, & econuerso.in quo dicendum est quòd sic,dummodo sensu percipiant quod agitur, licet nõ intelligant idioma. tex. est no.& ibi no. Bald.& Pau.de Castro in d.l.qui testamẽto.in §.& ueteres.ff.de testamen. Et si diceres quomodo poterit percipere Theutonicus uerba Hispani.&c. Respondeo secundum eosdem quòd hoc percipiet per interpretem. textus est & ibi notant doctores in lege prima.§.finali.ff.de uerborum obligationibus. An autem sufficiat unus, uel requirantur duo, uide ibidem. Petrus de Moncada.

SVMMARIVM.

22 *Testes qui esse possunt in codicillis.*

SECVNDA PARS.

Circa secũdam.Qui possint esse testes in codicillis, breuiter puto quòd illi qui non possunt esse testes in testamentis non possunt esse etiam in codicillis:quia solùm diminuitur numerus testium, circa qualitatẽ autem testium nihil reperitur immutatum nisi in hoc:quia non oportet illos esse rogatos.l.fi.in fi.C.de iur.codi.

Fallit tamen in muliere: quæ in codicillis est testis idonea secundum gloss. in d.l. fi. in fi. C. de iure codi. credo etiam
22 quòd limitari posset in legatario: † qui libet in testamento possit esse testis, at-
a tamen in codicillis non [a], per. §.sed neq;, instit.de testa. ubi hæres in testamento non potest esse testis quia totum negocium agitur inter testatorem & hæredẽ. sed in codicillis nullus instituitur hæres. sed duntaxat fiunt legata & fideicommissa.totum ergo negocium agitur inter testatorem & legatarium seu legatarios.

ADDITIO.

a In codicillis non.Istam opinionem sub dubio fortè tenuit Soci. in lege si quis ita in fine.ff.de rebus dubijs. Bald.tamen in lege qui testamento.in principio.ff. de testamen.in codicillis factis ab intestato relinquit cogitandum,mihi uidetur ꝙ legatarius possit esse testis in codicillis, & pro hoc allego textum quasi expressum in lege dictantibus.C.de testamen.ubi dicitur dictantibus testamentum ad aliam quamlibet ultimam uoluntatem legari poteſt.postea in fine dicitur.testib.ẽt legari põt coniũgendo, ergo principium & finem illius legis.apparet quòd testibus adhibitis tam in testamentis quam in codicillis,quam in quacunque ultima uoluntate legari potest:sed legatarij sunt idonei testes in testamentis: ergo & in codicillis,& in qualibet ultima uoluntate per d.l.dictantibus.quæ generaliter loquitur cogitabis tamen propter auctoritatem prædictorum. Petrus de Moncada.

SVMMARIVM.

23 *Causa quando criminalis dicatur.*
24 *Pauper an sit repellendus a testimonio in causa criminali.*
Deportus in criminali causa admittitur in testem sine tortura.
Iuramentum non defertur in supplementum probationis in causis criminalibus, seu aliis causis arduis.
Pauper an ab accusando repellatur.
Iudex sententiam secundum allegata, & probata ferre debet.
25 *Pauper probata uita est idoneus testis in causa criminali.*
26 *Pauper in dignitate, uel honore constitutus ad legitima testimonia admittitur.*
27 *Pauperi producto cum alio teste integerrimo fides adhibetur.*
Dictum mulieris in causa criminali suppletur ex dicto alterius testis integri.
28 *Innocentia accusati per testes pauperes probari potest.*
29 *Domestici & familiares sunt idonei testes ad probandum innocentiam accusati.*
30 *Frater pro fratre admittitur ad probandum fratris innocentiam.*
31 *Infamia quotuplex sit.*
Infamia facti quæ sit.

Infamis

in bonis non possit in causa criminali esse testis: quia talis pauper repellitur ab accusando l.non nulli. ff. de accusa. ergo multo fortius à testificando in causa criminali: quia per actum testificandi maius præiudicium potest inferri, quòd per ipsam accusationem cum iudex sit laturus sententiam secundum allegata & probata: & non secundum accusationem. l.qui accusare.C.de eden.facit Glo. instit.de suspec.tuto.in uerbo procedunt, facit tex.in c.de cætero. extra de testi. ubi latius qui non admittantur ad testificandum in causa criminali contra clericum, admittantur tamen ad illum accusandũ. & tenendo primam opi.illam limitate tri-

25 pliciter. Primo † nisi dictus pauper esset multum legalis [d] & probatæ uitæ. nam tunc in causa etiam criminali posset esse testis: argumento eius quod uoluit Glo.in l.nonnulli, de accu.& est etiã Gl. quæ idem uult in l. nec ei. §. fi. de adopt. Glo.in l.iij.in princip.de testib.considera tur enim idoneitas alicuius personæ tam ex fidei legalitate quã ex facultatibus. l. siue oportet.§.cum reliquis, de tuto.& cura.dat.ab his.l. siquis stipulatus sit Stichũ aut Pamphilum §.fina.de uerb.obligatio.

26 Secundo limi.in teste † paupere qui tamen constitutus est in aliqua dignitate uel honore secundum Glo.in §.sancimus per illum tex.in aucten.de testi.

27 Tertio † limi.quando producerentur duo testes quorum unus esset integer, alter uero pauper: nam isti duo faciunt plenam probationem: quia integra fides unius supplet imperfectam fidem alterius. Ita Bal.in l.j.in iij.col.C. de testa. Idem in l.siquis ex argentarijs §.j.per illũ text. de eden. Sal. in l. bonæfidei circa.x.col. C.de req.cred.ex quibus infert d.Alex.in consi.xxiiij.inci.animaduersis in iiij. col. in ij. uolumine quòd dictum mulieris in causa criminali suppletur ex dicto alterius testis integri.

28 Quarto † fallit quando ageretur de probanda innocentia alicuius accusati de crimine aliquo.nam tunc pauperes admittuntur tanquam idonei.& istud probatur ex eo quòd decidit Specul. in titu. de inquisitio.§.j.uer.sed nunquid, ubi uo-

29 luit quòd in casu prædicto † admittantur domestici & familiares & ipsum sequitur Io.de Ana.in consi.lix. incip. uisa in-

30 quisitione formata &c. Quinimo † frater pro fratre admittitur ad probandum fratris innocentiam. Ita uoluit Bal.in l.parentes.C.de test.in duobus locis adducens tex.in c.literas, extra de præsum. de quo ultimo latius suo loco dicemus.

Secundo principaliter quæro An infamis in causa criminali possit esse testis. & pro euidentia huius quæstionis præmitto quotuplex sit infamia.& breuiter dicatis quòd triplex.

e Prima est infamia facti. & illa [e] est

31 † quando ex aliquo turpi actu seu dicto alicuius opinio apud bonos & graues uiros est nota. Exemplum poni potest in l.j.ff.de obsequijs a liber. præstan. & in l. ea quæ.C.ex quibus cau.infami.irroge.& ista infamia operatur duos mirabiles effectus quos ponit Gloss.in l.j. in prin. ff. de his qui notan.infam.cui addo alium nota-

32 bilem effectum † nam in causis ciuilibus grauioribus in quibus requiruntur testes omni exceptione maiores infamis infamia facti non potest esse testis. Ita Bal.in l.cunctos populos. C. de summa Trini.& fide catho.reputat menti tenendum, do. Abb.in c.testimonium, in iiij. colu.extra de testi. de quo infra latius dicemus.

Quædam & secunda est infamia cano-

33 nica, & est † illa quæ causatur ex quolibet peccato mortali.c.infames.vj.q.j. ubi Glo.& an ista infamia repellat quempiã a testimonio infra dicemus.

34 † Quædam & tertia est infamia iuris, & illa est quæ irrogatur per sententiam ipso iure, de qua in l.j.de his quæ no. infa.& in l.athletas.§.calumniator. ff. eod. cum §.seq.est etiam bona Glo.in §.porro

35 iij.q.vij. † Et omnes qui sunt infames secundum leges, sunt infames secundum canones.c.omnes uero.vj.q.j.no.Imo. in c. qualiter, & quando, el.ij.extra de accusa. Abb.in c.testimonium, superius alleg. in v.colum.ubi dicit istam regulam esse mẽti tenendam. His sic declaratis redeo

ad

DN. ROB.

MARANTAE VENVSINI

SPECVLVM AVREVM ET LVMEN ADVOCATORVM

PRAXIS CIVILIS, NOVISSIME recognitum, ac miro ordine, opulẽtissimisque Additionibus, in suis locis congruentibus locupletatum, per Magnificum V. I. D. Do. PETRVM FOLLERIVM à S. Seuerino, originariéque, Parthenopæum, non sine magna ac ingenti vtilitate legentium.

ADDITIS ETIAM PER EVNDEM vltra distinctiones vigesimas, duabus aliis nouis distinctionibus.

ACCESSERVNT, ET INSVPER DECEM disputationes Quæstionum legalium eodem Do. Roberto Maranta auctore. Summariis quoque & Indice illustratæ.

QVIBVS RECENTI HAC NOSTRA editione adiecimus Partium, Distinctionum, ac Versiculorum Indicem: Omnibus diligentissimè expolitis, accuratissiméque elaboratis.

LVGDVNI,
Apud Symphorianum Beraud.
M. D. LXXIII.

debet, & sic causam efficientem, & num 56.

54 Sententia à iudice ignorante fundamentum suæ potestatis non valet.

55 Sententia an, & quando ferri possit à iudice stante, & sedente.

57 Sententia debet prius scribi, deinde recitari.

58 Causa materialis in sententia consideratur, & quæ sit, & nu. 64.

59 Sententia sine processu, non valet nam debet ferri secundum allegata, & probata.

60 Sententia lata sine probationibus, an valeat.

61 Sententia debet ferri conformis libello.

62 Sententia fertur non conformis libello, vbi proceditur sola facti veritate inspecta, & quando vnum petitur, & aliud per confeßionem constat

63 Iudex potest petentem debitum condemnare ad restitutionem pignoris, etiam non petiti.

65 Sentētia super libello seu inepto processu non valet, de iure communi, sed hodie in regno valet.

66 Sententia lata, pro eo, qui agit sine actione, an valeat.

67 Intellectus ad gl in ver. secundum. in fi. inst. de oblig in prin. & numero 66. 69.

68 Agens sine actione, repellitur officio iudicis.

69 Libellus in quo actio inepta exprimitur, an vitietur.

70 Sententia habet causam formalem, quæ tripliciter consideratur.

71 Sententia ferri debet in loco solito maiorum à iudice ordinario.

72 Delegatus ad vnam causam potest sibi eligere locum, quem vult, etiam in camera sua ad ferendam sententiam.

73 Delegatus ad vniuersitatem causarum, sententiam ferre debet in loco tribunalis delegantis.

74 Vicarius in loco tribunalis principalis sententiam ferre debet.

75 Delegatus ad vnam causam, potest in quolibet loco etiam extra iurisdictionem delegantis procedere, sine assensu domini illius loci secus ordinarius.

76 Delegata iurisdictio, potest prorogari de loco ad locum.

77 Delegata iurisdictio, non cohæret territorio.

78 Episcopus potest in quolibet loco suæ diœcesis curiam regere & citari.

79 Sententia potest ferri in loco non solito de consensu partium.

80 Arbiter potest sibi eligere locum honestum, vbi curiam regat.

81 Iudex appellationis potest in domo sua, & loco honesto iustitiam regere, & sententiam ferre.

82 Vicarius generalis, potest in omni loco suæ prouinciæ ius reddere.

83 Sententia fertur in loco non solito, quando locus solitus non est tutus.

84 Episcopus expulsus potest in aliena diœcesi conuicina, contra expulsores, & eorum fautores procedere.

85 Sentētia lata in alio loco solito maiorum, valet in causis summariis.

Causæ

quēti totus processus super ea
bricatur: quia ex illo processu,
& causa in eo contenta, fit sentētia diffinitiua, & propterea dixi
suprà de mēte Spec. quod in sententia debet inseri tenor libelli:
ad hoc vt ipsa causa materialis
appareat expressa in sentētia. Verum illud non est omninò neces-
sarium. imò valet sentētia, etiam
si tenor libelli nō exprimatur in
ea, secundum Barto. in l.ij.C.de
sent. sufficit.n. quod sub epilogo
fiat mentio de libello actoris, &
responsione rei, puta, visa petitio
ne actoris cōtinēte istud & istud,
&c. vt tenet Spec. in d.§.qualiter.
ver. cæterum. & ita communiter
seruatur in practica, imo etiam si
iudex nullam faceret mētionem
de libello, sed simpliciter diceret,
super præsenti processu ita pronuncio, condemnando vel absol-
uendo, &c. puto sententiā valere.
Nec istud cōtradicit his, quæ pau
lo ante dixi, inquantum dixi ex-
primendum esse causam materia
lem, quia totus processus est cau
sa materialis: & bene fit mentio
de ipsa causa, saltem per relatio-
nem, quia sententia refertur ad
acta, & per illa declaratur. & habetur in l iij.C. de sent. quæ sine
quan. & per Alex. in l. præses.
ff. de re iud. & in l. ait prætor. §. si
iudex. eo. tit. Paria enim sunt, aliqua esse certa de se, vel per rela-
tionem ad aliud l. certū. ff. si cert.
pet. l. asse toto. ff. de here. inst.
† Hinc est quòd dicimus, vt su
prà dixi, non valere sententiam
latam sine causæ cognitione, &
sine processu: vt habetur in d.
l. prolatam. C. de sent. & ibi Bart.
& in l. ex stipulatione, in fin. eod.
& in l. causæ. §. causa cognita.
ff. de mino. Pro hoc est tex. aper-
tus in c. quoniam cōtra. de prob.
vbi declaratur, quo ordine iudex
debet causas diffinire, quia primo debet acta & processum facere in scriptis: aliàs pro eius sen
tentia nō præsumitur qñ processus per legitima documenta non
apparet. Hinc etiam dicimus, ꝙ
iudex debet iudicare secundum
allegata & probata, & sic secundum processum, vt habetur in l.
illicitas §. veritas ff. de off. præs.
ergo sententia, quæ non habet
processum dicitur carere materia
& sic est nulla, quia secundū Phi
losophum, ex nihilo nihil fit.
60 † Quid autem si feratur senten
tia sine probationibus, an valeat?
vide Soc. in cons. cxxxiiij. col. ij.
61 in v. & iij. in j. volum. † Ex hoc
etiā oritur quædā solennitas materialis, quæ est, vt sententia fera
tur conformis libello: iuxta l. vt
fundus. ff. com. diu. & c. licet Hely.
de simo. & l. si. C. de fideic. lib. vbi
dicit Bal ꝙ fatuus est iudex, qui
super aliis quā super petitis pronunciat, vnde sentētia aliter lata,
nō valet: quia habita relatiōe sen
tentiæ ad eius materiam, non po
test esse conformitas. vnde sentē
tia reperiretur facta ex nihilo. Nā
si peto bouem, & processus fabri-
catur super boue, & sententia fer
tur super equo, talis sententia videtur esse sine processu quia nul
lus ꝓcessus est factus super equo:
& sic non haberet materiā præ-
existentē correspōdentē, meritò
est nulla: sicut qñ aliquis vult facere librū, & habet chartas, & nō
vult librum conficere ex chartis:
& vult ꝙ sit liber: istud continet
in se repugnantiam, quia non po
test esse liber sine chartis. vnde
iste liber non posset esse nisi ima
ginarius, s. mente consideratus,

& in

ALBERICI DE ROSATE BERGOMENSIS

IVRISCONSVLTI CLARISSIMI, AC SVMMI PRACTICI;

In Primam ff. Veter. Part. Commentarij.

NVNC DENVO, HAC POSTREMA EDITIONE, summo studio, summaq; diligentia ab infinitis (vt penè dixerim) & grauissimis erroribus expurgati, & suo candori restituti: quod quidem diligens Lector in conferendis his cum vetustissimis codicibus facilimè dignoscet.

Cum Additionibus, Summarijs, & Indice amplissimo, atque locupletissimo.

VENETIIS, MDLXXXV.

77.r.b.

LEX II.

Præses apud se. Dic, vt plene dixi s̃. de adop. l. consul. & de offic. consu lis. l. 1. in fi.

SVMMARIVM.

1 *Præses punit quemcunque etiam extraneum delinquentem in sua prouincia.*
2 *Potestas vel rex extra suum territorium in exercitu, an possit punire subditos delinquentes extra territorium.*
3 *Subditus delinquens in aliena prouincia, an possit puniri per suum dominum.*
4 *Archiepiscopus delinquẽs in diocesi episcopi, an possit puniri per episcopum.*
5 *Iurisdictio præsidis existentis extra prouinciam, an posit per non subditos prorogari.*
6 *Lex ubi non distinguit nec nos distinguere debemus.*

LEX III.

1 **Preses prouincie.** † Præses ponit quemcunque etiam extraneũ delinquẽtem
in sua prouincia. h. d. Et dic, ꝙ sunt tres casus. unus qñ est extra ꝓ
uinciam de iis quæ sunt extra. secundus quando est intra, de eo
quod est intra. tertius quando est extra, de eo quod est intra pōt
per legatum non per se. Ia. Bu. Facit hæc l. in sui principio ad quæ
stionem quam notaui s̃. de offi. præfec. vr. l. fi. §. si potestas est in ex
2 ercitu extra territorium † suum, vel rex cum gentibus suis in transitu vltramarino. utrum possint subditos delinquentes punire. &
d. Mar. Sylim. hic tenet, ꝙ sic, quia vniuersitas uidetur eius iurisdictionem protogasse in exercitu, & transitu ex quo cõsenserũt
eos exire territorium. & quia sine tali iurisdictione exercitus, vel
transitus fieri non posset, ideo uidetur concessa. ĩ. de iur. om. iu. l.
3 2. de hoc dixi d. l. fi. Item † quid si subditi sui delinquant in aliena
prouincia, an poterit eos punire. Dic ꝙ sic ratione incolatus, &
domicilii ĩ. de interdi. & releg. l. relegatorum. §. interdicere. et C.
ubi de cri. agi opor. l. 1. dum dicit uel reperiuntur. sed si iudex ubi
deliquit petat eum remitti remittendus est, ut puniatur ubi deliquit, ut ĩ. de penis. l. aut facta. §. fi. & l. capitalium. §. famosos. & de
accu. l. si cui. §. pe. & fin. vbi de ista remissione dixi. & in auth. qua
in prouincia. C. ubi de cri. agi. opor. plenius dixi de cõsuetudine,
tñ in Italia non fit remissio. & pro hoc ĩ. ad muni. l. si quis instru-
4 ctus. & ibi per Dyn. Quid si archiepiscopus † deliquit in diocesi
episcopi, an poterit per eum puniri? Dic ꝙ sic, ut no. 3. q. 6. c. 1. &
uide ibi notata quæ vtilia sunt ad istam materiam. & quod nota.
92. dist. si qui episcopi de raptore. c. 1. & per Inno. de ma. & obe. c.
cum inferior. & per Hostien. in summa de sen. excom. §. si qs possit excommunicari. uers. quid si metropolitanus. & per Archi. &
Io. An. extra de consti. c. 2. lib. 6. & extra de senten. excom. c. à no
bis, & 6. q. 3. c. placuit. Item dicit Vber. de Bobio, ꝙ argumẽto hu
ius literæ nituntur lombardi homines alterius iurisdictionis in
eorum territorio delinquentes bannire, ita ꝙ possit postea secun
dum formam statutorum impune offendi ar. dicti §. interdicere.
in l. relegatorum. de interdictis & rele. ar. C. & ĩ. de iur. om. iu. l. fi.
& uidet expressum C. de pen. l. 2. Item quærit Gul. de Suz. quãdo
5 præses est extra prouinciam † an possit eius iurisdictio per nõ sub
ditos prorogari? & uidetur ꝙ nõ, quia hic dicitur, ꝙ priuatus est,
vt C. de iur. om. iu. l. priuatorum. ipse tenet contrarium: quia non
est priuatus iurisdictione, sed solo exercitio. & ideo potest fieri
prorogatio, vt ĩ. de iudi. l. 2. & C. de iurisdi. om. iudi. l. 1. Vltimo
6 collige generale ꝙ colligit gloss. ubi lex † non distinguit nec nos
distinguere debemus. in contrarium allegat & non soluit. ĩ. de te
sti. l. quæsitum. sed solue, ut soluitur ĩ. de publi. l. de pretio. Vel dic
secundum Iac. de Ra. ubi lex non distinguit nec inuenitur per a-
liam l. distinctam, uel per rationem eiusdem l. uel alterius, ut s̃. de
legi. l. nam ut ait. & l. non est nouum. & l. se. nec nos distinguere
debemus. Iac. & de hoc 55. dist. si euangelica. in glo. & per Archi.
Item ex fi. huius l. dicunt quidam in quolibet crimine posse procedi per inquisitionem de quo dicetur ĩ. eod. l. congruit. In gloss.
quantum ad contentiosã. Ibi, non est priuata. Quod uerũ est qñ
habet animum redeundi, alias secus, ar. Insti. de rerum diui. §. pa-
uonum. & quod not. in Spe. de legato. §. finitur. Ray. In glo. ulti.
in fi. de hoc dic, vt no. & dixi de consti. prin. l. fi.

LEX IIII.

Præses prouincie. Nõ magis tutore. Vide quod dixi s̃. de offi. præto. l. fi.

SVMMARIVM.

1 *Spectantia ad officium præsidis, an expediantur mero iudicis officio, an iure actionis.*
2 *Timens ne offendatur ab aliquo potest petere cautionem ab eo.*
3 *Verba præteriti temporis de sui natura non significant futurum.*

LEX VI.

Illicitas. Hæc lex ponit multa quæ specialiter spectant ad
1 officium præsidis. † sed nunquid ista de quibus
hæc lex loquitur expediuntur mero iudicis officio, an iure actionis. gloss. hic posita uidetur sentire ꝙ loquatur de officio mercenario, quod deseruit actioni de dolo, uel quod metus causa, dum
dicit ꝙ cauetur per totum titulum &c. & quia extraordinarium
cessat ubi locum habet ordinarium. si enim ista expedirẽtur mero iudicis officio, superuacui uiderentur illi tituli de dolo, quod
metus causa, & unde vi. In contrarium innuit hic litera. & ĩ. eod.
§. illicita. & §. ne tenuis. & s̃. de offi. proconsu. l. nec quiquam. §. fi.
ff. ne uis fiat ei. l. 2. & 3. de usufru. l. si cuius. §. si inter duos. & uidetur expressum C. de transact. l. si super posses. ubi de hoc dixi. &
arg. de iis qui ad eccle. consu. l. denunciamus. Iaco. Butri. dicit ꝙ
aut quæritur de tempore ante uiolentiam uel oppressionem illa
tam, & tunc habet locum merum iudicis officium ad prohiben-
dum ne inferatur. & ita intelligantur iura ad hoc allegata. aut q̃-
ritur post uiolentiam uel oppressionem illatam, & tunc fit iure
actionis, & officio mercenario deseruienti ipsi actioni. & ita in-
2 telligantur iura in contrariũ allegata. † & ideo si timeo ne aliquis
me offendat possum petere à iudice quod compellat eum satisdare, ꝙ me non offendet. & pro hoc d. l. denũciamus. ubi de hoc
dixi. Iaco. Bu. & de Are. & dicam ĩ. ead. l. §. ne potentiores. plene.
Alii dicunt, aut uiolentia uel oppressio est notoria. & tunc mero
officio procedatur: quia in notoriis ordo est ordinem non serua-
re. si non est notoria, tũc iure actionis & ordine iudiciario seruato. Sed quæ dr̃ illicita exactio? dic ꝙ quælibet quam fieri leges
prohibent. ĩ. de leg. 3. l. fideicom. §. si quis illicitè. & de publicanis
l. licitatio. §. quod illicite. & bene in usi. feud. de pace iura. firman-
da. §. illicitas. & in Auth. ut nulli iudicum. §. quẽadmodũ. colla. 9.
Item dicit Iac. de Ra. ꝙ quidam ex princi. huius l. tenent ꝙ licet
quis non posit expedire de non numerata pecunia elapso bien-
nio, iudex tñ ex offi. potest inquirere & non pati exactionem il-
licitam, quod non puto uerum ex iis quæ prædixi. Item Richar.
de Malumbris allegat istud principium ad quæstionem, statuto
cauetur, ꝙ omnes obligationes prætextu maleficiorum extortæ
non ualeant, an tale statum locum habeat in obligationibus po-
3 stea contractis? videtur ꝙ non propter uerba † præteriti temporis
quæ sui natura futurum non significant. de lega. 3. l. uxori. §. j. sed
dicit contra, quia & hic est uerbum præteriti temporis, & tamen
etiam de futuris intelligendum est, maxime quia leges, & statu-
ta sui natura dant formam futuris negotiis, vt C. de legib. l. leges,
vbi, de hoc, & pro hoc ĩ. quod metus causa. l. 1. Richar.

SVMMARIVM.

1 *Veritas præualet errori, & iudex debet iudicare ex sibi notis, vt iudici.*
2 *Iudex non debet iudicare secundum conscientiam, sed secundum allegata & probata.* ←
3 *Iudex quando posit iudicare secundum conscientiam.*
4 *Notoria non indigent probatione.*
5 *Faciens contra conscientiam ædificat ad gehenniam.*
6 *Iudex iudicando contra conscientiam secundum allegata, & probata non peccat.*
7 *Ecclesia non iudicat de occultis, sed tantum de manifestis.*
8 *Iudex qui vidit fieri homicidium, an posset facere decapitari homicidam absque alijs probationibus.*

1 **§. Veritas.** † Veritas præualet errori, & iudex iudicare
debet ex sibi notis, ut iudici. h. d. Et allegatur
2 sæpè §. iste cum glo. ꝙ † iudex non debet sm̃ conscientiam iudi- ←
care, sed sm̃ allegata & probata. pro hoc bene C. de hære. l. quicũ
que. §. quod si fecerint. de sacrisi. paga. & tẽp. l. pe. & de epi. & cle.
l. raptores. ibi, post legitimas & iuri cognitas probationes. & hoc
fuit introductum per Christum, ut no. per Azo. in summa de testib. penulti. col. uer. est autem introductum. & Rof. qui ab Azo.
dño suo traxit in libello ult. ti. de constitutione ex libe. vltra prin.
uisis enim examinatis allegationibus iudex debet pronunciare.
C. de præscript. 30. ann. l. 1. & de adulte. l. serui. Et an posit sm̃ cõ
2 scientiam [a] iudicare † uide in quæstionibus Py. c. 8. q. quæ incipit
3 vulgo quæri solet, utrum iudex sm̃ allegata. Et breuiter dicit, aut
est talis iudex qui potest legem facere, ut princeps vel præfectus
prætorio, & talis potest sm̃ conscientiam iudicare, quia ex quo
potest facere legem, quæ præiudicat in communi; multo fortius
inter duos litiganres. C. de legi. l. fi. & quia lex confidit de cõsciẽ-
tia istorum, ut s̃. de offi. præfec. præto. l. j. in fin. & C. de offi. præfec.
præto. l. 1. & l. formam. alias normã. in aliis minoribus iudicibus
dic, aut vult iudicare sm̃ conscientiam informatam quam habet
sicut iudex, & tunc potest, quia tunc non iudicat sm̃ conscientiam, sed sm̃ ea quæ sibi sunt nota & probata, ut iudici, & ita lo-
quuntur leges alle. per me. ĩ. de fer. l. 2. in fi. ubi de hoc & ff. fin. re-
gund. l. si irruptione. si secundum conscientiam, quam habet in-
4 formatam, ut priuatus, tunc aut est notorium & potest † quia notoria probatione non indigent. C. qui & aduer. quos. l. 1. ĩ. de ac.
empt. l. emptorem. & qui satisda. cog. l. si uero pro condemnato.
§. qui pro rei qualitate, quia perinde est, ac si esset probatũ ex quo
esset notorium, ut plene dixi C. de accu. l. ea quidem. alias autem
debet iudicare secundum allegata, & probata non secundũ conscientiam, ut hic. lex enim non confidit de conscientia talium iu
dicum inferiorum, & ideo iurant iudicare secundum legem in
Authen. iusiurandum quod præstatur ab iis qui administ. susci. §.
2. & ibi in glo. & pro hoc facit quod no. & dixi. C. vt quæ desunt
aduo.

ADDITIO.

a Secundum conscientiam. Adde Bal. in l. fi. C. de pe. iud. qui ma. iud. Alex. in l. bonorum. C. qui admitti in c. cum æterni, de re iu. vbi iudicans secundum conscientiam contra leges scriptas non incidit in pœnam.

CORPORIS IVSTINIANAEI

Digestum Vetus

SEV

PANDECTARVM IVRIS CIVILIS

TOMVS PRIMVS,

EX PANDECTIS FLORENTINIS in lucem emissis, uti fieri potuit, repræsentatus:

COMMENTARIIS ACCVRSII, SCHOLIIS CONTII, Paratitlis CVIACII & quorundam aliorum Doctorum virorum obseruationes. notæ accesserunt ad ipsum Accursium DIONYSII GOTHOFREDI, I.C. Notæ, in quibus Glossæ obscuriores explicatæ sunt: similes & contrariæ adiectæ: vitiosæ in dictione, historia, vel iure notatæ: veræ defensæ.

Additus est quoque huic renouatæ editioni SEXTVS ille nouus TOMVS, in quo Thesaurus alphabeticus Glossarum Accursij: Remissiones singularium intellectuum ad singularia iuris capita, Notarum etiam ad Accursium libri continentur.

Omnia summa cura & diligentia denuò correctiùs in lucem emissa.

LVGDVNI,
SVMPTIBVS HORATII CARDON.
M. DCIIII.
Cum priuilegijs Sacræ Cæsar. Maiest. & Christianiss. Francorum Regis.

a ¶ *SI quid erit.*] *Atrociter.* ſed modicè: *vt infra de offi. eius cui man. eſt iuriſdi. l. j. in fin. & l. fin. §. fina.*

b ¶ *LEgatus.*] *Habet.* ¶ Si habes, ius habet: concor. *j. de iud. l. cum prætor. §. ij.* Sed contra. *C. de iudi. à iudice.* Sol. ſpeciale eſt in legato procõſulis: idque ex eo apparet, quia intitulatur de offic. proconſ. & lega. in cęteris nõ repetitur de legato quicquam. 2 Vel hic poſt litem conteſtatam, ad ſimilitudinem procuratoris *arg. j. de iur. om. iu. & quia & C. de procur. l. neque, in* ... 3 Vel hic loquitur cum quis ad plures cauſas vel vniuerſitatem eſt delegatus vniuerſaliter: & tunc demandat vnã: *vt j. quis & a quo ap. l. j. in fin.* ſi autem ad vnam tantum, illam non demandat alij: idque ex eo innuitur, quia ſicut qui vniuerſaliter delegatam habet, non poteſt totam demandare, ... nec eſt correctum per authen: *vt defini. ſeu ſu. §. fin. col. vj.* ſ. quod delegatus ad vniuerſitatem non poſſit vnam litem ſubdelegare, quia verum dicimus eſſe vt ter debeat audire cauſam ſi velit dare definitiuam ſententiã.

d ¶ Alij libri habent: & hoc ius non habet: & tunc cõcord. d. l. C. Sed contra *j. de iudi. l. cum prætor. §. j.* Sed ſolue illam ab iſta, ſicut ſoluiſti iſtam ab alia. C. ſecundùm aliam lect.

c ¶ *LEgati.* ſcilicet futuri.

d ¶ *Proprium.* imò proprium: *vt infra de offi. eius cui man. eſt iuriſdict. l. ...* ... Sol. expone vt ... habet ibi propriam poſt delegationem ...

e ¶ *PRoconſules.* ... vel menſibus ...

ADDITIO. Faſces propriè dicuntur à faſciculis virgarum, cum quibus ſceleris alligata erat ...

¶ *ET legati.*] CASVS. Hac lege dicitur quod legati proconſulis tutorem dare poſſunt, & poſtquam proconſul redit de prouincia ſibi decreta, & intrat Romam, deponit ſuũ imperium: vt puta deponit vexillum. Viuianus.

f ¶ *Dare poſſunt.* Imò videtur quod non: *vt j. de tut. & cu. da. ab his, l. nec mandante, in prin. quæ eſt contra.* Sol. non facit hoc ex delegatione proconſulis, ſed legis beneficio: *vt j. de tut. muto. §. tutoris.*

g ¶ *PRoconſul.*] *Ingreſſus.* in redeundo.

h ¶ *Imperium.* quantum ad exercitium etiam voluntariè, & etiam quantum ad inſignia: *vt s. eo. l. j.* Sed cõtra videtur, quia Roma communis eſt patria: vnde non videbatur depoſuiſſe imperium, quaſi in ſua etiam prouincia: *vt j. ad mu. l. Roma.*

Modica coercitio legato permiſſa.

Delegatus an & quis iudicem dare poſſit.

e Delegatus ordinarij, cauſam ſubdelegare poteſt lite conteſtata. ... Et ſi ... ſubdelegatum ... *j. de iuriſdict.* quod reprobatur communiter vt in gloſſ. ... vide Baldum ...

† vide Hatmenop. lib. 6. tit. 14.

d Et malè: ex l. cum prætor. *j. de iudiciis.* Neque obſtat lex à iudice Cod. de iudiciis, quia illic de iudice dato, hic de ius dicente.

e Legatus proconſulis iuriſdictionẽ propriam habet poſt delegationem.

f Nugæ. Faſces enim hic proconſulares intelliguntur. de quibus vide *Pepoſitum.*

g Legatus proconſulis tutorem dat, non ex delegatione, ſed legis beneficio.

h Proconſul Romã ingreſſus deponit iuriſdictionem etiam voluntariam, & omnia iuriſdictionis ſuæ inſignia.

i Roma communis patria.

k Præfectus Auguſtalis ex equitibus non ex ſenatoribus mittebatur.

SI quid erit quod maiorem animaduerſionem exigat, † reiicere legatus apud proconſulem debet. neque enim animaduertendi, coërcendi, vel atrociter[a] verberandi ius habet.

XII. PAVLVS *libro ſecundo ad Edictum.*

LEgatus mandata ſibi iuriſdictione iudicis dandi ius habet.[b]

XIII. POMPONIVS *libro decimo ad Q. Mucium.*

LEgati[c] proconſulis nihil proprium[d] habent, niſi à proconſule eis mandata fuerit iuriſdictio.

XIIII. VLPIANVS *libro vicenſimo ad legem Iuliam & Papiam.*

PRoconſules non ampliùs quàm ſex faſcibus[e] vtutur.

XV. LICINNIVS *Rufinus libro tertio Regularum.*

ET legati proconſulum tutores dare poſſunt.[f]

XVI. VLPIANVS *libro ſecundo ad Edictum.*

PRoconſul portam Romæ ingreſſus[g] deponit imperium.[h]

DE OFFICIO PRÆfecti Auguſtalis.

Præfectus Auguſtalis eo ipſo imperium amittit, quòd ſucceſſor intrauit Alexandriam. h. d. Bart.

I. VLPIANVS *libro quintodecimo ad Edictum.*

PRæfectus Ægypti[i] nõ prius deponit pręfecturã & imperium quod ad ſimilitudinem proconſulis lege ſub Auguſto ei datum eſt, quàm Alexandriam[k] ingreſſus ſit ſucceſſor eius, licet in prouinciã venerit. & ita mandatis eius continetur.

DE OFFICIO PRÆFECTI AVGVSTALIS.

Hic ſpectabilis eſt: vt C. de priua. car. l. i. §. viro quoque.

¶ *Præfectus Auguſtalis eſt qui in Aegypti prouinciam mittebatur proconſulari poteſtate ex[k] equitibus non ex Senatoribus. Præſ. Aegypti. l.* apud præfec. de man. vind. l. 1. de tut. & cur. dat. Cuia.

PRæfectus Aegypti.] CASVS. Hunc præfectum conſtituit & ordinauit Auguſtus Imperator. Vnde præcipit hæc lex, vt iſte præfectus non recedat nec deponat imperium ſuum priuſquàm ſucceſſor eius veniat in Alexãdrinam ciuitatem.

i ¶ *Præfectus Aegypti.* qui dicitur Auguſtalis: quia[a] Auguſtus primùm eum ibi conſtituit. Accurſius.

k ¶ *Alexandriam.* Sed quare hoc? Reſpon. quia Alexandria metropolitana erat ciuitas, in qua præfectus conſequebatur præfecturam ſicut & imperator Romæ. Antequàm ergo ille conſequeretur præfecturam, quod erat per ingreſſum Alexandriæ, hic non deponebat: *vt s. tit. j. l. meminiſſe.*

ff. Vetus.

DE OFFICIO præſidis.

TITVLVS XVIII.

Appellatione præſidis continetur quicunque rector prouinciæ: & apud ſe talis præſes poteſt manumittere. h. d.

I. MACER *libro primo de officio præſidis.*

PRæſidis[l] nomen generale eſt, eóque & proconſules, & legati Cæſaris & omnes prouincias regentes, † licèt ſenatores ſunt, pręſides appellãtur: proconſulis[m] appellatio ſpecialis eſt.

Præſes prouinciæ cognoſcit de criminibus in ſua prouincia per quoſcunque commiſſis: & eos punit donec eſt in prouincia. at ſi exceſſerit, priuatus eſt quantùm ad exercitium. Barto.

II. VLPIANVS *libro vicenſimoſexto ad Sabinum.*

1 PRæſes apud ſe adoptare poteſt, quemadmodũ & emancipare filium, & manumittere ſeruum[n] poteſt.

III. PAVLVS *libro tertiodecimo ad Sabinum.*

2 PRæſes prouinciæ in ſuæ prouinciæ homines tantùm imperium habet: & hoc dum in prouincia eſt. nam ſi exceſſerit, priuatus eſt.[o] Habet interdum imperium & aduerſus extraneos[p] homines, ſi quid * manu cõmiſerint. nam & in mandatis principum eſt, vt curet is qui prouinciæ præeſt, malis hominibus prouinciam purgare: nec diſtinguitur[q] vnde ſint.

DE OFFICIO præſidis.

¶ *Nunc de clariſſimis incipit tractare. nam præſes eſt clariſſimus:* vt C. de priuatis carce. l. 1.

¶ *Quos in prouincias mittit princeps hi propriè præſides appellantur vel legati Cæſaris, vel, vt Dio ſcribit, l. iij. proprætores. Cuia.*

l ¶ PRæſidis nomen. ſcilic. prouinciæ: ſed nomen pręſidis, nõ addito prouinciæ, eſt generaliſſimum.

m ¶ *Et proconſulis.* Sed quæ eſt differentia[b] inter præſidem, vt in hoc titulo accipitur, & proconſulem? Reſpon. proconſul[c] ex conſulibus eligebatur, & ad remotam prouinciam regendam mittebatur extra Italiam: ſed præſes non ex conſulibus: vt ſic à nomine[d] argumentetur: *vt inſti. de don. §. eſt & aliud.* ¶ Et ſic tribus modis[e] dicitur pręſes: ſtrictè: *vt in hoc tit.* largiùs: *vt hac. l.* largiſſimè: *vt in glo. parua, quæ incipit, ſcilicet prouinciæ.*

n ¶ PRæſes.] Seruũ. & ſic obtinet vicẽ[f] duorum: *vt s. de adopt. ſi conſul.* & ſpeciale eſt in voluntaria[g] iuriſdictione: aliàs ſecus: *vt j. de pact. l. ſi plures.*

o ¶ PRæſes.] Priuatus eſt. quantum[h] ad contentioſam iuriſdictionem exercendã, non quantum ad voluntariam: *vt s. tit. ij. l. j. & l. ij.* Item hoc, ſi volebat aliquid exequi extra prouinciam: putà demandare ſententiam executioni de re exiſtente extra prouinciam, vel intra, per ſe: ſed per delegatum ſic poteſt: *vt s. de offi. præfec. vrb. l. fin.* quod non poteſt pluſquàm priuatus: *vt §. de bo. aucto. iu. poſſ. cum vnus. §. pen.* non autem dico ſi exierit, vt ob hoc videatur in prouincia amiſiſſe imperium: vt[i] dicunt Vaſcones, qui dicunt ſe non teneri ſub rege Angliæ, niſi ipſe ſit in Vaſconia: aliàs nolunt ei ſeruire: ſed dicunt eum priuatum: & non eſſe eorũ regem ſed malè intelligunt: nam non eſt priuatus: ſicut nec ſacerdos[k] deſinit eſſe, cui interdicitur officium. hoc tamen eſt quòd non habet exercitiũ iuriſdictionis extra prouinciam ſuam: quia in dicendis ſententiis morem ſuorum maiorum debet ſeruare: *vt s. de iuſti. & iur. l. pen.* poteſt tamen & debet delegare etiam extra[l], vt delegatus intra prouinciam cognoſcat: *vt dixi ſupra, de offic. præfe. vrbi. l. fin.*

p ¶ *Extraneos.* ſed & ſui[m] dici poſſunt ratione delicti[n]: *vt C. vbi de cri. agi. opor. l. j. & in authen. qua in prouincia, in princip. & C. vbi ſena. vel cla. l. j.*

q ¶ *Nec diſtinguitur.* ſic[o] nec nos diſtinguimus: *vt infra de poſtu. l. imperator.* ¶ Ar. contra *j. de teſti. quæſitum.* Iтé. ar. quòd reſcripta

a Præfectus Auguſtalis in Ægypto ab Auguſto cõſtitutus poſt victoriam Actiacã, victis Antonio & Cleopatra. *Strabo. 7.* cauſam cõſtitucidi vide apud Tacitum. 2.

† putà conſulares, moderatores, correctores, rectores. l. 10. & pen. j. e.

b Præſes & proconſul differunt.

c Imò Præſides (qui & legati Cæſaris Proprætores) propriè dicũtur qui in prouincias mittũtur à principe.

d Argumentũ à nomine.

e Præſes ſtrictè, largiùs, & largiſsimè ſumitur.

f Duorum vicem in voluntaria Iuriſdictione quis ſuſtinere poteſt.

g ſi quod malũ iuriſdictionis volũtariæ & contentioſæ differẽtia.

h Extra prouinciam Præſes quẽadmodum & in quibus dicatur priuatus.

i Extra regnũ rex, an pro rege habẽdus ſit.

k Interdictus ſacerdos eſſe non deſinit.

l Extra territorium præſes delegare põt.

m Subditi alicuius poſſunt, quidelinquũt, dici ratione delicti.

n Forum quis ſortitur ratione delicti.

o Diſtinguere non debemus vbi lex non diſtinguit.

a Interpretari largè rescripta principum debemus.

largè [a] sunt interpretanda. sic & supra *de offic. præfect. vrb. l. j. §. initio*. Accursius.

a ¶ P*Ræses.*] *Post principem. vt* §. *tit. ij. l. & ideo*. Accur.

b ¶ P*Ræses prouinciæ.*] *Dare potest*. hoc dic vt supra *de offic. præfecti vrbi. l. fina.* Accursius

L. 4. §. de off. Prætor. l. Prætor. j. de tutoribus datis.

I*Llicitas.*] CASVS. In primis hæc lex præcipit vt præses curet ne extorqueatur aliquid per metum, nec aliud illicitũ fiat, & prouideat ne aliquid malo modo lucretur. [VERITAS.] Secundò dicit, pone quòd aliud erat actum: & aliud scriptũ. postea probatum fuit per testimonium quid actũ est. sequimur quod actũ est. [NE POTENTIORES.] Tertiò dicit quòd curet præses ne potentiores opprimãt tenuiores. 4 Quartò dicit. Pone quòd potestas Bonon. mittat suos ambasiatores vel pro tributis, vel pro alio: præcipitur hîc, quòd isti ambasiatores non debent ducere malos homines seruiẽtes, vt turbent prouinciam: & hoc procuret præses prouinciæ. 5 Itẽ in §. ne tenuis: dicitur quòd aliquis non prohibeatur negotiari, nec exercere negotiationẽ non prohibitam: & hoc curet præses prouinciæ. Item dicit quòd illi seruientes accipiebãt fœnus, & alia lucrabãtur: & hoc nõ faciebãt propter milites. hoc debet præses curare ne fiat. Itẽ dicit quòd si medicus medicauit per imperitiam, tenetur. sed nõ tenetur si moriat æger non per imperitiam. Itẽ dicit quòd vniuersi qui regunt prouincias, habent ius & possunt dãnare in metallum. Item dicit quòd si præses aliquem pecuniariter cõdemnauit, nec ille cõdẽnatus soluere possit, quòd remittitur ei pœna propter inopiã. vnde & si fiat postea soluẽdo, non tamen debet iterum exigi. Viuianus.

* Gell. libr. 14. cap. 1.

† Vide l. 1. Co. de offi. rect. prouinciæ.

b Pretiũ enim symbolum & nota est vẽditionis & emptionis.

c Damnũ sentimus vel alterius dolo, vel nostra facilitate, vel reipsa.

d Testium causa est in controuersiis, vt ex eorũ fide, hoc est, sincero testimonio iudicari oporteat.

e Iudicandum est ex allegatis & probatis, nõ ex cõscientia, nisi quid iudici notum sit vt iudici non vt priuato. *vide Cuiaciũ 12. Obseru. 19. Hotomanũ. Illustriũ quæst. 25.*

IIII. VLPIANVS *libro trigensimonono ad Edictum.*

3 PRæses prouinciæ maius imperiũ in ea prouincia habet omnibus post principem. [a]

V. IDEM *libro primo de omnibus tribunalibus.*

4 PRæses prouinciæ nõ magis tutorẽ quàm specialem iudicem ipse se dare potest. [b]

VI. IDEM *libro primo Opinionum.*

ILlicitas exactiones, & violẽtia factas, & extortas metu venditiones & cautiones, vel sine pretij numeratione [c] prohibeat [d] præses prouinciæ. Item ne quis iniquum lucrum aut damnum sentiat, [e] præses prouinciæ prouideat.

Allegatur quòd iudex debet iudicare secundùm allegata & approbata, non autem secũdùm conscientiam. Bart.

1 ¶ Veritas [f] rerum erroribus gestarum non vitiatur: & ideo præses prouinciæ id sequatur,* quod cõuenit eum ex fide eorum quæ probabuntur.

Ad præsidem spectat, ne impotentes à potentibus opprimantur Bartolus.

2 ¶ Ne potentiores viri humiliores [g] iniuriis adficiant, néve defensores [h] eorum calumniosis criminibus insectentur innocentes, ad religionem præsidis prouinciæ pertinet. 3 ¶ Illicita ministeria [i] sub prætextu adiuuãtium militares viros ad cõcutiendos [k] homines procedentia prohibere, & deprehẽsa coërcere præses prouinciæ curet: † & sub specie tributorum illicitas exactiones fieri prohibeat. 4 ¶ Neque licita negotiatione aliquos prohiberi, [l] neque prohibita exerceri, neque innocentibus [m] pœnas irrogari, ad solicitudinem suã præses prouinciæ reuocet. 5 ¶ Ne tenuis vitæ homines sub prætextu aduẽtus officiorum [n] vel militum, lumine [o] vnico, vel breui supellectili ad aliorum vsus translatis, iniuriis vexentur, præses prouinciæ prouidebit. 6 ¶ Ne quid sub nomine militum, quod ad vtilitates eorum in commune non pertinet, à quibusdam propria sibi commoda iniquè vindicãtibus committatur, præses prouinciæ prouideat.

Casus humanæ fragilitatis medico non imputatur, sed imperitia. h. d. Et ex hoc aliud concluditur de iure canonico: quòd sicut imperitia nocet, ita casus non nocet sibi quantùm ad irregularitatem, quo minùs ad alios ordines possit ascendere: vt in ca. tua nos. extra de homi.

7 ¶ Sicuti medico imputari euentus mortalitatis non debet: [p] ita quod per imperitiam commisit imputari ei debet. Prætextu [q] humanæ fragilitatis [r] delictum decipientis [s] in periculo homines, innoxiũ esse non debet.

8 Qui vniuersas [t] prouincias regunt, ius gladij [u] habent: & in metallum [x] dandi potestas eis permissa est.

Mulcta ex causa necessitatis & paupertatis remitti potest: & licèt ille cui est facta remissio, efficiatur soluendo, non tamen propter hoc tenetur. h. d. vsque ad fi. & signa gl.

9 ¶ Præses prouinciæ si mulctã quã irrogauit, ex præsentibus facultatibus eorum quibus

c ¶ *Numeratione.* hoc refertur tantùm ad venditiones. [b]

d ¶ *Probibeat.* quod cauetur per totũ tit. *j. de dolo. & præcipuè in l. arbitrio. & quod metus causa. & præcipuè in l. si cũ exceptione, §. Pedius. & l. fi. §. si iusto. & §. fin. Azo.*

e ¶ *Sentiat.* vel dolo, [c] vel facilitate: *vt cauetur per totum titu. de mino. xxv. an. & præcipuè in l. quod si minor, in fi. & j. quib. ex cau. ma.* Vel re ipsa *vt C. de rescin. ven. l. ij.*

f ¶ *Veritas.* Pone casum, aliud erat scriptum, aliud actum. Si ex fide [d] testium qui probãt, apparet quid est actũ, id sequimur: *vt hîc & C. plus valere quod agitur per to. tit. & C. de errore ad l. ij.* Item pone exemplum: *vt j. fa. er. si filia, in prin. & vt j. de nego. gest. item si cum, §. fi. & j. de iur. om. iu. si per errorem. & j. ad muni. l. assumptio. & supra de sta. ho. imperator. & j. de re. iur. l. si librarius.* ¶ In eo ergo quod dicit, ex fide eorum, &c. est ar. pro Ioan. quòd secũdùm [e] allegata debet iudex iudicare, non secundùm conscientiam. Sed M. contra. & pro eo est. *j. de fer. eadem, in fin. & j. finium reg. si irruptione, §. fi.* Sed ibi vt iudici erat notum: secus si vt priuato. Accur.

a Humiliores qui dicantur.

g ¶ *Humiliores.* Largiùs [a] appellat hîc humiles, quàm *C. de incest. nup. l. humilem.*

h ¶ *Néve defensores.* dupliciter lege hanc literam: *item facit j. ea. l. §. ne tenuis.* Accursius.

i ¶ *Illicita ministeria.* i. ministros.

k ¶ *Concutiendos.* occasione militum qui licitè mittebãtur: *vt s. de offic. procon. l. iiij. §. j.* procedebant quidã cum eis qui inferentes cõcussiones siue timores hominibus, aliqua ab eis extorquebãt: & sic veniebant [b] in vestimẽtis ouium, intus autem erant lupi rapaces. ¶ Et sic not. quòd prætextu liciti [c] non debet committi illicitum: *vt j. ea. l. §. ne tenuis. & j. de iureiur. si duo, §. idem & C. qui le. perso. l. fi. & C. de sac. san. eccl. qui sub prætextu.*

l ¶ *Neque prohiberi.* nisi in pœna: [d] *vt hîc, & j. de pœnis, l. moris. & s. de offi. præse. vrb. l. j. §. si. versicu. & vrbe, quæ sunt contra.*

m ¶ *Innocentibus.* sancti' est enim, [e] &c. *vt j. de pœn. l. absentem.*

n ¶ *Officiorum.* i. officialium. Accur.

o ¶ *Lumine.* [f] putà candela vna vel lucerna. 2 Vel dic quòd per similitudinem loquitur. nã si etiam porcellum habeat tenuis homo, tanquam oculum suum seruat illum: & sic in aliis etiã minimis: vt subiicit. *& facit s. ea. l. §. illicita.* Accur.

p ¶ *Non debet.* Non [g] est in medico semper releuetur vt æger. Item & alibi. Et sic nõ persuadet orator, &c.

q ¶ *Prætextu.* non potes tuum delictũ prætextu [h] fragilitatis excusare: *vt hîc, & j. ad l. Aqui. si seruus seruum, §. si fornacarius, in fin.*

r ¶ *Fragilitatis.* quam asserit fuisse in ægro.

s ¶ *Decipientis.* scilicet medici.

t ¶ *Qui vniuersas.* id est, [i] vniuersi qui regunt prouincias, scilicet præsides vel procõsules, vel quicunque sint: *vt s. eodem l. j.* secus in magistratibus municipalibus: *vt j. de iur. om. iudi. l. magistratibus.*

b Probari ex vultu ipso probus quis plenè non potest: quippe fronti nulla fides. Frons enim mentitur, de quo vid. plura apud Tiraquell. *de pœnis causa 51. in prin.*

c Liciti occasione illicitum non permittendum.

d Pœnæ species est, negotiationem exercere prohiberi.

e Innocentiũ causa, nocentibus ignosci potest.

f Limine videtur legẽdum: vt limen hîc pro casa tenui & humili sumatur. proinde quod hîc de candela & lucerna adfertur ab Accursio, alienum.

g Medicus nõ semper sanat, neque orator persuadet.

h Pœna non euitatur prætextu fragilitatis: minui tamen posse videtur.

i Dic potius qui non sunt iuridici, sed qui singulas ciuitates administrant.

u ¶ *Ius gladij.* quod [k] est merum imperium, *vt j. de iur. om. iud. l. imperium.* ¶ Sic not. quòd clarissimi [l] habent merum imperiũ: multò magis spectabiles: multò plus illustres & super illustres. excipitur præfectus augustalis: qui licèt sit spectabilis, non tamen habet merum imperium: *vt C. de offi. præfect. aug. l. ij. quæ est contra.* Vel illud quantum ad iudices qui ei subsunt, vt in eos non habeat merum imperium: in alios autem sic: vt hîc dicit.

x ¶ *In metallum.* Dicitur [m] in metallum dari, quando magno põdere metalli premitur: in opus metalli, quando minori: *vt infra de pœ. l. aut damnum, §. inter eos.* ¶ Sed cur non multò magis habet potestatem deportandi ipso facto exequendo: *vt infra de lega. iij l. j. §. hi quibus, versi. deportatos.* cùm maius [n] sit damnari in metallum, quã deportari: cùm ex prima maxima capitis diminutio interueniat: ex secunda media; *vt insti. de ca. demi. §. maxima. & §. media?*

k Ius gladij habere, meri est imperij.

l Merum imperium qui habeant.

m Metallo dati, & in opus metalli dãnari differentia.

n Metallo dari grauius, quã deportari.

SYNTAGMA IVRIS VNIVERSI.

ATQVE LEGVM PENE OMNIVM GENTIVM, ET RERVMPVBLICARVM PRÆCIPVARVM, IN TRES PARTES DIGESTVM.

In quo diuini, & humani Iuris totius, naturali, ac noua methodo per gradus, ordinéque, materia vniuersalium, & singularium rerum, simulque indicia explicantur:

Auctore PETRO GREGORIO Tholosano, I. V. Doctore, & olim in Academia Caducensi, & Tholosana professore: nunc verò in Lotharingica Pontimussana eorundem Iurium professore, & decano.

Hæc editio post Auctoris ipsius recognitionem auctiorem, & emendationem: nunc demùm ab innumeris mendis, tam in texto, quàm in margine, exactissime repurgata, emaculata, nouis subinde notis, Argumentis aucta, & aliis insuper ornamentis illustrata.

CVM INDICE RERVM, ET VERBORVM COPIOSISSIMO.

LVGDVNI,
SVMPTIBVS IOANNIS PILLEHOTTE
SVB SIGNO NOMINIS IESV.
M. D. CVI.
Cum priuilegiis Cæsareæ Maiestatis, & Christianissimi Galliarum Regis.

De probationibus in genere. Cap. 9.

Lib. 22. Pand. 3. Lib. 4. C. tit. 19. Lib. 2. Decretal. tit. 19.

1 CAusa, inquit Isidorus [m], aut argumentis, aut probatione constat. Argumentum inuestigatione sola, sine testibus, aut tabulis inuenit veritatem. Probatio vtrumque habet. Cum igitur negatio fidem litis faciat dubiã, probationes faciẽdæ sunt. Probatio est rei dubiæ, aut
2 non apertæ, per media in iudicio facta legitima manifestatio. Rebuffus [n], viginti species adfert [...] probationum rursus partitio fit in probationes artificiales, quas Græci dicũt ἔντεχνοι: & in inartificiales, quas dicunt ἄτεχνοι [o]. Artificiales ex causa trahuntur, & quodammodo ratione gignuntur, & proferuntur circa ius causæ, ex legibus, & rationibus hinc inde deductis, ab exemplis, à iudicatis, ab authoritate Senatusconsultorum. Inartificiales probationes sunt, quæ arte dicendi carent, & quas extra dicendi rationem vsurpat orator. Cicero, 2. de Orato. inter inartificiales probationes, ponit non excogitata ab Oratore, sed quæ in re proposita tractantur, tabulas, testimonia, pacta, conuenta, quæstiones, leges, Senatusconsulta, res iudicatas, decreta, responsa, & reliqua non excogitata ab Oratore. Has inartificiales rursum diuidemus, in ordinarias seu regulares: & in extraordinarias seu irregulares. Regulares & quæ frequentiori vsu habentur, sunt, aspectus, monumẽta, notoria, confessio, iuramentum, præsumptio, & ibi fama, tortura, testes, instrumentorum productiones. Irregulares sunt indicia, reuelationes, quę fecerunt torturæ, purgationes vulgares, & canonicæ, de quibus, Deo fauente, singulari notatione agemus postea. Fiunt autem probationes de dubiis, non de claris, & manifestis [q]; manifesta tamen & nota solùm Iudici, vel soli aduersario pro manifestis ad iudicium constituendum non habentur: sed oportet ea quoque aliter fieri manifesta, & probari aliis. Neque quæ nouit Iudex, vt priuatus, pro iudicio sufficiunt: nisi & ea cognouerit tanquàm Iudex [r], id est, nisi & probata sint, & manifesta publicè. Gerit enim personam publicam, dum iudicat [s]. Neque secundum conscientiam, seu scientiam propriam statuit [t], sed secundum 5 6

secundùm allegata, & probata, & vt leges iubẽt [a]. Sic dicitur probatio fieri non aduersario, sed Iudici [b]. Docuit exemplo suo nos Deus, qui quamuis omnia nosset, & nouerit antequàm fiant, tamẽ voluit formula iudiciali negotia discutere, quæ pateret, *Descendam*, inquit, *& videbo*, &c. Genes. 11. & 18. Vide ca. Deus omnipotẽs, 2. q. 1. Quòd si Iudex videat probationẽ fieri aduersus ea, quæ ipse certò nouit, putà quia interfuit, & cõscientiæ puritate tactus, nolit iudicium exequi pro ea falsa probatione, bene quidem faciet si se à iudicando abstineat, si possit: at si nõ possit, vt quia solus Iudex, debet commonere reos: si nihil proficiat, debet ex actis iudicare [c]. Sed & litigator cautus, & sibi prospiciens, ne tunc probatio perire sibi possit, antequàm iudicem adeat, curare debet vt aliũ iudicem habeat, ne illius scientis testimonium sibi pereat [d], cùm Iudex non possit esse testis, vel partis officium cum munere iudicandi obire [e]. Et quamuis receptum sit Iudices secũdùm quod eis æquum, & bonum videbitur, iudicare debere, po[...]do sine litis contestatione negotium cognoscitur, vt si summarium & possessorium sit iudiciũ, sine cõtestatione, & libello probationes fiunt, & edu[n]tur, & sæpe sine Iudicis authoritate, & ex conuentione partium [x]. Et aduersarius sæpe non vocatur in probatione ad futuram rei memoriã, quæ & fit sine cõtestatione præcedente [y], vt neque vocatur 10
aduersarius, quando fit probatio ad instruendum Iudicem solùm, puta si inquisitio ex officio fiat in dubia partium probatione, vt notat Bald. in l. certum, in 2. col. ver. item oppono quod ma differat, vnde legit. idem Bald. in l. si quis per calumniam, vers. sed potest, de episc. & cler. C. Addit. auth. at qui semel, de probatio. C. formam, vt nõ fiat probatio post publicationem testium in iisdem articulis [z], nec regulariter post conclusionem in causa, vt tractat Iason in l. admonendi, num. 50. & seq. pluribus, de iureiur. ff. gl. in cle. sæpè in verb. conclusionem, de verb. signif. Specul. in tit. de renunciatio. & conclusio. in causa. Probandi onus ad eum pertinet, qui affirmat vel allegat, siue actor sit 11

DE OFFICIO IVDICIS, ET ADVOCATI

LIBER VNVS.

IN QVO VARIAE QVAESTIONES IVDICIBVS, ET Aduocatis vtilissimæ tractantur.

IN TRES DIVISVS PARTES, IN QVARVM PRIMA de officio Iudicis, in secunda de officio Aduocati, in tertia de quæstionibus communibus officio Iudicis, & Aduocati disceptatur.

AVCTORE IOANNE PAVLO XAMMAR BARCINONENSI Domicello, & I.V.D. olim in optima Vniuersitate Ciuitatis Barcinonæ per sexdecim annos primario Iuris Pontificij Interprete, & Domus eiusdem Ciuitatis ordinario Assessore, nunc verò Regiæ Maiestatis Consiliario, & Baiuliæ Generalis Cathaloniæ, necnon Officij Magistri Rationalis Regij Assessore.

CVM INDICE DVPLICI, ALTERO QVÆSTIONVM, altero verò rerum, & verborum copiosissimo.

Anno 1639.

CVM LICENTIA.

Barcinonæ: Ex Typographia Iacobi Romeu, in platea diui Iacobi. *A costa de Iuan Çapera Mercader de libros.*

20 Sententia qua pronunciatur Titium relegandum vel decapitandum; sine dubio valet. & quare.

21 Idem est condemnare vel absoluere, & condemnandum vel absoluendum pronũciare.

Superflua dijudicatur quorundam DD. quæstio an qui non potest absoluere vel condemnare, possit condemnandum vel absoluendum pronunciare.

Salyceti opinio improbatur de iudice, qui in vltimo mense sui officij non potest bãnire, quod possit banniendum pronunciare.

22 Duæ opiniones don Ludouici à peguera refutantur.

Valet sententia cum solo verbo pronunciãdi, nec necessario ad validitatem sententiæ requiritur verbum absoluendi vel cõdemnandi.

23 Absoluere qui potest, potest & condemnare.

24 Quæ clausula in curijs secularibus Cathaloniæ ad inuocandum Diuinum numen in sententijs apponatur, & quæ in Curia Romana. & vnde hoc proueniat.

25 Omisio dictæ clausulæ an vitiet sententiam. & n. 29.

26 Inuocatio Diuini nominis in instrumento notarij an sit de substantia instrumenti in terris, in quibus de consuetudine semper apponitur. & n. 28.

27 Legis mandatum si inductum sit dumtaxat de honestate, actus in contrarium factus non dicitur nullus.

Per verba legis simpliciter aliquid inducentia, forma actui non imponitur.

30 Intellectus tex. in l. rem non nouam C. de iudic. & in c. 1. de senten. & re iudic. lib. 6.

Iudex sententiam dicturus quemadmodũ debeat inuocare Spiritum Sanctum vt in voluntate & lege Domini ambulet.

Propter peccata aliquoties nescimus soluere dubia causarum.

31 Sententia tempore noctis ferri non potest.

Fallit in casibus hic congestis.

32 An tacitus partium consensus sufficiat, vt sententia nocte fieri possit.

An sufficeret quod partes ambæ præsentes essent, & non contradicerent.

33 An sufficeret quod iudex multitudine causarum impeditus esset.

34 An quod iudex noctu sententiam proferre non valeat, communi stylo curiarum, præsertim in curia Romana sit derogatum.

35 An sententia nocte prolata sit nulla, quando eo tempore fieri non potuit.

36 Iudex tenetur sententiam dicere claram & certam & per verba proprium sensum habentia, & conformem libello, exceptis aliquibus casibus, & qui sint isti casus.

37 In delictis pro quibus à iure certa pœna imposita est, sufficit iudici pronunciare reum tale delictum commisisse, licet pœnam non exprimat: tutius tamen est semper in sententia exprimere pœnam siue à lege ordinaria sit, siue arbitraria, & hoc iure vtimur in Cathalonia & seruatur in Regno Castellæ.

38 Sententiæ verba stricte & pro vt sonat, interpretanda sunt.

39 Iudex sedendo, non stando iudicare debet sub decreto nullitatis. & quare.

Quid si sedebat incedendo super equum, vel sedebat in altaturri & partes erant inferius, vel si dolebat in sedibus suis & non poterat sedere vel iacebat.

Anima sedendo & quiescedendo fit prudentior.

40 Iudex in foro exteriori tendere debet semper in mitiorem partem, in foro autẽ interiori in tutiorem.

Iudex ius scriptum debet præferre æquitati & procedere secundum æquitatem iure informatam.

41 In Cathalonia iudex tenetur iudicare secundum veritatem, quæ ex actis processus elicitur, parum curando de nullitatibus. ←

42 Iudex tenetur sententiam ferre in scriptis, alioquin erit nulla, & quæ sit ratio.

34 Obti

Impediuntur natura,lege,& moribus, n.8.

Natura surdus,mutus,perpetuò furiosus,& impubes,& eorum defectus neque à supremo Principe possunt suppleri,numero 9.

Neque partis consensu, numero 10.

Iudices qua ætate olim crearentur, & qua creandos senserint Plato,& Aristoteles,n.21.

Iudicis munus minor viginti annis cogi non potest assumere, numero 22.

An iudex sui iuris vel alterius potestatis sit,non interest,n.23.

Ordinarius per successionem, etiam pupillus esse potest, licet iurisdictionis exercitium tutoribus illius committatur: secus per electionem, numero 25.

Esse non potest in Cathalonia is cuius pater,filius,socer,gener,aut leuir sit,fueritue aduocatus in eadem causa, si opponatur:& quid de iure communi,p.1.q.12.n.130.

Ex consilio sui assessoris ordinarij excusatur vbi ciuitas ipsum ei elegerit,p.1.q.13.n.24.

Fallit quando iudex ipse peritus esset, ibidem.

Non excusatur si iudex ipse elegerit sibi assessorem,n.26.

Intellige tamen hoc casu iudicem excusari à dolo,si assessoris sui consilio iniquè iudicauit,sicque liberari ab actione iniuriarum,n.27.

Item intellige nisi elegerit doctorem in aliqua vniuersitate approbata creatũ, n,29.

In causa sua vel vxoris aut liberorum seu suorum familiarium quis esse nequit, p.1.q.14.n.1.

In causa propria an quis esse possit si a parte non opponatur, vbi argumenta & DD. traduntur pro vtraque parte, & quæ sit communis,n.6.& 9.

Quid in criminalibus,etiam parte nõ opponente,n.12.

Quid si persona sit iudex quæ omni caret suspicione,n.10.

Qui scit se morte dignum, non potest se ad mortem condemnare, numero 12.

Ordinarius atque etiã delegatus cognoscere potest, an ipse sit iudex competens,suaque sit iurisdictio, p.1.q.14.nu.24.

Intellige inter se & partem:secus inter se,& alium iudicem,n.25.

Iudex quis esse potest in causa sui officialis veluti notarij,vel assessoris,qui deliquit in officio,& ab eius sententia non appellatur,parte 1.quæstion.14.numero 50.

Limitatio doctoris Auiles circa hoc improbatur,ibidem.

Ius scriptum debet præferre æquitati & procedere secundum æquitatem iure informatam, par.1. quæstion.15.nu.40.

In Cathalonia debet iudicare secundum veritatem,quæ ex actis processus elicitur, parum curando de nullitatibus, n, 41.

Iudici nõ creditur super sententia interloquutoria,nisi per notarium redacta sit in scriptis, parte 1. quæst. 15. numero 47.

Iudex licet sit ei data licentia procedendi sola facti veritate, debet iudicare de iure, parte 1. quæstion. 15. numero 87.

Est legis minister & exequutor,num. 20.

Iudices in definiendis causis prius recurrere debẽt ad constitutiones Pontificũ quam ad expositiones Sanctorum,p.1.q.16.n.25.

Huius tempestatis repræhensi, quod nimium suo potius arbitrio quam legum sensu ius reddant,par.1.quæstion.16.num. 43.

Imperitum se videns,si professus est se peritum esse,& munus iudicandi assumpsit,omnia damna, quę ex eius imperitia procedunt, restituere tenetur, quamuis postea in executione nullam committat

cul-

D.D. NICOLAI RODRIGVEZ FERMOSINI,

QVONDAM COLLEGÆ DIVI ÆMILIANI SALMANTICÆ,

PRO SACERDOTIBVS ET GRADVATIS; DEINDE CANONICI Doctoralis Ecclesiæ Austuricensis, & post Canonici Poenitentiarij Vallisoletanæ Ecclesiæ, & in eius Tribunali Sanctæ Inquisitionis (Fiscali Electi) iam Inquisitoris Creati; & itidem à Rege PHILIPPO IV. Iudicis Bonorum Confiscatorum dictæ Inquisitionis etiam Intitulati; demum Fiscalis Electi pro Supremo Consilio Sanctæ & Generalis Inquisitionis, nunc eiusdem Consiliarij.

TRACTATVS III. TOMVS I.

DE

PROBATIONIBVS,

AD TITVLVM VII. LIBRI II. DECRETALIVM GREGORII PONTIFICIS IX.

Ad Titulos de Confessis, Probationibus, Testibus, & Testibus cogendis.

Cum Indice multiplici Titulorum, Capitum, Quæstionum, Canonum, Legum, Iurium, Locorum, Rerum & Verborum in hoc Tractatu contentorum.

NVNC PRIMVM IN LVCEM PRODIT.

LVGDVNI,
Sumptibus HORATII BOISSAT & GEORGII REMEVS.

M. DC. LXII.

CVM [illegible]

AD RVBRICAM ET TITVLVM DE PROBATIONIBVS.

PRÆMISSVM.

VT vberiùs hanc materiam pertractes, adjungas dicta infrà *in Titulis de Teſtibus, de fide inſtrumentorum, de Præſumptionibus, & de Iureiurando.* Item & quæ dixi ſuprà *in Titulo de Confeßis, & in Titulo de Dilationibus, & in Cap.de litis conteſt.quæſt.* 10.

SVMMARIVM RVBRICÆ.

1 *Concluſio duplex fit in lite, vna ad probandum, altera ad ſententiam.*

2 *Sententia interloquutoria* de auto deprueba, *quando fieri debet de iure Regio; vbi de pœna.*

3 *Probatio eſt de ſubſtantia Iudicij ex omni iure.*

4 *Probatio quid ſit & quomodo definiatur, expenditur* à n. 5. & n. 8.

5 *Probatio fit non ad inſtruendum aduerſarium, ſed ipſum Iudicem.*

6 *Probari nõ debent quæ iuris ſunt, ſed quæ de facto.*

7 *Probatione notoria non indigent.*

9 *Probatio diuiditur magis communiter in plenam, & ſemiplenam* n. 10.

11 *Probatio plena quæ ſit.*

12 *Probatio legitimè plena, eſt quæ fit per duos teſtes fide dignos, aut per inſtrumenta.*

13. *Probationis plenæ ſex ſpecies*, n. ſequentibus.

14 *Probatio fit per teſtes, inſtrumenta publica, & priuata per Iuramentum, per euidentiam facti, per præſumptiones, & per confeſſionem.*

20 *Præſumptiones, qualiter probant?*

21 *Conditio in ſpecifica forma ſeruari debet, & ſic probatio poſita in conditione non impletur per iuris præſumptionem.*

22 *Probatio ſemiplena quæ ſit? & quam fidem faciat? & eſt duplex maior, & minor.* n. 23.

24 *Sententia ad probandum vulgò* auto de prueba, *qualiter concipiatur?*

25 *Probationes vtriuſque partis, quando videat Iudex, & quo ordine* n. 26. 27. *& quid conſiderare debeat inter vtriuſque partis probationes* n. 29. 30. *&* 31.

26 *Aduocatus qualiter videt probationes ſui clientuli & aduerſi, & quæ conſiderabit* n. 27.

28 *Iudex abſoluet Reum ab impetitione, ſi actor viſa proceſſu, non benè probat.*

30 *Iudex debet Teſtes probatorios concordare, in quantum poſſit, & non de facili diſcordantes repellere.*

31 *Probationes actoris, & Rei ſi ſunt pares, Iudex pronunciabit pro Reo, niſi cauſa ſit priuilegiata,* num. 32.

33 *Iudex non ex arbitrio, ſed ex probationibus ſententiam probat.*

34 *Actor ex nouis probationibus, poteſt inſtantiam reintegrare, contra Reum abſolutum, & qualiter.*

35 *Probatio Rei non admittitur ſi non excludit probationem Actoris.*

36 *Pars non admittitur ad probandum quod ſibi non prodeſt, nec alterius partis intentionem excludit.*

37 *Probatio Iudicialis fit poſt Litem conteſtatam, nec admittitur poſt quartam teſtium productionem extra Iudicialis antea poteſt fieri.* n. 39.

38 *Probatio fieri poterit tam in loco Iudicij, quam extra, & quomodo inter egregias perſonas.*

CVM non ſemper Reus admittat poſitiones 1
Actoris, tanquam veras, ſed ad quaſdam reſpondeat negatiuè, & per verbum *non credo*, & ob id eas Actor probare debeat *l. actor C. hoc tit.* ideò benè ſubſequitur vt agam de hoc titulo ergo primum in praxi aduertendum eſt quòd concluſ. facta ad probandum (quæ & prima litis concluſio appellatur reſpectu alterius faciendæ, publicatione teſtium iam factâ. Quæ etiam vltima, & finalis dicitur, vt aduertit optimè Azeuedus *in l. 1. ff. 6. lib. 4. recop.*) † Teneatur Iudex pro- 2
ferre ſententiam interloquutoriam ad probationem eorum, quæ à partibus dicta, & allegata ſunt iurando, priùs de calumnia, iuxta text. *in d. l. 1. tit. 6. lib. 4. recop.* quam ſententiam intra ſex dies proferre tenetur de iure Regio; alioquin, ſi intra prædictum tempus non proferat, pœnam incurret à lege impoſitam iuxta diſpoſitionem legis 11. *tit* 12. *& l. 1. tit. 15. lib. 3. ordinamenti* eſtque *l. 1. tit. 17. lib. 4. compilat.* quòd intelligit; & declarat Didacus Perez *in d. l.* verbo *el Iuez de la ſentencia*; ſi Iudex à parte fuerit requiſitus quantum ad incurrendam pœnam propter litem retardatam. † Ex his infero, quod ſit de ſubſtantia Iudicij, vt partes ad probanda allegata recipiantur, & quod teſtes ad probationem admittantur. Vt optimè addit Auendañus *reſponſo* 1. *n.* 7. Paz *in praxi* 1. *p. tempore* 8. *facit l. 1. tit. 15. p.* 3. *& l. 2. & 3. tit. 16. eadem parte l. 1. tit. 6. l. 4. recop.*

lux veritatis assistit; & ex quibus animi sui motum conuenit Iudicem informare, vt inquit Innocentius *in cap. in nostra 31. de Testibus*; itaque attendi debet qui Testes sint digniores, & maioris qualitatis, opinionis, & famæ, quo casu quamuis sint numero pauciores, eis fides adhibeda erit *cap. si Testes §. 1. 4. q. 3. dicto cap. in nostra vers. 1 l. 40. tit. 16. part. 3.* de quo latè dico *in dict. cap. in*
30 *nostra & ad titulum de Testibus.* † Sed si testes inter se discordari Iudex viderit, ex hoc non statim eos repellet; sed potiùs prout possibile fuerit benignè eorum depositiones interpretans ad concordiam reducere curabit, secundùm omnes: per *text. ibi notat* Glossa *in cap. cum tu de testibus*, vbi dico & in dicto cap. *in nostra.* Verùm præferendi sunt Testes deponentes de aliqua re in specie his qui deponunt in genere, vt docet Innocentius *in cap. auditis de præscript. n. 4.* Dec. *cons.* 302. *n.* 18. Boërius *decis. 33. num. 45.* & dico *in dicto cap. in nostra de Testibus*, & de alijs videbis *in cap.*
31 *licet causam hoc tit.* † Sed si probationes Actoris, & Rei sint pares; ita vt sit æqualitas Testium, tam in qualitatibus personarum, quàm etiam in dictis, & possessionibus; tunc enim erit præstanda sententia in fauorem Rei, vt notat Glossa *in dict. cap. licet causam hoc tit. & in dicto cap. in nostra de Testibus ex regula legis* Arrianus, *ff. de actionibus, & obligat, & l. fauorabiliores. ff. de reg. iuris, & cap. cum sint partium iura, eodem tit. lib. 6. quod expressè approbatur in dicta l. 40. tit. 16. part. 3.* vbi notat eleganter Greg. verbo *porquinto.*
32 † Qui prædictam regulam limitat in causa dotis, libertatis, vel Matrimonij; iuxta doctrinam Glossæ per text. *ibi in cap. ex litteris hoc tit.*, vbi communiter scribentes *in cap. fin. de sent. & re iudicata*; vbi etiam excluditur Testamenti causa vbi latè dico Valensis *hic §. 5. n. 4.* vbi addit quòd alias proferret Iudex sententiam pro eo, qui intentionem suam meliùs & magis sufficienter probauerit, *ex dict. cap. licet*
33 *§. ex præmissis hoc tit.* † Nec obstat dicere quòd probationes dicentur esse arbitrariæ, & ab arbitrio Iudicis pendere ex *l. 3. §. tu magis scire, ff. de Testibus*, quia nihilhominus Iudex eas probationes, quas leges pro integris, & plenis habent, sequi, & pro integris habere debet: ne ius commune partibus inuertat, *per text. in l. 10. §. fin.* in verbo *de Iudice quæri*, vbi Doctores *ff. de edendo.* Nam secundùm allegata, & probata Iudicem Iudicare oportere non secundùm scientiam suam, dixit *textus in l. illicitas §. veritas ff. de officio Præsidis*, vbi Doctores de quo latè dixi *supra in cap. di-*
34 *lecti 6. de Iud.* † Sed cum Actore non probante Reus sit absoluendus, vt dixi, quæritur an Actor ex nouis probationibus instantiam reintegrare valeat, in quo dicendum est posse dummodo Reus ob defectum probationum; non etiam ex contraria probatione, aut purgatione ab instantia sit absolutus ex *dicta l. Argentarius 10. §. 3. ff.*
35 *de edendo* tenet Valensis *hic dict. §. 5. n. fin.* † Pro complemento aduertes, vt si probatio Rei Actoris intentionem non excludat frustra eius probationem admitti quinimò amitti posse legitimè probatur *argumento textus in l. ad probandum Cod. hoc tit. ibi siquidem huiusmodi licet probetur factum tantum intentioni nullum præbet adminiculum; nec enim quis admitti debet probandum illud quod probatum non prodest*, docet Glossa celebris *in cap. cum contingat* verbo *nihilominus de officio delegati* per textum *in cap. per tuas 1. in fine vers. quoniam de simonia, & in cap. dilecti de except. l. 21. tit. 8. lib 2.*
fori, qua est l. 8. tit. 11. l. 3. ordinamenti. † Quibus 36
dispositum est partem non deberi admitti ad probandum illud quod sibi non prodesset, neque alterius partis intentionem excluderet, & si talis probatio per Iudicem admissa fuerit, nullo modo valere quod vtique benè notant ibi Montalbus, & Didacus Perez verbo *no le prodria a prouechar*; Vnde frustra immorabitur Iudex, circa horum inspectionem, & eius probationis, vt aduertit Morla *in Emporio tit. 11. n. 90.* Sequitur Rodriguez *de ordin. processu p. 7. n. 70.* Debet etiam esse probatio clara vt *infra dico in cap. in præsentia hoc tit.* † Et Iudicialis probatio fiet post Litem con- 37
testatam, vt patet ex dictis, & sub certis dilationibus secundùm dicta *ad titulum supra de dilationibus.* Sed post quartam Testium productionem, non est admittenda probatio *auth. qui semel. Cod. hoc tit.* vt nec post conclusionem in causa, nisi in criminalibus ad innocentiam Rei probandam. Quo casu etiam post sententiam & rem Iudicatam recipi debebit. † Cæterum fieri proba- 38
tio poterit, tam in loco Iudicis, quam extra, vbicunque Iudex, qui examinationi præest, sederit, & debet Iudex ad egregias personas, & fœminas mittere Notarium, qui inibi eas examinet, *l. ad personas*, vbi Doctores, *ff. de Iureiur.* Valensis *hic §. 4.* vbi † Ait quòd extra Iudicialis probatio, vt 39
illa quæ fit ad perpetuam rei memoriam, de qua dixi latè *in cap. quoniam frequenter, vt Lite non contestata*, vel per modum simplicis inquisitionis: aut vbi ex conuentione partium citrà solemnem ordinem Litigatores procedunt fieri potest, nulla spectatâ Litis contestatione; imo antè libellum exhibitum, de quo est videndus Vuesembechius *in parat. ff. hoc tit. n. 91.* & videbis Mascardum longè agentem in præfatione *de probat. quæst. 17.* vbi agit *de quæst. quis & quomodo probare quid, & quando debeant probari.*

QVÆSTIO I.

An qui priùs dicit, qui priùs probare teneantur? Et an angustia seu difficultas temporis ad probandum vitietur? Et an duæ semiplenæ probationes coniungantur? Et quid in criminalibus. Et an inquisitores possint vnire duas semiplenas probationes ad Reum damnandum: Et an fides faciat fidem.

SVMMARIVM.

1 *Actor suam actionem deductam, & Reus suam exceptionem probare tenentur.*
2 *Probare tenetur is, qui priùs dicit*: infertur ad plures casus.
3 *Probanda est qualitas, quæ fundat iurisdictionem, & quid faciet delegatus, vt eam probet.*
4 *Angustia, seu difficultas temporis ad probandum vitiatur: Et procedit etiam in contractibus num. 5.*
6 *Angustia temporis non afficit vassallos iuris ignaros.*
7 *Difficultas non excusat debitorem à mora, & quid in Iudice n. 8.*
6 *Probationes duæ semiplenæ coniunguntur: Item imperfecta, indicia, fama, n. 10.*

Probationes

CORPUS
JURIS CIVILIS ROMANI,

IN QUO

INSTITUTIONES, DIGESTA

AD CODICEM FLORENTINUM EMENDATA,

CODEX ITEM ET NOVELLÆ,

NEC NON

JUSTINIANI EDICTA, LEONIS ET ALIORUM
IMPERATORUM NOVELLÆ, CANONES APOSTOLORUM,
FEUDORUM LIBRI, LEGES XII. TABB. ET ALIA AD JURISPRUDENTIAM ANTE-JUSTINIANEAM PERTINENTIA SCRIPTA,

CUM OPTIMIS QUIBUSQUE EDITIONIBUS COLLATA, EXHIBENTUR.

CUM NOTIS INTEGRIS

DIONYSII GOTHOFREDI,

QUIBUS ACCESSERUNT

FRANCISCI MODII

ET ALIÆ ALIORUM JCTORUM CELEBERRIMORUM, QUAS INSERUIT EDITIONI SUÆ

SIMON VAN LEEUWEN.

ADDITI QUOQUE LOCIS CONVENIENTIBUS

INDICES TITULORUM AC LEGUM EMENDATISSIMI.

PRÆMISSA EST

HISTORIA ET CHRONOLOGIA JURIS CIVILIS ROMANI,

QUÆ SINGULARI METHODO LEGUM LATARUM TEMPUS DESIGNAT.

EDITIO NOVA,

Omni, qua licuit, cura, atque labore indefesso, à quamplurimis, in Notis præcipuè, mendis falsisque allegationibus repurgata & correcta.

TOMUS PRIMUS.

COLONIÆ MUNATIANÆ.

Sumptibus FRATRUM CRAMER.

MDCCLVI.

Quale imperium habet.

4. ULPIANUS lib. 39. ad Edictum.

PRæses provinciæ [1] majus imperium in ea provincia habet omnibus post Principem.

Si tutorem aut judicem se dare velit.

5. IDEM lib. 1. de omnibus tribunalibus.

PRæses provinciæ non magis tutorem [2], quam specialem judicem, ipse se dare potest.

De illicitis exactionibus, & contractibus. 1. De probationibus recipiendis. 2. De humilioribus protegendis. 3. De illicitis ministeriis, & exactionibus. 4. De licitis vel illicitis negotiationibus, & innocentibus non puniendis. 5. Ne pauperes sub prætextu adventus officiorum, vel militum vexentur. 6. Ne quid sub nomine militum committatur. 7. Utrum medicus ægro mortuo puniendus sit. 8. De imperio Præsidis. 9. De multis remittendis.

6. IDEM lib. 1. Opinionum.

ILlicitas exactiones, & violentia factas, & extortas metu venditiones [3], & cautiones, vel sine pretii numeratione prohibeat Præses provinciæ. Item ne quis iniquum lucrum aut damnum sentiat, Præses provinciæ provideat. §. 1. Veritas rerum erroribus [4] gestarum [5] non vitiatur [6]: & ideo Præses provinciæ id sequatur, quod convenit [7] eum ex fide eorum, quæ probabuntur, [sequi [8]]. §. 2. Ne potentiores viri humiliores injuriis adficiant, neve Defensores eorum calumniosis criminibus insectentur innocentes, ad religionem Præsidis provinciæ pertinet. §. 3. Illicita [9] ministeria sub prætextu adjuvantium militares viros ad concutiendos homines procedentia prohibere, & deprehensa coërcere Præses provinciæ curet: & sub specie tributorum illicitas exactiones fieri prohibeat. §. 4. Neque licita [10] negotiatione aliquos prohiberi, neque prohibita exerceri, neque innocentibus pœnas irrogari, ad sollicitudinem suam Præses provinciæ revocet. §. 5. Ne tenuis [11] vitæ homines sub prætextu adventus [12] officiorum, vel militum, lumine unico [13], vel brevi supellectili ad aliorum usus translatis, injuriis vexentur, Præses provinciæ providebit. §. 6. Ne quid sub nomine militum, quod ad utilitates eorum in commune non pertinet, a quibusdam propria sibi commoda inique vindicantibus committatur, Præses provinciæ provideat. §. 7. Sicuti Medico [14] imputari eventus mortalitatis non debet, ita quod per [15] imperitiam [16] commisit [17], imputari ei debet: prætextu humanæ fragilitatis delictum decipientis in periculo homines innoxium esse non debet. §. 8. Qui universas [18] provincias regunt, jus gladii habent: & in metallum dandi potestas eis permissa est. §. 9. Præses provinciæ, si multam [19], quam irrogavit, ex præsentibus facultatibus eorum, quibus eam dixit, redigi non posse deprehenderit: necessitatem solutionis moderetur [20], reprehensa [21] exactorum illicita avaritia. † Remissa propter inopiam multa a provincias Regentibus, exigi non [22] debet.

De ædificiis reficiendis.

7. IDEM lib. 3. Opinionum.

PRæses provinciæ, inspectis ædificiis, dominos eorum, causa cognita [23], reficere ea compellat: & adversus detrectantem, competenti remedio deformitati auxilium ferat.

De rescripto, Præsidem adire potes.

8. JULIANUS lib. 1. Digestorum.

SÆpe audivi [24] Cæsarem nostrum dicentem, hac rescriptione, *Eum, qui provinciæ præest, adire potes* [25], non imponi necessitatem [26] Proconsuli, vel Legato ejus, vel Præsidi provinciæ, suscipiendæ cognitionis: sed eum æstimare debere, ipse cognoscere an judicem dare debeat.

9. CALLISTRATUS lib. 1. de Cognitionibus.

GEneraliter, quotiens Princeps ad Præsides provinciarum remittit [27] negotia per rescriptiones: veluti, *eum, qui provinciæ præest, adire poteris:* vel, cum hac adjectione, *is æstimabit, quid sit partium suarum:* non imponitur [28] necessitas Proconsuli, vel Legato suscipiendæ cognitionis, quamvis [non] sit adjectum, *is æstimabit, quid sit partium suarum:* sed is æstimare debet, utrum ipse cognoscat, an [29] judicem dare debeat.

De quibus Præses cognoscit.

10. HERMOGENIANUS lib. 2. Juris epitomarum.

EX omnibus causis, de quibus vel Præfectus Urbi, vel Præfectus prætorio, itemque Consules, & Prætores, cæterique Romæ cognoscunt, Correctorum [30] & Præsidum provinciarum est notio.

11. MARCIANUS lib. 3. Institutionum.

OMnia enim provincialia desideria, quæ Romæ varios judices habent [31], ad officium Præsidum pertinent.

Quid spectare debet in jure dicendo.

12. PROCULUS lib. 4. Epistolarum.

SEd licet is qui provinciæ præest, omnium Romæ magistratuum vice & officio fungi debeat, non [32] tamen spectandum est, quid Romæ factum est, quam quid [33] fieri debeat.

De quiete provinciæ, & malis puniendis. 1. De furiosis aut furorem simulantibus.

13. ULPIANUS lib. 7. de officio Proconsulis.

COngruit bono & gravi Præsidi curare, ut pacata atque quieta provincia sit, quam regit: quod non difficile obtinebit, si sollicite agat, ut malis hominibus provincia careat, eosque conquirat [34]: nam & sacrilegos [35], latrones, plagiarios, fures [36] conquirere debet: & prout quisque deliquerit, in eum animadvertere: receptoresque [37] eorum coërcere, sine quibus latro diutius latere non potest. §. 1. Furiosis [38], si non possint per necessarios [39] contineri, eo remedio per Præsidem obviam eundum est, scilicet, ut carcere contineantur: & ita D. Pius rescripsit. † Sane excutiendum Divi Fratres putaverunt in persona ejus, qui parricidium admiserat, utrum simulato [40] furore facinus admisisset, an vero revera compos mentis non esset: ut si simulasset, plecteretur: si fureret, in carcere contineretur.

14. MACER lib. 2. de Judiciis Publicis.

DIvus Marcus & Commodus [41] Scapulæ Tertyllo rescripserunt in hæc verba: *Si tibi liquido compertum est, Ælium Priscum in eo furore esse, ut continua [42] mentis alienatione omni intellectu careat; nec subest ulla suspicio, matrem ab eo simulatione [43] dementiæ occisam: potes de modo pœnæ ejus dissimulare, cum satis furore ipso puniatur, & tamen diligentius custodiendus erit: ac, si putabis, etiam vinculo coërcendus: quoniam tam ad pœnam, quam ad tutelam ejus, & securitatem [44] proximorum pertinebit. Si vero, ut plerumque adsolet, intervallis [45] quibusdam sensu saniore, non forte eo momento scelus admiserit, [nec morbo ejus danda est venia,] diligenter explorabis: & si quid tale compereris, consules nos, ut æstimemus, an per immanitatem facinoris, si cum posset videri sentire, commiserit, supplicio adficiendus sit. Cum autem ex litteris tuis cognoverimus, tali eum loco atque ordine esse, ut a suis, vel etiam in propria villa custodiatur: recte facturus nobis videris, si eos, a quibus illo tempore observatus esset, vocaveris, & causam tantæ negligentiæ excusseris: & [in] unumquemque eorum, prout tibi levari vel onerari culpa ejus videbitur, constitueris: nam custodes furiosis non ad hoc solum adhibentur, ne quid perniciosius ipsi in se moliantur, sed ne aliis quoque exitio sint: quod si committatur, non immerito culpæ eorum adscribendum est, qui negligentiores in officio [46] suo fuerint.*

Ne Præses extra provinciam agat.

15. MARCIANUS lib. 1. de Judiciis Publicis.

ILlud observandum est, ne [47] qui provinciam regit, fines ejus excedat [48], nisi voti [49] solvendi causa: dum tamen abnoctare [50] ei non [51] liceat.

De quibus Præses jus dicere potest.

16. MACER lib. 1. de officio Præsidis.

SEnatusconsulto cavetur, *Ut de his, quæ provincias [52] Regentes, Comites [53], aut libertini eorum, antequam in provinciam venerint, contraxerunt, parcissime [54] jus dicatur: ita ut actiones, quæ ob eam causam institutæ non essent, postea quam quis eorum ea provincia excesserit, restituantur. Si quid tamen invito accidit, veluti si injuriam aut furtum passus est, hactenus [ei] jus dicendum est, ut litem contestetur, resque ablata exhibeatur [55] & deponatur [56], aut sisti, exhiberive satisdato promittatur.*

1 Ut Proconsul, *l. 8. ff. de off. Procons.* 2 *l. ult. ff. de offic. Præt. l. 4. ff. de tutorib. & curat. datis.* 3 *l. ult. §. si justo metu. ff. quod met. caus.* 4 Vide *l. 57. ff. de obl. & act.* 5 *Al.* gestorum. Hot. 25. *Illustr.* 6 Ita plane est; præsumitur tamen verum, quod quasi vere gestum scribitur; nisi veritas alia probetur. *l. ab ea parte. ff. de probat.* vide Pileum *quæst.* 108. & Vaccam *hic.* Mod. 7 Id est, quod convenire existimat. Si deprehenderit fidem inesse probationibus, probationes sequatur: sin falsas eas repererit, aliud ejus fides & rerum veritas expostulat, quam ut allegata & probata sequatur. 8 Hinc colligi solet, Judicem debere judicare secundum probata. vide tamen Cujac. 12. obs. 19. vid. *l. 3. §. ejusdem in fin. ff. de testib.* 14. Gellium 2. vid. Hotom. *qu. illustr.* 25. Plane aliud velle videtur Ulpianus. cum enim ait, veritatem erroribus gestorum non vitiari, id innuit: Non esse judicandum secundum allegata & probata, si allegatis veritas rei contraria judici visa fuerit. *Goth.* Vide Coras. 4. *miscell.* 20. Pinell. *de rescind. vend. part.* 3. *c.* 3. *n.* 32. Ans. 9 2. *Feudor.* 53. §. 3. *in fin.* 10 Vide quæ scripsi *ad l.* 11. §. 5. *ff. de publicanis & vectig.* 11 Tenuis vitæ homo, pauper. Cicero *pro Roscio Amerino.* 12 Vide *l. ult. §. 19. ff. de munerib. & honor.* 13 Tiraquell. *connub. leg.* 10. *num.* 28. & Zoannettus *restitut. ad ff. c.* 21. legunt *limine unico*, id est, domuncula: hoc sensu *limen* sumi videtur *in oratione Ciceronis pro Milone.* αὐθεντικὰς οἰκήσεις appellat *Novell.* 130. *cap.* 9. adde *Novell.* 17. *c.* 8. 9. 10. 14 §. 7. *Inst. ad l. Aquil.* 15 Vide Paul. 5. *sent.* 23. §. *ult.* 16 Vide *l.* 132. *ff. de reg. jur.* Goth. An & quando Medicus de imperitia & negligentia teneatur, vid. Petr. Heig. *part.* 2. *qu.* 26. Ans. 17 Vide *l.* 9. §. *Celsus. ff. locati* vid. *l.* 8. *ff. ad leg. Aquil.* 18 Id est, integras. *Zoannet.* 19 Vide *l. ult. in fin. C. de mod. multarum.* & eodem titulo *Cujacium.* 20 Aliud in pœna. vide *l.* 45. §. 1. *ff. de re judicata.* 21 Repressa *Bulgar.* minus est reprehendere quam reprimere, id est, punire, *l.* 7. §. *ad tempus. ff. de interdictis & rel.* & condemnare, Cicer. *pro Flacco.* 22 Imo exigi posse videtur, *l.* 49. *ff. de administ. & pericul. tutorum.* 23 *l.* 46. *in fin. ff. de damno infect. l.* 8. *in fin. C. de ædif. priv. l.* 4. *C. de jure Reip. lib.* 11. *t.* 29. *Nov.* 17. *c.* 4. 24 Testimonium de auditu valere hinc colligitur. 25 *Potes*, hæc dictio necessitatem non imponit, *ut hic.* Sic verbum *Oportet*, & *Debet*, non necessitatem sed honestatem quandoque innuit, *l. 1. ff. de justit. & jur.* 26 Cur ita? v. *l. 40. in pr. ff. de judic. & l. 1. C. quomodo & quando judex.* 27 Remitti negotia ad Præsides rescripto Principis solita. 28 Judex imperium suum ad utilitatem litigantium referre debet. adde *Nov.* 60. *c.* 2. 29 Præses aut ipse cognoscit, aut judicem dat. 30 Quibus aliqua pars provinciæ mandata est. *l. un. circ. pr. C. ut omnes judices.* 31 Sunt quibus placet, *varios judices habent*: de quo cum aliis placere videam, ego sane ἐπέχω. Mod. 32 Vid. *l.* 13. *in fin. C. de sent. & interloc.* 33 Vid. *l.* 3. *in fin. ff. eod. Nov.* 18. *c.* 2. 34 Huc ergo non pertinet *l.* 6. §. *si quis accusatorem. ff. de munerib. & honor.* quæ negat ibi locum esse, ubi nullus sit accusator. *Goth.* Hinc colligunt, damnatum ad supplicium capitale non liberari per puellam eum in matrimonium petentem. De quo vide Schneid. *ad tit. Inst. de furt. n.* 4. Vasq. *illustr. controv. parte* 1. *l.* 1. *cap.* 48. *num.* 15. Ans. Adde Nicol. vander Hooch. *Singular.* 59. S. L. 35 *l.* 4. §. 2. *ff. ad l. Jul. pec.* 36 *l.* 56. §. 1. *ff. de furt.* 37 Vid. *l.* 1. *ff. de receptatoribus.* 38 Ex hac lege cum sequenti collige, vere furiosos (non tempore intervalli, non simulatos) non teneri parricidii, *l. penult. in fin. ff. ad L. Pompej. de parricidiis.* homicidii, *l.* 12. *ff. ad L. Corn. de sicariis.* tutelæ male administratæ, *l. ult. in fin. ff. de administ. & peric. tut.* injuriæ, *l.* 3. §. 1. *ff. de injuriis.* etiam erga Principem, *l. un. C. si quis imperatori maledixerit*, non facere testamentum, *l.* 9. *C. qui testamenta.* etiam ad pias causas, Bart. *in l.* 1. *C. de sacrosanct. Eccl.* nec codicillos, *l.* 2. §. 3. *ff. de jure codicill.* nec sponsalia, *l.* 8. *ff. de sponsal.* nec matrimonium, *l.* 16. *in fin. ff. de ritu nupt.* nec stipulationem, §. 8. *Inst. de inut. stip.* nec locationem, *l.* 14. *ff. locati.* nec quid aliud contrahere, *l.* 40. *ff. de reg. jur.* vel agere: cum nec velle possint, *l.* 2. *ff. de jure codicill. l.* 40. *ff. de reg. jur.* cum absentium & quiescentium loco habeantur, *l.* 124. *ff. de reg. jur. in fin.* (nisi ubi eorum negotia gesta sunt, *l.* 3. §. 5. *ff. de negotiis.*) & curator eis detur, *ff. de curat. fur.* Præterea furiosi testes esse non possunt, *l.* 20. §. 4. *ff. qui testam. facere.* nec judices, *l.* 39. *ff. de judiciis.* nec tutores, *l.* 11. *ff. de tutelis.* retinent tamen statum, dignitatem, magistratum, potestatem, dominium rei suæ, *l.* 20. *ff. de statu homin.* uxorem & matrimonium, & jus patriæ potestatis, *l.* 8. *ff. de his, qui sunt sui.* quanquam sine eorum consensu liberi contrahere nuptias possunt, *l.* 25. *C. de nupt.* & dotari moderate a parentum curatoribus. *l.* 28. *C. de Episc. audient.* Observandum tamen, Leonem, *Novell.* 111. & 112. & Nicephorum Botoniatem, his quæ de matrimonio furiosorum diximus, quodammodo derogare. 39 *Necessarii*, seu *necessariæ personæ*, agnati. 40 Simulatus furor pœna dignus. *l.* 6. *ff. de curat. furios.* Cic. 2. *de Invent.* 41 Pro *Commodo* alii *Verum* reponunt, ut sint hæc verba rescripti divorum fratrum, de quo *ff. l. prox.* §. 1. vide & Aurpachum *l.* 2. *allegat. cap.* 41. Mod. 42 Furor continuata mentis alienatio, qua quis omni intellectu caret. 43 *l.* 13. *in fin. ff. eod.* 44 Vid. *l.* 7. *ff. de curator. furios.* 45 Intervalla hæc furoris, *confinia furoris & sanitatis* dicuntur, *l.* 6. *C. de curatore furiosi. l.* 9. *C. qui testamenta.* 46 Diligentiam quisque in officio suo præstare tenetur. *l.* 3. *C. de off. Præf. Prætor. Orient.* 47 Idem in Tribuno plebis, 3. *Gell.* 2. & Flamine Diali. Livius *l.* 5. 48 *Nov.* 24. *c.* 2. 49 Voti solvendi causa privilegiata. 50 *l.* 166. *in fin. ff. de verb. sign.* adde 3. Gell. 2. Dion. 39. v. quæ scripsi ad *l.* 2. §. 1. *ff. de verb. sign.* Eodem sensu Tertullianus *ad uxorem*: ejus uxorem solennibus Paschæ diebus abnoctantem servus sustinebit. Nam erant illis diebus pervigilia. 51 Quid si abnoctavit? majestatis fit reus, *Nov.* 95. *c.* 1. novissimam pœnam sustinet, id est, ultimo supplicio punitur. *Julianus Patritius*, *d. Novella.* 52 Vid. *l.* 48. *ff. de judiciis.* 53 De Comitibus Præsidum, adde *l.* 4. *ff. de off. Adsess.* 54 Interdum ergo potest. vid. *l.* 6. §. *pen. ff. de pœnis.* 55 Cur ita? vid. *l.* 7. *in fin. ff. qui satisdare.* 56 Atqui a sequestratione non incipiendum. *l.* 1. *C. de probib. sequestr.*

Handbuch

des deutschen

gemeinen Prozesses

in einer

ausführlichen Erörterung

seiner

wichtigsten Gegenstände

vom

Hofrath und Professor Gönner

zu Landshut

Erster Band.

Zweyte vermehrte und verbesserte Auflage.

Erlangen

bey Johann Jacob Palm.

1804.

chem die Anerkennung des Rechts einer Partei ruht, als einen untergeordneten Zweck, so lassen sich aus reinen Prinzipien zwei Wege denken, welche, ihrer wesentlichen Verschiedenheit ungeachtet, zum nämlichen Ziele führen.

A) Man kann in allen Theilen des Verfahrens von dem Satze ausgehen: daß jeder Bürger mit seinen Rechten nach freier Willkühr zu schalten befugt ist, und daraus die Folge abziehen, daß der Staat nur dann schützt, wenn der Schutz reclamirt wird; nur dasjenige, was man als das Seine anspricht, nur so, wie man geschützt zu werden begehrt, und daß der Richter nur diejenigen Mittel braucht, wodurch man die Anerkennung seines Rechts erwirken will. Hier wird der Grundsatz, daß es kein Verfahren von Amtswegen in bürgerlichen Rechtsstreitigkeiten gebe (judex ex officio non procedit), nicht nur wirksam in Rücksicht auf das Entstehen eines Rechtsstreits (§. 3.), sondern er wird allgemeine Maxime für alle Theile des ganzen Verfahrens vom Anfange des Rechtsstreits bis zu seinem Ende. Hier ist jeder Schritt des Richters, hier ist das gerichtliche Verfahren in jedem seiner Theile bestimmt und bedingt durch das Vorbringen der Parteien. So lange nicht die Gültigkeit des Verfahrens nach dem, was die Natur der Sache oder positives Recht zu wesentlichen Bestandtheilen eines Prozesses gerechnet hat, darunter leidet, ist die Thätigkeit des

Rechtsstreit zu entscheiden, unter das Gesetz subsumiren will. Sehr gut drückt diesen Satz die Praxis durch das bekannte: quod non est in actis, non est in mundo, aus; es enthält nicht nur den Grundsatz, daß der Richter in der Entscheidung seiner Privatwissenschaft vom Streitgegenstand nicht folgen darf, sondern es drückt auch die Verbindlichkeit aus, alles aktenmässig zu machen, was in einem Rechtsstreite geschieht *d*). Unter diesem Gesetze steht also 1) daß der Richter alles, was in einer Prozeßsache schriftlich an ihn gelangt, annimmt, und, wie ich nachher bemerken werde, mit dem Präsentatum versieht. 2) Daß alles, was ohne schriftliche Verhandlungen vorgeht, zu Papier gebracht werde, um davon das Andenken zu erhalten, und seinen Gebrauch bei der künftigen Entscheidung möglich zu machen. Hiezu ist das bei allen Gerichten übliche Mittel ein Protokoll. Was immer in einer Rechtssache vorgeht, seyen es Handlungen des Richters, der Parteien oder dritter Personen, z. B. der Zeugen und Kunstverständigen muß aus dieser zweifachen Ursache in ein Protokoll gebracht werden. Es genügt daher nicht, wenn der Richter, nur das Andenken zu erhalten sucht, indem er, daß etwas geschehen sey, im Protokolle bemerkt, sondern er muß auch detailirt anführen, wie es geschehen ist; nichts darf er seinem, oft untreuen, Gedächtnisse überlassen, er muß immer seine

d) Martin a. a. O. § 75.

angestellten Klage zu entbinden sey, sie verurtheilten ihn aber zu einem derben Verweis, zur Abbitte und zum Ersatze aller Kosten. — Allein das kaiserliche Reichskammergericht erkannte auch auf bloße Vorlage der vermeintlichen Entscheidungsgründe die vom Regierungsfiskal gebetenen Appellationsprozesse. — Niemals darf ein Richter von seiner positiven Thätigkeit einen so übertriebenen Gebrauch machen, daß er über das genau vorgezeichnete Genus actionis hinausfällt! — Weit besser ist es, den Kläger durch den Bescheid: daß die Klage angebrachtermassen nicht Statt finde, auf die Mängel seines Libells aufmerksam zu machen, und ihm zu überlassen, ob er sein Recht auf eine andere Weise verfolgen will.

§. 12.

IV. Bei der vom Kläger gewählten Prozeßart kommt es darauf an: ob 1) der Kläger nur eine ihm günstigere Verfahrungsart aufgab: da reicht die positive Thätigkeit des Richters nicht hin, ultra petita partis auf die günstigere zu erkennen; ungerecht wäre es, wenn der Richter eine im ordentlichen Prozesse angestellte Klage in den Executivprozeß einleiten wollte. Ist 2) die vom Kläger gewählte Prozeßart so beschaffen, daß der Beklagte sich in derselben einzulassen nicht verbunden ist, so ist es immer zweckmäßig, den Antrag, wie gebeten abzuweisen, und in manchen ausserordentlichen Prozeßarten, vorzüg-

PHILOSOPHIE

DE LA

PROCÉDURE CIVILE

MÉMOIRE

SUR LA

RÉFORMATION

DE LA

JUSTICE

COURONNÉ PAR L'ACADÉMIE DES SCIENCES MORALES ET POLITIQUES
DANS SA SÉANCE DU 25 JUIN 1853

PAR

RAYMOND BORDEAUX
DOCTEUR EN DROIT, ANCIEN BATONNIER DU BARREAU D'ÉVREUX

Legum scribere jussit amor

ÉVREUX
IMPRIMERIE DE AUGUSTE HÉRISSEY
1857

lorsque la loi n'est pas écrite, *le point de droit devient point de fait* [1]. Cependant, en général, la théorie des preuves n'a pas pour objet la preuve du droit [2]; celle-ci appartient à la théorie de l'interprétation des lois.

Si, dans le débat du point de droit, on s'adresse à la science préexistante du juge, le fait au contraire doit être absolument établi; car, en thèse générale et sauf les exceptions admises par la raison ou la loi, le juge ne doit point juger d'après son expérience personnelle ni d'après la notoriété. *Secundum allegata et probata judex judicare debet* [3]. ←

La preuve est le moyen d'établir l'existence du fait allégué [4].

L'évidence, vérité prouvée d'elle-même, dispense de toute preuve ultérieure, et le juge ne peut exiger ni admettre de preuves lorsqu'il s'agit de faits légalement constants.

[1] Rauter, nº 126.

[2] Conférez Vinnius, *Questiones selectæ :* An solæ questiones facti sint objectum probationis.

[3] [C'est la doctrine de S. Thomas d'Aquin : « Cum judicium ad judices spectet non secundum privatam sed publicam potestatem, oportet eos judicare non secundum veritatem quam ipsi ut personæ privatæ noverunt, sed secundum quod ipsis ut personis publicis per leges, per testes, per instrumenta, et per allegata et probata res innotuit. » (*Summa,* II, 2, quæst. 66, art. 2.) — M. Sclopis, *Dellà Autorità judiciaria,* p. 103, discute « secondo quali prove debba il giudice proferire sentenza ».]

[4] [Romagnosi définit la preuve « Soccorsi somministrati esternamente per eseguire il procedimento col quale la mente nostra tenta di ottenere la cognizione certa di un fatto ». *(Introduzione al diritto pubblico universale.)* Ambrosoli établit ainsi sa définition : « La prova in giurisprudenza è un fatto proprio di alcuno dei contendenti, o di un terzo riconosciuto come provante dalla lege, offerto da chi vuol realizzare un diritto al giudice, onde, cavando dall' analogia del fatto coll' ente controverso la certezza dell' esistenza del diritto, accordi la realizzazione del medesimo. » *(Introduzione alla giurisprudenza filosofica,* p. 241.) C'est passablement métaphysique.]

WILHELM ENDEMANN

DAS DEUTSCHE ZIVILPROZESSRECHT

SCIENTIA

NEUDRUCK DER AUSGABE HEIDELBERG 1868

2. rücksichtlich des prozessualischen Zwecks der Bitte. Daher keine positive Kondemnation auf Grund einer Einrede[25]), überhaupt keine Zuerkennung irgend eines prozessualischen Vortheils ohne deshalbigen Antrag, kein Aufgreifen irgend eines Mangels ohne deshalbige Rüge der Gegenpartei. Der Richter hat sich streng an den ausdrücklichen Inhalt des einzelnen Petitums[25a]) zu halten; und darin liegt die Quelle der absolutiones ab instantia, der Zurückweisungen, wie angebracht, oder in dieser Gestalt (§ 140). Indessen auch nach dieser Seite hin haben sich die Ansichten häufig gebessert, indem man die formale Strenge verlassen und dem verständigen Richterermessen zu Gunsten des materiellen Rechts wieder mehr Gewalt eingeräumt hat.

D. Judex secundum allegata et probata judicare debet, non secundum conscientiam. Dieser Satz des kan. Prozeßrechts[26]) stellt die Anwendung des Verhandlungsprinzips auf das thatsächliche Vorbringen der Parteien und insonderheit auf das Beweisstadium dar[27]). Der Richter soll Nichts von selbst wissen oder herbeischaffen, was zur Ermittlung der Wahrheit dient. Daraus folgt: quod non in actis non in mundo. Da der Prozeß schriftlich (§ 96), so muß der Inhalt der Akten die einzige Grundlage der Kognition sein. Aktenmäßigkeit ist mithin die erste Voraussetzung für die Gültigkeit einer richterlichen Verfügung. Aktenwidrigkeit begründet, wenigstens wenn klar vorliegend, unheilbare Nichtigkeit (§ 243, 9), sonst immerhin einen Berufungsgrund. Die Aktenmäßigkeit vertritt an sich vollständig

---

u. die Beispiele bei Seuffert, Reg. zu Bd. 11—15 S. 90 Nr. 1. Theoretisch läßt sich der Streit nicht lösen. Es kommt eben auf die größere oder geringere Neigung für die formale Verhandlungsmaxime an. — Ueber die Zuerkennung der Prozeßkosten insbes. s. § 138, IV; über die Accessionen § 142, 9.

25) Vgl. § 175 mit § 101, II A 2. Wetzell Not. 38. 39.

25a) Daß jetzt streng genommen bei jeder einzelnen Handlung diese Situation eintritt, ist es, was vollends zu einem unerträglichen Formalismus führt. Im röm. Proz. gibt es nur ein Petitum des Klägers oder Verklagten, während die Trennung der schriftlichen Akte den Prozeß in eine ganze Serie von Petiten auflöst.

26) Wetzell Not. 40.

27) Zur Würdigung desselben s. Endemann, Beweislehre § 14.

System

des

ordentlichen Civilprocesses

von

Dr. Georg Wilhelm Wetzell.

Dritte verbesserte und vermehrte Auflage.

Verlag von Bernhard Tauchnitz
Leipzig 1878.

deres,[36] wohl aber geeigneten Falls Weniger, namentlich statt des ganzen Klagobjects einen Theil, statt einer bestimmten Sache diese oder eine andere nach des Verklagten Wahl, statt der Leistung an einem bestimmten Orte die Leistung schlechthin.[37] Wiederum überschreitet der Richter seine Befugniß, wenn er auf Grund einer Einrede den Kläger verurtheilt;[38] denn nur die judicia duplicia haben das Besondere, daß der Verklagte ohne ausdrückliche Klagbitte als Kläger angesehen wird.[39] Dasselbe wiederholt sich rücksichtlich des Proceßganges; zur Einleitung einer außerordentlichen Proceßart, zur Bewilligung von Restitutionen, Fristerstreckungen u. s. w. ist ein besonderer Antrag erforderlich.

c. Quod non in actis, non est in mundo. Entkleidet man diesen Satz seiner Beziehung auf die Aufzeichnung oder schriftliche Form der Verhandlungen, so besagt er, daß der Richter, wie es schon die Glossatoren ausdrückten, secundum allegata et probata, nicht secundum conscientiam sprechen solle,[40] daß er bei Fällung des Urtheils nur das von den Parteien gelieferte Material, nicht seine eigne zufällige Kenntniß der Verhältnisse zu berücksichtigen habe.[41] Jedoch verwischt sich diese Begrenzung des richterlichen Amtes bei notorischen Thatsachen, deren Kenntniß der Richter haben oder sich selbst verschaffen muß, und nicht erst durch den Beweis der Parteien suppeditirt erhält.[41a] Und überall werden

36) Ueber §. 35 I. de act. (4, 6) vgl. die Note 34.

37) §. 33 I. de act. (4, 6), Dep. A. von 1600 §. 30, Conc. der K. G. O. von 1613 I. 22 §. 11, und dazu Brackenhoeft: Erläuterungen S. 359 Note 14.

38) Savigny: System VI. S. 343 fg.

39) Vgl. §. 5 Note 6.

40) Vgl. c. 15 in f. X. de rest. spol. (2, 13), gl. Veritas] ad l. 6 §. 1 D. de off. Praes., Durantis: Spec. jud. II. 1 de citat. §. 4 nr. 14, II. 3 de sententia et de his, quae §. 5 nr. 1 (und dazu Biener: Beiträge S. 80), Bald. ad l. un. C. ut quae desunt. nr. 2, Maranta: Prax. aur. VI. Et demum fertur sententia nr. 60 sequ., — Joa. Urbach: Proc. jud. ed. Muther p. 237., Oldendorp: Actionum juris civ. loci comm., tit. an judex conscientiam suam aut probata sequi debeat (in Opp. ed. Basil. 1559 I. p. 280), Gaill: Obs. I. 54 nr. 7, 134 nr. 15, Mevius: Decis. VII. 155, J. H. Boehmer l. c. I. 32 §. 58, Gensler a. a. O. Abh. 3 §. h.

41) Daß der Richter Geständnisse und Behauptungen der einen Partei zu Gunsten der anderen benutzen darf, ohne daß sie von dieser ausdrücklich acceptirt worden sind, ist schon in §. 19 Note 8 hervorgehoben worden.

41a) Vgl. §. 20 zu Note 40. Eine Anwendung hiervon ist es auch, daß die der Ausschwörung des Würderungseides vorausgehende Feststellung eines Maximum dem richterlichen Ermessen überlassen ist. Vgl. §. 28 zu Note 8, und dazu die Erk. der O. A. G. zu Rostock und Berlin und des O. G. zu Wolfenbüttel bei Seuffert: Archiv XVI. 164, XXV. 283, XXIII. 86. a. E. Woraus wiederum die Praxis vielfach die subsidäre Befugniß des Richters zur

Handbuch

des

Reichs-Civil-Prozeßrechts

auf rationellen Grundlagen,

mit vergleichender Darstellung

des

gemeinen deutschen Civilprozesses

für Studierende und zum Gebrauch in der Praxis.

Von

Dr. Karl Bolgiano,

o. ö. Professor an der Ludwig-Maximilians-Universität in München.

Allgemeiner Theil.

Stuttgart.
Verlag von Ferdinand Enke.
1879.

nicht über die Parteianträge hinausgehen. Dieser Satz gilt besonders für die Urtheilsfällung.

Vgl. Bayer l. c. D.P.O. §. 279, §. 278 u. 498.

Er darf nicht Mehr zuerkennen, als was die Klagbitte verlangt, und auch nichts Anderes.[3] (Wenn z. B. ein Gläubiger von seinem Schuldner ein Darlehen von 500 fl. einklagt, während dasselbe, wie er angibt und durch den Schuldschein nachweist, eigentlich 1000 fl. beträgt, so darf der Richter den Beklagten doch nur zu 500 fl. verurtheilen.)

Hieraus ergibt sich auch die Nothwendigkeit des klägerischen Sachgesuchs und zwar eines bestimmten Sach-Gesuchs. J.R.A. §. 34. Fehlt dasselbe, so kann der Richter überhaupt nicht verurtheilen. Endlich:

3) Darf er bei Fällung des Urtheils Nichts berücksichtigen (keine Einrede, kein Beweismittel), was nicht die Parteien zu den Akten gebracht, resp. in der mündlichen Verhandlung vorgeschützt haben, selbst dann nicht, wenn er einen verschwiegenen Umstand als Privatmann wüßte („quod non in actis, non in mundo"). Bayer l. c. Die Parteien haben daher das Recht und die Pflicht, lediglich auf Grund ihres Vorbringens beurtheilt zu werden, und der Richter soll, wie das schon die Glossatoren ausdrückten, „secundum allegata et probata," nicht „secundum conscientiam" sprechen, d. h. nur das von den Parteien gelieferte Material, nicht seine eigne zufällige Kenntniß der Verhältnisse berücksichtigen.

Diese drei Folgesätze sind die wichtigsten Ausflüsse der Verhandlungsmaxime, deren Anwendungen zahllos sind. Es gibt nach derselben kein Verfahren von Amtswegen, keinen absoluten Zwang der Parteien zur Rechtsverfolgung, keine Befugniß des Richters zur Herbeischaffung der nöthigen Rechtsbehelfe und Beweismittel; keine Ueberschreitung der Klagbitte, überhaupt keine Zuerkennung proz. Vor-

[3] Auf weniger als gebeten, kann aber allerdings erkannt werden, namentlich statt des ganzen Klagobjekts auf einen Theil; statt einer bestimmten Sache eine andere nach des Beklagten Wahl; statt der Leistung an einem bestimmten Ort die Leistung schlechthin. §. 33 J. (4. 6) D. A. v. 1600 §. 30. Wetzell S. 465/66.

Lehrbuch

des

Deutschen Civilprozessrechts

von

Julius Wilhelm Planck.

Erster Band.

Allgemeiner Theil.

Nördlingen.
Verlag der C. H. Beck'schen Buchhandlung.
1887.

verstossendes, ein aktenwidriges Urtheil unheilbar nichtig sei[7]). Hiemit war also dem bloss mündlich vor oder vom Gericht gesprochenen Wort jeder massgebende Werth entzogen und der aus der unzweifelhaft richtigen Forderung[8]) der ausschliesslichen Berücksichtigung des Inhalts der gerichtlichen Verhandlungen hervorgegangene Satz: quod non est in actis non est in mundo mit dem scharfen Nebensinn versehen, dass für das abzugebende Urtheil nur das in der Welt sei, was und wie es in den schriftlichen Akten (nicht Verhandlungen) zu finden sei. Man erwartete, dass Gericht und Parteien hinreichend bemüht sein würden, den Hergang und Inhalt des Rechtsstreits in allem Wesentlichen vollständig und wahrheitsgetreu in diesen schriftlichen Akten in der vom Gesetz dafür so oder anders bestimmten Form ersichtlich zu machen. Der in diesem Sinn zu verstehende gemeinrechtliche Grundsatz der Schriftlichkeit des Civilverfahrens beherrschte auch die Partikularprozessrechte, lange Zeit selbst dann noch, als man im Laufe dieses Jahrhunderts darauf ausging, der mündlichen Verhandlung vor den Civilgerichten wieder grösseren Spielraum zu verschaffen. Gebrochen wurde seine Herrschaft erst, und zwar zunächst nur theilweise, in den dem französischen Recht nachgebildeten Prozessordnungen, vollständiger schon in der Hannoverschen Prozessordnung von 1850 und ihren Nachfolgern. Aber erst die Reichscivilprozessordnung hat ihn nicht nur völlig aufgegeben, sondern auch den ihm entgegengesetzten Grundsatz der Mündlichkeit in allen seinen Folgerungen durchzuführen unternommen[9]).

Um indess die wahre Bedeutung und Tragweite dieser Reform richtig zu begreifen, ist es nothwendig,

I. das Gebiet zu umgränzen, auf dem das Reichsrecht die Mündlichkeit gebieterisch und ausschliesslich gebraucht wissen will. Die Reichscivilprozessordnung schreibt vor[10]): die Verhandlung der Parteien über den Rechtsstreit vor dem erkennenden Gerichte ist eine mündliche. Im Anschluss daran verlangt sie, dass die auf Grund einer mündlichen Verhandlung ergehenden Urtheile und Beschlüsse des Gerichts mündlich verkündigt werden[11]). Also nicht Alles, was vor Civilgericht zur Erledigung der dahin gewiesenen Angelegenheiten

---

[7]) Martin, Vorles. II S. 411. Wetzell § 52 zu Note 5. Renaud § 184 Note 35. Endemann, System S. 369, 946.

[8]) Gl. veritas]. L. 6 § 1 D. d. off. praes. 1, 18. Bart. ibid.: *judex debet judicare secundum allegata et approbata, non autem secundum consientiam.* Vgl. Wetzell § 43 zu Note 40 ff.

[9]) Ueber den Entwickelungsgang seit Mitte dieses Jahrhunderts s. die Motive zur CPO., allg. Begründung § 3 ff.

[10]) CPO. § 119.

[11]) CPO. § 281, 294[1]. — Vgl. unten § 78 bei Note 14.

Sächsisches Archiv

für

Bürgerliches Recht und Prozeß.

Herausgegeben

von

Stephan Hoffmann, und Dr. Friedrich Wulfert,
Oberlandesgerichtsrath in Dresden. Landgerichtsrath in Leipzig.

Zweiter Band.

Leipzig.
Druck und Verlag der Roßberg'schen Hof-Buchhandlung.
1892.

Abhandlungen.

Die außergerichtlichen Wahrnehmungen des Prozeßrichters.

Von Professor Dr. Richard Schmidt in Freiburg i/Br.

In Zeiten, in denen das gerichtliche Verfahren an einem übermäßigen und ungesunden Formalismus krankt, ist es begreiflich, wenn die Opposition gegen das herrschende Prozedursystem nicht davor zurückscheut, eine gesetzlich geregelte und geordnete Form des Civilprozesses überhaupt und im Prinzip als überflüssig, unnatürlich und verwerflich abzulehnen. Eine derartige Richtung nahmen die Vorschläge, mit denen Jeremias Bentham zu Beginn unseres Jahrhunderts die Reform des englischen Prozesses eröffnete. Aber auch die legislatorischen Experimente, durch die um wenig früher die preußischen Juristen der Aera Friedrichs II. das Gerichtsverfahren umgestalteten, liefen im wesentlichen darauf hinaus. Auch sie vollzogen absichtlich den Bruch mit dem historisch gewordenen System des gemeinen Rechts, um das Verfahren nach der Natur der Sache zu konstruieren. Auch sie arbeiteten im Grunde mit Benthams Gedankengang: Da die Prüfung und Entscheidung einer streitigen Frage eine so einfache und alltägliche Thätigkeit ist, daß jeder Hausvater sie unvorbereitet und gewissermaßen unbewußt vornehmen kann, so ist auch für die Thätigkeit des staatlichen Prozeßrichters am besten gesorgt, wenn man sie in die denkbar einfachste und natürlichste Form kleidet; jede Umgrenzung, jede Beschränkung derselben ist nur eine Verkünstelung ihrer durch die Natur der Sache diktierten Gestalt.[1])

Die Entwickelung hat gegen diesen Radikalismus entschieden. In England wie in Deutschland bildet trotz aller Reformen das damals angefeindete Verfahren die Grundlage auch des heutigen Rechtszustands. Aber völlig sind jene Anschauungen nicht zum Schweigen zu bringen. Sie finden einen allezeit fruchtbaren

[1]) Bentham, rationale of judicial evidence ft. II. S. 4: „Nimm an, Deine beiden Söhne verlangen dasselbe Spielzeug, zwei Deiner Dienstboten streiten sich, wer eine bestimmte Hausarbeit verrichten solle, — Du entscheidest diese Streitigkeiten und es ist Dir schwerlich dabei eingefallen, daß Dein Studirzimmer, in dem Du die Parteien hörtest, ein Gerichtssaal, Dein Lehnstuhl ein Richtersitz, daß Du selbst ein Richter warst." Mit dieser Darlegung leitet er die im Text bezeichnete Schlußfolgerung ein. — Vergl. die sehr ähnlich klingende Aeußerung von Suarez bei Stölzel, Suarez 1885 S. 201 (Wach, Handbuch I S. 133).

in die Vorschrift umsetzen wollen: die dem Gericht bekannten Thatsachen bedürfen keines Beweises.[9]) Schon seit unvordenklicher Zeit ist Offenkundigkeit, Notorietät die technische Bezeichnung für die Allgemeinbekanntheit einer Thatsache, — indem das Gesetz sie verwendet, handhabt es einen Begriff, dessen prinzipielle Begrenzung sich in der juristischen Doktrin und Praxis des Jahrhunderts vorfand[10]) und den gerade die letztere von jeher in einen entschiedenen Gegensatz zu den dem Richter lediglich privatim bekannten Thatsachen gestellt hatte. Wenn also zur Zeit der Vorbereitung und Ausarbeitung der C.P.O. die Jurisprudenz in der Anerkennung des Satzes judex secundum allegata judicare debet schlechthin einmüthig war, so ist klar, daß das Gesetz die Privatwahrnehmungen des Richters als solche von der Berücksichtigung ausgeschlossen wissen wollte.[11]) [12])

Gerade um die Zeit jedoch, als die Geltung der deutschen C.P.O. begann, traten — zunächst innerhalb der Doktrin — die Anschauungen über die Verantwortlichkeit für die Stoffsammlung in ein neues Stadium. Nochmals vollzog sich ein bemerkenswerther Aufschwung in der Bemühung, den Richter zur Mitwirkung bei der Stoffsammlung in höherem Maß und in grundsätzlich anderem Sinn als bisher heranzuziehen; gegen die absolute Herrschaft der Verhandlungsmaxime wurden neue und diesmal bestimmter formulirte Zweifel laut.

Sicherlich gingen die neuen Bestrebungen theilweise wieder zu weit. Soweit sie sich im Prinzip oder in Einzelanwendungen auf den Gedanken zuspitzten, daß der Richter grundsätzlich das Recht und die Pflicht habe, die ihm zugänglichen Thatbestandstheile unter eigner Verantwortlichkeit herbeizuschaffen, insoweit waren sie

---

[9]) Vergl. die unten S. 277 genannten.

[10]) Vergl. die genauere Bezeichnung der offenkundigen Thatsachen in der Bestimmung der bairischen P.O. o. Anm. 8. Vergl. die Darlegung dieses Punktes ausführlicher bei Langenbeck, Zeitschr. f. C.P. 4, 480.

[11]) Der Stand der Wissenschaft und Praxis zur Zeit der C.P.O. ist das Hauptargument für die Stellungnahme des Gesetzes. Adminikulirend mag man § 259 hinzurechnen, wonach das Gericht sich seine Ueberzeugung „unter Berücksichtigung des gesammten Inhalts der Verhandlungen und des Ergebnisses einer etwaigen Beweisaufnahme" zu bilden hat. § 41 no. 5 der C.P.O. erlangt erst im Lichte der u. S. 299 flg. dargelegten Erwägungen Beweiskraft. S. darüber S. 300.

[12]) Die im Text bez. Ausl. des Gesetzes ist denn auch die vorwiegende. Wach, Vorträge S. 155. Langenbeck, Zeitschr. f. CP. Bd. 4 S. 471, 480. Meves, in Holz Rechtslexikon Bd. II. S. 909 s. vo. Notorietät. Seuffert, Kommentar zu § 264 no. 2 (5. Aufl. S. 351). Struckmann-Koch, Komm. zu § 264 no. 2. Gaupp, Komm. (2. Aufl. I. S. 536) zu § 264. Fitting, Lehrbuch des Reichscivilprozesses 7. Aufl. S. 142. Mit Recht folgert hieraus Seuffert: Wenn das private Wissen des Richters in den Entscheidungsgründen als leitend für die richterliche Ueberzeugung angeführt wäre, so würde die Thatsache unter Verletzung des Gesetzes festgestellt sein (vergl. dazu die bedenkliche Entscheidung des R.G.'s u. S. 277), wodurch natürlich die modifizirende Bemerkung Wach's nicht berührt wird, daß gegen die unwillkürliche Beeinflussung des Richters durch sein Wissen bei der Beweiswürdigung kein Kraut gewachsen sei.

II. Die Entstehung des Rechtssatzes: judex secundum allegata judicare debet.

Der Untersuchung über die Entstehungsgeschichte des besprochenen Rechtssatzes sind durch das Wesen der Sache von vornherein gewisse Grenzen gesteckt. Damit dem Richter die Aburtheilung auf Grund eigner Wissenschaft verboten werden könne, ist unerläßliche Vorbedingung ein Procedursystem, nach welchem an und für sich die individuelle richterliche Vorstellung von den den Parteistreit veranlassenden thatsächlichen Vorgängen den Ausschlag für die Entscheidung des Streits giebt. Diesen Einfluß auf das Prozeßergebniß hat aber nach germanischer Rechtsüberzeugung der Richter prinzipiell nicht. Wenn der Beklagte allein oder mit Eidhelfern schwört, daß er dem Kläger nichts schuldig sei, — wenn die Zeugen des Klägers diesem durch ihre beschworene Aussage, das streitige Grundstück gehöre seit 30 Jahren ihm, den Weg zum Eid über das gleiche Thema öffnen, — wenn der Kläger im Zweikampf seine Behauptung bewährt, daß ihn der Beklagte gewaltsam aus dem Besitz gesetzt habe, — so ist damit der Streit entschieden. Schuld, Eigenthum, Besitzstörung ist durch Schwur oder Schwert festgestellt. Die urtheilenden Gemeindeglieder, die diesen Beweiskampf anordnen und den Sachentscheid von seinem Ausfall für abhängig erklären, constatiren nur sein schließliches Ergebniß, controliren seine Richtigkeit nicht, und es ist klar, daß da, wo die individuelle Auffassung des functionirenden staatlichen Organs überhaupt gleichgültig ist, auch zufällige Wahrnehmungen bedeutungslos werden, die einer der Urtheiler — seitdem sich von bestimmten Urtheilspersonen im germanischen Prozesse überhaupt sprechen läßt[21]) — in Ausnahmefällen von der Sache gemacht hat.[22]) Nun bewahrte aber das Gerichtsverfahren diesen Grundcharakter, der ihm durch die Stammesrechte der altgermanischen Gemeindestaaten beigelegt worden war, nicht nur in der Zeit, in der das merowingisch-karolingische Königthum dieselben zur Einheit zusammenfaßte, — es behielt sie auch in den nach Zertrümmerung des Reichs neu entstehenden Gemeinwesen, — im deutschen, französischen, anglo-normannischen Lehnsstaat. Wie unter all diesen politischen Wandlungen der wirthschaftliche Zustand der germanischen Völker auf der Stufe eines fast ausschließlich landwirthschaftlichen Vermögensverkehrs stehen blieb, so begnügte man sich auch zur Schlichtung der Streitigkeiten, die aus solchem Verkehr erwuchsen, fortdauernd mit dem altererbten Civilprozeß. Letzterer war, kein Prozeß in unserm Sinn. Er

[21]) So lange die versammelte Gemeinde selbst das urtheilende Organ darstellt, und erst durch ihren Zuruf der Urtheilsvorschlag des hierzu gesetzten Gemeindeausschusses die Vollwirksamkeit erhält, kann schon äußerlich von einem Vergleich des germanischen Gerichtsfactors mit dem modernen nicht die Rede sein. Die Organisation der Schöffeneinrichtung in karolingischer Zeit bedeutet aber juristisch keinen Wechsel des Prinzips.

[22]) Das spätere sog. Gerichts- oder Dingzeugniß (Beweis des streitigen Vertrags-Testamentsanspruchs durch das Gericht der Vertrags-, Testamentserrichtung) giebt keine Veranlassung, das Gesagte zu modificiren. Vergl. zu seinem Verständniß Hänel, Beweissystem des Sachsenspiegels S. 76; Planck, Gerichtsverfahren S. 172; Brunner, Entstehung der Schwurgerichte S. 50.

versensammlungen[38]), daß er das Recht des Richters zur Supplirung von Thatsachen anerkannte:

> Jac. dicit, quod si advocati minus dixerint, judex supplere debet jam de facto, quam de jure. Alii de facto tantum.

und Gleiches ist von dem Zeitgenossen beider, von Martinus Gosia, überliefert.[39][40])

Aber bereits der führende Mann der zweiten Juristengeneration, Rogerius, der mit seiner Summa zum Codex für die umfänglichere systematische Bearbeitung des Rechtsstoffs die Bahn brach, spricht dem Richter die Verwerthung thatsächlicher Wissenschaft bedingungslos ab:

> „de facto neque debet respondere neque supplere (judex). Sed de jure respondere debet et supplere, si quid minus a litigatoribus aut a partibus fuit dictum.“ [41])

Zwar wird in dem Concurrenzwerk, das der geistvolle und selbstständige Plazentin bald nach der Summa des Rogerius unter dem gleichen Titel veröffentlichte, noch einmal die ältere Auffassung zur Geltung gebracht:

> „Inquiunt quidam: judex supplebit de facto tantum, alii de jure tantum. Ego: de utroque; nempe etiam eremodicio contracto judex pro absente debet allegare et ejus partes implere.“ [42])

Aber gleichzeitig verarbeitet schon Johannes Bassianus die Lehre des Rogerius zu der Rechtsparömie, die seitdem für sie geläufig geworden ist:

> „quod judex secundum allegata debet judicare“ [43])

---

[38]) Die Sammlung des Codex der Bibliothek Chigi § 162 bei Hänel, Dissensiones Dominorum (Lipsiae 1834) p. 242.

[39]) Glos. veritas ad l. 6 § 1. D. de off. praes. 1, 18 (s. das Citat u. Anm 37.).

[40]) Es ist bemerkenswerth, daß in den beiden älteren, der Zeit der 4 Doctoren angehörenden Controversensammlungen, welche Hänel in seinen Dissensiones Dominorum an erster und zweiter Stelle als vetus collatio und als Sammlung des Rogerius publicirt hat (vergl. o. Anm. 38), überhaupt noch nichts von einer diesen Punkt berührenden Streitfrage erwähnt wird.

[41]) Rogerius (Blüthezeit Mitte der 60er Jahre) ad tit. 2, 11 Cod. Ich citire seine ungedruckte summa Codicis nach der von mir eingesehenen Tübinger Handschrift (Savigny, Geschichte Bd. 4 S. 214).

[42]) Placentinus († 1192), summa Codicis ad tit. 2, 11. Zu tit. C. de testibus 4, 20 wiederholt er: ut judex non nisi per allegata judicet, nisi alias noverit veritatem. Diese Aeußerung ist um deswillen interessant, weil sie auf der einen Seite für die gerichtliche Stoffsammlung die Verhandlungsmaxime anerkennt, auf der anderen trotzdem die Verwerthung außergerichtlicher Wissenschaft gestattet, — also die Unabhängigkeit beider Rechtsgedanken von einander mit Verständniß erfaßt, die die moderne Prozeßdoctrin (s. o. S. 272) so häufig verkannt hat.

[43]) Johannes Bassianus' Meinung wird überliefert durch die Glosse des Accursius. gl. excipitur ad l. ult. D. de her. pet. 5, 3: — etiam si a parte non opponatur exceptio secundum P. (Placentinum) et sic de facto supplet judex secundum eum. — Sed hoc est falsum secundum Jo., cum secundum allegata debeat procedi. — gl. veritas ad l,

schen Quellen doctrinär geschulten Juristen erhalten, es war doch eine einheitliche, originelle Rechtsidee, die darin ihre Verwirklichung fand. Er wich gleich stark von dem germanischen Prinzip ab, das dem Richter die Erforschung der Thatsachen überhaupt verwehrte, — wie von dem Charakter des diokletianisch-justinianischen Prozesses, der dem Zufall des Augenblicks, dem guten Willen der Parteien und dem Belieben des Richters Gliederung und Form des judicium von der Klage bis zum Urtheil freigab. Der Gedanke einer nach logischen Grundsätzen sich vollziehenden, aber prozeßordnungsmäßig geregelten und gebundenen Sachermittlung, — der Gedanke, der trotz der im Lauf der Entwicklung bewirkten Abschleifung seiner Schroffheiten der Grundgedanke alles modernen Gerichtsverfahrens ist, wurde zum ersten Male bewußt in die Rechtsentwicklung ein- und systematisch durchgeführt.

In die Folge der durch diese Erwägungen hervorgerufenen Rechtsgedanken reihte sich auch der Satz ein: judex secundum allegata judicet. Denn auch er war bestimmt, den Richter in Erledigung seiner schwierigen und verantwortungsreichen Aufgabe vor sich selbst zu bewahren, die Wahrscheinlichkeit ungerechter Entscheidungen zu verringern. Bedürfte es noch eines Beweises dafür, wie bestimmt die Vorstellung von dieser seiner praktischen Funktion in den Gemüthern lebendig war, so würde ihn die Thatsache liefern, daß gleichzeitig die Ausbildung einer andern prozessualen Einrichtung erfolgte, die darauf berechnet war genau derselben Gefahr entgegenzuwirken: die Einführung des Schriftlichkeitsprinzips. Es ist Folgendes zu beachten.

Wie dargelegt worden, fällt die Einbürgerung unsres Rechtssatzes zeitlich mit der Wirksamkeit Azo's, — der letzten Jahrzehnt des 12. und den beiden ersten Dezennien des 13. Jahrhunderts — zusammen. Gerade während dieses Zeitraums drängt die Praxis mit rasch zunehmender Entschiedenheit dem Gebrauche zu, die einzelnen Bestandtheile der gerichtlichen Stoffsammlung, die Parteiverhandlungen und Beweise, durch die protokollarische Beurkundung eines zugezogenen Notars zu fixiren und in eine unzerstörbare Form zu gießen. Die altlangobardische Gerichtsurkunde, welche bestimmt war, das Streitthema festzustellen und dem Sieger des Prozesses dessen Ergebniß — insbesondere das zu seinen Gunsten gesprochene Urtheil — zu verbriefen, dehnt sich auseinander zu den Gerichtsakten, der erschöpfenden schriftlichen Darstellung der gerichtlichen Vorgänge, welche die Voraussetzung und Grundlage des Richterspruchs bilden, — insbesondere der zu diesem Zweck gesammelten Thatsachen. Es war früher die übliche Auffassung, daß Innocenz III durch das Gesetz v. J. 1215, welches gegenwärtig als Decretale „quoniam contra" bekannt ist, aus eigner Initiative die Schriftlichkeit des Prozesses gesetzgeberisch geschaffen habe.[56]) Diese Auffassung entspricht den wahren

[56]) c. 11 X. de probationibus 2, 19. Wetzell, System des ordentl. Civilprozesses § 36 Anm. 59, § 65 Anm. 3. Vergl. des Näheren unten im Exkurs S. 292.

artigen und national-entwickelten Gerichtsübung der sächsischen Territorien zusammenstößt und die sächsischen Juristen dasselbe für das einheimische Rechtsbewußtsein zurechtstutzen. Es läßt sich kaum anders annehmen, als daß Georg von Rotschütz und Chilian König ebenfalls jene Antipathie des Laien gegen den Rechtssatz zu bekämpfen gehabt haben, die muthmaßlich die Meinung der ersten Glossatoren bestimmte, die noch Cinus erwähnte und die in unsrer heutigen Prozeßwissenschaft wieder hervorgetreten ist, — denn sie lassen es sich angelegen sein, ihren Lesern die Nothwendigkeit desselben anschaulich zu machen.[59]) Jedenfalls hat das Gewicht ihrer Autorität eine Opposition dagegen nicht aufkommen lassen. Er wurde beibehalten, — um erst in unserm Jahrhundert jene gründliche Verkennung seines Wesens und die Anfeindungen zu erleben, über die früher Bericht erstattet wurde.[60])

Exkurs: Zur Entstehungsgeschichte des Schriftlichkeitsprincips.

Zur Glaubhaftmachung der obigen Behauptung, daß das Gesetz Innozenz' III. über Einführung des Protokollzwangs (cap. 11. X. de probat. 2, 19) von 1215 weder völlig selbständig vorgegangen sei noch direkt Bestimmungen des römischen Rechts erneuert (l. 6 C. de re jud. 7, 52. l. 15. l. 32, § 2. 4. C. de appell. 7, 62), vielmehr aus dem nationalen Gerichtsbrauch der weltlichen Gerichte geschöpft habe, dürfen folgende Bemerkungen vorläufig genügen.

Die langobardische Praxis kennt seit dem 8. Jahrhundert die Verwendung der Gerichtsurkunde im ordentlichen Rechtsstreit. „Der Zweck der Gerichtsurkunde ist der, der Partei, zu deren Gunsten die Entscheidung erfolgte, die Möglichkeit zu gewähren, diese Entscheidung später beweisen zu können." (Ficker, Forschungen I. S. 11.) In Erfüllung dieser Funktion stellt sie sich ursprünglich als ein offizieller Bericht des judizirenden Richters über den Gang und das Ergebniß des Prozesses dar, — sie ist demgemäß in der ersten Person gefaßt (Dum resedissemus — nobis rectum paruit esse). Seit der Mitte des 9. Jahrhunderts jedoch wandelt sie sich auch äußerlich in ein Referat ihres Schreibers, des zur Verhandlung zugezogenen Notars, um, sodaß sie von da an unverändert den Charakter eines Gerichtsschreiberprotokolls trägt.[1]) Nur ist der Bericht des Notars bis in späte

[59]) Georg von Rotschütz, process. juris art. 33 ermahnt den Richter, wenn einmal einer so „ehrsam und kleinmüthig" wäre zu glauben er sündige, indem er contra conscientiam einen Menschen verurtheile, diese „irrige gewissen abzulegen" und sich „gar kein forcht noch beschwerung der Gewissen" zu machen. Chilian König, Practika und Prozeß Cap. 102. — „ein Richter sol sich ein Urtheil nach dem so jhm fürgebracht und für jhm beweiset ist, halten, wie denn auch die Ertzte thun, die sich nach jhren Canonen und regeln richten. Vnd ob gleich der Krank stirbet, so wollen sie entschuldigt sein."

[60]) Anhangsweise ist zu erwähnen, daß auch die englische Praxis den Satz: Judex secundum allegata judicet von altersher befolgt. Ein Reiserichter Edward's III. (14. Jh.) stellt die Regel auf: „Nous ne pouvons pas aler a jugement sur notoire chose, ains selon que ce que le process est devant nous mesmes." Durch Coke (17. Jh.) ist die Maxime überliefert: „Non refert quid notum sit judici, si notum non sit in forma judicii."

[1]) S. über diese Wandlung Ficker, Forschungen zur Reichs- und Rechtsgeschichte Italiens 1868 flg. I 14, III 239.

der Verhandlung und Beweisaufnahme Protokolle errichten oder nur in der endgültigen Gerichtsurkunde, bez. Urtheilsurkunde einen Bericht aufnehmen wollte.[19])

Demnach fällt für die Entstehungsgeschichte des Schriftlichkeitsprincips die Thatsache wenig ins Gewicht, daß die stadtrechtlichen Aufzeichnungen der italienischen Territorien die Protokollirung der Verhandlung und Beweisaufnahme erst im Laufe des 13. Jahrhunderts ausdrücklich vorschreiben. Noch 1241 scheint Vercelli, noch 1254 Bologna nicht auf dem Standpunkt gestanden zu haben, daß die Niederschrift unerläßliche Form der Verhandlungen und Beweise sei.[20]) Erweislich wohl zuerst nimmt ihn Mailand 1216[21]), vielleicht auch Brescia 1228[22]) ein, — seit Mitte des Jahrhunderts finden sich die Beispiele dafür häufiger, 1251 in Viterbo[23]), 1270 in Como[24]), um die gleiche Zeit in Parma.[25])

In welcher Weise sich die Anschauung, daß die Gerichtsurkunde der Partei **auszuhändigen** war, sich in die Vorstellung eines im **Gerichtsgewahrsam** bleibenden Aktenstücks verschob, wird sich wohl überhaupt nicht nachweisen lassen.

III. Die Bedeutung des Rechtssatzes „judex secundum allegata judicare debet" für das moderne Prozeßrecht.

Die vorausgeschickte Schilderung der Entstehungsgeschichte unsres Rechtssatzes ist deswegen von nicht zu unterschätzender Wichtigkeit, weil sie uns besser

---

[19]) Diese Konsequenz wird von den Dekretalisten der Folgezeit gezogen. Vergl. z. B. die interessante Auslassung von Innocentius ad c. 11 (quonium contra) cit.: „per hoc satis patet quod licet multa contineantur in instrumento, tabellio tamen qui dicit se his interfuisse, non intelligitur dicere **nisi de** his que in eodem loco et die acta sunt, unde si judex in **sententia** sua narrat quomodo — litis contestatio facta est, partium confessiones factae, testes recepti etc. Huiusmodi **non tamen** ista probantur per instrumenta, **quum** non sunt facta ea die vel loco quo instrumentum sententie est factum. Sed **tantum** per hoc instrumentum probatur **sententiae prolatio**, quum eodem die et loco est prolata quo rogatum est instrumentum. De aliis ut de litis contestatione vel de confessionibus huius facti narratio est. Jmo plus videtur quod etiam si diceret tabellio: tali die et loco facte fuere litis contestatio et confessiones, tamen **non valet super his** instrumentum. Mit anderen Worten: die Notizen über die Prozedurakte im Urtheil, bez. der Gerichtsurkunde **ersetzen nicht** das Protokoll über dieselben.

[20]) St. v. Vercelli 1241. (mon. hist, patr. II p. 1159.) St. e. quod sententiae pronunciantur in scriptis nisi sententie que pronunciantur ex confessione rei et, nisi ille que pronuncientur in causis parvis — Im Uebrigen wird no. 365 (p. 1230) nur vorgeschrieben, der Richter solle die Streitsachen (omnes quaestiones de quibus lis contestabitur) in einem öffentlichen Buche registriren. — St. v. Bologna v. 1250 tit. de instrumentis: aliqua acta causarum civilium vel criminalium, procurationes seu mandata, sententiae sive lauda seu arbitriamenta aut compromissa non possunt per testes probari et probatio facta per testes non valeat ipso jure.

[21]) lib. consuetud. Mediol. 1216 v. III (mon. I. p. 869.) Quibus omnibus consummatis consules **omnia utrinque proposita** et **scripta recipiunt** et habito Consilio in scriptis sententiam proferunt.

[22]) St. Brixiae 1228: notarii offitialium vero debeant scribere omnia quae fiunt coram offitialibus et eorum notariis et nihil credatur alicui offitialium nisi reperiatur scriptum in libro eorum. (fraglich, ob auf den ordentlichen Prozeß bezüglich).

[23]) St. Viterbii. 1251 rubr. 16 (mon. p. 457). Teneantur autem et notarii scribere omnia precepta, investituras, sententias, attestationes et omnia acta curie et publicare debeant.

[24]) St. civitatis Cumanae 1270 (mon. p. 103); „videlicet imprimis omnes interrogaciones et responsiones que fiunt in causa — item omnes positiones et earum responsiones et confessiones.

[25]) St. Parmae. — Item teneantur omnes notarii interrogationes facere secundum quod in libello continetur et responsiones et dicta testium scribere.

Das österreichische

Civilprozeßrecht.

Von

Dr. **Dominik Ullmann,**

ord. Professor der Rechte an der deutschen Universität in Prag.

Dritte neu bearbeitete Auflage.

Prag. F. Tempsky. | Wien. F. Tempsky, | Leipzig. G. Freytag.

Buchhändler der kaiserlichen Akademie der Wissenschaften in Wien.

1892.

Endziele der Entscheidung ev. der Zwangsvollstreckung fortführt, — der Prozeßbetrieb — obliegt den Parteien (Privatbetrieb im Gegensatze zum Offizialbetrieb); allerdings hat aber der Richter unzulässige Anträge von Amtswegen abzuweisen und ein ungiltiges Verfahren abzuwehren, er hat auch die Parteien nach Maßgabe des Gesetzes im Prozeßbetrieb zu unterstützen, u. zw. durch amtliche Veranlassung der Zustellung prozeßleitender Verfügungen und gerichtlicher Entscheidungen, durch Aufnahme zugelassener und angetretener Beweise, im Exekutionsstadium durch amtliche Besorgung des Befriedigungsverfahrens. — d) „Der Spruch soll dem Begehren gemäß abgefaßt werden," §. 248 (325), — ne eat judex ultra petita partium. Der Richter darf der Partei nicht mehr, als sie beantragt hat, auch nicht Anderes, wohl aber darf er ihr weniger, als sie begehrt hat, zuerkennen. Das gilt auch von den Akzessionen (Früchten, Zinsen u. s. w.) und selbst von den Prozeßkosten, deren ordnungsmäßige Liquidation als Begehren um Zuspruch gilt, §. 403 (536). Die Beschränkung der Entscheidung des Richters durch das Begehren der Partei gilt auch für die Rechtsmittelinstanz, §. 258 (331).

Die **Verhandlungsmaxime** im Gegensatze zur Forschungsmaxime bedeutet die Parteiherrschaft über den Prozeßstoff.[4]) Wie die Geltendmachung der Privatrechte überhaupt von dem Willen der Parteien abhängt, so soll auch die Geltendmachung von Thatsachen und Beweismitteln zur Begründung von Angriff und Vertheidigung den Parteien anheimgestellt sein. Das Gericht ist auf die Beurtheilung der von den Parteien gestellten Anträge und der zur Rechtfertigung derselben beigebrachten Thatsachen und Beweise beschränkt, judex secundum allegata et probata a partibus judicare debet, — quod non est in actis, non est in mundo.[5])

Es ist diese Maxime die äußerste, aber kaum berechtigte Folgerung aus der Anerkennung des Dispositionsrechtes der Parteien;[6]) sie erleidet eine wesentliche Mäßigung, wenn sich der Richter an der Instruktionshandlung

---

[4]) Planck: Gerichtsverfahren im Mittelalter I. 166, 249, II. 235 und Lehrbuch I. 195, — Wendt: Archiv f. civ. Prax. 63, 263, — Wach ebenda 64, 203; — Vorträge S. 148. — Reinhold: Klagegrund 1888 §§. 5 und 6. — Schneider: Ermittlung und Feststellung des Sachverhaltes 1888 S. 18.

[5]) Planck: Lehrbuch I. 248: Die Vorträge und Vorlagen der Parteien haben die rechtliche Bedeutung von Willenserklärungen, vermöge deren sie über den Streitgegenstand disponiren.

[6]) Hensler im Archiv f. civ. Prax. 62, 251. — Kohler: Prozeß als Rechtsverhältniß S. 21 „Das Grundprinzip des Prozesses ist nicht das Recht der Disposition der Parteien über Thatsachen und Beweismittel." — Klein: Pro futuro Jur. Bl. 1890: 44 fl.: „die Ansicht, daß die Parteiherrschaft über den Prozeßstoff rechtlich nothwendig sei, ist vor Allem zu bekämpfen."

FRIEDRICH STEIN

DAS PRIVATE WISSEN DES RICHTERS

UNTERSUCHUNGEN ZUM BEWEISRECHT BEIDER PROZESSE

NEUDRUCK DER AUSGABE LEIPZIG 1893

Einleitung.

Der Aufsatz, welchen Richard Schmidt vor Kurzem über „Die aussergerichtlichen Wahrnehmungen des Prozessrichters" veröffentlicht hat[1]), sollte die Angriffe abwehren, die der Satz: „iudex iudicet secundum allegata et probata partium" in neuerer Zeit mehrfach erfahren hat. Mit mehr Temperament als Gründlichkeit und wissenschaftlichem Sinn ist man gegen die „Unnatur" zu Felde gezogen, dass der Richter nicht solle wissen dürfen, was er thatsächlich wisse, und wenn der Satz selbst nur zu deutlich als Inhalt des geltenden Rechts hervortrat, so suchte man doch seine Berechtigung vom Standpunkte der Gesetzgebung zu bestreiten. Schmidt hat nun mit seinen tief eindringenden Erörterungen nicht nur die innere Nothwendigkeit des Satzes nachgewiesen, sondern auch einen grossen und bedeutsamen Schritt über die bisherige Art seiner Begründung hinaus gethan. Vor Allem dadurch, dass er der herkömmlichen Werthschätzung der prozessualischen Maximen, die übrigens m. E. bei den Meisten wenigstens für den Civilprozess längst nicht mehr ganz ernst gemeint ist, eine klarere Absage zu Theil werden liess, als es bisher irgendwo geschehen war, und sie als abgeleitete Sätze auf den ihnen gebührenden sehr bescheidenen Platz des schulmässigen Hilfsmittels verwies.[2]) Diesen methodischen Fortschritt gilt es festzuhalten und zu vertiefen.[3]) Sodann aber hat Schmidt den Satz: Der Richter darf seine aussergerichtlichen Wahrnehmungen streitiger Thatsachen nicht zum Ausschlusse des Beweises verwerthen, als einen Satz des Be-

1) Im Sächsischen Archiv für bürgerliches Recht und Prozess Bd. 2 S. 265 ff. (Juli 1892). Auch als Sonderabdruck, Leipzig 1892.

2) Aehnlich schon früher in gelegentlichen Aeusserungen Heusler S. 251 Anm. 10, Wendt S. 264, vgl. auch Planck Bd. 1 S. 198. Nur dass diese Schriftsteller von ihrer Erkenntniss noch nicht den vollen Gebrauch gemacht haben.

3) Das später öfter zu erwähnende Buch von Pollak, Gerichtliches Geständniss im C. Pr., Berlin 1892, hat sehr zu seinem Schaden wieder den alten Weg betreten.

VORTRÄGE

ÜBER DIE

REICHS-CIVILPROCESSORDNUNG

GEHALTEN

VOR PRAKTISCHEN JURISTEN IM FRÜHJAHR 1879

VON

DR. ADOLF WACH.

ZWEITE, VERÄNDERTE AUFLAGE.

BONN,
BEI ADOLPH MARCUS
1896.

desselben abhängig gestellt werden. Wie dem auch sei, es ist Thatsache, dass die CPO. in weitgehender Weise Versäumnissfolgen vom Antrag abhängig macht. So überall da, wo ein Versäumnissurtheil die Form sein soll, in der sie zum Ausdruck kommen (§§ 295, 296 fg. vgl. mit §§ 144, 312, 318, 504, 529, 563 Abs. 3, 578, 639, 430). Andererseits lässt sie den Rechtsnachtheil unterbliebener Erklärung (§§ 129 Abs. 2, 404 Abs. 3, 417 Abs. 2, 429 Abs. 2), die sogenannte *poena confessi*, ohne weiteres eintreten. Man wird letzteres nicht missbilligen, zumal den Parteien es offen steht, dieses Ergebniss nach Willkür zu beseitigen. Man wird auch — von allen doktrinären Konstruktionen abgesehen — zugeben müssen, dass Versäumnissurtheile überall da, wo ein Handeln der fleissigen Partei deren Voraussetzung bildet, auf ihren Antrag abgestellt werden; aber man wird in Zweifel ziehen dürfen, ob die Form des Versäumnisszwischenurtheils überhaupt am Platze ist im Falle der Versäumniss des Eidestermins (§ 430). Darüber werde ich mich später verbreiten. Dagegen ist hier noch einmal darauf hinzuweisen, dass das Gesetz die Verhandlungsmaxime übertreibt, wenn es die Präklusionsfolgen der §§ 252, 302, 339, 367, 398, welche dazu bestimmt sind der Verschleppung zu steuern, vom Antrag abhängig macht. In welchem Maasse hier das öffentliche Interesse betheiligt ist und darauf hinweist, die processleitende Gewalt des Richters gegenüber der Lässigkeit und kollegialischen Konnivenz der Anwälte zu stärken, ist im ersten Vortrag (S. 34 fg.) eingehend dargelegt worden.

Eine unabweisbare Folge der privatrechtlichen Natur der Streitsache ist, dass der Richter den gesammten thatsächlichen Streitstoff von den Parteien empfängt, dass er weder Thatsachen amtlich ergänzen, noch Beweismittel in den Process einführen kann. Er urtheilt *secundum allegata et probata partium,* nicht *secundum suam conscientiam.* Die thatsächliche Behauptung ist feststellungsbedürftig, sie sei denn offenkundig; festgestellt aber wird sie nur durch Geständniss oder Versäumnisspräjudiz, oder durch Parteibeweis*).

*) Ungenau die frühere Fassung: „alles Unbestrittene ist dem Rich-

LEHRBUCH

DES

DEUTSCHEN CIVILPROZESSRECHTS.

VON

DR. RICHARD SCHMIDT,

PROFESSOR ZU FREIBURG.

LEIPZIG,

VERLAG VON DUNCKER & HUMBLOT.

1898.

IV. (Auſsergerichtliche Wahrnehmungen des Gerichts.) Von der bisher dargelegten Frage gänzlich zu sondern und selbständig entscheidungsbedürftig ist die Frage, wie das Gericht Thatsachen zu behandeln hat, zu deren Aufklärung weder Parteithätigkeit noch Gerichtsbetrieb erforderlich ist, die dem Gericht vielmehr auſserhalb des Prozesses zufällig durch eigne Wahrnehmung bekannt werden.

Diese Sachlage wird sich besonders leicht im Amtsgerichtsprozesse ergeben. Hier hat der Richter als Einzelrichter vielfach über Streitigkeiten zu urteilen, deren thatsächliche Veranlassungen er in den kleinen Verhältnissen seines engbegrenzten Sprengels, besonders in ländlichen oder provinzialstädtischen Bezirken, selbst miterlebt hat; z. B. einen Streit wegen Beschädigung des Verkaufsstands einer Hökerin durch ein Fuhrwerk auf offner Straſse, die er mit angesehen, — einen Streit wegen Rückgängigmachung eines Kaufs oder Minderung des Kaufpreises, wo er zufällig selbst im Geschäftslokal die Zusicherung der Brauchbarkeit der Ware, die Preisvereinbarung mitangehört hat. — Im Kollegium wird die auſsergerichtlich erworbene Thatsachenüberzeugung eines Mitglieds schon deswegen nicht ins Gewicht fallen, weil sie nicht Überzeugung des Gerichts ist.

Auf diese Frage ist die gesetzliche Anerkennung von Verhandlungsprinzip oder Untersuchungsprinzip oder die Art der gesetzlichen Kombination beider ohne Einfluſs. Denn diese Alternative hat, wie dargelegt, nur für die unaufgeklärten Thatsachen Sinn, da es sich bezüglich ihrer darum handelt, ob sie durchschnittlich besser durch konkurrierenden Parteibetrieb oder eine mehr oder weniger einseitige richterliche Untersuchung aufgeklärt werden können; ein Verhandlungsprinzip in dem Sinne, daſs das Gericht grundsätzlich nur die von der Partei gelieferten Thatsachen benutzen dürfe, und mit der Wirkung, daſs es in Ermanglung einer solchen Parteithätigkeit die ihm privatim bekannt gewordenen nicht verwerten könne, ist weder gesetzgeberisch berechtigt noch vom geltenden Recht anerkannt. Hieraus würde sich also als das Natürlichste und Bequemste die Befugnis des Richters ergeben, seine Privaterlebnisse unmittelbar als Entscheidungsstoff zu benutzen und ohne Verhandlung und Beweiserhebung zu entscheiden. Gleichwohl sprechen eigenartige Bedenken dagegen. Durch eine Benutzung von Privaterlebnissen würde nämlich der Richter die Rolle des Zeugen (der Thatsachen aussagenden Person) und des Urteilers (der Thatsachen objektiv prüfenden Person) in sich vereinigen. Eine solche Vermischung würde aber einerseits die Brauchbarkeit des Zeugnisses entwerten, weil Sinneswahrnehmungen

---

nicht nur, daſs das Gericht die Bestreitung des Angegriffnen nicht abzuwarten braucht, sondern auch, daſs das Gericht die Thatsachenbehauptung des Angreifers nicht abzuwarten braucht, um Beweis zu fordern. Richtig bezeichnet handelt es sich um den Unterschied der Verantwortlichkeit für Thatsachen (für die Beweisgegenstände) und der Verantwortlichkeit für Beweismittel. Doch darf dies wiederum nicht als Unterschied der Behauptungs- und Beweislast bezeichnet werden (so Stein S. 93), denn hiermit wird technisch die Verteilung der Verantwortlichkeit zwischen den Parteien untereinander, nicht die Verteilung der Verantwortlichkeit zwischen Gericht und beiden Parteien getroffen. (Darüber unten § 83.)

trügerisch sind und deshalb erst durch die Kontrolle des unbeteiligten Richters, eines Andern, verwertbar werden; andrerseits würde sie ebenso die unparteiische richterliche Prüfung des ganzen Sachverhalts, der übrigen Beweismittel etc. beeinträchtigen, weil ein Zeuge mit psychologischer Notwendigkeit stets unwillkürlich Partei ergreift. Deshalb liegt es im Interesse der Erfüllung des Prozefszwecks, eine Trennung der prozessualen Funktionen durchzuführen. Soll die Kenntnis des Richters vom Sachverhalt verwertet werden, so mufs die Partei ihn als Zeugen benennen[1], — soll der Richter seine Amtsfunktion ausüben, so mufs er sich auf die Benutzung des durch Partei- oder erlaubte richterliche Untersuchungsthätigkeit im Prozesse Aufgeklärten beschränken (von altersher nicht ganz korrekt in dem Rechtssprichwort formuliert: judex secundum allegata et probata partium iudicare debet, non secundum propriam conscientiam). In diesem Sinne hat von jeher das gemeine Gewohnheitsrecht die Unverwertbarkeit der aufsergerichtlichen Wahrnehmungen anerkannt, und ihr ist die C.P.O. gefolgt, wie ihre Entstehungsgeschichte und vor allem die spezielle Ermächtigung des Richters zur Benutzung solcher Thatsachen in einem Ausnahmefall (der Offenkundigkeit, s. sof.) arg. e contr. beweist.

Die Ausführung dieser Gedanken (zuerst bei Rich. Schmidt, aufsergerichtliche Wahrn., 1892) lehnt also gleichzeitig die ältere allgemeine Meinung ab, wonach das Verbot der Benutzung der propria conscientia aus dem Verhandlungsprinzip folgt, wie die neuerlich aus der (berechtigten) Opposition gegen den Despotismus der Verhandlungsmaxime entstandne, wonach das Verbot sinnlos und unnatürlich sei[2]. Den besten Wegweiser zum richtigen Standpunkt liefert die Entstehungsgeschichte des Rechtssatzes, der von der italienischen Praxis des 12. und 13. Jahrhunderts (oben S. 64) als Korrektiv gegen richterliche Verfälschung des Thatbestands (zusammen mit dem Schriftlichkeitsprinzip) geschaffen worden (Schmidt 15). Die Erkenntnis von der psychologischen Unvereinbarkeit der verschiednen prozessualen Thätigkeiten des Richters und Zeugen, auf der er beruht, ist verwandt mit der der Unvereinbarkeit von Partei und Zeugen (unten § 86), von Strafverfolger (Staatsanwalt) und Richter im Strafprozesse. Die praktische Probe auf die Richtigkeit dieser Begründung des Rechtssatzes giebt die Thatsache ab, dafs er (nach der herrschenden Praxis) nicht nur im Civilprozesse, sondern auch im Strafprozesse gilt, obwohl für diesen das Verhandlungsprinzip nicht anerkannt ist. (R.G. Strafs. 15. Nov. 87. 16, 336.)

Eine Ausnahme von dem Verbot, aufsergerichtliche Wahrnehmungen ohne prozessuale Verhandlungs- und Beweisthätigkeit zu benutzen, liegt in dem Satz der C.P.O. § 264: „Thatsachen, welche bei dem Gericht offenkundig sind, bedürfen keines Beweises.“ Sie rechtfertigt sich aus der folgerichtigen Durchführung

[1] In welchem Fall er mit der Vernehmung kraft Gesetzes von der Urteilerfunktion ausgeschlossen wird (§ 41 nr. 5 C.P.O.). — Ob schon vor der Zeugenbenennung der Richter auf Antrag der Partei oder auf eigne Initiative wegen Befangenheit ausscheiden kann (§ 42. 48), ist zweifelhaft.

[2] Heusler, civ. A. 62, 270. Canstein, Z., 2, 303. Wilm.-Lev. § 264 n. 1. Petersen ib. n. 2. Schneider, Sachv. 115. 144. Betzinger, Beweislast (1894) 369.

Lehrbuch

des

deutschen Civilprozeßrechts

von

Friedrich Bunsen,
Oberamtsrichter in Rostock.

Berlin.
J. Guttentag, Verlagsbuchhandlung,
G. m. b. H.
1900.

ein wichtiger Teil der zur Erreichung des Prozeßzweckes im Erkenntnisverfahren erforderlichen Thätigkeit entzogen und auf die Parteien übertragen wird, so daß für das Resultat dieses Verfahrens (das Urteil) auch die Parteien mitverantwortlich sind.

Die Verhandlungsmaxime geht davon aus, daß den Parteien gegenüber dem Gerichte eine Verhandlungspflicht obliegt. Darnach haben die Parteien die Streitsache dem Gerichte vorzutragen, d. h. die sachdienlichen Anträge zu stellen, zu begründen und die Beweismittel zu benennen. Das Gericht hat den thatsächlichen Inhalt des Streitverhältnisses nicht selbständig zu erforschen, entnimmt denselben vielmehr der Parteiverhandlung. Das Gericht steht jedoch der Parteiverhandlung nicht machtlos und unthätig gegenüber, vielmehr gebührt ihm die Leitung der Verhandlung und damit ein erheblicher Einfluß auf die Gestaltung derselben.

Im einzelnen gestaltet sich die Sache wie folgt:

1. Die richterliche Thätigkeit ist durch die ihr vorangehende Parteithätigkeit bedingt. Ohne Parteiantrag kein Verfahren, ohne Parteiverhandlung keine Entscheidung. Wird der Akt, durch dessen Vornahme die richterliche Entscheidung bedingt ist, zurückgenommen, so ist das Verfahren einzustellen. Das Verfahren ruht, wenn die Parteien das wollen. Auch die Verkürzung und Verlängerung der Fristen sowie die Aufhebung der Termine unterliegen regelmäßig der freien Vereinbarung der Parteien.

2. Der Inhalt der Parteiverhandlungen bindet den Richter nach folgenden Richtungen:

a) der Richter darf der Partei nicht zusprechen, was sie nicht be- beantragt hat;

---

ex officio" — „ne eat judex ultra petita partium" — „quod non in actis non in mundo" — „judex secundum allegata et probata judicare debet non secundum conscientiam"). Die aus diesen Sätzen gezogenen Folgen verurteilten den Richter gegenüber dem Parteivorbringen zu einer fast vollständigen Unthätigkeit und Machtlosigkeit, so daß sich die Gesetzgebung (Preuß. Allgem. Ger.-Ord. v. 6. Juli 1793) zu dem entgegengesetzten Prinzipe, dem Untersuchungsprinzipe drängen ließ. Die Civilprozeßordnung beruht auf der Verhandlungsmaxime; diese Maxime hat jedoch ein wesentlich anderes Aussehen als die des gemeinrechtlichen Prozesses, es erscheint deshalb angemessen, die Grundregeln, nach welcher das Gesetz die Parteiverhandlung gegenüber der richterlichen Amtsthätigkeit gestaltet, selbständig zu entwickeln und sich von der gemeinrechtlichen Theorie frei zu machen.

Bibliografia

ABEL LLUCH, X., *Sobre la prueba y el derecho a la prueba en el proceso civil*, em "Objeto y carga de la prueba civil", dir. X. Abel y J. Picó, edit. J. Mª. Bosch editor, Barcelona, 2007, pp. 17 a 45.

——, *Iniciativa probatoria de oficio en el proceso civil*, edit. Bosch, Barcelona, 2005.

——, *La audiencia previa: entre el deseo y la realidad*, en "Revista del Poder Judicial", núm. 69, 2003, pp. 335 a 372.

——, *Las diligencias finales de oficio del art. 435.2 LEC*, en "La Ley", 2003-5, pp. 1735 a 1741.

——, *La iniciativa probatoria de oficio del juez civil. A propósito de un caso*, en "Los poderes del juez civil en materia probatoria", dir. X. Abel y J. Picó, edit. J. Mª. Bosch editor, Barcelona, 2003, pp. 139 a 155.

——, *Diez reflexiones sobre el juicio de admisión o inadmisión de los medios de prueba en el proceso civil*, en "Libro homenaje al Profesor Dr. Eduard Font Serra", T.I, Centro de Estudios Jurídicos, Ministerio de Justicia, Madrid, 2003, pp. 958 a 981.

ACCURSIO, *Glossa in Digestum Vetus*, en Mario Viora (ed.), "Corpus Glossatorum Iuris Civilis", ex officina Erasmiana, Torino, 1969, vol. VII, fol. 9.v.a

AEGIDIO DE VITERBIO, *Tractatus de testibus*, en "Tractatus de testibus, probandis, vel reprobandis", *variorum authorum* (coord. Ioannem Baptistam Ziletum), Venetiis, 1568, fol. 86.

AGUILERA DE PAZ, E., y RIVES Y MARTÍ, F. de P., *El derecho judicial español*, T.II, edit. REUS, Madrid, 1923, p. 853.

ALBERICO DE ROSATE, *Commentarii in Primam Digesti Veteris Partem*, Arnaldo Forni Edit., Venetiis, 1585, fol. 77.r.b.

ALCALÁ-ZAMORA Y CASTILLO, N., *La Ley de Enjuiciamiento Civil de 1881, en Blanco y Negro*, en "R.D.P.I.", II-III/1981, pp. 279 y ss.

——, *Autoridad y libertad en el proceso civil*, en "Estudios de Teoría General e Historia del Proceso (1945-1972)", T.II, Universidad Nacional Autónoma de México, Instituto de Investigaciones Científicas, Mexico, 1974, pp. 217 y ss.

——, *Liberalismo y autoritarismo en el proceso*, en "Estudios ...", T.II, ob. cit., pp. 245 y ss.

ALCALÁ-ZAMORA, N., *Evolución de la doctrina procesal*, en "Estudios ...", T. II, ob. cit., pp. 299-300.

ALMAGRO NOSETE, J., *Constitución y Proceso*, edit. Bosch, Barcelona, 1984.

——, *Garantías constitucionales del proceso civil*, en "Justicia", I/1981, número especial, P. 18.

ALONSO-CUEVILLAS SAYROL, J., *Las normas jurídicas como objeto de prueba. Tratamiento del derecho extranjero y la costumbre en el proceso civil español*, edit. Tirant lo Blanch, Valencia, 2004.

——, *La audiencia previa al juicio*, en "Instituciones del nuevo proceso civil.", T.II, coord. J. Alonso-Cuevillas, edit. Difusión Jurídica, Barcelona, 2000, pp. 127 a 170.

ALVARADO VELLOSO, A., *La prueba judicial (reflexiones críticas sobre la confirmación procesal)*, edit. Tirant lo Blanch, Valencia, 2006.

——, *Garantismo procesal contra actuación judicial de oficio*, edit. Tirant lo Blanch, Valencia, 2005, pp. 94 a 118.

A.M., *Manuale pratico di procedura civile pel Regno d'Italia*, edit. E. Dalmazzo, Torino, 1861.

AMAT, V., *Ley de Enjuiciamiento Civil comentada y anotada con la jurisprudencia del Tribunal Supremo*, T.I, imprenta Sopena, Barcelona, 1903, pp. 179-180.

AMATI, A. *Manuale sul regolamento generale del processo civile*, edit. P.L. Visaj, Milano, 1842, p. 236.

ANDOLINA, I., *Il rapporto "parte-giudice" nella evoluzione del processo civile italiano"*, en "Il diritto fallimentare", 1982, II, pp. 387, 388 y 392 (el mismo estudio puede consultarse en "Ricerche sul processo civile", edit. Librería editrice Torres S.A.S., 1990, pp. 1 a 19).

ANDRIOLI, V., *Prova (dir. proc. civ.)*, en "Novissimo Digesto Italiano", T.XIV, edit. UTET, Torino, 1967, pp. 276 y ss.

——, *Lezioni di diritto processuale civile"*, T.I, edit. Jovene Editore, Napoli, 1959.

——, *Commento al codice di procedura civile*, vol. I, edit. E. Jovene, Napoli, 1941, p. 300.

ANGELOTTI, D., *Teoria generale del processo*, edit. Librería Forense, Roma, 1951, pp. 126 a 128.

ARAGONESES ALONSO, P., *Sentencias congruentes*, edit. Aguilar, Madrid, 1957.

ARENS, P., y LÜKE, W., *Zivilprozessrecht*, 6ª edic., edit. C.H. Beck, München, 1994, pp. 5 a 18.

ARMENTA DEU, T., *Lecciones de Derecho Procesal Civil*, edit. Marcial Pons, Madrid, 2002, p. 234.

ASENCIO MELLADO, J.M., *Introducción al derecho procesal*, 2ª edic., edit. Tirant lo Blanch, Valencia, 2002.

——, *Derecho procesal civil. Parte primera*, 2ª edic., edit. Tirant lo Blanch, Valencia, 2000.

——, *La prueba. Garantías constitucionales derivadas del art. 24.2*, en "Poder Judicial", nº 4, 1986, pp. 33 y ss.

ATARD, R., y CERVELLERA, S., *Ley de Enjuiciamiento Civil de 3 de Febrero de 1881 anotada, concordada y ligeramente comentada*, imprenta de M. Minuesa de los Ríos, Madrid, 1881.

ATTARDI, A., *Diritto processuale civile (parte generale)*, 1ª edic., edit. CEDAM, Padova, 1994, pp. 93 a 97.

AUGENTI, G. P., *L'onere della prova*, edit. Foro Italiano, Roma, 1932.

AYLLON Y ALTOLAGUIERRE, E., y PAREJO CHASSEROT, L., *Enjuiciamiento Civil en general*, imprenta de José Perales y Martínez, Madrid, 1881.

AZARA, A., *La istruzione del processo civile di cognizione*, edit. Dell'Ateneo, Roma, 1951.

AZÓN, *Brocarda*, en Mario Viora (ed.), "Corpus Glossatorum Iuris Civilis", ex officina Erasmiana, *Torino*, 1967, vol. IV, parte III, fol. 62 v-63 r.

BALDO DE UBALDIS, *Practica Baldi*, Ludguni, 1541, fol. 50.

BALDI, C., *Le prove civili*, edit. UTET, Torino, 1915.

BAR, L.V., *Civilprozess*, en "Encyklopäie der Rechtswissenschaft", dir. Franz von Holtzendorff, edit. Dunker & Humblot, Leipzig, 1890, pp. 766 a 855.

BARBOSA MOREIRA, J.C., *Breves reflexiones sobre la iniciativa oficial en materia de prueba*, en "Libro Homenaje al Profesor Jaime Guasp", Edit. Comares, Granada, 1984, p. 156,

BARGI, A., *Procedimento probatorio e giusto processo*, Jovene Editore, Napoli, 1990, p. 188.

BARTOLO DE SAXOFERRATO, *In priman Digestum Veteris partem. Commentaria, Nicolaum Beviloquam (ed.) Torino*, 1574, fol. 39.v.b.

BATHE, H. T., *Verhandlungsmaxime und Verfahrensbeschleunigung bei der Vorbereitung der mündlichen Verhandlung*, edit. Walter de Gruyter, Berlin, 1977.

BAUMBACH-LAUTERBACH-ALBERS-HARTMANN, *Zivilprozessordnung*, edit. Verlag C.H. Beck, München, 1989.

BAUR, F., y GRUNSKY, W., *Zivilprozessrecht*, 9ª edic., edit. Luchterhand, Berlin, 1997, pp. 26 a 35.

BAUR, F., *Potere giudiziale e formalismo del diritto processuale*, en "Riv. trim. dir. e proc. civ.", IV/1965, pp. 1698 y ss.

BAYER, H. von, *Vorträge über den deutschen gemeinen ordentlichen Civilprocess*, 9ª edic., München, 1865, p. 32.

BECEÑA, F., *Magistratura y Justicia: notas para el estudio de los problemas fundamentales de la organización judicial*, Librería General de Victoriano Suaréz, Madrid, 1928.

——, *Caratteri generali del processo civile in Spagna*, en "Studi di diritto processuale in onore di Giuseppe Chiovenda", edit. CEDAM, Padova, 1927, pp. 1 a 21.

BELLAVITIS, M., *Diritto processuale civile*, edit. CEDAM, Padova, 1935, p. 42 y 222-223.

BELLI, B., *Procedura civile secondo il diritto comune*, 3ª edic., edit., Menicanti, Roma, 1856.

BENTHAM, J., *Traité des preuves judiciaires*, T.I, traducción de E. Dumont, edit. Bossange Frères, Paris, 1823, pp. 100-101.

BERNARDI, S., y GALLEANI, C., *Commentario al codice di procedura civile*, vol. I a 3 , edit. Schiepatti, Torino, 1855.

BERZOSA FRANCOS, Mª.V., *Los principios inspiradores del futuro proceso civil*, en "Presente y futuro del proceso civil", dir. J. Picó i Junoy, Edit. J.Mª. Bosch editor, Barcelona, 1998, pp. 27 a 40.

——, *Principios del proceso*, en "Justicia", III/1992, pp. 553 y ss.

——, *Demanda, causa petendi y objeto del proceso*, Edit. El Almendro, Córdoba, 1984.

BETTI, E., *Diritto processuale civile*, 1ª edic., edit. Giuffrè, Milano, 1932, p. 410.

BIAVATI, P., *Accertamento dei fatti e tecnique probatorie nel processo comunitario*, edit. Giuffrè, Milano, 1992.

BLANC, E., *L'administration judiciaire de la preuve*, en "Nouveau Code de Procédure Civile commenté dans l'ordre des articles", edit. Librairie du journal desnotaires et des avocats, Paris, 1993, pp. 148 a 153.

BLOMEYER, A., *Zivilprozessrecht*, 1ª edic., edit. Springer, Berlin, 1963, p. 66.

BOADA DE LAS COSTAS Y FIGUERAS, P., *Adiciones y repertorio general de la práctica universal forense de los tribunales superiores é inferiores de España é Indias*, tomos I y II, imprenta de Ramón Ruiz, Madrid, 1793.

BOITARD, *Leçons de procédure civile*, T.I, 14ª edic., librairie Cotillon, Paris, 1885.

BOLGIANO, K., *Handbuch des Reichs-Civil-Prozessrechts*, 1ª edic., edit. F. Enke, Stuttgart, 1879, p. 44.

BOMSDORF, F., *Prozessmaximen und Rechtswirklichkeit, Verhandlungs – und Untersuchungsmaxime im deutschen Zivilprozess – Vom gemeinen Recht bis zur ZPO –*, edit., Duncker & Humblot, Berlin, 1971, pp. 38, 42 y 167.

BONET NAVARRO, A., *Escritos sobre la Jurisdicción y su actividad*, Institución "Fernando el Católico" (C.S.I.C.), Zaragoza, 1981.

BONNIER, E., *Traité théorique et pratique des preuves en droit civil et en droit criminel*, 2ª edic., Libraire Auguste Durand, Paris, 1852 (existe una traducción al castellano de José Vicente y Caravantes, imprenta de la Revista de Legislación, Madrid, 1869).

BORDEAUX, R., *Philosophie de la procédure civile*, imprimerie de Auguste Hérissey, Évreux, 1857, p. 355.

BOUCENNE, M., *Théorie de la procédure civile*, 10ª edic., Librairie de Videcoq, Paris, 1837.

BOVE, M., *Lineamenti di diritto processuale civile*, edit. Giappichelli, 2004, pp. 163 a 178.

BROCÁ DE BOFARULL, S., *Tratado del juicio civil ordinario*, manuscrito, [s.l.], [s.a.: 1833 ?].

BRÜGGEMANN, D., *Judex statutor und judex investigator, Untersuchungen zur Abgrenzung zwischen Richtermacht und Parteienfreiheit im gegenwärtigen deutschen Zivilprozess*, Bielefeld, Gieseking, 1968, pp. 165-166.

BRUNS, R., *Zivilprozessrecht*, edit. F. Vahlen GmbH, Berlin-Frankfurt, 1968, p. 113.

BÜLOW, O. von, *La teoría de las excepciones procesales y los presupuestos procesales*, traducción de M. A. Rosas Lichtschein, edit. EJEA, Buenos Aires, 1964.

BUNSEN, F., *Lehrbuch des deutschen Civilprozessrechts*, edit. Guttentag, Berlin, 1900, p. 193.

BUONAMICI, F., *La storia della procedura civile romana*, vol. I, edit. "L'erma" di Bretschneider, Roma, 1971, p. 298.

CACHÓN CADENAS, M., *Una reseña tardía con algunos episodios tempranos*, en "Justicia", 1999, 2, pp. 199 a 224.

CABANELLAS, G., *Repertorio jurídico en principios generales del derecho, locuciones, máximas y aforismos latinos y castellanos*, 4ª edic., edit. Heliasta, Buenos Aires, 1992, p. 131.

CALAMANDREI, P., *Verità e verosimiglianza nel processo civile*, en "Riv. Dir. Proc.", I/1955, pp. 174 y ss.

——, *Il processo come giuoco*, en "Riv. Dir. Proc.", 1950, pp. 23 y ss.

——, *Il giudice e lo storico*, en "Riv. Dir. Proc.", 1939, pp. 95 y ss.

——, *Per la definizione del fatto notorio*, en"Opere Giuridiche", T.V, a cargo de Mauro Cappelleti, edit. Morano, Napoli, 1972, p. 433 (originariamente este estudio se publicó en "Riv. dir. proc.", 1925, I-II, p. 282).

——, *Linee fondamentali del processo civile inquisitorio*, en "Opere Giuridiche", T.I – 1965 –, ob. cit., p. 146 (originariamente este estudio se publico en "Studi in onore di Giuseppe Chiovenda", edit. CEDAM, Padova, 1927, p. 134).

——, *Il processo inquisitorio e il diritto civile*, en "Opere Giuridiche", T.I, ob. cit., p. 420.

——., *Istituzioni di diritto processuale civile secondo il nuovo codice*, en "Opere Giuridiche", T. IV – 1970 –, ob. cit., pp. 222, 223 y 224 (existe una traducción de Sentís Melendo, S., edit. EJEA, Buenos Aires, 1986).

CALOGERO, G., *La logica del giudice e il suo controllo in cassazione*, edic. CEDAM, Padova, 1937 (reimpresión de 1964, p. 107).

CAPONI, R., *Note in tema di poteri probatori delle parti e del giudice nel processo civile tedesco dopo la riforma del 2001*, en "Rivista di diritto civile", 2006, 4, pp. 523 a 548.

CAPPELLETTI, M., *Proceso, ideologías, sociedad*, traducción de S. Sentís Melendo, y T. A. Banzhaf, edit. EJEA, Buenos Aires, 1974.

——, *El proceso civil en el derecho comparado*, traducción de S. Sentis Melendo, edit. EJEA, Buenos Aires, 1973.

——, *La oralidad y las pruebas en el proceso civil*, traducción de S. Sentís Melendo, edit. EJEA, Buenos Aires, 1972.

——, *Liberté individuelle et justice sociale dans le procès civil italien*, en "Revue Internationale de Droit Compare", nº 3, 1971, pp. 544 y ss.

——, *La «natura» delle norme sulle prove*, en "Scritti dedicati ad Alessandro Raselli", T.I, Edit. Giuffré, Milano, 1971, pp. 431 y ss.

——, *Principî fondamentali e tendenze evolutive del processo civile nel diritto comparato*, en "Giurisprudenza italiana", IV/1968, pp. 15 y ss.

——, *Iniziative probatorie del giudice e basi pregiuridiche della struttura del processo*, en "Riv. dir. proc.", vol. XXII, 1967, pp. 407 y 413.

——, *La testimonianza della parte nel sistema dell'oralità*, T.I, edit. Giuffrè, Milano, 1962, pp. 54, 308, 318 y 328.

——, *Ideologie nel diritto processuale*, en "Riv. trim. dir. e proc. civ.", 1962, pp. 193 y ss.

CARNACINI, T., *Tutela giurisdizionale e tecnica del processo*, en "Studi in onore di E. Redenti", vol. II, edit. Giuffré, Milano, 1951, pp. 695 a 772 (existe una versión castellana a cargo de A. Romo publicada en "Revista de la Facultad de Derecho de México", núm. 12, México, 1953, pp. 97 a 182).

CARNELUTTI, F., *A proposito di ricerca della verità*, en "Riv. dir. proc.", 1960, vol. XV, pp. 675 a 679.

——, *Diritto e Processo*, en "Trattato del processo civile", dirigido por F. Carnelutti, edit. Morano, 1958.

——, *Giuoco e processo*, en "Riv. dir. proc.", 1951, vol. VI, parte I-II, pp. 101 a 111.

——, *Carattere del nuovo processo civile italiano*, en "Riv. dir. proc. civ.", 1941, vol. XVIII, parte I, pp. 35 a 52.

——, *Sistema di diritto processuale civile*, vol. I, edit. CEDAM, Padova, 1936, pp. 721 a 729 (existe una versión en castellano con el título *Sistema de derecho procesal civil* de Niceto Alcalá-Zamora y Castillo y Santiago Sentís Melendo, T. I a 4, edit. Uteha, Buenos Aires, 1944).

——, *Istituzioni del nuovo processo civile italiano*, 3ª edic., edit. "Foro Italiano", Roma, 1942 (existe una versión en castellano con el título *Instituciones del nuevo proceso civil italiano*, traducción y notas de Jaime Guasp, edit. Bosch, Barcelona, 1942).

——, *Lineamenti della riforma del processo civile di cognizione*, en "Riv. dir., proc. civ.", 1929, vol. VI, parte I, pp. 3 a 81.
——, *Prove civili e prove penali*, en "Riv. Dir. Proc. Civ.", 1925, vol. II, parte I, pp. 3 a 26.
——, *Lezioni di diritto processuale civile*, vol. II, parte prima, edit. Litotipo, Padova, 1926, p. 367.
——, *La prova civile*, ristampa, edit. Giuffrè, Milano, 1992 – la obra original es de 1915 –, pp. 15 a 52.
CARPI, F., *Linee di tendenza delle recenti riforme processuali*, en "RTDPC", 2006, 3, pp. 849 a 864.
CARRERAS LLANSANA, J.: *Las fronteras del juez*, en "Estudios de Derecho Procesal", con Miguel Fenech, edit. Bosch, Barcelona, 1962, pp. 103 a 128.
——, *La función del juez en la dirección del proceso civil (facultades materiales de dirección)*, en "Estudios ...", ob. cit., pp. 253 y ss.
CASTELLANO, V., *Istituzioni di procedura civile per lo Regno delle due Sicilie*, edit. da' Torchi del Tramater, Napoli, 1840.
CASTELLI, G. A., *Le disposizioni del regolamento generale del processo civile*, 3ª edic., edit. M. Carrara, Milano, 1839.
CAVALLONE, B., *Il giudice e la prova nel processo civile*, edit. CEDAM, Padova, 1991.
——, *Sulle prove*, en "Riv. Dir. Proc.", 1979, pp. 257 y ss.
——, *Crisi delle Maxime e disciplina dell'istruzione probatoria*, en "Riv. Dir. Proc.", 1976, pp. 703 y ss.
——, *Principio dispositivo, fatti secondarii e fatti "rilevabili ex officio*, en "Il giudice e la prova nel processo civile", edit. CEDAM, Padova, 1991, pp. 99 a 178.
——, *Crisi delle "maximen" e disciplina dell'istruzione probatoria*, en "Il giudice ...", ob. cit., pp, 289 a 322.
CHÉRON, A., y MUHLEISEN, G., *Précis de procédure locale applicable en matière civile et commerciale*, edit. Sirey, Paris, 1930.
CHIARLONI, S., *Questioni rilevabili d'ufficio, diritto di difessa e «formalismo delle garanzie»*, en "Riv. trim. dir. e proc. civ.", 1987, pp. 569 y ss.
——, *Riflessioni sui limiti del giudizio di fatto nel processo civile*, en "Riv. trim. dir. e proc. civ.", 1986, pp. 819 y ss.
——, *Introduzione allo studio del diritto processuale civile*, edit. Giappicheli, Torino, 1975.
CHICO FERNÁNDEZ, T., *La carga de la prueba y la iniciativa probatoria de oficio en la Ley de Enjuiciamiento Civil*, en "Objeto y carga de la prueba civil", dir. X. Abel y J. Picó, edit. J. Mª. Bosch editor, Barcelona, 2007, pp. 129 a 163.
CHIOVENDA, G., *Istituzioni di diritto processuale civile*, vol. II, 2ª ed., edit. Casa Editrice Eugenio Jovene, Napoli, 1936, p. 307 (existe una versión en castellano con el título *Instituciones de Derecho Procesal Civil*, vol. III, 1ª edic., traducción de E. Gómez Orbaneja, edit. Revista de Derecho Pribado, Madrid, 1940, pp. 56 y 59).
——, *Principii di Diritto Processuale Civile*, 3ª edic., edit. Nicola Jovene, Napoli, 1913, p. 725 (existe una traducción al castellano realizada por J. Casaís y Santaló, *Principios de Derecho Procesal Civil*, edit. Instituto Editorial Reus, S.A., Madrid, 1977).
——, *Adolfo Wach*, en "Rivista di diritto processuale civile", 1926, vol. III, parte I, pp. 366 a 369.
——, *Identificazione delle azioni. Sulla regola ne eat iudex ultra petita partium*, en "Saggi di diritto processuale civile (1900-1930)", vol. I, edit. Foro Italiano, Roma, 1930, pp. 157 a 177.
——, *Le forme nella difesa giudiziale del diritto*, en "Saggi ...", vol. I, ob. cit., pp. 353 a 378.
——, *La natura processuale delle norme sulla prova e l'efficacia della legge processuale nel tempo*, en "Saggi ...", vol. I, ob. cit., 1993, pp. 241 y ss.
——, *Sul rapporto fra le forme del procedimento e la funzione della prova (L'oralità e la prova)*, en "Saggi ...", vol. II, ob. cit., pp. 197 y ss.
——, *Lezioni di diritto processuale civile* – recogidas por Arturo Scotti –, publicadas litográficamente por A. Bartoli (Parma, 1902) y reeditadas por la edit. Essebiemme, Milano, 2001, pp. 410 y 412.
CIPRIANI, F., *Storie di processualisti e di oligarchi*, edit. Giuffrè, Milano, 1991.

COLL ET FABRA, R., *Praxis forensis*, 1ª edic., imprenta de Josephi Casanovas, Cervera, 1826.

COMOGLIO, L.P., *Modelli di giustizia e di processo in Italia*, en "Riforme processuali e poteri del giudice", edit. Giappichelli, Torino, 1996, p. 58.

——, FERRI, C., y TARUFFO, M., *Lezioni sul processo civile*, 1ª edic., edit. Il Mulino, Bologna, 1995, pp. 299 a 302 y 509 a 512.

——, *Istruzione e trattazione nel processo civile*, en "Digesto delle Discipline Privatistiche - Sezione civile", T. X, 4ª edic., edit. UTET, Torino, 1993, pp. 217 a 242.

——, *Le prove*, en "Trattato di diritto privato", T. 19, dirigido por Pietro Rescigno, edit UTET, Torino, 1985, pp. 184-185.

——, *Direzione del processo e responsabilità del giudice*, en "Riv. dir. proc.", I/1977, pp. 14 y ss., y también en "Studi in onore di Enrico Tulio Liebman", vol.I, edit. Giuffrè, Milano, 1979, pp. 477 y ss.

CONDE DE LA CAÑADA, *Instituciones prácticas de los juicios civiles*, T.I, 2ª edic., Madrid, 1794, pp. 196 a 204.

CONSOLO, C., *Spiegazioni di diritto processuale civile. T. I (Le tutele)*, 1ª edic., edit. Cisalpino, Bologna, 1998, pp. 71 a 75.

CONTE, M., *Le prove civili*, edit. Giuffrè, Milano, 2005, p. 29.

COPPOLA, F.: *Prova (materia civile)*, en "Il Digesto Italiano", vol. XIX, edit. UTET, Torino, 1911 (1908-1913), pp. 899 y ss.

CORDÓN MORENO, F., *Introducción al Derecho Procesal*, edit. EUNSA, Pamplona, 1994, p. 142.

——, *En torno a los poderes de dirección del juez civil*, en "R.D.Priv.", 1979, p. 808.

——, *Algunas consideraciones sobre los poderes del Juez y de las partes en el Proceso Contencioso-Administrativo*, en "R.G.L.J.", T. LXXIX, 1979, p. 522.

CORNU, G., y FOYER, J., *Procédure civile*, Presses universitaires de France, Paris, 1958.

CORTÉS DOMÍNGUEZ, V., *La Constitución española y los principios rectores del proceso civil*, en "Principios constitucionales en el proceso civil. Cuadernos de Derecho Judicial", edit. C.G.P.J., Madrid, 1993, p. 151.

——, *Algunas notas sobre el proceso contencioso-administrativo*, en "R.D.P.I.", 1974, p. 300.

COSTA, S., *Lezioni di diritto processuale civile*, 2ª edic., edit. Gallizzi, Sassari, 1946, p. 81.

——, *Manuale di diritto processuale civile*, 2ª edic., edit. UTET, Torino, 1959, p. 220.

COUCHEZ, G., *Procédure civile*, 7ª edic., edit. Sirey, Paris, 1992, pp. 166 a 168 y 238-239.

COUTURE, E.J., *Fundamentos del Derecho Procesal Civil*, 1ª ed., Aniceto López editor, Buenos Aires, 1942.

——, *Estudios de Derecho Procesal Civil*, T.I (La Constitución y el proceso civil), y T.II (Pruebas en materia civil), 3ª ed., edit. Depalma, Buenos Aires, 1989.

CRISTOFOLINI, G., *Diritto processuale civile*, edit. Cuccni, Pavia, 1933, pp. 53 a 66 y 236 a 243.

CROTO DE MONTEFERRATO, *Tractatus de testibus*, en "Tractatus de testibus, probandis, vel reprobandis", *variorum authorum* (coord. Ioannem Baptistam Ziletum), Venetiis, 1568, fol. 582 y 586.

CROZE, H., y MOREL, C., *Procédure civile*, Presses universitaires de France, Paris, 1988.

CUCHE, P., *Précis de procédure civile et commerciale*, edit. Dalloz, Paris, 1939.

CUBILLO DE MESA, M., *Ley de Enjuiciamiento Civil anotada con los epígrafes de las decisiones del Supremo Tribunal de Justicia*, T.I, imprenta de la Revista de Legislación, Madrid, 1868.

CUENCA, H., *Proceso civil romano*, edit. EJEA, Buenos Aires, 1957, pp. 146-147.

DAMIÁN MORENO, J., *Comentario al art. 216*, en "Comentarios a la nueva Ley de Enjuiciamiento Civil", T.I, dirigidos por A.Mª. Lorca Navarrete, edit. Lex Nova, Valladolid, 2000, p. 1418.

DE CESARE, C., *Delle pruove in materia civile*, edit. Delle Belle Arti, Napoli, 1857.

DE LA OLIVA SANTOS, A., *Comentario al art. 216*, en "Comentarios a la Ley de Enjuiciamiento Civil" (AAVV), edit. Civitas, Madrid, 2001, pp. 379 a 381.

——, *Derecho Procesal Civil. El proceso de declaración*, con I. Díez-Picazo Jiménez, edit. Centro de Estudios Ramón Areces, Madrid, 2000, p. 407.

——, *Derecho Procesal Civil*, con M.A. Fernández López, 3ª edic., edit. Centro de Estudios Ramón Areces, Madrid, 1992, p. 277.

——, *Sobre la congruencia de la sentencia civil*, en "La Ley", 1982, p. 896.

DE LA PLAZA, M., *Derecho Procesal Civil Español*, vol. I, edit. Revista de Derecho Privado, Madrid, 1942, pp. 315 y 417 a 427.

——, *Los principios básicos del proceso civil*, en "Información Jurídica", XIII-XIV, 1942, pp. 25 y ss.

DE MAIO, G., *Manuale del nuovo processo civile*, edit. Istituto Grafico Bertello, 1942, p. 78.

DE MAURI, L., *Regulae juris*, 10ª edic., edit. Ulrico Hoepli, Milano, 1928, p. 123.

DENTI, V., *Armonizzazione e diritto alla prova*, en "Riv. trim. dir. e proc. civ.", 3/1994, pp. 673 y ss.

——, *La giustizia civile*, edit. *Il Mulino*, Bologna, 1989.

——, *Le prove*, en "Il Foro Padano", vol. 41, 1986, pp. 95 y ss.

——, *Il ruolo del giudice nel processo civile tra vecchio e nuovo garantismo*, en "Riv. trim. dir. e proc. civ.", 1984, p. 731.

——, *Sull'istruzione probatoria*, en "Riv. Dir. Proc.", 1979, pp. 252 y ss.

——, *Estudios de derecho probatorio*, traducción de S. Sentís Melendo y T. A. Banzhaf, edit. EJEA, Buenos Aires, 1974.

——, *Le prove nel processo civile*, "Ricerche sul Processo Civile promosse dal Ministero di Grazia e Giustizia", edit. Giuffré, Milano, 1973.

——, *Processo civile e giustizia sociale*, edizioni di Comunità, Bologna, 1971.

——., *Questioni rilevabili d'ufficio e contraddittorio*, en "Riv. Dir. Proc.", I/1968, pp. 127 y ss.

——, *L'evoluzione del diritto delle prove nei processi civili contemporanei*, en "Riv. Dir. Proc.", I/1965, pp. 31 y ss.

DE PASO Y DELGADO, N., *Exposición histórico-exegética de la teoría de los procedimientos contencioso-administrativos*, edit. El progreso, Madrid, 1889.

DE PAULA PUIG BLANES, *Práctica del proceso civil*, T. I, Colección "Práctica de los procesos jurisdiccionales", coordinador F. J. Sospedra Navas, edit. Civitas, Madrid, 2004, pp. 17 a 19.

DE PINA, R., *Tratado de las pruebas civiles*, edit. Porrua, México, 1942, pp. 79 y 97.

——, *Manual de Derecho Procesal Civil*, 1ª edic., edit. REUS, Madrid, 1936, pp. 197-198.

DE SARLO, L., *Ei incumbit probatio qui dicit, non qui negat. Spunti di storia e di dogmatica sulla regola in diritto romano*, en "Archivio Giuridico Filippo Serafini", vol. XXX, 1935, Modena, pp. 199-200.

DE TAPIA, E., *Manual de práctica forense*, 3ª edic., imprenta de Ildefonso Mompié, Valencia, 1828.

DE TOMMASO, G., *La prova dei fatti giuridici in generale*, en "Le prove civili", T. I, dir. M. Longo, edit. UTET, Torino, 1976, p. 9.

DEVIS ECHANDÍA, H., *Teoría general de la prueba judicial*, T.I, edit. Víctor P. de Zavalía, Buenos Aires, 1981.

——, *Compendio de Derecho Procesal*, T.II (Pruebas judiciales), 5ª ed., edit. A.B.C., Bogotá, 1977.

——, *La iniciativa probatoria del juez civil en el proceso contemporáneo*, en "R.I.D.P.I", IV/1967, pp. 68 y ss.

——, *El moderno proceso civil inquititivo y con libertad para apreciar las pruebas*, en "R.D.P.I.", I/1965, pp. 18 y ss.

D. F. S., *Nuevo manual de práctica forense*, 2ª edic., imprenta de F. Vallés, Barcelona, 1835.

D. F. S., *Práctica forense*, imprenta de F. Vallés, Barcelona, 1839.

DIANA, A., *Corso di diritto processuale civile*, edit. Vallerini, Pisa, 1936, p. 485.

DÍAZ CABIALE, J. A., *Principios de aportación de parte y acusatorio: la imparcialidad del juez*, edit. Comares, Granada, 1996, pp. 7-8.

DÍAZ FUENTES, A., *La prueba en la nueva Ley de Enjuiciamiento Civil*, edit. Bosch, Barcelona, 2002, pp. 108 y 109.

DÖHRING, E., *Die Erporschung des Sachverhalts im Prozess Beweiserhebung und Beweiswürdigung*, edit. Dunker & Humblot, Berlin, 1964 (existe una versión en castellano con el título *La investigación del estado de los hechos en el proceso. La prueba: su práctica y apreciación*, traducción de T. A. Banzhaf, edit. EJEA, Buenos Aires, 1972).

DOMINGO, R. (con RODRÍGUEZ-ANTOLIN, B.), *Reglas jurídicas y aforismos*, edit. Aranzadi, Pamplona, 2000, pp. 13-14 y 71.

D'ONOFRIO, P., *Diritto processuale civile*, 3ª edic., edit. E. Jovene, Napoli, 1947, p. 54.

——, *Commento al codice de procedura civile*, 1ª edic., vol. I, edit. UTET, Torino, 1941, pp. 171 a 179.

D'ORS, A., HERNÁNDEZ-TEJERO, F., FUENTESECA, P., GARCÍA GARRIDO, M., y BURILLO, J., *El Digesto de Justiniano*, T.I, edit. Aranzadi, Pamplona, 1968, pp. 81 y 82.

D'ORS, A., *Derecho privado romano*, 1ª edic., edit. EUNSA, Pamplona, 1968, p. 128.

DURANTI, G., *Speculum Iuris*, publicada en *Venezia*, 1585, pars. II, part. III, §.5, *Qualiter* n.1, p. 785.a.

ELIZONDO, F.A., *Práctica universal forense*, imprenta de Joachin Ibarra, Madrid, 1764.

ENDEMANN, W., *Das Deutsche Zivilprozessrecht*, 1ª edic., Heidelberg, 1868, p. 369.

ENGELMANN, A., *Der Deutsche Civilprozess*, edit. von M. & H. Marcus, Breslau, 1901.

ESCRICHE, J., *Auto para mejor proveer*, en "Diccionario razonado de legislación y jurisprudencia", Madrid, [1851 ?], p. 310.

ETXEBERRÍA GURIDI, J. F., *Las facultades judiciales en materia probatoria en la LEC*, edit. Tirant lo Blanch, Valencia, 2003, pp. 29-30.

FABBRINI, G., *Potere del giudice (dir. proc. civ.)*, en "Enciclopedia del diritto", T. XXXIV, edit. Giuffrè, Milano, 1985, pp. 721 a 744 (publicado posteriormente en "Scriti Giuridici", T.I. ("Studi sull'oggetto del processo e sugli effetti del giudicato"), edit. Giuffré, Milano, 1989).

FABIANI, A., *Istituzioni della procedura civile*, edit. E. Cartiere del fibreno, Napoli, 1855.

FÁBREGA Y CORTÉS, M., *Apuntes de procedimientos judiciales*, manuscrito [s.l. y s.f.].

——, *Apuntes de procedimientos judiciales*, imprenta La Neotipia, Barcelona, 1907.

——, *Apuntes de práctica forense*, edit. La Neotipia, Barcelona, 1908.

——, *Lecciones de práctica forense*, 2ª edic., imprenta La Neotipia, Barcelona, 1921.

——, *Lecciones de procedimientos judiciales*, 3ª edic., imprenta de José Bosch, Barcelona, 1928.

FAIRÉN GUILLÉN, V., *Doctrina General del Derecho Procesal. Hacia una teoría y Ley Procesal Generales*, edit. Bosch, Barcelona, 1990.

——, *Principios de oralidad, de escritura y de socialización del proceso, en relación con la Ley de Enjuiciamiento Civil*, en "R.D.P.I.", IV/1981, pp. 547 y ss.

——, *Elaboración de una doctrina general de los principios del procedimiento*, en "Estudios de Derecho Procesal", edit. Revista de Derecho Privado, Madrid 1955, pp. 253 a 280 (igualmente en "A.D.C.", 1949, pp. 1345 y ss.).

FAZZALARI, E., *Lezioni di diritto processuale civile*, T.I, 1ª edic., edit. CEDAM, Padova, 1995, pp. 82-83.

——, *Istituzioni di Diritto Processuale*, 1ª edic., edit. CEDAM, Padova, 1975, pp. 54 a 57.

——, *Il processo ordinario di cognizione*, edit. UTET, Torino, 1990.

——, *La imparzialità del giudice*, en "Riv. Dir. Proc.", 1972.

——, *I poteri del giudice nel processo del lavoro*, en " Riv. Dir. Proc.", 1974. pp. 586 a 607.

——, *La funzione del giudice nella direzione del processo civile*, en "Riv. Dir. Proc.", 1963, pp. 66 y ss.

FEBRERO, J., *Librería de escribanos*, tomos I a III, imprenta de Antonio Pérez de Soto, Madrid, 1769-1775.

——, *Febrero arreglado a la legislación y práctica vigente por una Sociedad de Abogados*, T. VII (Libro I: de los Tribunales), Barcelona, 1848-1850.

FENECH NAVARRO, M., *La posición del Juez en el Nuevo Estado*, edit. Espasa-Calpe, S.A., Madrid, 1941.

——, *Derecho Procesal Civil*, edit. AGESA, Madrid, 1979.

FERMOSINI, N.R., *De probationibus*, Lugduni, 1662, p. 46.

FERNÁNDEZ BARREIRO, A., *Los principios dispositivo e inquisitivo en el proceso romano*, en "Estudios de Derecho Procesal Civil Romano", Servicio de Publicaciones de la Universidade Da Coruña, A Coruña, 1999, p. 513.

FERNÁNDEZ LÓPEZ, M., *La carga de la prueba en la práctica judicial civil*, edit. La Ley, Madrid, 2006.

——. (en AAVV), *Derecho Procesal Práctico"*, T.I y III, edit. Centro de Estudios Ramón Areces, S.A., Madrid, 1992, p. 452.

FERNÁNDEZ SEIJÓ, J. Mª., *Comentario al art. 216*, en "El proceso civil", vol. II, coordinados por F. Escribano Mora, edit. Tirant lo blanch, Valencia, 2001, pp. 1587 a 1589.

FERNÁNDEZ URZAINQUI, F.J., *Comentario al art. 216*, en "Comentarios a la nueva Ley de Enjuiciamiento Civil, T.I, coordinadores M.A. Fernández-Ballesteros, J.Mª. Rifá Soler y J.F. Valls Gombau, edit. Iurgium-Atelier, Barcelona, 2000, p. 814.

FERRONE, U., *Il processo civile moderno*, edit. F. Cavotta, S. Maria C.V., 1912, pp. 160-161.

FITTING, H., *Der Reichs-Civilprozess*, 12ª edic., edit. Guttentag, Berlin, 1907, pp. 105 a 107.

F.L.B., *Práctica forense*, imprenta de F. Vallés, Barcelona, 1836.

FROJO, L., *Istituzioni di procedura civile*, edit. G.B. Vico, Napoli, 1877.

FURNO, C., *Contributo alla teoria della prova legale*, edit., CEDAM, Padova, 1940 (existe una traducción al castellano con el título *Teoría de la prueba legal*, de Sergio González Collado, edit. Revista de Derecho Privado, Madrid, 1954).

GALANTE, V., *Diritto processuale civile*, 2ª edic., edit. L. Alvano, Napoli, 1909, p. 300.

GALDI, D., *Trattato delle pruove*, edit. Nicola Jovene, Napoli, 1887.

GALLIGANI, G., *Iniziative probatorie del giudice nel processo civile finché sarà attuata la recente riforma*, en "Il nuovo diritto", 1993, II-III, pp. 94 y ss.

GARBERÍ LLOBREGAT, J., *Introducción al nuevo proceso civil*, vol. I, edit. Tirant lo Blanch, Valencia, 2002, p. 234.

——, *Comentario al art. 216*, en "Los procesos civiles", T.2, dirigidos por J. Garberí Llobregat, edit. Bosch, Barcelona, 2001, pp. 430 a 434.

——, y BUITRÓN RAMÍREZ, G., *La prueba civil*, edit. Tirant lo Blanch, Valencia, 2004.

GARCÍA DEL CORRAL, I.L., *Cuerpo del Derecho Civil Romano*, primera parte, edit. J. Molinas, Barcelona, 1889, pp. 238 y 239.

GARCÍA-GONZÁLEZ, J.M., *Privatismo y prueba en el proceso civil romano clásico*, en "La prueba y los medios de prueba: de Roma al derecho moderno", Servicios de Publicaciones de la Universidad Rey Juan Carlos, Madrid, 2000, pp. 241 a 252.

GARGIULO, F. S., *Il codice di procedura civile del Regno d'Italia*, vol.1 a 4, edit., Ricc. Marghieri di Gius., Napoli, 1887.

GARSONNET, E., *Traité théorique et pratique de procédure*, T.I, edit. L. Larose et forcel, Paris, 1882, p. 226.

GENNARI, L., *Teoria delle prove*, edit. Dei Fratelli, Padova, 1853.

GENTILE, F.S., *La prova civile*, Jandi Sapi editori, Roma, 1960.

GIANNOZZI, G., *Appunti per un corso di diritto processuale civile*, 1ª edic., edit. Giuffrè, Milano, 1980, pp.8 y 119 a 121.

GIMENO SENDRA, V., *Derecho Procesal Civil*, T.I (El proceso de declaración. Parte general), edit. Colex, Madrid, 2004, p. 43.

——. (en AAVV), *Derecho procesal. Proceso civil*, T. I, vol. I, Edit. Tirant lo blanch, Valencia, 1993, p. 302.

——, *Causas históricas de la ineficacia de la justicia*, en "Justicia", III/1987, p. 589.

——, *Fundamentos del Derecho Procesal*, edit. Cívitas, S.A., Madrid, 1981, p. 206.

GIULIANI, A., *Prova (filosofia)*, en "Enciclopedia del Diritto", T. XXXVII, edit. Giuffrè, Milano, 1988, pp. 519 y ss.

——, *Il concetto di prova (contributo alla logica giuridica)*, edit. Giuffrè, Milano, 1961.

GLASSFORD, S., *Los principios de la prueba y su aplicación a las pesquisas judiciales*, traducción de José Mª. Tenorio y Herrera, Madrid, 1842.

GLASSON, E., *Précis théorique et pratique de procédure civile*, T.I, librairie Cotillon, Paris, 1902, p. 525.

——, *Histoire du droit et des institutions de la France*, T. I a VIII, librairie Cotillon, Paris, 1887-1903.

GOLDSCHMIDT, J., *Zivilprozessrecht*, 2ª edic., edit. Springer, Berlin, 1932, p. 44 (existe una traducción al castellano realizada por L. Prieto Castro, edit. Labor, Barcelona, 1936, pp. 82-83).

GÓMEZ CARBAJO DE V., F., *Textos de Derecho Romano*, AAVV, coord. Rafael Domingo, edit. Aranzadi, Cizur Menor, 2002, pp. 301-302.

GÓMEZ DE LA SERNA, P., y MONTALBAN, J.M., *Tratado académico-forense de los procedimiento judiciales*, T. I, imprenta de D.F. Sánchez, Madrid, 1861, p. 447.

GÓMEZ DE LIAÑO GONZÁLEZ, F., *Introducción al Derecho Procesal*, 4ª edición, Editorial Forum, Oviedo, 1997, p. 233.

——, *Abogacía y proceso*, edit. Forum, Oviedo, 1988.

——, *En torno al principio dispositivo en el proceso civil*, en "Revista General de Legislación y Jurisprudencia", 1973, p. 555.

GÓMEZ ORBANEJA, E. (y HERCE QUEMADA, V.), *Derecho procesal civil*, vol. I., 8ª edic., Madrid, 1976, p. 214.

GÓMEZ Y NEGRO, L., *Elementos de práctica forense*, 4ª edic., edit. imprenta de don Julián Pastor, Valladolid, 1938.

GÖNNER, *Handbuch des deutschen gemeinen Prozesses*, edit. J. J. Palm, Erlangen, 1804.

GORPHE, F., *L'appreciation des preuves en justice: essai d'une methode technique*, edit. sirey, Paris, 1947, nota 21 del capítulo V (existe una traducción al castellano con el título *De la apreciación de las pruebas*, traducido por Santiago Sentís Melendo, edit. EJEA, Buenos Aires, 1955, p. 156).

GOTHOFREDUS, D., *Corporis Iustinianaei Digestum Vetus seu Pandectarum Iuris Civilis*, T. I, *Lugduni*, 1604, p. 143.

GOUBEAUX, G., *Le droit à la preuve*, en la obra "La preuve en droit", Edit. Émile Bruylant, Bruxelles 1981, pp. 301 y ss.

GOZAÍNI, O., *Código Procesal Civil y Comercial de la Nación. Comentado y Anotado*, 2ª edic., edit. La Ley, Buenos Aires, 2006, pp. 138 140.

——, *El debido proceso*, edit. Rubinzal-Culzoni, Buenos Aires-Santa fe, 2004, pp. 264 a 269.

——, *Problemas actuales del derecho procesal (garantismo vs activismo judicial)*, edit. Fundap, Mexico, 2002, pp. 38 a 47.

——, *Derecho Procesal Civil*, T.I, vol. I, edit. EDIAR, Buenos Aires,1992, p.309.

GRASSELLI, G., *L'istruzione probatoria nel processo civile*, edit. CEDAM, Padova, 1997, p. 24.

GRASSO, E., *Dei poteri del giudice*, en "Commentario del codice di procedura civile", dirigido por Enrico Allorio, Libro I, T. II, edit. UTET, Torino, 1973, p. 1300.

——., *La pronuncia d'ufficio*, T.I, edit. Giuffrè, Milano, 1967, pp. 54, 65 y 99.

——, *La collaborazione nel processo civile*, in "Riv. dir. proc.", 1966, pp. 580 a 609.

——, *La regola della corrispondenza tra il chiesto e il pronunciato e le nullità da ultra e da extrapetizione*, en "Riv. dir. proc.", 1965, vol. XX, pp. 387 a 429.

GREGER, R., *§ 128*, en ZÖLLER, R., *Zivilprozessordnung*, 25ª edic., edit. Otto Schmidt KG, Köln, 2005, pp. 562 a 572.

GRAZIANI, C., *Procedura Civile*, edit. M. Vara, Napoli, 1844.

GUASP DELGADO, J., *Derecho Procesal Civil*, T.I , 3ª ed., edit. Instituto de Estudios Políticos, Madrid, 1968.

——, *Comentarios a la Ley de Enjuiciamiento Civil*, T.I, edit. Aguilar, Madrid, 1943, pp. 676 (nota 1) y 904.

——, *La prueba en el proceso civil español: principios fundamentales*, en "Revista de la Universidad de Oviedo", enero-junio, 1945, pp. 21 y ss.

——, *Juez y hechos en el proceso civil*, edit. Bosch, Barcelona, 1943, pp. 7, 39, 81, 130, 158 y 169.

GUTIÉRREZ-ALVIZ CONRADI, F., *Del "ordo iudiciarius" a la reforma de la Ley de Enjuciamiento Civil*, en "El proceso civil. Antiguos y nuevos modelos de enjuiciar", edit. Tirant lo blanch, Valencia, 2002, pp. 13 a 38.

GUTIÉRREZ DE CABIEDES, E., *La socialización del proceso*, en "Constitución, Derecho y Proceso. Estudios en memoria de los Profs. Herce Quemada y Dunque Barragues", Zaragoza, 1983, p. 432.

GUYAN, H., *Verhandlungsmaxime und Offizialmaxime im Bündnerischen Zivilprozess*, edit. P.C. Keller, Winterthur, 1966.

HARTMANN, P., *§ 128*, en BAUMBACH/LAUTERBACH/ALBERS/HARTMANN, *Zivilprozessordnung*, 55ª edic., edit. C.H. Beck, München, 1997, pp. 534 a 540.

HEILFRON, E., y PICK, G., *Lehrbuch des Zivilprozessrechts*, 2ª edic., T.I, edit. Speyer & Peters, Berlin, 1910, p. 448.

HEINITZ, E., *I limiti oggettivi della cosa giudicata*, edit. CEDAM, Padova, 1937.

HEINTZMANN, W., *Zivilprozessrecht*, T.I, 2ª edic., edit. C.F. Müller, Heidelberg, 1997.

HELLWIG, K., *System des deutschen Zivilprozessrechts*, T.I, edit. Aalen, Leipzig, 1912, p. 405.

HERNÁNDEZ DE LA RUA, V., *Comentarios a la Ley de Enjuiciamiento Civil*, T. II, imprenta del Boletín de Jurisprudencia, Madrid, 1856, p. 128.

HÉRON, J., *Droit judiciaire privé*, edit. Montchrestien, Paris, 1991.

HEVIA DE BOLAÑOS, J., *Curia Philipica*, T.I, Madrid, 1797, pp. 61 a 65 y 83 a 89.

HIDALGO, S. y BLANCO, B., *Colección de formularios*, 1ª parte, 2ª edic., imprenta de José Rodríguez, Madrid, 1836.

HOCHE, U., *Zivilprozessrecht*, 3ª edic., edit. Fachverlag Dr. N. Stoytscheff, Darmstadt, 1980, pp. 96 a 102.

IGLESIAS, J., *Instituciones de derecho romano*, vol. II, 1ª edic., Barcelona, 1951, p. 328.

JAEGER, N., *Corso di diritto processuale civile*, 2ª edic., edit. La Goliardica, Milano, 1956, p. 254.

JAPIOT, R., *Traité élémentaire de procédure civile & commerciale*, 1ª edic., edit. Librairie A. Rousseau, Paris, 1916.

JAUERNIG, O., *Verhandlungsmaxime, Inquisitionsmaxime und Streitgegenstand*, edit. J.C.B. Mohr (Paul Siebeck), Tübingen, 1967.

JAUERNIG, O., *Zivilprozessrecht*, 24ª edic., edit. C.H. Beck, München, 1993, pp. 69 a 83.

JAUFFRET, A., *Manuel de procédure civile*, 10ª edic., edit. R. Pichon et R. Durand-Auzias, Paris, 1970.

JAUMAR Y CARRERA, J., *Práctica forense*, imprenta de J. Boet y compañía, Barcelona, 1840.

JEULAND, E., *Droit processuel*, edit. LGDJ, Paris, 2003, pp. 89 a 98 y 216 a 219.

J. F. A., *Diccionario judicial*, imprenta de Miguel de Burgos, Madrid, 1831.

JIMÉNEZ CONDE, F., *La apreciación de la prueba legal y su impugnación*, Publicaciones del Departamento de Derecho Procesal, Universidad de Salamanca, 1978, p. 21.

JULIEN, P., y FRICERO, N., *Droit judiciaire privé*, 2ª edic., edit. LGDJ, Paris, 2003, pp. 105 a 110.

KASER, M., *Beweislast und Vermutung im römischen Formularprozess*, en "Zeitschrift der Savigny-Stiftung für Rechtsgeschichte – R.A.-", 1954, p. 223.

——, *Das römische zivilprozessrecht*, edit. C.H.Beck, München, 1996, pp. 361 a 369.

——, *Derecho romano privado*, traducción de J. Santa-Cruz Teijeiro, edit. REUS, Madrid, 1968, p. 389.

KISCH, W., *Elementos de derecho procesal civil*, 1ª edic., traducción de L. Prieto Castro, edit. Revista de Derecho Privado, Madrid, 1932, pp. 118 a 120 y 140 a 144.

KLEINFELLER, G., *Lehrbuch des deutschen Zivilprozessrechts*, 1ª edic., edit. Franz Vahlen, Berlin, 1905, pp. 179 a 196.

KOHLER, V.J., *Alexander Plosz und die Offizialmaxime im ungarischen Zivilprozesse*, en "Rheinische Zeitschrift für Zivil-und Prozessrecht", 1914, pp. 1 a 33 (especialmente pp. 18, 20, 21, 23, 24 y 26).

KÜNZL, R., *Dispositionsmöglichkeiten der Parteien im Zivilprozess*, Erlangen-Nürnberg, 1986.

LA CHINA, S., *Diritto processuale civile*, edit. Giuffrè, Milano, 1991, pp. 582 a 597 y 615 a 638.

——, *L'esibizione delle prove nel processo civile*, edit. Giuffrè, Milano, 1960.

LASERRA, G., *La prova civile*, edit. Eugenio Jovene, Napoli, 1957.

LÁSTRES Y JUIZ, F., *Cuestiones prácticas de procedimiento civil*, Centro editorial de Góngora, Madrid, 1915.

LEGEAIS, R., *Les règles de preuve en droit civil*, Librairie Générale de droit et de jurisprudence, Paris, 1955, pp. 229 a 235.

LEGRAND, L., *Précis de procédure civile*, imprimerie et librairie générale de jurisprudence Marchal et Billard, Paris, 1897.

LEIPOLD, D., § 128, en STEIN/JONAS, *Kommentar zur Zivilprozessordnung*, 20ª edic., edit. J.C.B. Mohr, Tübingen, 1984, pp. 27 a 38.

LENT, F., *Zivilprozessrecht*, 12ª edic., edit. C. H. Beck'sche, München und Berlin, 1965.

LESSONA, C., *Teoria delle prove nel diritto giudiziario civile italiano*, vol. I, 2ª edic., edit. Fratelli Cammelli, Firenze, 1904, pp. 49 a 71 (existe una versión en castellano con el título *Teoría General de la Prueba en Derecho Civil*, T.I, traducción de Enrique Aguilera de Paz, 3ª ed., edit. REUS, S.A., Madrid, 1928).

LESSONA, C., *Trattato delle prove in materia civile*, vol. I, 3ª edic., edit. Fratelli Cammelli, Firenza, 1922, pp. 77 a 84.

LEVY, J.P., *La formation de la théorie romaine des preuves*, en "Studi in onore di Siro Solazzi", edit. Jovene, Napoli, 1948, p. 431.

LEVY, A., *Beweislast im klassichen Recht*, en "Rivista Internazionale di Diritto Romano e Antico", 1952, p. 170.

LEVY-BRUHL, H., *La preuve judiciaire, Librairie Marcel Rivière et Cie.*, Paris, 1964.

LIBERATORE, P., *Leggi di procedura ne'giudizi civili in vigore nel regno delle due sicilie annotate*, Napoli, 1833.

LIEBMAN, E.T., *Manuale di diritto processuale civile*, T.II, 4ª edic., edit. Giuffré, Milano, 1984, p. 84.

——, *Fondamento del principio dispositivo*, en "Riv. Dir. Proc.", 1960, pp. 551 a 565.

——, *Lezioni di diritto processuale civile*, 1ª edic., edit. Giuffrè, Milano, 1951, p. 113.

——, *Corso di diritto processuale civile*, 1ª edic., edit. Giuffrè, Milano, 1952, p. 108

LIEBS, von Detlef, *Lateinische Rechtsregeln und Rechtssprichwörter zusammengestellt*, 5ª edic., edit. C.H. Beck, München, 1991.

LIESEN, R., *Zivilprozessrecht*, T.I, edit. C.H. Beck, München, 1998, pp. 18-19.

LINDE, T.B. von, *Lehrbuch des deutschen gemeinen Civilprocesses*, edit., A. Marcus, Bonn, 1850, p. 188.

LOMBARDO, L., *La prova giudiziale. Contributo alla teoria del giudizio di fatto nel processo*, edit. Giuffrè, Milano, 1999, p. 364.

LÓPEZ DE HARO, C., *Diccionario de reglas, aforismos y principios del derecho*, edit. REUS, Madrid, 1924, p. 278.

LÓPEZ-FRAGOSO ÁLVAREZ, T., *Comentario al art. 216*, en "Proceso civil práctico", T. III, dirigidos por V. Gimeno Sendra, edit. La Ley, Madrid, 2003, pp. 1-152 a 1-155.

LÓPEZ-MORENO, S., *Principios fundamentales del procedimiento civil y criminal*, T.I, imprenta de Victoriano Suárez, Madrid, 1901.

LÓPEZ SIMO, F., *Disposiciones generales sobre la prueba*, edit. La Ley, Madrid, 2001, p. 28.

LORCA NAVARRETE, A.Mª., *Estudio jurisprudencial de los poderes del juez civil en materia probatoria*, edit. Instituto Vasco de Derecho Procesal, San Sebastián, 2006.

LORCA NAVARRETE, A.Mª., *Tratado de Derecho Procesal Civil*, parte general, edit. Dykinson, Madrid, 2000, p. 555.

——, *Derecho procesal civil, laboral y contencioso administrativo*, Parte general, Edit. Tecnos, Madrid, 1987.

——, *Una introducción al Derecho Procesal Civil*, en "Revista del Ilustre Colegio de Abogados del Señorío de Vizcaya", núm. 32, setiembre-octubre 1986, pp. 57 y ss.

LOZANO-HIGUERO PINTO, M., *Introducción al derecho procesal*, Ministerio de Justicia, Madrid, 1990.

——, *Principios dispositivo, de controversia y acusatorio: significado actual*, en "Estudios de derecho procesal en homenaje a Adolfo Gelsi Bidart", Fundación de Cultura Universitaria, Montevideo, 1999, pp. 271 a 292.

LUGO, A., *Manuale di diritto processuale civile*, 1ª edic., edit. Giuffrè, Milano, 1955, p. 118.

LUISO, F.P., *Istituzioni di diritto processuale civile*, edit. Giappichelli, Torino, 2003.

——, *Diritto processuale civile*, T.I, edit. Giuffrè, Milano, 1997, pp. 50-51 y 139.

LÜKE, W., *Zivilprozessrecht*, 8ª edic., edit. C.H. Beck, München, 2003, pp. 6 a 23.

LÜKE, G., y PRÜTTING, H., *Zivilverfahrensrecht*, 2ª edic., edit. Luchterhand, Berlin, 1995, pp. 373 a 399.

MANCINI, P. S., PISANELLI, G., A. SCIALOJA, *Commentario del codice di procedura civile per gli stati sardi*, vol. 1 a 5, edit. UTET, Torino, 1855 a 1858.

MANDRIOLI, C., *Prova (in generale)*, en "Digesto delle Discipline Privatistiche – Sezione Civile", T. XVI, 4ª edic., edit. UTET, Torino, 1997, pp. 3 a 35.

——, *Corso di diritto processuale civile*, T.I, 1ª edic., edit. Giappichelli, Torino, 1971, pp. 76-77.

MANFREDINI, G., *Corso di diritto giudiziario civile*, vol. I, edit. V. Sacchetto, Padova, 1884.

MANRESA Y NAVARRO, J. Mª., *Comentarios a la Ley de Enjuiciamiento Civil*, T.II, imprenta de la Revista de Legislación, Madrid, 1883, pp. 60 y 120.

——, *Ley de Enjuiciamiento Civil, comentada y esplicada para su mejor inteligencia y fácil aplicación*, T.I, imprenta de la Revista de Legislación, Madrid, 1856, p. 171.

MANS PUIGARNAU, J.M., *Los Principios Generales del Derecho (Repertorio de reglas, máximas y aforismos jurídicos)*, edit. Bosch, Barcelona, 1947, pág. XVI a XVIII y XXX-XXXI.

MARANTAE VENUSINI, *Speculum aureum et lumen advocatorum praxis civilis, Lugduni*, 1573, fol. 639 y 651.

MARCO TULIO, *Procedimientos judiciales*, imprenta de Felipe González Rojas, Madrid, 1894.

MARENGO, R., *La discrezionalità del giudice civile*, edit. Giappichelli, Torino, 1996.

MARFÁ DE QUINTANA, J., *Principios fundamentales del derecho y sus axiomas*, edit. de José Miret, Barcelona, 1875, p. 216.

——, *Simplificación de la Novísima Ley de Enjuiciamiento Civil*, editores Matheu y Grau, Barcelona, 1883.

MARTIN, Ch., *Lehrbuch des deutschen gemeinen búrgerlichen processes*, edit. J. Ch. D. Schneider, Göttingen, 1805.

MARTÍN OSTOS, J., *Las diligencias finales*, en "Revista del Poder Judicial", núm. 67, 2002, pp. 381 a 404.

——, *La prueba de oficio en el proceso civil"*, en "La prueba en el proceso civil", Cuadernos de Derecho Judicial, C.G.P.J., Madrid, 1993, pp. 9 y ss.

——, *Comentarios a la Reforma de la Ley de Enjuiciamiento Civil*, coord. Valentín Cortés, Edit. Tecnos, Madrid, 1985, pp. 223 y ss.

——, *Las diligencias para mejor proveer en el proceso civil*, Edit. Montecorvo, Madrid, 1981, pp. 164 y 192.

MARTÍN SARRAMOLINO, J., *Método actual de la sustanciación civil y criminal en la jurisdicción real ordinaria*, 2ª edic., Madrid, 1839.

MARTÍNEZ, M. S., *Librería de jueces*, T. I, Aranjuez, 1772.

MARTÍNEZ MONTANER, F., *Estudio del juicio en materia procesal civil*, imprenta del Asilo de Huérfanos del S. C. De Jesús, Madrid, 1899.

MARTÍNEZ SALAZAR, A., *Práctica de sustanciar pleitos ejecutivos y ordinarios*, 5ª edic., Madrid, 1828.

MASCAREÑAS, C. E., *Aforismo*, en "Nueva Enciclopedia Jurídica", T.II, edit. Seix, Barcelona, 1950, p. 466.

MATTIROLO, L., *Trattato di diritto giudiziario civile italiano*, vol. II, edit. Fratelli Bocca, Torino, 1883, pp. 209-210.
MENCHINI, S., *I limiti oggettivi del giudicato civile*, edit. Giuffrè, Milano, 1987.
MENNA, M., *Logica e fenomenologia della prova*, Edit. Jovene Editore, Napoli, 1992.
MESSINA, G., *Trattato delle prove giudiziarie in materia civile e commerciale*, edit. Migliaccio, Salerno, 1876, pp. 155 y 163.
MICHELI, G.A., *Iura novit curia?*, en « Riv. Dir. Proc.", 1961, pp. 603 y ss.; y en sus *Opere Minori di Diritto Processuale Civile*, vol. I, Edit. Giuffré, Milano, 1982, pp. a 376 a 407.
——, *Corso di diritto processuale civile*, T.I, 1ª edic., edit. Giuffrè, Milano, 1959, p. 225.
——, *L'onere della prova*, Edit. CEDAM, Padova, 1942 (existe una traducción al castellano por SENTÍS MELENDO, S. Edit EJEA, Buenos Aires, 1970).
MIGUEL Y ALONSO, C., y MIGUEL Y ROMERO, M., *Derecho Procesal Práctico*, T.I, 11ª edic., edit. Bosch, Barcelona, 1967, p. 186.
MIGUEL Y ROMERO, M., *Principios del moderno Derecho Procesal Civil*, imprenta de Andrés Martín, Valladolid, 1931, p. 455.
——, *Lecciones y modelos de práctica forense*, T.I, 4ª edic., Librería General de Victoriano Suárez y Tipografía de Andrés Martín Sánchez, Madrid-Valladoli, 1924.
——, *Comentarios a la Ley de Enjuiciamiento Civil*, imprenta de Andrés Martín, Valladolid, 1917.
MILÀ Y PÍ, *Colección de axiomas de derecho y equidad, y de principios ó modismos aplicables á los debates del foro*, en "Revista de Derecho y del Notariado", T. V, 1883, p. 379.
MILLÁN HERNÁNDEZ, C., *La incongruencia civil*, Edit Tecnos, Madrid, 1983.
MILLAR, *The formative principles of civil procedure*, en "Illinois Law Review", vol. XVIII, 1923, *may*, n. 1, pp. 1 a 36; *juny*, n. 2, pp. 94 a 117; y *november*, n. 3, pp. 150 a 168 (existe una versión en castellano con el título *Los principios formativos del procedimiento civil*, traducción de Catalina Grossmann, Edit. EDIAR, Buenos Aires, 1945).
MITTERMAIER, C.J.A., *Tratado de la Prueba en Materia Criminal*, 2ª edic., imprenta de la Revista de Legislación, Madrid, 1857.
MOMMSEN, Th., *Digesta Iustiniani Augusti*, vol. I, edit. Weidmann, Berlin, 1962, p. 35
MONTELEONE, G., *Diritto processuale civile*, vol. I, 1ª edic., edit. CEDAM. Padova, 1994, pp. 17 a 22, 186 a 192, y 240 a 245; y vol. II, 1ª edic., edit. CEDAM, Padova, 1995, pp. 43 a 46, 77 a 83 y 213 a 217
MONTERO AROCA, J., *De la legitimación en el proceso civil*, edit. Bosch, Barcelona, 2007, p. 148 (nota 225).
——, *El proceso civil llamado "social" como instrumento de "justicia" autoritaria"*, en "Actualidad Civil", 2004, núm. 6, p. 605 – y en "Proceso civil e ideología", coord. Juan Montero Aroca, edit. Tirant lo Blanch, Valencia, 2006, pp. 130 a 165.
——, *Los principios políticos de la nueva Ley de Enjuiciamiento Civil*, edit. Tirant lo Blanch, Valencia, 2002, pp. 116 a 124.
—— (en AAVV), *Derecho Jurisdiccional*, T.I, edit. Tirant lo Blanch, Valencia, 2000.
——, *La herencia procesal española*, Universidad Nacional Autónoma de México, México, 1994, pp. 13 a 19.
——, *Poderes del Juez y poderes de las partes*, en "Un Codice Tipo di Procedura Civile per l'America Latina", Edit. CEDAM, Padova, 1990.
——, *Los principios informadores del proceso civil en el marco de la Constitución*, en "Trabajos de Derecho Procesal", Edit. Bosch., Barcelona 1988.
——, *Del derecho procesal al derecho jurisdiccional*, en "Justicia", 1984, pp. 311 a 348.
——, *Introducción al derecho procesal (Jurisdicción, acción y proceso)*, Edit. Tecnos, Madrid, 1976.
MONTESANO, L., *La tutela giurisdizionale dei diritti*, "Trattato di diritto civile italiano" dirigido por F. Vassali, vol. 14°, T. 4°, edit. UTET, Torino, 1985.
——, *Le prove disponibili d'ufficio e l'imparzialità del giudice civile*, en "Studi in Onore di Enrico Tullio Liebman", vol. II, Edit., Giuffrè, Milano, 1979, pp. 1453 a 1471.

——, *Le prove*, en la obra "Incontro sulla riforma del processo civile", Edit. Giuffrè, Milano, 1979, pp. 33 y ss.; y en "Riv. Dir. Proc.", 1978, pp. 475 y ss.

——, y ARIETA, G., *Trattato di diritto processuale civile*, edit. CEDAM, Padova, 2001 (vol. I, T.I, pp. 293 a 296, y 349-350; y vol. I, T.II,, pp. 1165 a 1172).

——, y ——, *Diritto processuale civile*, edit. Giappichelli, Torino, 1994.

MONTÓN REDONDO, A., *Iniciación al estudio del Derecho Procesal (conceptos básicos y fuentes)*, Universidad de Salamanca, Salamanca, 1987.

MOREL, R., *Traité élémentaire de procédure civile*, 1ª edic., edit. Sirey, Paris, 1932, pp. 504-505.

MORELLO, A.M., *La prueba. Tendencias modernas*, Librería Editora Platense, Abeledo-Perrot, Buenos Aires, 1991.

MORÓN PALOMINO, M., *Derecho Procesal Civil (cuestiones fundamentales)*, Edit. Marcial Pons, Madrid, 1993, p. 93.

MORTARA, L., *Manuale della procedura civile*, 2ª edic., vol. I, edit. UTET, Torino, 1897, pp. 215-216, y pp.311 a 321.

MOSCHITTI, C., *Manuale teorico-pratico della procedura civile del regno d'Italia*, Napoli, 1865.

MUÑÓZ SABATÉ, Ll., *Fundamentos de prueba judicial civil LEC 1/2000*, edit. J. Mª. Bosch editor, Barcelona, 2001, pp. 429 a 436.

——, *Técnica probatoria. Estudios sobre las dificultades de la prueba en el proceso*, 3ª edic., edit. Praxis, Barcelona, 1993.

——, *Tratado de probática judicial*, T.I Edit. Bosch, Barcelona, 1992.

MURGA GENER, J.L., *Derecho romano clásico. II: el proceso*, Secretariado de Publicaciones de la Universidad de Zaragoza, Zaragoza, 1980, p. 381.

MUSIELAK, H.J., *Grundkurs ZPO*, 2ª edic., edit. C.H.Beck, München, 1993, pp. 60 a 63.

NATOLI, U., y FERRUCCI, R., *Della tutela dei diritti*, en "Commentario del codice civile. Libro VI, Tomo Primo, Titoli I-II", edit. UTET, Torino, 1959, p. 272.

NIKISCH, A., *Zivilprozessrecht*, 1ª edic., edit. J.C.B. Mohr, Tübingen, 1950, p. 192.

NICOLIELLO, N., *Diccionario del latín jurídico*, edit. J.Mª. Bosch editor, Barcelona, 1999, p. 151

NORMAND, J., *I poteri del giudice e delle parti quanto al fondamento delle pretese controverse*, en *Riv. Dir. Proc.*, III/1988, pp. 722 y ss.

NÖRR, K. W., *Naturrecht und Zivilprozess*, edit. J.C.B. Mohr (Paul Siebeck), Tübingen, 1976, pp. 41 a 46.

NÖRR, K. W., *Zur Stellung des Richters im gelehrten Prozess der Frühzeit: Iudex secundum allegata non secundum conscientiam iudicat*, edit. C.H.Beck, München, 1967.

NOUGUÉS SECALL, M., *Tratado de práctica forense novísima, según la Ley de Enjuiciamiento Civil*, imprenta de M. Sanz y Gómez, Madrid, 1856, p. 545.

ORDOÑO ARTES, C., *Aspectos generales sobre la prueba procesal (en el proceso civil)*, Edit. TAT, Granada, 1988.

ORTELLS RAMOS, M., *Introducción al Derecho Procesal*, Edit. Comares, Granada, 1999, p. 188.

——, en AAVV., *Derecho Procesal. Introducción*, Edit. Punto y coma, Valencia, 2000, pp. 210-211.

ORTÍZ DE ZÚÑIGA, M., *Práctica general forense*, T.I, 4ª edic., imprenta de José Rodríguez, Madrid, 1861, pp. 642-643.

——, *Elementos de práctica forense*, T.I, 2ª edic., imprenta de la viuda de Jordán é hijos, Madrid, 1843.

PALERMO, A., *Il processo di formazione della sentenza civile*, edit. Giuffrè, Milano, 1956, p. 189.

PARRA IBÁÑEZ, F.S., *Curso elemental de derecho procesal español*, imprenta de Miguel Romero, Madrid, 1889.

PARRA QUIJANO, J., *Racionalidad e ideología en las pruebas de oficio*, edit. TEMIS, Bogotá, 2004.

——, *Manual de derecho probatorio*, 14ª edic., edit. Librería Ediciones del Profesional Ltda., Bogotá, 2004.

PATTI, S., *Prova (dir. proc. civ.)*, en "Enciclopedia Giuridica", vol. XXV, edit. Istituto della Enciclopedia Italiana Treccani, Roma, 1991, pp. 1 a 14.

——, *Prove*, en "Commentario del codice civile", dirigido por A. Scialoja y G. Branca, edit. Zanichelli-Foro Italiano, Bologna-Roma, 1987, p. 7.

PAULUS, C.G., *Zivilprozessrecht*, 3ª edic., edit. Springer, Berlin, 2003, pp. 108 a 114.

PEDRAZ PENALVA, E., *Constitución, Jurisdicción y Proceso*, Edit. AKAL, Madrid, 1990.

PEREIRA-MENAUT, G., *Topica. Principios de Derecho y Máximas Jurídicas Latinas*, edit. Arcana Veri, Santiago de Compostela, 2001, p. 205.

PÉREZ BENÍTEZ, J.J., *Las diligencias finales: su admisión en todo tipo de procesos*, en "La Ley", núm. 6554, 2006, pp. 1 a 9.

PERROT, R., *Institutions judiciaires*, 11ª edic., edit. Montchrestein, Paris, 2004, pp. 427 a 478.

——, y SOLUS, H., *Droit Judiciaire Privé*, T.III (*Procédure de Première Instance*), Edit. Sirey, Paris, 1991, pp. 76 a 81 y 618 a 620.

PESCATORE, M., *Sposizione compendiosa della procedura civile e criminale*, vol. I, parte I, edit. Unione Tipografico, Torino, 1864, p. 72.

PETERS, E., *§ 128*, en *Münchener Kommentar zur Zivilprozessordnung*, 2ª edic., edit. C.H. Beck, München, 2000, pp. 1047 a 1053.

PICARDI, N., *Appunti di diritto processuale civile*, edit. Giuffrè, Milano, 2003, pp. 21 a 23.

PICÓ I JUNOY, J., *El principio de adquisición procesal en materia probatoria*, en "La Ley", 2006, T. 1, pp. 1304 a 1316.

——, *La modificación de la demanda en el proceso civil. Reflexiones sobre la prohibición de mutatio libelli*, Edit. Tirant lo blanch, Valencia, 2006.

——, *Il diritto processuale tra garantismo e eficacia*, en "Studi di diritto processuale civile in onore di Giuseppe Tarzia", T.I, editorial Giuffré, Milano, 2005, pp.213 a 230 (existe una versión en español con el título: "El derecho procesal entre el garantismo y la eficacia: un debate mal planteado" en "La Ley", 2003, T. 5, pp. 1769 a 1775; en la "Revista del Instituto Iberoamericano de Derecho Procesal", 2004, nº. 4, pp. 253 a 271; y en la obra colectiva "Proceso civil e ideología", coord. Juan Montero Aroca, edit. Tirant lo blanch, Valencia, 2006. pp. 109 a 129).

——, *La prueba ilícita y su control judicial en el proceso civil*, en "Justicia", 2005, 3-4, pp. 59 a 100 (también se encuentra publicado en la obra "Aspectos prácticos de la prueba civil", coords. X. Abel y J. Picó, edit. J.Mª. Bosch editor, Barcelona, 2006, pp. 17 a 48).

——, *La prueba pericial en el arbitraje*, en "Anuario de Justicia Alternativa. Derecho Arbitraje", 2005, 6, pp. 145 a 170.

——, *I principi del nuovo processo civile spagnolo*, en "Studi in Memoria di Angelo Bonsignori", vol. I, editorial Giuffré, Milano, 2004, pp. 551 a 568 (existe otra versión en italiano en la "Rivista di Diritto Processuale", 2003, 1, pp. 65 a 81; y en español en "Instituciones del nuevo proceso civil. Comentarios sistemáticos a la Ley 1/2000", coord. Jaime Alonso-Cuevillas Sayrol , vol. I, Edit. Difusión Jurídica, Barcelona, 2000, pp. 25 a 66).

——, *Nombramiento de peritos por los árbitros*, en "Comentarios prácticos a la Ley de Arbitraje", dir. Vicente Guilarte Gutiérrez, Edit. Lex Nova, Valladolid, 2004, pp. 533 a 544.

——, *El derecho a la prueba en el proceso civil y su nueva configuración legal*, en "Libro Homenaje al Profesor Dr. D. Eduardo Font Serra", T.I, Ministerio de Justicia, Madrid, 2004, pp. 877 a 918 (igualmente publicado en la obra "Problemas actuales de la prueba civil", coords. X. Abel y J. Picó, edit. J. Mª. Bosch editor, Barcelona, 2005, pp. 27 a 71).

——, *El principio de la buena fe procesal*, Editorial J.Mª. Bosch, Barcelona, 2003.

——, *La iniciativa probatoria de oficio del juez civil. A propósito de un caso*, en "Los poderes del juez civil en materia probatoria", dir. X. Abel y J. Picó, edit. J. Mª. Bosch editor, Barcelona, 2003, pp. 155 a 174.

——, *La interpretación judicial de la nueva Ley de Enjuiciamiento Civil*, en la obra colectiva "La aplicación judicial de la nueva Ley de Enjuiciamiento Civil", coord. Joan Picó, edit. J. Mª. Bosch, Barcelona, 2002, pp. 13 a 48.

——, *La prueba pericial en el proceso civil español*, Editorial J.Mª. Bosch, Barcelona, 2001.

——, *El juez penal y su iniciativa probatoria: reconsideración de una errónea doctrina jurisprudencial*, en "La Ley", 1999, T.V, pp. 1928 a 1931

——, *Principio acusatorio e iniciativa probatoria del juez penal*, en "Revista General del Derecho", 1999, núm. 656, mayo, pp. 6009 a 6012.

——, *La imparcialidad judicial y sus garantías: la abstención y la recusación*, edit. J.Mª. Bosch editor, Barcelona, 1998, especialmente pp. 104 a 108.

——, *Las diligencias para mejor proveer en el proceso civil: entre el ser y el deber ser* , en "Justicia", 1998, núm. 3-4, pp. 629 a 640

——, *La iniciativa probatoria del juez civil y sus límites*, en "Revista del Poder Judicial", 1998, III, num. 51, pp. 269 a 301.

——, *Las garantías constitucionales del proceso*, Editorial J. Mª. Bosch, Barcelona, 1997.

——, *El derecho a la prueba en el proceso civil*, Editorial J. Mª. Bosch, Barcelona, 1996.

——, *Reflexiones en torno a la cuestionada iniciativa probatoria del juzgador penal*, en "Justicia", 1996, I, pp. 145 a 181.

——, *El nuevo proceso civil italiano* (con B. Mora Capitán), Colección "Documentación Jurídica", núm. 75, Ministerio de Justicia, 1992.

PIGEAU, M., *Introduction a la procédure civile*, 6ª edic., edit. Joubert, Paris, 1842.

PLANCK, J. W., *Lehrbuch des Deutschen Civilprozessrechts*, edit. C. H. Beck'schen, Nördlingen, 1887, p. 176.

PRIETO-CASTRO Y FERRÁNDIZ, L., *Tratado de Derecho Procesal Civil*, T.I, Edit. Aranzadi, Pamplona, 1985, pp. 516 y 531.

——, *Derecho Procesal Civil*, primera parte, edit. EDERSA, Madrid, 1964, p. 344.

——, *El principio de congruencia como limitación de las facultades de la jurisdicción*", en "Trabajos y Orientaciones de Derecho Procesal", Edit EDERSA, Madrid, 1954, pp. 259 y ss.

——, *Providencias para mejor proveer*, en *Trabajos ...*, ob. cit., pp. 323 y ss..

——, *Precisiones sobre escritura y oralidad en el Derecho Procesal*, en "Estudios y Comentarios para la Teoría y la Práctica Procesal Civil", vol. I, Edit. Reus S.A., Madrid, 1950, pp. 75 y ss.

PRIETO CASTRO, L., *Cuestiones de Derecho Procesal*, edit. Reus, Madrid, 1947, p. 81.

——, *Exposición del Derecho Procesal Civil de España*, Librería General, Zaragoza, 1941, p. 183.

PROTO PISANI, A., *Il codice de procedura civile del 1940 fra pubblico e privato*, en "Il Foro Italiano", 2000, 4, pp. 73 a 87.

——, *Lezioni di diritto processuale civile*, 1ª edic., edit. Jovene, Napoli, 1994, pp. 212 a 217, 223 a 225 y 453 a 456.

——, *Principi generali del processo e riforma del rito ordinario*, en "Riv. trim. dir. e proc. civ.", 1990, pp. 661 y ss.

PUCHELT, E. S., *Die Civilprozessordnung für das Deutsche Reich*, T.I, Leipzig, 1877, pp. 22 a 25.

PUGLIESE, G., *La preuve dans le procès romain de l'époque classique*, en "Scritti giuridici scelti", I, edit. Jovene, Napoli, 1985, pp. 275 a 348 – el texto original fue publicado en 1964-.

RAGGI, L., *Questioni in materia di prova*, en "Archivio giuridico", vol. LXXXIV, 1910, pp. 177 a 228.

RAIMONDI, L., *Raccolta delle principali mássime del corpo del diritto romano*, Napoli, 1876.

RAIMUNDO DE PENYAFORT, *Summa de Paenitentia*, en *Xaverio Ochoa et Aloisio Diez (ed.), Universa Bibliotheca Iuris*, Instituto Iuridico Claretiano, Roma, 1976, vol. I, B, fol. 375.a.

RAMOS MÉNDEZ, F., *Guía para una transición ordenada a la LEC*, edit. J. Mª. Bosch editor, Barcelona, 2000, p. 440.

——, *Derecho Procesal Civil* T. I, 5ª ed., Edit. Bosch, Barcelona, 1992.

——, *La influencia de la Constitución en el Derecho Procesal Civil*, en "Justicia" I/1983, p. 20 y ss.

——, *La eficacia del proceso*, en "Justicia" II/1982, pp. 97 y ss.

——, *Derecho Procesal Civil*, 1ª edic., Librería Bosch, Barcelona, 1980, p. 617.

——, *Derecho y Proceso*, Edit. Bosch, Barcelona, 1978.

RASELLI, A., *Il potere discrezionale del giudice civile*, edit. CEDAM, Padova, vol. I (1927), vol. II (1935) – existe una reempresión del vol. I a cargo de la edit. Giuffrè, Milano, 1975-.

RAYNAUD, P., *Preuve*, en "Répertoire de procédure civile", dir. P. Raynaud, edit. Dalloz, Paris, 1980, pp. 1 a 53.

REDENTI, E., *Diritto processule civile*, T.I, 1ª edic., edit. Giuffrè, Milano, 1949, p. 198

——, *L'umanità nel nuovo processo civile*, en "Riv. Dir. Proc.", I/1941, pp. 25 y ss.

——, *Profili pratici del diritto processuale civile*, 2ª edic., edit. Giuffrè, Milano, 1939.

REINCKE, O., *Die Deutsche Civilprozessordnung*, 3ª edic., edit. Müller, Berlin, 1896.

REINOSO BARBERO, F., *Los principios generales del Derecho en la jurisprudencia del Tribunal Supremo*, edit. Dykinson, Madrid, 1987, p. 290.

REUS, E., *Ley de Enjuiciamiento Civil de 3 de Febrero de 1881 concordada y anotada con gran extensión*, T.I, imprenta de la Revista de Legislación, Madrid, 1881, p. 239.

RIBÓ DURÁN, L., *Diccionario de derecho*, 3ª edic., edit. Bosch, Barcelona, p. 688.

RICCI, F., *Commento al codice di procedura civile italiano*, vol. II, 4ª edic., edit. E. e F. Cammelli, Firenze, 1883, p. 311.

——, *Delle prove*, vol. único, edit. UTET, Torino, 1891 (existe una versión en castellano con el título *Tratado de las pruebas*, traducida por Adolfo Buylla y Adolfo Posada, T. I y II, edit. La España Moderna, Madrid, s.a.).

RICCI, G. F., *Diritto processuale civile*, 1ª edic., vol. I, edit. Giappichelli, Torino, 2005, pp. 67 a 71 y 146 a 151.

——, *Principi di diritto processuale generale*, 1ª edic., edit. Giappichelli, Torino, 1995, pp. 90-91, y 290 a 295.

RICCI, E. F., *Il principio dispositivo come problema di diritto vigente*, en "Riv. Dir. Proc.", 1974, pp. 380 a 389.

——, *Su alcuni aspetti problematici del <diritto alla prova>*, en "Riv. Dir. Proc.", I/1984, pp. 159 y ss.

RISPOLI, A., *Istituzioni di diritto processuale civile*, 5ª edic., edit. Giappichelli, Torino, 1935, p. 241.

RIVES Y MARTÍ, F. P., *Contestación á las preguntas relativas a los procedimientos judiciales*, edit. Hijos de Reus, Madrid, 1911.

——, y ORTÍZ Y ARCE, D., *Organización de Tribunales y Leyes de Procedimiento*, 3ª edic., edit. Reus, Madrid, 1922, p. 150.

ROBLES POZO, J., *Derecho Procesal de España*, primera parte, imprenta de la Revista de Legislación, Madrid, 1881, p. 215.

ROCCO, A., *La sentenze civile. Studi*, edit. Fratelli Bocca, Torino, 1906, p. 117 (existe una reimpresión realizada por la edit. Giuffrè en 1962 – cfr. p. 109-).

ROCCO, U., *Trattato di diritto processuale civile*, 1ª edic., edit. UTET, Torino, 1957, p. 147.

——, *Diritto processuale civile*, 1ª edic., edit. E. Jovene, Napoli, 1936, pp. 296-297.

RODIÈRE, A., *Cours de compétence et de procédure en matière civile*, T.I, 4ª edic., edit. A. Durand et Pedone-Lauriel, Paris, 1875.

RODRÍGUEZ, J. M., *Instituciones prácticas o curso elemental completo de práctica forense*, 4ª edic., T.I, imprenta de Francisco Álvarez y Cª., Sevilla, 1833.

ROQUER, L., *Compendio de derecho romano ó aforismos y decisiones sacados del digesto y del código*, imprenta de la V. De Espona, Barcelona, 1846.

ROSENBERG, L., *Lehrbuch des Deutschen Zivilprozessrecht*, 2ª edic., edit. von Otto Liebmann, Berlin, 1929, p. 179 (existe una versión al castellano bajo el título *Tratado de derecho procesal civil*, T. I, traducción de A. Romera Vera, edit. EJEA, Buenos Aires, 1955, pp. 386-387).

——, y SCHWAB, K.H., *Zivilprozessrecht*, 13ª ed., C.H.Beck'sche Verlags Buchhandlung, München, 1981.

ROSSI, L., *La funzione del giudice nel sistema della tutela giuridica*, edit. Athenaeum, Roma, 1924, p. 287.

SAINZ DE ROBLES, F.C. (con ALBACAR LOPEZ, J.C.), *El derecho a la prueba*, en Primeras Jornadas de Derecho Judicial, Presidencia del Tribunal Supremo, Secretaría Técnica, Madrid, 1983, pp. 591 y ss.

SANTA-CRUZ TEIJEIRO, J., *Principios de derecho procesal romano*, edit. Horizontes, Valencia, 1947, pp. 91 a 93.

SAREDO, G., *Lezioni di procedura civile*, litografia Nazionale, Roma, 1873; idem, *Istituzioni di procedura civile*, vol. I, 3ª edic., edit. Giuseppe Pellas, Firenze, 1887.

SATTA, S. (con PUNZI, C.), *Diritto Processuale Civile*, 12ª edic., edit. CEDAM, Padova, 1996, pp. 199 y 218 (y 11ª edic., 1992, p. 188).

——, *Il formalismo nel processo*, en "Riv. trim. dir. e proc. civ.", IV/1958, pp. 1141 y ss., y en "Soliloqui e colloqui di un giurista", Edit. CEDAM, Padova, 1968, pp. 44 y ss.

——, *Commentario al Codice di Procedura Civile*, T. I., *Casa editrice Dr. Francesco Vallardi*, Milano, 1959, p. 450.

——, *Diritto Processuale Civile*, 1ª edic., edit. CEDAM, Padova, 1948, p. 106.

——, *Guida pratica per il nuovo processo civile italiano*, edit. CEDAM, Padova, 1941, p. 233.

——, *Introduzione allo studio del diritto processuale civile*, edit. Giuffrè, Milano, 1939, pp. 43 a 55.

SAUER, W., *Grundlagen des prozessrechts*, 2ª edic., edit. Von F. Enke, Stuttgart, 1929, pp. 187 a 195.

SAVIGNY, F. C. De, *Storia del Diritto Romano nel Medio Evo*, vol. II, *Multigrafica Editrice*, Roma, 1972.

SCHILKEN, E., *Zivilprozessrecht*, 2ª edic., edit. Carl Heymanns, München, 1995, pp. 193 a 207.

SCHMIDT, R., *Lehrbuch des deutschen Civilprozessrechts*, edit. Von Duncker & Humblot, Leipzig, 1898, p. 353.

——, *Die aussergerichtlichen Wahrnehmungen des Prozessrichters*, en "Archiv für Bürgerliches Recht und Prozess", 2, 1892, pp. 265 a 305 (especialmente, pp. 273, 277, 279, 285, 290, 292 y 297).

SCHÖNFELD, K. E., *Zur Verhandlungsmaxime im Zivilprozess und in den übrigen Verfahrensarten – Die Modifikation des Prozessrechts durch das Sozialstaatspostulat* –, edit., Peter Lang, Frankfurt, 1981.

SCHÖNKE, A., *Límites de la prueba en el derecho procesal*, en R.D.P.I., 1955, pp. 373 y ss.

——, *El ámbito de la práctica de la prueba en el proceso civil*, en A.D.C., abril-junio, 1950.

——, *Zivilprozessrecht*, 1ª edic., edit. Decker's, Berlin, 1938 (existe una traducción al castellano de L. Prieto-Castro y adaptaciones de Víctor Fairén Guillén, Edit. Bosch, Barcelona, 1950).

SCIALOJA, V., *Procedimiento civil romano*, traducción de S. Sentís Melendo y M. Ayerra Redin, edit. EJEA, Buenos Aires, 1970, pp. 390 a 392 – la versión original italiana se publicó en 1946-.

SENTÍS MELENDO, S., *La prueba: los grandes temas del derecho probatorio*, Edit. EJEA, Buenos Aires, 1979.

——, *La prueba en el proceso*, en R.D.P.I., 2-3/1977.

——, *Los poderes del juez (lo que el juez puede o podrá)*, en "R.J.C.", III/1976, pp. 655 y ss.

——, *Iniciativa probatoria del juez en el proceso civil*, en "R.D.P.I.", 4/1967.

——, *Estudios de Derecho Procesal*, T.I, Edit. EJEA, Buenos Aires, 1967, p. 381

——, *Introducción al Derecho probatorio*, en *Estudios procesales en memoria de Carlos Viada*, Instituto Español de Derecho Procesal, Madrid, 1965, pp. 527 y ss.

SEONE SPIEGELBERG, J. L., *La prueba en la Ley de Enjuiciamiento Civil 1/2000*, edit. Aranzadi, Cizur Menor, 2002, p. 22.

SERRA DOMÍNGUEZ, M., *Comentarios al Código Civil y Compilaciones Forales*, T. XVI, vol 2º, 2ª ed., Edit. EDERSA, Madrid, 1991, p. 54

SERRA DOMÍNGUEZ, M., *Liberalización y socialización del proceso civil* en R.D.P.I., nº 2-3/1972.

——, *Incongruencia civil y penal*, en Estudios de Derecho Procesal, ob. cit., pp. 393 y ss.

SICARD, J., *La preuve en justice*, *Librairie du Journal des Notaires et des Avocats*, Paris, 1960, p. 41.

SICILIANI, T., *Gli scopi processuali ed il principio di disposizione delle parti a proposito dell'onere spettante al convenuto di provare la sua eccezione*, en "Il Foro italiano", 1904-I, pp. 604 a 612.

SILVA MELERO, V., *La prueba procesal*, T.I y II, Edit. EDERSA, Madrid, 1963 y 1964.

SILVELA LORING, J., y BARRIOBERO ARMAS, J., *Manual de práctica forense*, edit. Hijos de Reus, Madrid, 1904.

SIMONCELLI, V., *Diritto giudiziario*, edit. Flli. Ferri & C., Roma, 1903.

SISMONDO, S., *La processura civile dello stato italiano Sardo-Lombardo*, vol. I a 3, edit. G. Nani, Casale, 1860.

SONZOGNO, G.C., *Manuale della procedura civile*, edit. E. S., Milano, 1865.

SORGENTE, N., *Sommari delle lezioni sul codice di procedura civile*, vol. I, 3ª ediz., edit. Del Vaglio, Napoli, 1886.

SPINELLI, M., Las pruebas civiles, traducción de Banzhaf, T., Edit. EJEA, Buenos Aires, 1973.

——, *Fondamento ed estensione delle prove civili*, en *Annali della Facoltà di Giurisprudenza dell' Università degli Studi di Bari*, serie III, vol. II, 1969, pp. 77 y ss.

STEIN, F., *Das private wissen des Richters*, Leipzig, 1893 – reimpresión de 1969, p. 1 – (existe una traducción al castellano con el título *El conocimiento privado del juez*, traducción de A. de la Oliva Santos, ediciones Universidad de Navarra, S.A., Pamplona, 1973, p. 3).

——, *Die Civilprozessordnung für das Deutsche Reicht*, T.I, 8ª edic., edit. J.C.B. Mohr, Tübingen, 1906, pp. 340 a 344.

STEPHAN, D., *§ 128*, en ZÖLLER, R., *Zivilprozessordnung*, 16ª edic., edit. Otto Schmidt KG, München, 1990, pp. 505 a 513.

STURM, F., *Zur ursprünglichen Funktion der actio Publiciana*, en "Revue Internationale des Droits de l'Antiquité", 3ª serie, T. IX, Bruselas, 1962, p. 377.

TARUFFO, M., *Poteri probatori delle parti e del giudice in Europa*, en "RTDPC", 2006, 2, pp. 451 a 482.

——, *La prova dei fatti giuridici*, edit. Giuffrè, Milano, 1992, pp. 366-367.

——, *Libero convincimento del giudice (dir. proc. civ.)*, en "Enciclopedia Giuridica", vol. XVIII, edit. Istituto della Enciclopedia Italiana Treccani, Roma, 1990, pp. 1 a 8.

——, *Motivazione della sentenza (dir. proc. civ.)*, en "Enciclopedia Giuridica", vol. XX, ob. cit., Roma, 1990, pp. 1 a 8.

——, *Sentenza (sentenza civile)*, en "Enciclopedia Giuridica", vol. XI, ob. cit., Roma, 1989, pp. 1 a 10

——, *Il diritto alla prova nel processo civile*, "Riv. dir. proc.", 1984, IV, pp. 90 y ss.

——, *Problemi e linee evolutive nel sistema delle prove civili in Italia*, en "Studi in onere di Enrico Tulio Liebman", vol. secondo, Edit. Giuffré, Milano, 1979, pp. 1501 y ss (y en "Riv. trim. dir. e proc. civ.", 1977, pp. 1558 y ss.).

——, *La motivazione della sentenza civile*, Edit. CEDAM, Padova, 1975, p. 239.

——, *Studi sulla rilevanza della prova*, Edit. CEDAM, Padova, 1970, pp. 93 y 147.

——, *Il giudice e lo storico: considerazioni metodologiche*, en "Riv. Dir. Proc.", vol. XXII, 1967, pp. 438 a 465.

——, y SILVESTRI, E., *Istruzione*, en "Enciclopedia Giuridica", vol. XVIII, ob. cit., 1990, pp. 1 a 18.

TARZIA, G., *Lineamenti del processo civile di cognizione*, 2ª edic., edit. Giuffrè, Milano, 2002, p. 157.

——, *Le juge et la conduite du procès civil dans les pays de la Communauté européenne*, en « Annales de Droit de Louvain », 4/1993, pp. 521 y ss.

——, *Problemi del contraddittorio nell'istruzione probatoria civile*, en "Riv. Dir. Proc.", III/1984, pp. 634 y ss., y en *Problemi del processo civile di cognizione*, Edit. CEDAM, Padova, 1989, pp. 353 y ss.

——, *Le istruzioni del giudice alle parti nel processo civile*, en "Riv. Dir. Proc.", 1981 (y en *Studi in onore di Tito Carnacini*, II,1 – "Studi di Diritto Processuale Civile"-), Edit. Giuffrè, Milano, 1984, pp. 683 y ss.; y en *Problemi del processo civile di cognizione*, ob. cit., pp. 321 y ss.).

——, *Parità delle armi tra le parti e poteri del giudice nel processo civile*, en *Problemi del processo civile di cognizione*, ob. cit., pp. 311 y ss.

——, y FONTANA, G.L., *Sentenza (sentenza civile)*, en "Enciclopedia Giuridica", vol. XXVIII, edit. Istituto della Enciclopedia Italiana Treccani, Roma, 1992, pp. 1 a 10.

THOLOSANO, P.G., *Syntagma Iuris Universi*, parte III, *Lugduni*, 1606, p [98] (sign. H6) y 779-780.

THOMAS, H., y PUTZO, H., *ZPO*, 20ª edic., edit. C.H. Beck, München, 1997, pp. 2-3 y 292 a 299.

TOMMASEO, F., *Appunti di diritto processuale civile*, 1ª edic., edit. *Giappichelli*, Torino, 1991, pp. 39 a 45 y 71 a 77.

TROCKER, N., *Processo civile e Costituzione (Problemi di diritto tedesco e italiano)*, Edit. Giuffré, Milano, 1974, p. 520.

ULLMANN, D., *Das österreichische Civilprozessrecht*, 3ª edic., edit. F. Zempsth, Wien, 1892, p. 106.

VÁZQUEZ SOTELO, J.L., *Los principios del proceso civil*, en *Justicia*, III-IV, 1993, p. 605.

VERLANGA HUERTA, F., *Curso de lógica judicial*, imprenta de J. D. de los Ríos, Madrid, 1840.

VERDE, G., *Profili del processo civile*, 2ª ed., Jovene Editore, Napoli, 1988, pp. 86 a 104.

——, *Poteri del giudice e poteri delle parti*, en "Un Codice Tipo di Procedura Civile per l'America Latina", Edit. CEDAM, Padova, 1990.

——, *Dispositivo (principio)*, en "Enciclopedia Giuridica", vol. XI, edit. Istituto della Enciclopedia Italiana Treccani, Roma, 1989, pp. 1 y ss.

——, *Domanda (principio della)*, en "Enciclopedia Giuridica", vol. XII, edit. Istituto della Enciclopedia Italiana Treccani, Roma, 1989, pp. 1 a 11

——, *Prova (dir. proc. civ.)*, en "Enciclipedia del Diritto", T.XXXVII, Edit. Giuffrè, Milano, 1988, pp. 579 a 648.

——, *Norme inderogabili, tecniche processuali e controversie del lavoro*, en "Riv. Dir. Proc.", 1977, pp. 220 a 255 (igualmente publicado en "Studi in onore di Enrico Tullio Liebman", vol. III, edit. Giuffrè, Milano, 1979, pp. 2175 a 2217).

——, *L'onere della prova nel processo civile*, Jovene Editore, Napoli, 1974.

VICENTE Y CARAVANTES, J., *Tratado histórico, crítico filosófico de los procedimientos judiciales en materia civil, según la nueva Ley de Enjuiciamiento*, T. II, imprenta de Gaspar y Roig editores, Madrid, 1856, pp. 135, 278 y 281.

VILLADIEGO, A., *Instrucción politica y practica judicial*, imprenta de Melchor Sánchez, Madrid, 1656, fol. 16.a.

VINCENT, J., y GUINCHARD, S., *Procédure civile*, 27ª edic., edit. Dalloz, Paris, 2003.

VITI, D., *Isitituzioni di diritto giudiziario civile*, vol. I-II, 2ª ediz., edit. A. Morano, Napoli, 1884.

VON LEEUWEN, S., *Corpus Juris Civilis Romani*, Coloniae Munatianae, 1756, p. 125.

WACH, A., *Vorträge über die Reichs-Civilprocessordnung*, 2ª edic., edit. Bei Adolph Marcus, Bonn, 1896, p. 61 – la primera edición es de 1879 – (existe una traducción al castellano de esta obra, en su primera edición, con el título "Conferencias sobre la ordenanza procesal civil alemana" – de Ernesto Krotoschin, edit. EJEA, Buenos Aires, 1958, p. 72).

——, *Handbuch des Deutschen Civilprozessrechts*, edit. Von Duncker & Humblot, Leipzig, 1885.

WALTER, G., *Libre apreciación de la prueba*, edit. Temis, Bogota, 1985, p. 29 (nota 31).

WEISMANN, J., *Lehrbuch des deutschen Zivilprozessrechts*, vol. I, edit. Von F. Enke, Stuttgart, 1903, p. 6.

WENGER, L., *Istituzioni di procedura civile romana*, trad. de R. Orestano, edit. Giuffrè, Milano, 1938, pp. 198-199.

——, *Actio Iudicati*, traducción de R. Goldschmidt y J.J. Santa Pinter, edit. EJEA, Buenos Aires, 1954.

WETZELL, G. W., *System des ordentlichen Zivilprocesses*, edit. Bernhard Zauchnitz, Leipzig, 1878, p. 520.

WIESER, E., *Grundzüge des Zivilprozessrechts*, edit. Carl Heymanns, München, 1986, pp. 63 a 65.

WINDSCHEID, B., y MUTHER, T., *Polémica sobre la "actio"*, traducción de T. A. Banzhaf, edit. EJEA, Buenos Aires, 1974.

WÜNDERLICH, U. M., *Dispositionsmaxime, Verhandlungsmaxime und Untersuchungsmaxime der solothurnischen Zivilprozessordnung vom 11. Setember 1966*, edit. P.G. Keller, Zürich, 1968.

WYNESS MILLAR, R., *The formative principles of civil procedure*, en "Illinois Law Review", vol. XVIII, mayo, 1923, n. 1, pp. 1 y ss. (existe una versión en castellano con el título *Los principios formativos del procedimiento civil*, traducción de C. Grossmann, Edit. EDIAR, S.A., Buenos Aires, 1945).

XAMMAR, P., *De officio iudicis, et advocati*, pars I. quaest. XV, 41, Barcinonae, 1639, fol. 104.a.

ZANZUCCHI, M. T., *Diritto processuale civile*, T. I, 2ª edic., edit. Giuffrè, Milano, 1942, p. 348.

——, *Diritto processuale* (vol. I, *Diritto processuale generale*), 1ª edic., edit. Giuffrè, Milano, 1936, p. 637.

ZEISS, W., *Zivilprossrecht*, 3ª edic., edit. J.C.B. Mohr, Tübingen, 1978, pp. 66 a 70.

ZIMMERMANN, W., *Zivilprozessordnung*, 6ª edic., edit. C.F. Müller, Heidelberg, 2002, pp. 274 a 278.